Temas Contemporâneos de Direito Empresarial do Trabalho

Colaboradores

Afonso de Paula Pinheiro Rocha

Cristiano Gomes de Brito

Eversio Donizete de Oliveira

Luciana Yeung

Luciano Timm

Magno Luiz Barbosa

Marcel Lopes Machado

Marcelo Rosa Franco

Marco Aurélio Marsiglia Treviso

Rafael Foresti Pego

Renato de Almeida Oliveira Muçouçah

Robson Luiz de França

Rodrigo Coimbra

Rubens Valtecides Alves

Simone Silva Prudêncio

Tânia Mara Guimarães Pena

Uinie Caminha

Magno Luiz Barbosa
Cristiano Gomes de Brito

Organizadores

Temas Contemporâneos de Direito Empresarial do Trabalho

LTr

LTr EDITORA LTDA.
© Todos os direitos reservados

Rua Jaguaribe, 571
CEP 01224-001
São Paulo, SP — Brasil
Fone (11) 2167-1101
www.ltr.com.br

Produção Gráfica e Editoração Eletrônica: R. P. TIEZZI
Projeto de Capa: FABIO GIGLIO
Impressão: GRAPHIUM GRÁFICA E EDITORA

LTr 5165.3
Janeiro, 2015

Dados Internacionais de Catalogação na Publicação (CIP)
(Câmara Brasileira do Livro, SP, Brasil)

Temas contemporâneos de direito empresarial do trabalho / Magno Luiz Barbosa, Cristiano Gomes de Brito. — São Paulo : LTr, 2015.

Vários colaboradores.
ISBN 978-85-361-3173-3

1. Direito empresarial 2. Direito empresarial — Brasil I. Barbosa, Magno Luiz. II. Brito, Cristiano Gomes de.

14-11455   CDU-34:338.93(81)

Índices para catálogo sistemático:

1. Brasil : Direito empresarial : Direito   34:338.93(81)
2. Direito empresarial : Brasil : Direito   34:338.93(81)

Sumário

Apresentação 7

Prefácio 9

Considerações sobre o *Dumping* Social trabalhista 11
Afonso de Paula Pinheiro Rocha; Uinie Caminha

A Lei de Falência e seus reflexos na sucessão trabalhista 23
Cristiano Gomes de Brito

O protesto extrajudicial de Sentença Judicial Trabalhista...31
Eversio Donizete de Oliveira

A "Miopia" do Direito do Trabalho Brasileiro e a necessidade do consequencialismo nas decisões judiciais e legislativas 37
Luciana Yeung; Luciano Timm

O trabalho, o avanço tecnológico e o direito do trabalhador à desconexão 46
magno luiz barbosa

A competência material da Justiça do Trabalho para julgar controvérsias de apólice de seguro de empregado 54
Marcel Lopes Machado

Necessidade de releitura do art. 384 da CLT diante da interpretação evolutiva do princípio constitucional da igualdade..62
Marcelo Rosa Franco

O limbo jurídico: o trabalhador que é considerado apto pelo inss e inapto pelo empregador. Uma solução hermenêutica em prol da Justiça do Trabalho..80
Marco Aurélio Marsiglia Treviso

Assédio moral e o dever de tolerância...91
Rafael Foresti Pego

Ações afirmativas na empresa: a construção da cidadania plena por meio da livre-iniciativa e do valor social do trabalho 98
Renato de Almeida Oliveira Muçouçah

Reestruturação produtiva do mundo do trabalho e o financiamento público de sindicatos 110
Robson Luiz de França

Responsabilização empresarial no âmbito trabalhista 121
Rodrigo Coimbra

Topicalização sobre o teletrabalho: elementos integrativos da natureza jurídica no direito laboral brasileiro 138
Rubens Valtecides Alves

Criminal compliance e a responsabilidade penal do empresário pelo produto que cause perigo de lesão ao consumidor 153
Simone Silva Prudêncio

Revistas nas relações de trabalho: uma abordagem sobre os direitos fundamentais 160
Tânia Mara Guimarães Pena

Apresentação

Esta obra tem por objetivo promover o debate de duas forças antagônicas, mas que se completam: o trabalho e a empresa. Alçados a proteção Constitucional, o trabalho e a atividade econômica são o alicerce que propulsiona o desenvolvimento e a igualdade social. Porém, o convívio não é harmônico, gerando conflito de valores e de interesses, competindo ao direito solucioná-los, em prol de uma melhor humanização e eficiência nas relações sociais.

O escopo da obra é harmonizar os dois institutos, com a coletânea de trabalhos de autores de escol, contribuindo no aprimoramento das instituições, a integração entre o trabalho e o capital, em decorrência de pontos controvertidos.

Os trabalhos apresentados são frutos de estudos e pesquisas desenvolvidas na seara acadêmica de Instituições de Ensino Superior, na graduação e na pós-graduação, com o objetivo e aprofundar e ampliar as diversas questões pontuadas, sem olvidar do alto grau de complexidade e pertinência voltados para uma nova visão da relação entre trabalhado e empresa.

Compartilhando com os Autores a incansável busca de conhecimento, na convicção de trilhar o melhor caminho para as mudanças que se a fazem necessárias para o melhor desenvolvimento da empresa e do trabalho, agradecemos a todos os envolvidos nesta obra a possibilidade de publicar este marcante livro com renomados doutrinadores.

Os organizadores

Prefácio

Os temas abordados neste livro não compareciam em anos anteriores de estudos (alguns clássicos) sobre direito do trabalho, uns porque, embora a realidade existisse, não despertava atenção (caso do dano moral), outros porque tratam de realidades efeitos de novas tecnologias ou condições socioeconômicas causadas pelo processo capitalista de produção no qual se insere o trabalho efetuado em múltiplas modalidades e relações jurídicas, e particularmente o realizado na de emprego.

As elucubrações aqui apontadas se limitam ao direito trabalho brasileiro embora outros direitos do trabalho enfrentem situações semelhantes às brasileiras porque que a crise econômica financeira desencadeada a partir de 2008 afeta os continentes oriental, ocidental e Oceania.

Na parte introdutória dos estudos sobre direito do trabalho enfatiza-se a relação direito do trabalho com a economia em termos tão genéricos que não impedem que se examinem situações concretas no Brasil em nossos dias.

A multiplicidade de temas abordados no livro sugere várias indagações entre as quais se destacam as seguintes: a) papel do "direto do trabalho brasileiro" no contexto do regime capitalista de produção; b) "excesso de proteção" como entrave do desenvolvimento econômico; c) o mesmo excesso dificultaria novas admissões ao emprego e alimentaria o desemprego; d) para alavancar a economia seriam necessárias várias reformas: a política, a tributária e a trabalhista.

Uma observação preliminar se impõe: da abordagem que se faz do regime capitalista de produção como realidade social não se deve deduzir que se faça dele qualquer apologia e que não se possa propugnar por outros processos de produção que distribuam melhor as riquezas fruto do trabalho.

Há-se de levar, também, em conta que o capitalismo como realidade social tem sua "lógica interna" que não se confunde com as pessoas físicas ou jurídicas proprietárias de suas riquezas. É incrível verificar com que velocidade grandes complexos econômicos se acoplam visando maior produtividade afetando não raro as relações de trabalho. Há casos emblemáticos de empresários no passado e em nossos dias, que são tidos como sinceros filantropos mas cujas empresas adotam "dentro da lógica do capitalismo" um monopólio ou oligopólio cujos efeitos afetam negativamente a população objeto da filantropia.

A complexidade dos problemas emergentes sinaliza que não se pode contentar com a eliminação do "mau patrão" como se tudo se resolvesse, como se defendeu a antanho, com o "bom patrão" que cumpre "religiosamente" suas obrigações legais trabalhistas.

Quanto à relação entre direito do trabalho e a economia não faltou uma formulação mais radical que assim se expressa: direito do trabalho é, na verdade, "direito capitalista do trabalho", ou seja, tudo não passaria de uma cooptação, de concessões de hoje que poderão ser negadas amanhã se impuserem barreira ao processo produtivo.

Esta visão reducionista é absolutamente inaceitável e não resiste porque as normas trabalhistas não visam primordialmente favorecer o processo de produção nem dar margem a maior *maus valia*. Sua função é "proteger" impondo normas para que o trabalho não afete a saúde física e psíquica do trabalhador. O "princípio de proteção" deve estar presente nas fases de elaboração legislativa, na interpretação acadêmica, na execução da prestação dos serviços e no julgamento arbitral ou jurisdicional dos conflitos ocorrentes.

O enfoque dado nos últimos tempos aos direitos humanos ou da pessoalidade tem refluído positivamente na visão mais abrangente do direito do trabalho sem negar, porém, o "valor-trabalho" em sua dimensão social. Por exemplo: nesta perspectiva a limitação na duração do trabalho não deve ser vista, apenas como "recuperação das forças" como se o homem empregado só vivesse em função do trabalho. Miguel Reale em artigo notável dissertou sobre o "direito ao não trabalho", este não como sinônimo de ociosidade, mas como o espaço reservado para tornar possível usufruir, entre outros, os valores família, cultura, arte, recreação, lazer e, porque não, o "ócio com dignidade". Como é prazeroso a dar inveja ver aposentados, depois de anos de trabalho, na sombra jogando baralho, dominó, conversando e recordando saudosamente o passado em que não havia venalidade no futebol, os filhos obedeciam aos pais, os alunos respeitavam os professores, e o galanteio era recatado.

Há os quem apontem o direito do trabalho como um entrave para o progresso econômico e social. No Brasil se tem observado, não só de agora, que quando a economia se mostra vigorosa, há uma absorção proporcional da mão de obra dentro dos parâmetros de formalização. O desemprego, hoje em fase residual, não decorre do custo da mão de obra, mas da falta de qualificação profissional adequada ao mercado (políticas públicas devem enfrentar este problema) ou de impossibilidade física ou mental de trabalhar (o que deve ser objeto de políticas públicas de inclusão).

No que concerne à necessidade de reforma de normas trabalhistas, não se pode *a priori* assumir posição de rejeição total. Nunca se pode esquecer que as leis são como o amor: eternas enquanto duram, ou seja, devem ser alteradas quando não adequadas a novas situações sobretudo as decorrentes de novas técnicas no processo produtivo. Velhas profissões desaparecem e surgem novas.

Em certos embates contendores demonstram desconhecer uma das primeiras lições de aula de faculdade de direito; as normas jurídicas dispõem sobre o "dever ser": quando a Constituição dispõe "salário mínimo suficiente para sobrevivência do empregado e da família", ou que todos "são iguais perante a lei", estas normas não indicam de constatação de um instituto de pesquisa e de estatística que apontam atos já existentes. Toda norma jurídica o "dever ser" não acontecerá automaticamente, os valores que elas indicam nunca se concretizarão completamente, se não houver por políticas públicas de inclusão de setores "menos iguais" da sociedade; no âmbito do direito do trabalho o "dever ser" virá do embate entre capital e trabalho.

O "dever ser" só se tornará "ser" como fruto de um progresso histórico, podendo infelizmente haver retrocessos. A academia tem importante papel a desempenhar, e é o que fazem os autores dos artigos deste livro. Ainda que neste ou naquele particular possa não haver consenso a publicação é positiva porque em todas as ciências, no direito inclusive, o progresso é sempre fruto de um processo dialético: da tese, da antítese, da ideologia e da utopia.

Oris de Oliveira
Juiz do Trabalho aposentado.
Prof. pós-doutorado de Direito na USP, UNESP e UNIFRAN.

Considerações sobre o Dumping Social Trabalhista

Afonso de Paula Pinheiro Rocha[*]
Uinie Caminha[**]

Introdução

O objetivo deste artigo é apresentar uma visão sobre a natureza do instituto chamado *dumping* social pela jurisprudência trabalhista, propondo contornos mais técnicos para sua interpretação e utilização.

Identificam-se o surgimento de condenações de empregadores por juízes trabalhistas, muitas delas *ex officio*, em indenizações suplementares não ligadas propriamente aos danos patrimoniais ou morais pessoais dos reclamantes individuais.

Com efeito, somente em 2013, condenações ultrapassaram mais de R$ 200.000 (duzentos milhões) de reais em face de grandes grupos empresariais e em particular decorrência da atuação do Ministério Público do Trabalho[1]. Somente a Ford, por exemplo, teve reconhecida a prática de *dumping* social decorrente de terceirização ostensiva, sendo condenada em R$ 400.000 (quatrocentos milhões) de reais[2].

Estas indenizações e valores suplementares são deferidos ao argumento de configuração de *dumping* social, que, por sua vez, seria o reconhecimento de suposto prejuízo ou dano social decorrente da conduta de um empregador projetando-se para além do caso individual e afetando a coletividade, concorrência e o próprio modelo capitalista.

Esta figura de construção jurisprudencial ganhou mais destaque com a edição do Enunciado n. 4, aprovado na 1ª Jornada de Direito material e processual na Justiça do Trabalho, organizada pela Associação Nacional dos Juízes do Trabalho — Anamatra, realizado em 23 de novembro de 2007. Contudo, somente em 2012 e 2013, como será destacado em tópico subsequente, o Tribunal Superior do Trabalho chegou a julgar demandas onde ocorreu a condenação nessa indenização suplementar.

Assim, há relevância tanto jurídica como econômica da questão. Primeiro, pela ausência de um posicionamento definitivo da corte superior trabalhista. Segundo, pelos valores e magnitude das indenizações que podem efetivamente distorcer a própria concorrência que se toma como violada por premissa.

(*) Doutorando em Direito Constitucional pela Universidade de Fortaleza — UNIFOR. MBA em Direito Empresarial pela FGV/Rio. Procurador do Trabalho.
(**) Doutora em Direito pela Universidade de São Paulo. Professora dos Programas de Pós-graduação da Universidade de Fortaleza e da Universidade Federal do Ceará. Advogada.
(1) *Dumping* social coloca em xeque os diretos dos trabalhadores. *Jornal do Comércio*, Porto Alegre, Notícia de 31.12.2013. Disponível em: <http://jcrs.uol.com.br/site/noticia.php?codn=150398>.
(2) Processo de Referência: Ação Civil Pública n. 0002153-24.2011.5.15.0116 — Autor: Ministério Público do Trabalho — Réu: Ford Motor Company do Brasil Ltda. e Avape Associação para Valorização e Promoção de Excepcionais — Julgado em: 22.2.2013.

Oportuno, portanto, tentar definir uma parametrização mínima que permita identificar com segurança o que efetivamente configura um *dumping* social perante a Justiça do Trabalho.

Neste diapasão, inicialmente são apresentadas considerações gerais sobre a construção jurisprudencial trabalhista da figura do *dumping* social, procurando identificar uma sistematicidade mínima nas interpretações dos tribunais regionais do trabalho e da corte superior trabalhista.

Em seguida, partindo desses primeiros contornos jurisprudenciais, far-se-á uma análise de sua utilização buscando um enquadramento de sua natureza jurídica e sugestão de critérios mais objetivos na sua aferição em antecipação ao momento em que o Tribunal Superior do Trabalho venha a enfrentar a sua configuração de forma substancial.

A metodologia utilizada pautou-se pela revisão bibliográfica doutrinária sobre a matéria e análise de 147 (cento e quarenta e sete) julgados dentre julgados de tribunais regionais e do Tribunal Superior do Trabalho que abordaram direta ou indiretamente a questão do *dumping* social, seus elementos constitutivos e situações de incidência. Feito este levantamento a proposta de sistematização decorre da identificação dos pontos, argumentos e linhas de fundamentação mais recorrentes.

1. Noções terminológicas

É importante fazer uma diferenciação terminológica tendo em vista que a expressão *dumping* social foi apropriada pela jurisprudência trabalhista corrente sem uma preocupação com a exata correlação com a figura homônima relacionada ao comércio internacional.

Na doutrina econômica e relativa ao comércio internacional o *dumping* é definido de maneira praticamente uniforme, acentuando-se os elementos fundamentais: preço de venda inferior ao praticado no mercado interno do país exportador e o dano causado por essa venda ao setor industrial respectivo do país importador[3].

Desta forma, o termo *dumping* é genericamente relacionado à introdução em um mercado estrangeiro de produtos a preços inferiores ao seu custo normal. Contudo, as razões e mecanismos pelos quais o *dumping* pode ocorrer são diversos, o que leva a conceituação doutrinária de figuras específicas como, por exemplo: *dumping* ambiental; *dumping* estrutural; *dumping* cambial; *dumping* social[4]. Para os propósitos do presente artigo, interessa ver o que a doutrina comercial indica como delineamentos do *dumping* social.

De uma forma geral, as concepções de *dumping* social gravitam em torno de elementos relacionados à ideia de obtenção de vantagens concorrenciais no comércio internacional por intermédio de uma manutenção deliberada de salários em patamares inferiores ao do mercado de exportação e condições sociais inferiores[5].

Contudo, mesmo sendo um tipo particular de *dumping* e possuindo as notas elementares acima, a doutrina especializada diverge no tocante à conduta que efetivamente leva à caracterização do *dumping*, sob pena de se apenarem empresas e estados apenas pelo planejamento eficiente de alocação de suas unidades produtoras em determinados países com *standards* laborais diferenciados. Com efeito, não é possível inferir que padrões reduzidos de proteção social e salários mais baixos implicam necessariamente vantagem concorrencial indevida e concorrência desleal[6].

Embora não seja o objeto do artigo precisar a melhor conceituação de *dumping* social no âmbito do Direito Comercial, é possível identificar algumas concepções doutrinárias que se aproximam do que se está entendendo como *dumping* social na jurisprudência trabalhista.

Dentre um universo de definições com maior densidade, oportuno destacar a concepção de que o *dumping* social compreende qualquer prática perseguida por uma empresa que volitivamente ignora ou viola legislação social-laboral ou usa diferenças entre padrões de proteção para ganhar uma vantagem econômica.

---

(3) PIRES, Adilson Rodrigues. *Práticas abusivas no comércio internacional.* 1. ed. Rio de Janeiro: Forense, 2001. p. 133.
(4) GOULART, Cyrus Eghrari. *A eficiência e a eficácia das normas* antidumping *na OMC e suas repercussões no direito concorrencial.* Universidade Estadual Paulista "Júlio de Mesquita Filho". Dissertação de Mestrado. Franca, Rodrigo. Dumping *social vermelho:* ideário humanista ou protecionismo hegemônico? maio 2007. Disponível em: <http://online.sintese.com> Acesso em: 20.7.2013.
(5) GAVA, Rodrigo. Dumping *social vermelho:* ideário humanista ou protecionismo hegemônico? maio 2007. Disponível em: <http://online.sintese.com> Acesso em: 20.7.2013.
(6) BERNACIAK, Magdalena. *Social dumping:* political catchphrase or threat to labour standards? 2012. Disponível em: <http://papers.ssrn.com/sol3/papers.cfm?abstract_id=2208393> Acesso em: 20.7.2013, p. 22.

Essa noção de que a atividade empresarial incorpora o descumprimento da legislação laboral/social no próprio modelo de negócio desenvolvido aparenta guardar consonância com a definição de *dumping* social que é objeto do Enunciado n. 4, aprovado na 1ª Jornada de Direito material e processual na Justiça do Trabalho, que tem a seguinte ementa:

> 4. *"DUMPING* SOCIAL". DANO À SOCIEDADE. INDENIZAÇÃO SUPLEMENTAR. As agressões reincidentes e inescusáveis aos direitos trabalhistas geram um dano à sociedade, pois com tal prática desconsidera-se, propositalmente, a estrutura do Estado social e do próprio modelo capitalista com a obtenção de vantagem indevida perante a concorrência. A prática, portanto, reflete o conhecido *"dumping* social", motivando a necessária reação do Judiciário trabalhista para corrigi-la. O dano à sociedade configura ato ilícito, por exercício abusivo do direito, já que extrapola limites econômicos e sociais, nos exatos termos dos arts. 186, 187 e 927 do Código Civil. Encontra-se no art. 404, parágrafo único, do Código Civil, o fundamento de ordem positiva para impingir ao agressor contumaz uma indenização suplementar, como, aliás, já previam os arts. 652, "d", e 832, § 1º, da CLT.

Assim, é possível fazer, de imediato, uma distinção. O *dumping* social no âmbito do comércio internacional relaciona-se a uma prática lesiva à livre concorrência, já o *dumping* social referenciado nos julgados trabalhistas volta-se para uma situação de violações recorrentes, no âmbito interno, que levam ao malferimento "... *da estrutura do Estado social e do próprio modelo capitalista com a obtenção de vantagem indevida perante a concorrência*", conforme o Enunciado da Jornada Trabalhista.

A distinção torna-se relevante até mesmo para que não se utilize de forma indevida a figura. Na lição de Amauri Mascaro Nascimento,

> Outra coisa é o *dumping* social com efeitos que se projetam sobre as relações do trabalho. Nessa situação em particular, a questão nos parece que tem dois principais aspectos. Primeiro o da prova desses efeitos: é preciso demonstrar que uma empresa praticou *dumping* social com a finalidade de rejeitar o sistema jurídico vigente ou de utilizá-lo de modo abusivo, o que nem sempre é muito fácil. Em segundo lugar é preciso realçar que o *dumping* social não é um fenômeno originariamente interno a um país. A sua aplicabilidade exige, quase sempre, uma relação entre o que se faz em mais de um país. Sem citar exemplos correntes de todos conhecidos, a economia de um país pode revitalizar-se com o *dumping* social, o que é indesejável na medida em que sejam sacrificados os direitos do trabalhador.[7]

Embora a expressão esteja consagrada nos julgados, o *dumping* social como originariamente previsto na doutrina do comércio internacional não guarda imediata consonância com a figura homônima na jurisprudência trabalhista. O *dumping* social trabalhista, guarda a nota de repreenda à vantagem concorrencial mediante a violação das normas laborais mínimas, já a contraparte internacional relaciona-se não a uma violação de padrões, mas a produção em um país onde o padrão legal é inferior ao do país de destino do produto.

Assim, por *dumping* social trabalhista referenciam-se as práticas empresariais que representem agressões reiteradas e inescusáveis a direitos trabalhistas, gerando danos à sociedade e à livre concorrência[8].

Outra conceituação proposta por Leandro Teixeira coloca em evidência a correlação entre a vantagem competitiva o desrespeito aos padrões laborais:

> *Dumping* social pode ser definido como a modalidade de concorrência desleal consistente na venda de mercadorias a preços inferiores àqueles normalmente praticados pelo mercado, obtidos mediante a reiterada utilização de mão de obra em condições inadequadas a padrões laborais mínimos, gerando danos sociais.[9]

---

(7) NASCIMENTO, Amauri Mascaro. Dumping *social e dano moral coletivo trabalhista*. 2011. Disponível em: <http://www.amaurimascaronascimento.com.br/> Acesso em: 20.7.2013.

(8) Destaque-se didática distinção elaborada em julgado do Tribunal Regional da 3ª Região: Identifica-se a prática de d*umping* quando, no comércio internacional e durante certo tempo, um país exporta seu produto por preço abaixo do valor normal, considerados os custos de produção e venda, no intuito de eliminar ou prejudicar os concorrentes. Em suma, o vendedor utiliza seu poder econômico para desvalorizar o produto dos concorrentes e garantir a comercialização dos seus em maiores fatias do mercado consumidor. Trazendo esse conceito para o âmbito das relações trabalhistas, alguns doutrinadores falam em *dumping* social, que se resumiria na prática de preços baixos, mas em detrimento da aplicação da legislação trabalhista e da garantia dos direitos mínimos dos trabalhadores, trazendo prejuízo a estes e à sociedade como um todo. (TRT-3ª R. — RO 1275/2010-157-03-00.3 — Rel. Des. Sebastiao Geraldo de Oliveira — DJe 8.10.2010 — p. 110).

(9) TEIXEIRA, Leandro Fernandes. *A prática de* dumping *social como um fundamento de legitimação de* punitive damages, *em uma perspectiva da análise econômica do direito*. Dissertação de Mestrado. Universidade Federal da Bahia. Salvador. 2012. p. 217.

Saliente-se que estas definições estão em consonância com a redação do Projeto de Lei n. 7.070/2010, que foi rejeitado pela Comissão de Trabalho, de Administração e Serviço Público da Câmara dos Deputados e posteriormente arquivado, apresentava um conceito conciso de *dumping* social: *"Art. 1º Configura 'dumping social' a inobservância contumaz da legislação trabalhista que favoreça comercialmente a empresa perante sua concorrência".*

Por sua vez, ainda tramita o Projeto de Lei n. 1.615/2011, aguardando Designação de Relator na Comissão de Trabalho, de Administração e Serviço Público que na prática é a reiteração do projeto já apresentado e possui a mesma conceituação para o *dumping* social. Ambos são de autoria do Deputado Carlos Bezerra (PMDB/MT).

Terminada a consideração terminológica, passa-se a demonstrar que as condenações por *dumping* social já são significativas tanto em quantidade, difusão e nos valores deferidos na jurisprudência trabalhista, antes de se fazer uma análise crítica do seu tratamento.

2. Dumping social na jurisprudência trabalhista

O Acórdão relativo ao Recurso Ordinário n. 0049300-51-2009-5-15-0137, de lavra do Exmo. Juiz Relator Jorge Luiz Souto Maior, no âmbito do Tribunal Regional do Trabalho da 15ª Região, faz um apanhado de diversas decisões na litigiosidade difusa trabalhista, em diversos estados, onde há a imposição de condenação em virtude do reconhecimento de *dumping* social. Nesse particular, destacam-se trechos relevantes da decisão, pela sua sistematicidade, que permitem verificar comportamento concreto da jurisprudência de primeira instância:

> E, mais adiante destaca o aspecto da relevância social do dano, que não se repara na perspectiva individual, sobretudo quanto este se apresente ínfimo: "individualmente os danos sofridos foram ridiculamente ínfimos. Mas na sua globalidade, configuram um dano considerável. Tratando-se de fenômeno de massa — e fraudes do gênero só são intentadas justamente por causa disso (pequenas lesões a milhares ou milhões de consumidores) — a Justiça deve decidir levando em conta tal aspecto, e não somente a faceta individual do problema".

Também a Justiça do Trabalho tem aplicado esse entendimento, conforme evidenciam várias decisões de primeiro grau publicadas em diversos Estados:

— Decisão da juíza Valdete Souto Severo, em 30 de setembro de 2009, no Processo n. 00477-2009-005-04-5, da 4ª Vara do Trabalho de Porto Alegre, na qual se condenou a reclamada, CASAS BAHIA COMERCIAL LTDA., pelo reconhecimento da prática de dumping social, em função de assédio moral noticiado em inúmeras reclamações trabalhistas, caracterizada pela conduta contumaz de manter um ambiente de trabalho que atenta contra a honra dos empregados e pelo uso de se efetuar pagamentos "por fora", ao pagamento de indenização no valor de R$ 700.000,00 (setecentos mil reais), com reversão para um fundo de execuções;

— Decisão do juiz Antônio Arraes Branco Avelino, de 29.9.08, no Processo n. 1.304/07, com trâmite na 2ª Vara do Trabalho de Dourados/MS, pela qual se condenou a reclamada, ELEVA ALIMENTOS S/A (PERDIGÃO S/A), pelo reconhecimento da prática reiterada de exposição dos trabalhadores a jornadas exaustivas, de até 14 e 16 horas, longos períodos sem descanso semanal, em atividades rápidas, repetitivas e em ambiente insalubre, condenou-se a reclamada ao pagamento de uma indenização de R$ 500.000,00 (quinhentos mil reais) em favor de cada um dos reclamantes constantes das diversas reclamações relacionadas na fundamentação;

— Decisão do juiz, Ranúlio Mendes Moreira, no processo n. 495-2009-191-18-00-5, com trâmite pela Vara do Trabalho de Mineiros/GO, pela qual se condenou a reclamada, um frigorífico, a pagar indenização por danos sociais no valor de R$ 100.000,00, considerando-se que houve prejuízo social pelo desrespeito reiterado do intervalo de descanso relativo aos trabalhadores que exercem suas funções em ambiente artificialmente refrigerado, [...];

— Decisão do juiz, Ranúlio Mendes Moreira, da 2ª Vara do Trabalho de Goiânia, no Processo n. 01035-2005-002-18-00-3, pela qual se considerou a utilização de terceirização ilícita uma prática de "dumping social", condenando-se as reclamadas, Construtora MB Engenharia e Cooperativa Mundcoop — Cooperativa de Prestação de Serviços Multidisciplinares do Estado de Goiás, ao pagamento de indenização de R$ 100.000,00 (cem mil reais), revertidos à entidade

Filantrópica, Vila São Cottolengo, de Trindade (GO);

— Decisão do juiz, Luiz Eduardo da Silva Paraguassu, titular da Vara do Trabalho de Luziânia, GO, de março de 2009, no Processo n. 00736-2007-131-18-00-0 (Ação Civil Pública movida pelo Ministério Público do Trabalho da 18ª Região), pela qual se declarou a existência de fraude na formação das empresas, constituídas por "testas de ferro", pessoas inidôneas econômica e financeiramente, com o intuito de mascarar a verdadeira identidade dos donos das empresas Agropecuária Brasília Ltda., Israel da Silva — ME, R.T. Comércio de Carnes Ltda., Agropecuária São Caetano Ltda., Fril — Comercial de Alimentos Ltda., advindo uma condenação por dano moral coletivo na ordem de R$ 500.000,00 (quinhentos mil reais), revertidos para o Fundo de Amparo ao Trabalhador (FAT);

— Decisão da juíza, Alciane de Carvalho, da 2ª Vara do Trabalho de Goiânia, no Processo n. 304/2009, pela qual se condenou uma empresa de prestação de serviços em telefonia (*telemarketing*) por dano moral coletivo, também denominado na sentença por "*dumping social*", considerando-o caracterizado pelo fato de ter a empresa adotado condições desumanas de trabalho, como forma de se obter vantagem econômica sobre a concorrência, advindo condenação ao pagamento de uma indenização de R$ 50.000,00 (cinquenta mil reais), com reversão em favor do Fundo de Amparo ao Trabalhador (FAT);

— Decisão do juiz, Alexandre Chibante Martins, do Posto Avançado ligado à Vara do Trabalho de Ituiutaba, MG, Processo n. 00866-2009-063-03-00-3, pela qual se condenou a reclamada, integrada ao Grupo JBS-Friboi, ao pagamento de indenização por "*dumping social*", caracterizado pela prática de redução de custos a partir da eliminação de direitos trabalhistas, como o não pagamento de horas extras e a contratação sem registro em carteira de trabalho, resultando na condenação ao pagamento de uma indenização fixada em R$ 500,00 (quinhentos reais), revertida ao reclamante;

— Decisão da juíza Beatriz Helena Miguel Jiacomini, da 4ª Vara do Trabalho de São Paulo, que obrigou a Chambertain Administradora — adquirida pela BHG — Brazil Hospitality Group — a pagar indenização de R$ 50 mil, revertida para a Associação de Apoio a Criança com Câncer (AACC). [...];

— Decisão do juiz Jônatas Andrade, da Vara do Trabalho de Parauapebas, Pará, que condenou, no dia 10 de março de 2010, a Companhia Vale do Rio Doce a pagar R$ 100 milhões por danos morais coletivos e mais R$ 200 milhões por dumping social, pelo fato de que os trabalhadores diretamente contratados pela Vale ou por empresas que prestam serviço a ela gastam um mínimo de duas horas de deslocamento para ir e voltar às minas, valor este que não era remunerado ou descontado da jornada. A Justiça do Trabalho entendeu que a empresa deve considerar as horas *in itinere* e remunerá-las, respeitando o limite máximo da jornada diária de trabalho legal. [...].

Todos os diversos casos individuais referenciados no julgado guardam a nota característica de que violações trabalhistas usuais (horas extras, excesso de jornada, contratações irregulares, ausência de registro) foram tomadas como elementos para uma indenização adicional ao fundamento de uma projeção social da lesividade e que seriam formas abusivas de obtenção de lucratividade. Em alguns dos casos, o dano por *dumping* social foi identificado com um dano de cunho coletivo e difuso, emprestando-lhe conotações de cominação coletiva.

Embora esta linha de julgados esteja relacionada prioritariamente à 1ª Instância, há uma linha mais restritiva de julgados dos TRT, das quais podemos tirar algumas diretrizes:

a) Necessidade de identificação de efetiva vantagem concorrencial decorrente de burla à legislação trabalhista. Além dessa efetiva vantagem concorrencial indevida, é necessária uma conduta deliberada, ou seja, a entidade a praticar o *dumping social* trabalhista deveria deliberadamente incorporar as violações trabalhistas ao seu modelo de negócios.[10]

---

(10) Nesse sentido, ressaltamos a interpretação dos julgados: TRT-1ª R. — RO 0000353-71.2011.5.01.0076 — 2ª T. — Relª Maria Aparecida Coutinho Magalhães — DOERJ 18.10.2013; TRT-3ª R. — RO 1096/2012-042-03-00.0 — Rel. Des. Jose Eduardo Resende Chaves Jr. — DJe 29.5.2013 — p. 59;

b) Este tipo de violação reiterada é coletiva por natureza, o que não leva ao deferimento de indenizações individuais.[11]

c) Em casos individuais, a reparação é feita pela condenação nas verbas trabalhistas reconhecidas como devidas e não pagas. A indenização suplementar redundaria em prejuízo ao princípio da restituição integral.[12]

d) Violações trabalhistas isoladas de uma vantagem concorrencial são passíveis de penalidades administrativas próprias e não de *dumping* social por falta de previsão legal.[13]

e) Não é possível o deferimento de ofício pelo magistrado, bem como não havendo pedido expresso da parte, o deferimento da indenização suplementar configura-se como julgamento *extra petita*.[14]

No âmbito do Tribunal Superior do Trabalho, parte das turmas vem firmando posicionamento pela impossibilidade de condenação em indenização suplementar a título de *dumping social* de ofício pelo juiz do trabalho.

Interessante exemplo é o próprio Recurso Ordinário n. 0049300-51-2009-5-15-0137, transcrito acima. Não obstante o acordão tenha utilizado amplos argumentos para justificar a possibilidade de imposição da condenação indenizatória suplementar de ofício, o TST, em Recurso de Revista, de lavra do Min. Alexandre Belmonte, reformou o julgado para excluir a condenação com fundamento em julgamento *extra petita*, em face da inexistência de pedido expresso na exordial. Além disso, o acórdão do recurso de revista indica que não há elementos que apontem para uma projeção coletiva da incidência de irregularidade em um caso individual.

TRT-3ª R. — RO 529/2012-079-03-00.7 — Relª Juíza Conv. Rosemary de O. Pires — DJe 15.5.2013 — p. 97; TRT-3ª R. — RO 1682-49.2010.5.03.0157 — Relª Juíza Conv. Maria Cristina D. Caixeta — DJe 23.11.2011 — p. 101; TRT-3ª R. — RO 688/2010-061-03-00.1 — Rel. Juiz Conv. Marcio Jose Zebende — DJe 30.5.2011 — p. 53; TRT-3ª R. — RO 694/2009-061-03-00.5 — Rel. Des. Antonio Alvares da Silva — DJe 7.12.2009 — p. 68; TRT-4ª R. — RO 0000983-94.2012.5.04.0663 — 3ª T. — Relª Desª Maria Madalena Telesca — DJe 29.11.2013 ; TRT-5ª R. — RO 0000903-89.2010.5.05.0464 — 4ª T. — Relª Desª Ana Lúcia Bezerra Silva — DJe 28.8.2012; TRT-8ª R. — RO 0001540-19.2012.5.08.0001 — Relª Desª Fed. Alda Maria de Pinho Couto — DJe 12.4.2013 — p. 27; TRT-8ª R. — RO 0000399-88.2010.5.08.0015 — Rel. Des. Fed. Herbert Tadeu Pereira de Matos — DJe 7.10.2011 — p. 5; TRT-9ª R. — RO 769100-66.2009.5.09.0662 — Relª Márcia Domingues — DJe 12.6.2012 — p. 90; TRT-13ª R. — RO 12800-94.2013.5.13.0009 — Rel. Des. Leonardo Jose Videres Trajano — DJe 2.10.2013 — p. 12; TRT-13ª R. — RO 900-12.2011.5.13.0001 — Rel. Des. Vicente Vanderlei Nogueira de Brito — DJe 29.8.2011 — p. 9; TRT-14ª R. — RO 0000588-97.2011.5.14.0004 — 2ª T. — Relª Desª Vania Maria da Rocha Abensur — DJe 9.7.2013 — p. 6; TRT-16ª R. — ROPS 152300-83.2011.5.16.0003 — Rel. Des. Luiz Cosmo da Silva Júnior — DJe 15.8.2012 — p. 30; TRT-16ª R. — ROS 11500-05.2011.5.16.0003 — Rel. Des. Luiz Cosmo da Silva Júnior — DJe 20.6.2012 — p. 13; TRT-16ª R. — Proc. 00180-2006-015-16-00-5 — Rel. Juiz Luiz Cosmo da Silva Júnior — J. 25.3.2009; TRT-18ª R. — RO 356-40.2012.5.18.0101 — 3ª T. — Rel. Geraldo Rodrigues do Nascimento — DJe 12.11.2012 — p. 65; TRT-24ª R. — RO 156-77.2013.5.24.0021 — Rel. Des. Marcio V. Thibau de Almeida — DJe 27.9.2013 — p. 38.

(11) Nesse sentido, o julgado: TRT-3ª R. — RO 2095/2009-063-03-00.9 — Rel. Juiz Conv. Ricardo Marcelo Silva — DJe 2.6.2010 — p. 156.

(12) Nesse sentido, o julgado: TRT-3ª R. — RO 1318/2010-157-03-00.0 — Relª Juíza Conv. Maristela Iris S. Malheiros — DJe 14.12.2010 — p. 198.

(13) Nesse sentido, o julgado: TRT-3ª R. — RO 555/2010-157-03-00.4 — Rel. Des. Fed. Paulo Roberto Sifuentes Costa — DJe 19.7.2010 — p. 182.

(14) Nesse sentido a interpretação dos julgados: TRT-4ª R. — RO 0202400-35.2008.5.04.0018 — 7ª T. — Relª Desª Maria da Graça Ribeiro Centeno — DJe 28.2.2012; TRT-4ª R. — RO 0005000-33.2009.5.04.0291 — 2ª T. — Relª Desª Tânia Maciel de Souza — DJe 5.5.2011; TRT-04ª R. — RO 0027500-93.2009.5.04.0291 — 6ª T. — Relª Maria Inês Cunha Dornelles — DJe 8.4.2011 ; TRT-04ª R. — RO 0101700-57.2008.5.04.0404 — 7ª T. — Rel. Juiz Conv. Marçal Henri Figueiredo — DJe 21.7.2011 ; TRT-4ª R. — RO 0131000-63.2009.5.04.0005 — 3ª — Rel. Des. Ricardo Carvalho Fraga — DJe 17.6.2011 ; TRT-4ª R. — RO 0000305-84.2010.5.04.0005 — 8ª T. — Relª Desª Ana Rosa Pereira Zago Sagrilo — DJe 26.8.2011 ; TRT-4ª R. — RO 0037700-47.2009.5.04.0005 — 7ª T. — Relª Desª Vanda Krindges Marques — DJe 11.6.2010 ; TRT-4ª R. — RO 00045-2009-005-04-00-0 — 8ª T. — Relª Desª Ana Rosa Pereira Zago Sagrilo — DJe 17.11.2009 ; TRT-10ª R. — RO 1185-16.2012.5.10.0013 — Rel. Des. Alexandre Nery de Oliveira — DJe 22.3.2013 — p. 166; TRT-13ª R. — RO 24800-18.2012.5.13.0024 — Relª Juíza Herminegilda Leite Machado — DJe 25.1.2013 — p. 6; TRT-13ª R. — RO 47600-40.2012.5.13.0024 — Rel. Des. Wolney de Macedo Cordeiro — DJe 5.2.2013 — p. 4; TRT-13ª R. — RO 62700-35.2012.5.13.0024 — Rel. Des. Paulo Maia Filho — DJe 15.5.2013 — p. 12; TRT-14ª R. — RO 0000347-15.2012.5.14.0061 — Rel. Des. Carlos Augusto Gomes Lôbo — DJe 6.5.2013 — p. 20; TRT-14ª R. — RO 0000379-58.2012.5.14.0404 — Rel. Des. Carlos Augusto Gomes Lôbo — DJe 6.5.2013 — p. 20; TRT-14ª R. — RO 0000349-82.2012.5.14.0061 — Rel. Des. Carlos Augusto Gomes Lôbo — DJe 19.12.2012 — p. 104; TRT-16ª R. — ROS 48300-32.2011.5.16.0003 — Rel. Des. James Magno Araújo Farias — DJe 5.2.2013 — p. 1; TRT-16ª R. — ROS 39100-98.2011.5.16.0003 — Rel. Des. James Magno Araújo Farias — DJe 23.5.2013 — p. 16; TRT-16ª R. — ROPS 82400-04.2011.5.16.0006 — Rel. Des. James Magno Araújo Farias — DJe 9.11.2012 — p. 6; TRT-18ª R. — RO 927-42.2013.5.18.0241 — 2ª T. — Rel. Platon Teixeira de Azevedo Filho — DJe 16.12.2013 — p. 95; TRT-18ª R. — RO 1210-13.2012.5.18.0011 — 2ª T. — Rel. Platon Teixeira de Azevedo Filho — DJe 26.3.2013 — p. 101; TRT-18ª R. — RO 1628-88.2011.5.18.0009 — 3ª T. — Rel. Juiz Luciano Santana Crispim — DJe 29.4.2013 — p. 120; TRT-18ª R. — RO 0001531-27.2011.5.18.0191 — 1ª T. — Rel. Des. Aldon do Vale Alves Taglialegna — DJe 18.2.2013 — p. 63; TRT-18ª R. — RO 0001373-69.2011.5.18.0191 — 1ª T. — Rel. Des. Aldon do Vale Alves Taglialegna — DJe 4.2.2013 — p. 38; TRT-18ª R. — RO 0000299-43.2012.5.18.0191 — 1ª T. — Rel. Juiz Eugênio José Cesário Rosa — DJe 20.3.2013 — p. 32; TRT-18ª R. — RO 0000804-34.2012.5.18.0191 — 1ª T. — Rel. Juiz Eugênio José Cesário Rosa — DJe 8.5.2013 — p. 27; TRT-20ª R. — RO 0000886-58.2010.5.20.0004 — Relª Desª Rita de Cássia Pinheiro de Oliveira — J. 3.5.2012; TRT-20ª R. — RO 0001554-92.2011.5.20.0004 — Rel. Des. João Aurino Mendes Brito — J. 20.11.2012; TRT-20ª R. — RO 0001515-95.2011.5.20.0004 — Relª Desª Rita de Cássia Pinheiro de Oliveira — J. 6.12.2012; TRT-20ª R. — RO 0001515-95.2011.5.20.0004 — Relª Desª Rita de Cássia Pinheiro de Oliveira — J. 6.12.2012; TRT-20ª R. — RO 0000900-76.2009.5.20.0004 — Rel. Des. Carlos de Menezes Faro Filho — J. 27.10.2011; TRT-23ª R. — RO 0000900-95.2012.5.23.0066 — 2ª T. — Relª Desª Maria Berenice — DJe 9.8.2013 — p. 122; TRT-23ª R. — RO 0001470-60.2011.5.23.0052 — 1ª T. — Rel. Des. Osmair Couto — DJe 13.11.2012 — p. 86; TRT-23ª R. — RO 0141200-84.2008.5.23.0 — 1ª T. — Rel. Des. Edson Bueno — DJe 30.3.2011 — p. 61.

Assim, essa primeira linha de julgados do TST aponta para a impossibilidade de deferimento de *dumping* social sem pedido expresso da parte, pois configuraria julgamento *extra petita*[15].

Outros julgados no âmbito do TST não conhecem de recursos de revista apontando a não especificidade de arrestos paradigmas e/ou a impossibilidade de revolvimento de matéria fático probatória quando a matéria é tratada no âmbito dos regionais.

Assim, não há maior detalhamento ou delineamento concreto da Corte Superior Trabalhista sobre o que vem a ser o *dumping social*, sua natureza jurídica; pressupostos de aplicação ou forma de quantificação.

Buscando avançar a pesquisa no ponto, passa a ser objeto do presente estudo traçar algumas considerações sobre possíveis delineamos materiais do que vem a ser o *dumping* social e sua forma de aplicação.

3. Considerações sobre a natureza jurídica — forma de punitive damages ou espécie de dano moral coletivo?

O Enunciado n. 4 da Jornada de Direito oferece pistas na identificação da natureza jurídica do *dumping social* trabalhista, uma vez que aponta uma violação e dano à sociedade de forma difusa, já que menciona a forma de estado, modelo capitalista e concorrência, mas prevendo uma indenização suplementar.

Conjugando-se a casuística do tópico anterior com a descrição do enunciado, verifica-se estar diante de uma indenização que não guarda relação com o dano material ou mesmo moral individual, voltando-se para o dano difuso, mas com a indenização concedida pela via individual, representando valor financeiro adicional ao indivíduo que postula perante a justiça do trabalho. Assim, a construção assemelha-se aos *punitive damages* ou *exemplar damages* do direito comparado.

Admitindo-se esta a natureza jurídica para o *dumping social*, o mesmo insere-se, portanto, no âmbito da responsabilidade civil, sendo oportuna pequena digressão.

Por *punitive damages* pode-se entender o total indenizatório que ultrapassa os danos de cunho compensatório[16]. Trata-se de quantia adicional, além do valor necessário à compensação dos danos sofridos, no intuito de punir o autor do dano, desencorajá-lo a novas condutas danosas e servir de exemplo aos demais membros da sociedade[17].

Logo, se está a falar de valores deferidos a uma parte para além da compensação própria da violação sofrida, seja associada a um ilícito civil ou a uma violação contratual. Trata-se, portanto, efetivamente de pena privada que intenciona punir o ofensor por ter agido com elevada culpabilidade e marcar o caráter socialmente reprovável de uma conduta, funcionando como elemento não só de correção individual, mas como mecanismo de prevenção social de ilícitos.

O sistema de responsabilidade civil brasileiro, contudo, é pautado pelo princípio da reparação integral e pautado pela limitação da vedação ao enriquecimento sem causa. Nesse particular, o art. 944 do Código Civil aponta para a regra geral de uma correspondência entre extensão do dano e indenização, chegando, no parágrafo único, a fazer constar situação excepcional de minoração do dano. Por sua vez, o art. 884 do Código Civil aponta para a vedação do enriquecimento sem causa de alguém em detrimento de outrem.

Desta forma, a lógica de majoração do *quantum* indenizatório para além do necessário a compensar o dano parece não encontrar consonância com a sistemática pátria.

Embora o aspecto punitivo não encontre amparo imediato nas disposições do código civil, é inegável que, na prática, ele tem sido inserido em diversos julgados, notadamente através do arbitramento dos danos morais.

Nesse particular, verifica-se interessante interação doutrina-jurisprudência em que o princípio da restituição é invocado, mas o *quantum* da indenização é fixado levando em conta argumentos expressos ou velados de uma função punitiva do dano moral[18].

---

(15) Nesse sentido, os julgados: TST — RR 11900-32.2009.5.04.0291 — Rel. Min. Walmir Oliveira da Costa — DJe 24.8.2012 — p. 399; TST — RR 131000-63.2009.5.04.0005 — Relª Minª Maria de Assis Calsing — DJe 1º.3.2013 — p. 961; TST — RR 1646-67.2010.5.18.0002 — Relª Minª Maria das Graças Silvany Dourado Laranjeira — DJe 19.4.2013 — p. 620.
(16) POLINSKY, A. Mitchell; SHAVELL, Steven. *Punitive damages*. In: BOUCKAERT, Boudewijn; DE GEEST, Gerritt (ed.). *Encyclopedia of Law and Economics*, v. II, Edward Elgar: Northamptom, p. 764-781, 2000.
(17) MORAES, Maria Celina Bodin de. *Punitive damages* em sistemas civilistas: problemas e perspectivas. *Revista Trimestral de Direito Civil*, Rio de Janeiro: Padma, ano 5, n. 18, p. 46, abr./jun. 2004.
(18) PÜSCHEL, Flávia Portella. A função punitiva da responsabilidade civil no direito brasileiro: uma proposta de investigação empírica. *Revista Direito GV*, v. 3, p. 17-36, p. 21, 2007.

Com efeito, a maior fluidez da avaliação do dano moral se mostra um espaço propício para uma maior liberdade de fixação do dano, embora os fundamentos normativos para a tutela do dano moral não sejam substancialmente diferentes do dano material.

Nesse particular, foge ao escopo deste artigo a análise da correção ou não da admissibilidade da função punitiva no âmbito do dano moral, ante a realidade concreta dessa utilização tanto pelo Supremo Tribunal Federal (exemplo: AI 455.846, Rel. Min. Celso De Mello, DJ 21.10.04), como pelo Superior Tribunal de Justiça (exemplo: REsp 763.531/RJ. 2. T. Rel. Min. Carlos Fernando Mathias — Convocado do TRF da 1ª Região, DJ 15.4.08), ainda que utilizado sem uma maior sistematicidade e diante de alguma resistência doutrinária.

Neste ponto, é possível fazer uma primeira consideração sobre a sistemática verificada nos julgados indicados. Há uma aparente incompatibilidade entre tratar o *dumping* social trabalhista como uma indenização suplementar autônoma, deferível de ofício, se a referida função punitiva ocorre dentro do deferimento de um dano moral individual. Essa percepção é reforçada pelos julgados iniciais do TST que apontam pela impossibilidade de deferimento desta verba sem pedido expresso da parte.

Outro ponto de descompasso entre as decisões e a percepção do *dumping* social trabalhista encontrada, principalmente nos julgados de primeira instância, é o fato de alguns deferirem a indenização suplementar para entidades beneficentes terceiras à lide. Se o caráter punitivo deve se fazer dentro do dano moral, não seria possível deferir valores a outrem que não à parte postulante.

Com efeito, seja o Enunciado n. 4, seja a linha de fundamentação dos julgados, o foco é a percepção de que a reiteração de ilícitos trabalhistas projeta um dano para a sociedade e, em detrimento dos próprios concorrentes que se pautam pela observância das normas jus-laborais.

Desta preocupação se entende o foco e o desejo de reverter uma parcela de *quantum* indenizatório para destinações sociais, entretanto, gera um entrave ainda maior com a percepção do *dumping* social como mecanismo de *punitive damages*.

Ainda que se dissesse que seria apenas destinar o dano ao postulante para corrigir esse problema, parece ser mais relevante a destinação social desses valores que, em verdade, se ligam a percepção de que o dano atomizado verificado no caso concreto é elemento de uma reiteração sistêmica danosa à sociedade.

José Augusto Rodrigues Pinto[19] faz detalhado levantamento de problemas doutrinários com a forma como vem sendo operacionalizado o *dumping* social trabalhista, dos quais procuramos sistematizar: a) comprometimento da segurança jurídica diante de uma sanção extralegal sem uma teoria estruturada; b) confusão entre lesão individual e ilícitos sistemáticos para obtenção de lucro indevido; c) ausência de critérios claros de valoração do *quantum* indenizatório para que haja o efeito *antidumping* desejado.

O referido autor aponta para uma figura diferente do *dumping* social, que intitula como "delinquência patronal", e aponta para a fixação do valor punitivo seja destinada ao trabalhador e não a entidades terceiras.

Há ainda outra figura de criação jurisprudencial que aparenta guardar maior correlação com danos punitivos e com a delinquência patronal decorrentes da percepção de uma reiteração de ilícitos trabalhistas, o chamado "dano existencial", decorrente da violação de direitos da personalidade de um trabalhador e, notadamente, de seu projeto de vida decorrente de reiterados ilícitos trabalhistas. Em recente julgado do TST[20] o dano existencial é encarado como espécie de dano moral.

Desse contexto, fica patente a dificuldade de se associar o *dumping* social trabalhista nos litígios individuais, especialmente se a nota característica dos julgados de reprimir um dano à sociedade e reverter valores a finalidades sociais for mantida.

Embora a maioria dos julgados referenciados tenham se originado de demandas individuais, o aspecto social do dano enfocado pela ideia de *dumping* social trabalhista é o elemento prevalente de maior destaque. Até mesmo no Enunciado n. 4, esta é a nota de maior relevo, inclusive remetendo aos preceitos da ordem econômica e da concorrência.

Nesse aspecto, ao se sair da seara individual, as contradições parecem ser superadas.

Com efeito, no âmbito da tutela coletiva trabalhista já é reconhecido o dano moral coletivo

---

(19) PINTO, José Augusto Rodrigues. *Dumping* social ou delinquência patronal na relação de emprego? *Revista do TST*, Brasília, a. 77, n. 3, p. 145-150, jul./set. 2011.
(20) Recurso de Revista n. 727-76.2011.5.24.0002 — Rel. Min. Hugo Carlos Scheuermann — DJe 28.6.2013 — p. 132.

decorrente de condutas que atingem coletividades ou mesmo de forma difusa a sociedade e os valores essenciais associados ao trabalho decente.

Não apenas o reconhecimento do dano moral coletivo trabalhista como prática jurisprudencial, é possível identificar na jurisprudência do TST a referência a elementos punitivos na fixação do quantum indenizatório que deve levar em conta o grau de reprovabilidade da conduta e a projeção social da lesão[21].

Perceba-se que na seara coletiva, o dano moral coletivo admite reversão a fundo de natureza difusa. A praxe judicial já sedimentou a possibilidade excepcional de reversão a instituições beneficentes e entidades sem fins lucrativos das localidades afetadas como forma de conferir uma forma mais específica de reparação.

O Ministério Público do Trabalho, com efeito, mostra-se a instituição de perfil constitucional que tem por incumbência a tutela da ordem jurídica jus-laboral com melhor *design* institucional para apreender as lesões em sua projeção coletiva, bem como eventual indenização decorrente de suas demandas reverterá para a sociedade e não para uma parte individualizada.

Dentro desta perspectiva, o *dumping* social trabalhista, poderia ser encarado como uma espécie específica de dano moral coletivo quando as agressões reiteradas apontam para um dano à própria concepção de Estado Social, modelo capitalista e concorrência.

Nesse sentido, alguns julgados de Tribunais Regionais, rejeitando a possibilidade de deferimento em demandas individuais, mencionam expressamente que competiria ao Ministério Público do Trabalho o pleito de *dumping* social trabalhista em face do aspecto coletivo de uma lesão sistemática de projeção coletiva evidenciada por um caso concreto[22], mediante ação civil pública[23].

Os argumentos mais recorrentes para este posicionamento de limitação da indenização por *dumping* social em demandas de cunho coletivo são a ausência de previsão desse tipo de penalidade para casos individuais, descompasso com o princípio da reparação integral e eventual enriquecimento ilícito em face de um dano que se pretende coletivo[24].

Assim, da mesma forma que o dano moral individual admite subespécie consoante o tipo de direito da personalidade violado, a exemplo dos danos estéticos, não haveria maiores empecilhos doutrinários em se reconhecer subespécies de danos morais coletivos em face de valores e preceitos coletivos particularizados, como seria o prejuízo difuso à concorrência normalmente associado ao *dumping* social.

Com efeito, foge ao objetivo imediato deste artigo a análise se o Ministério Público do Trabalho

---

(21) Interessante exemplo dessa argumentação citamos o Recurso de Revista n. 190041-20.2004.5.08.0006 — Rel. Min. José Roberto Freire Pimenta — DJe 26.3.2013 — p. 1230.
(22) TRT-4ª R. — RO 0039500-13.2009.5.04.0005 — 1ª T. — Rel. José Felipe Ledur — DJe 24.1.2011.
(23) TRT-3ª R. — RO 972/2012-077-03-00.5 — Relª Juíza Conv. Taisa Maria M. de Lima — DJe 25.2.2013 — p. 123.
(24) Nesse sentido, a composição dos argumentos encontrados nos julgados: TRT-1ª R. — RO 0000900-86.2012.5.01.0073 — 8ª T. — Relª Maria Aparecida Coutinho Magalhães — DOERJ 11.9.2013; TRT-3ª R. — RO 972/2012-077-03-00.5 — Relª Juíza Conv. Taisa Maria M. de Lima — DJe 25.2.2013 — p. 123; TRT-3ª R. — RO 1256-37.2010.5.03.0157 — Relª Juíza Conv. Maristela Iris S. Malheiros — DJe 2.3.2012 — p. 256; TRT-3ª R. — RO 1097/2011-157-03-00.1 — Relª Juíza Conv. Sabrina de Faria F. Leão — DJe 1º.8.2012 — p. 44; TRT-3ª R. — RO 291/2011-157-03-00.0 — Rel. Des. Ricardo Antonio Mohallem — DJe 3.8.2011 — p. 113; TRT-3ª R. — RO 1906/2010-157-03-00.4 — Rel. Juiz Conv. Milton V. Thibau de Almeida — DJe 27.5.2011 — p. 182; TRT-3ª R. — RO 610/2010-157-03-00.6 — Rel. Juiz Conv. Milton V. Thibau de Almeida — DJe 3.3.2011 — p. 95; TRT-3ª R. — RO 717/2010-061-03-00.5 — Rel. Juiz Conv. Milton V. Thibau de Almeida — DJe 4.5.2011 — p. 107; TRT-3ª R. — RO 1186/2010-157-03-00.7 — Relª Desª Lucilde D'ajuda Lyra de Almeida — DJe 26.9.2011 — p. 168; TRT-3ª R. — RO 132/2010-157-03-00.4 — Rel. Des. Jales Valadão Cardoso — DJe 28.10.2011 — p. 136; TRT-3ª R. — RO 23/2010-157-03-00.7 — Relª Desª Lucilde D'ajuda Lyra de Almeida — DJe 4.4.2011 — p. 179; TRT-3ª R. — RO 1279/2010-157-03-00.1 — Relª Juíza Conv. Taisa Maria M. de Lima — DJe 21.6.2011 — p. 171; (TRT-3ª R. — RO 3064/2009-063-03-00.5 — Relª Desª Alice Monteiro de Barros — DJe 13.4.2010 — p. 123; TRT-3ª R. — RO 506/2009-063-03-00.1 — Rel. Des. Jales Valadão Cardoso — DJe 5.3.2010 — p. 92; TRT-3ª R. — RO 3169/2008-063-03-00.3 — Relª Desª Alice Monteiro de Barros — DJe 10.11.2009 — p. 114; TRT-3ª R. — RO 2756/2008-063-03-00.5 — Rel. Des. Manuel Candido Rodrigues — DJe 27.11.2009 — p. 87; TRT-3ª R. — AIRO 186/2009-063-03-40.4 — Rel. Des. Cleube de Freitas Pereira — DJe 16.11.2009 — p. 207; TRT-3ª R. — RO 2872/2008-063-03-00.4 — Rel. Juiz Conv. Ricardo Marcelo Silva — DJe 11.12.2009 — p. 96; TRT-3ª R. — RO 886/2009-063-03-00.4 — Rel. Des. Jales Valadão Cardoso — DJe 16.10.2009 — p. 77; TRT-10ª R. — RO 2024-44.2012.5.10.0012 — Relª Desª Maria Regina Machado Guimarães — DJe 25.10.2013 — p. 56; TRT-12ª R. — RO 0005748-23.2012.5.12.0005 — 1ª C. — Rel. Jorge Luiz Volpato — DJe 25.11.2013; TRT-18ª R. — RO 316-71.2012.5.18.0129 — 1ª T. — Relª Juíza Silene Aparecida Coelho — DJe 28.11.2013 — p. 101; TRT-18ª R. — RO 1189-71.2012.5.18.0129 — 3ª T. — Relª Juíza Silene Aparecida Coelho — DJe 31.10.2013 — p. 29; TRT-18ª R. — ROS 0010127-72.2013.5.18.0015 — 1ª T. — Relª Juíza Rosa Nair da Silva Nogueira Reis — DJe 23.5.2013 — p. 43; TRT-18ª R. — RO 0001281-91.2011.5.18.0191 — Rel. Des. Paulo Pimenta — DJe 11.3.2013 — p. 53; TRT-18ª R. — RO 317-56.2012.5.18.0129 — 1ª T. — Rel. Geraldo Rodrigues do Nascimento — DJe 19.12.2013 — p. 78; TRT-18ª R. — RO 710-78.2012.5.18.0129 — 2ª T. — Rel. Daniel Viana Júnior — DJe 17.10.2013 — p. 3; TRT-18ª R. — RO 0000424-03.2012.5.18.0129 — 2ª T. — Rel. Des. Daniel Viana Júnior — DJe 6.8.2013 — p. 72; TRT-18ª R. — RO 1186-95.2010.5.18.0191 — 3ª T. — Rel. Geraldo Rodrigues do Nascimento — DJe 20.6.2012 — p. 41.

e Judiciário Trabalhista estão efetivamente aparelhados para fazer uma análise definitiva do impacto de condutas sobre a concorrência e proteção ao mercado, dadas as peculiaridades inerentes ao próprio direito concorrencial e ao sistema brasileiro de defesa da concorrência.

Tal reflexão crítica seria elemento essencial para valorar inclusive se as imposições destas penalidades não estão ocorrendo de forma a promover um desequilíbrio ainda maior à concorrência que se pretende tutelar como violada. Contudo, para os propósitos da presente análise, toma-se como ponto de partida que tanto o Ministério Público do Trabalho e a jurisprudência trabalhista já estão concretamente, consoante os diversos julgados, a avaliar a ocorrência de infrações trabalhistas como violações de preceitos da ordem econômica e lesividade social, enquanto um dano moral coletivo.

Partindo, portanto, já desta premissa de *dumping* social como espécie de dano moral coletivo, passa-se a esboçar alguns critérios para configuração e quantificação com o escopo de minimizar a imposição arbitrária e desregrada.

4. Sugestão de critérios para a configuração e quantificação

Da conjugação dos casos relatados e das reflexões doutrinárias são possíveis alguns critérios de configuração:

1. Não é possível o deferimento de *dumping* social em demandas individuais, mesmo com pedido expresso da parte. Se no caso concreto o magistrado verificar a existência de uma ofensa sistemática, poderá valer-se da previsão do art. 7º da Lei n. 7.347/85, oficiando ao Ministério Público do Trabalho para que atue na repressão coletiva ou inclusive representar ao Conselho Administrativo de Defesa Econômica, nos termos do art. 66, § 1º, da Lei n. 12.529, de 30 de novembro de 2011;

2. É necessária para a configuração do *dumping* social trabalhista uma reiteração sistemática de infrações a disposições trabalhistas que venham a conferir efetiva vantagem concorrencial à empresa violadora;

Mais uma vez, reitere-se que uma questão prejudicial lógica, que não será especificamente abordada nesta oportunidade é a extensão na qual é possível ao Ministério Público do Trabalho e o judiciário trabalhista avaliar efetivas violações ou condutas prejudiciais ao mercado.

Menos problemático do que a análise do *dumping* social como tutela do mercado é a sua interpretação aqui proposta como espécie de dano moral coletivo, pois estaríamos diante de um patamar de aferição mais simplificado. A postura de infrações trabalhistas voluntárias, reiteradas e sistemáticas seria uma violação aos valores imateriais inerentes ao estado brasileiro.

De acordo com o art. 1º, inc. IV, da Constituição Federal, são fundamentos do estado brasileiro "*os valores sociais do trabalho e da livre iniciativa*". Além disso, segundo o art. 170 da Lei Maior, a ordem econômica encontra-se "*fundada na valorização do trabalho humano e na livre iniciativa*", e tem por fim "*assegurar a todos existência digna, conforme os ditames da justiça social*".

Embora pouco citado, o art. 219 da CF/88 declara expressamente que "*[o] mercado interno integra o patrimônio nacional e será incentivado de modo a viabilizar o desenvolvimento cultural e socioeconômico, o bem-estar da população...*". Assim, o próprio mercado entendido como o espaço onde ocorrem as trocas e o exercício das atividades econômicas guarda uma relação umbilical com o desenvolvimento socioeconômico, o que perpassa pelo patamar civilizatório mínimo de condições decentes de trabalho.

Perceba-se que as situações de violações graves de direitos fundamentais trabalhistas e situações de violação sistemática a direitos trabalhistas, como as associadas ao *dumping* social trabalhista, são inegavelmente violações à ordem econômica, seja pelo aspecto do valor social do trabalho ser fundamento da ordem econômica, seja porque esses tipos de violações sistemáticas tem ao menos a potencialidade de prejudicar a livre concorrência ao reduzem custos produtivos de forma abusiva mediante o descumprimento da legislação laboral, em detrimento das empresas que respeitam as normas laborais.

Estas reiterações não devem decorrer de meras ilações decorrentes de um caso concreto ou de uma situação coletiva decorrente de uma deficiência econômica transitória ou mesmo de deficiências de gestão ou mesmo de observância de uma legislação trabalhista marcadamente confusa como a legislação pátria, pois não há efetivamente uma violação em detrimento da ordem econômica e da concorrência, sendo as irregularidades passíveis de repressão pelos meios normais e mesmo dano moral coletivo, mas não se trata especificamente de *dumping* social.

Nesse particular, é importante destacar que o instituto jurisprudencial do *dumping* social trabalhista, se firmado como forma de indenização adicional ao particular, possui um risco de se sujeitar à banalização tal como ocorre diuturnamente na Justiça do Trabalho com os pleitos de assedio moral em face de situações de simples dano moral ou de mero aborrecimento. A própria jurisprudência destaca a importância de configuração estrita do assédio moral para que não haja um fomento da indústria do dano moral ou mesmo descreditar a conquista da reparabilidade do dano moral[25].

Assim, como forma de resguardar a importância do *dumping* social trabalhista como reconhecimento de que infrações trabalhistas sistemáticas podem representar violação à ordem econômica, bem como resguardar uma forma de repreensão efetivamente mais severa, é preciso delimitar de forma estrita a sua hipótese de configuração.

Para que haja o *dumping* social trabalhista dentro da concepção aqui delineada é necessário que a entidade violadora incorpore ao seu próprio modelo de negócio as práticas violadoras de direitos trabalhistas em uma atuação no mercado que detenha uma vantagem competitiva indevida em face das demais empresas do segmento econômico.

Na prática, este tipo de comprovação fica facilitado no âmbito da investigação de um inquérito civil em contraste com o espaço cognitivo limitado de uma demanda individual, o que é mais um argumento de ordem prática para que este tipo de condenação venha a ser perseguido apenas em sede coletiva.

3. Outro elemento importante para a estrutura de uma teoria concreta é oferecer balizas mínimas para a fixação do *quantum* indenizatório;

Nesse particular, diante das razões até agora expostas, é lícito concluir que sendo o valor social do trabalho fundamento da ordem econômica e que infração à ordem econômica depende de mera potencialidade de prejuízo a livre concorrência é possível aplicar as disposições da Lei n. 12.529/11 de forma imediata ou mesmo como critério de balizamento para a um parâmetro de razoabilidade na fixação da indenização suplementar que é o *dumping* social trabalhista.

Reitere-se pela relevância ao raciocínio aqui exposto. Mesmo que não se queria caracterizar as violações de cunho trabalhistas como tecnicamente infrações nos termos típicos da Lei n. 12.529/11, é inegável que nas situações em que o próprio modelo de negócio de uma empresa incorpora o descumprimento reiterado e sistemático de direitos trabalhistas em detrimento da concorrência se está diante de violação aos fundamentos da ordem econômica, que são exatamente os valores que animam e determinam a proteção do ordenamento jurídico dada pela Lei n. 12.529/11.

Assim, pelo princípio da proibição da proteção deficiente, não pode a ordem jurídica outorgar às violações trabalhistas sistemáticas comprovadas em sede jurisdicional uma proteção que seja socialmente inferior àquela dada às situações de infração à ordem econômica, tratadas no âmbito administrativo. Nesse particular, as sanções civis e administrativas a fatos similares são referências para a fixação de valores de modo a dotar a indenização de caráter punitivo[26].

O parâmetro do art. 37, I, da Lei n. 12.529/11 é especialmente interessante, pois fixa parâmetros objetivos para a indenização do *dumping* social em relação ao faturamento da empresa e permite uma boa margem de maleabilidade (0,1% a 20% do faturamento anual), garantindo ao menos o valor do benefício esperado (*caput, in fine*).

A utilização do faturamento como valor de referência apresenta ainda a vantagem de ser uma correlação a efetiva movimentação da empresa na ordem econômica. O faturamento será sempre um valor positivo e que se diferencia do lucro, o que pode eventualmente ser negativo. Além disso, uma violação a valores essenciais fundamentais trabalhistas independe do efetivo lucro auferido pela empresa.

Além dessa baliza legal voltada ao faturamento, a precisão do percentual pode ser orientada ainda pelos critérios já usualmente referenciados pela jurisprudência na fixação do valor da condenação: a extensão e gravidade do dano, a condição econômica do ofensor, o lucro obtido através da conduta ilícita, o grau de culpabilidade do agente e o grau de reprovação social da prática[27].

---

(25) Exemplificativamente os julgados: TRT-2ª R. — RO 20120068420 — (20130067304) — 8ª T. — Rel. Juiz Rovirso Boldo — DOE/SP 15.2.2013; TRT-3ª R. — RO 801-54.2011.5.03.0087 — Rel. Juiz Conv. Carlos Roberto Barbosa — DJe 27.3.2012 — p. 163; TRT-7ª R. — RO 1672-31.2011.5.07.0004 — 3ª T. — Rel. Jefferson Quesado Junior — DJe 15.2.2013 — p. 16.
(26) PINTO, José Augusto Rodrigues. *Dumping* social ou delinquência patronal na relação de emprego? *Revista do TST*, Brasília, v. 77, n. 3, p. 151, jul./set. 2011.
(27) TEIXEIRA, Leandro Fernandes. *A prática de dumping social como um fundamento de legitimação de punitive damages, em uma perspectiva da análise econômica do direito*. Dissertação de Mestrado. Universidade Federal da Bahia. Salvador. 2012. p. 221.

4. Por fim, além da quantificação, a destinação das indenizações em *dumping* social trabalhista enquanto (espécie de dano moral coletivo) segue a mesma lógica já pacificada jurisprudencialmente de reversão ao Fundo de Amparo ao Trabalhador (FAT), ou a outro fundo difuso, por aplicação analógica do art. 13 da Lei n. 7.347/85, e/ou destinação à entidade beneficente ou finalidade que represente melhor reparação social correlacionada ao dano.

Conclusão

O desiderato geral do artigo foi esboçar uma proposta de sistematização diante da reflexão de como o *dumping* social vem sendo tratado pela jurisprudência trabalhista, dado que é uma temática que guarda estreita correlação com a atividade empresarial em um ambiente de concorrência sadia.

Com efeito, o instituto do *dumping* social trabalhista guarda a interessante potencialidade de servir tanto para tutelar a observância dos direitos trabalhistas e de funcionar reflexamente como instrumento de tutela da ordem econômica e da concorrência.

É exatamente por esta potencialidade que o instituto deve ser delineado de forma clara e de tal modo que não venha a se tornar um mero mecanismo de indenização adicional ou inflação de danos morais individuais, fomentando uma "indústria" cuja prejudicialidade social é inegável.

Outra nota importante é que, embora socialmente interessante, a destinação de valores para entidades beneficentes, no âmbito da tutela individual encontrará uma série de limitações de cunho processual que, se desconsideradas, levam a uma violação da segurança jurídica e um tratamento atomizado que perde a perspectiva de dano efetivamente social que se quer dar ao *dumping* social trabalhista.

O reconhecimento do instituto deve ser acompanhado da sua aplicação responsável, notadamente na verificação concreta de que as violações sistemáticas se incorporam de forma deliberada ao próprio modelo de negócio da entidade violadora e isso se dá em detrimento das concorrentes que se pautam pela observância dos padrões laborais legais. O que na prática, é muito mais factível em uma investigação coletiva do que no âmbito limitado de uma instrução de uma reclamatória trabalhista individual.

Por fim, as considerações aqui esboçadas e os critérios propostos se traduzem numa tentativa de avançar no debate do tema, que demanda um tratamento sistemático e uma uniformização ainda inexistente na Corte Superior Trabalhista, inclusive para que não se redunde em situação de utilização desconexa a impor penalidade excessiva aos agentes sociais e notadamente às empresas.

Referências

BERNACIAK, Magdalena. *Social dumping:* political catchphrase or threat to labour standards? 2012. Disponível em: <http://papers.ssrn.com/sol3/papers.cfm?abstract_id=2208393> Acesso em: 20.7.2013.

GAVA, Rodrigo. Dumping *social vermelho:* ideário humanista ou protecionismo hegemônico? maio/2007. Disponível em: <http://online.sintese.com> Acesso em: 20.7.2013.

GOULART, Cyrus Eghrari. *A eficiência e a eficácia das normas antidumping na OMC e suas repercussões no direito concorrencial.* Universidade Estadual Paulista "Júlio de Mesquita Filho". Dissertação de Mestrado. Franca, 2006.

MORAES, Maria Celina Bodin de. *Punitive damages* em sistemas civilistas: problemas e perspectivas. *Revista Trimestral de Direito Civil,* Rio de Janeiro: Padma, ano 5, n. 18, abr./jun. 2004.

NASCIMENTO, Amauri Mascaro. Dumping *social e dano moral coletivo trabalhista.* 2011. Disponível em: <http://www.amaurimascaronascimento.com.br/> Acesso em: 20.7.2013.

PINTO, José Augusto Rodrigues. *Dumping* social ou delinquência patronal na relação de emprego? *Revista do TST,* Brasília, v. 77, n. 3, jul./set. 2011.

PIRES, Adilson Rodrigues. *Práticas abusivas no comércio internacional.* 1. ed. Rio de Janeiro: Forense, 2001.

POLINSKY, A. Mitchell; SHAVELL, Steven. Punitive Damages. *In:* BOUCKAERT, Boudewijn; DE GEEST, Gerritt (ed.). *Encyclopedia of Law and Economics,* v. II, Edward Elgar: Northamptom, p. 764-781, 2000.

PÜSCHEL, Flávia Portella. A função punitiva da responsabilidade civil no direito brasileiro: uma proposta de investigação empírica. *Revista Direito GV,* v. 3, p. 17-36, 2007.

TEIXEIRA, Leandro Fernandes. *A prática de* dumping *social como um fundamento de legitimação de* punitive damages*, em uma perspectiva da análise econômica do direito.* Dissertação de Mestrado. Salvador: Universidade Federal da Bahia, 2012.

A Lei de Falência e seus Reflexos na Sucessão Trabalhista

Cristiano Gomes de Brito(*)

1. Introdução

O presente trabalho tem por objetivo descrever e analisar os efeitos da legislação falimentar na execução trabalhista, notadamente os aspectos da sucessão trabalhista do adquirente da empresa falida ou em recuperação judicial. Para tanto, será discorrido no primeiro momento os conceitos e características da Lei de Falência, bem como as normas que regem a sucessão. Posteriormente, a sucessão trabalhista na falência e na recuperação judicial.

2. A Lei de Falência

A Lei n. 11.101/05 teve por objetivo modernizar a legislação falimentar, incorporando princípios que possibilitam com maior eficácia a recuperação de empresas, como o plano de recuperação judicial, com participação dos credores, e na falência abarcando melhor eficiência na alienação dos ativos, com escopo de pagar maior numero de credores, *v. g.*, a isenção de responsabilidade dos adquirentes da massa falida em decorrência da aquisição de seus bens.

A recuperação judicial e a falência têm como fundamento, dentre outros, os princípios da preservação da empresa, da relevância do interesse dos credores e da *par conditio creditorum*.

A empresa, neste contexto, deve ser vista sob a ótica de sua função social, que transcendem aos interesses dos sócios e de seus credores, porque há interesses dos empregados, fornecedores, consumidores, sociedade, fisco e da concorrência.

A função social da empresa, cuja finalidade primordial é de interesse coletivo, fundamenta-se na proteção e manutenção da entidade econômica geradora de riquezas, empregos e receitas para o Estado, com o pagamento de impostos, além de atender aos anseios e necessidades dos consumidores e trabalhadores. O interesse coletivo neste caso prepondera sobre os interesses particulares dos credores.

Explica Gladston Mamede (2012:77) que a relevância do interesse dos credores, os tornaram uma coletividade (*universits creditorum*) e não mera pluralidade de individualidades estanques e isolados, criando as figuras da assembleia geral de credores, e o comitê de credores, dando-os uma dimensão coletiva, unitária, limitando o arbítrio individual, que passa a depender de uma expressão conjunta dos interesses, evitando atuações egoístas.

A *par conditio creditorum*, segundo Gladston Mamede (2012:7) tem por objetivo garantir que

---

(*) Doutor e Mestre em Direito Empresarial pela UFMG. Especialista em Direito Processual Civil pela UFU. Professor Adjunto de Direito na Universidade Federal de Uberlândia — UFU. Advogado.

todos os credores, titulares de faculdades de mesma natureza, sejam tratados em igualdade de condições, opção jurídica em que se estabelece o principio do tratamento dos credores em igualdade de condições.

Por outro lado, pode-se afirmar que a Lei n. 11.101/05 deu tratamento especial aos direitos dos trabalhadores. Isto porque, com explica Carlos Roberto Fonseca de Andrade (2007: 77) há consenso quanto à imperiosa necessidade de se flexibilizar o que se convencionou chamar de núcleo pétrea trabalhista, para mitigá-lo quanto aos efeitos contrários a interesse social de maior significado. Se é certo que, no direito do trabalho, teimam alguns em afirmar da indisponibilidade dos direitos trabalhistas, não é menos certo que a própria Constituição consolidou caminho para que se construa uma nova visão a propósito do tema, ao dispor no capítulos dos direitos sociais que o salário é irredutível.

Para o STF (ADIN n. 3.934-2/DF), a Lei n. 11.101/2005, não apenas resultou do amplo debate com os setores sociais diretamente afetados por ela, como também surgiu da necessidade de preservar-se o sistema produtivo nacional inserido em uma ordem econômica mundial caracterizada, de um lado, pela concorrência predatória entre seus principais agentes e, de outro, pela eclosão de crises globais altamente desagregadoras.

3. A SUCESSÃO NO CONTRATO DE TRESPASSE

O estabelecimento empresarial, também denominado fundo de empresa, fundo de comércio, *azienda*, é um complexo de bens organizado pelo empresário para o exercício da empresa, podendo ser objeto unitário de direitos e de negócios jurídicos, translativos ou constitutivos, que sejam compatíveis com sua natureza[1].

Trata-se do conjunto de bens utilizado para o exercício da atividade empresarial, constituído por bens materiais e imateriais[2]. Esclarece Rubens Requião (2006: 282) que é o instrumento da atividade do empresário, pertencente à categoria dos bens móveis, transcendendo às unidades de coisas que o compõe e são mantidas unidas pela destinação que lhes dá o empresário, formando em decorrência dessa unidade um patrimônio comercial, que deve ser classificado como corpóreo.

Para Fran Martins (2006: 415), o fundo de comércio é composto por um conjunto de coisas perfeitamente individualizadas e autônomas, que se congregam, pela vontade do comerciante, a fim de possibilitá-lo a exercer o seu comércio, servindo de instrumento dessas atividades.

Sendo assim, no estabelecimento empresarial há a união de diversos bens, materiais e imateriais, que, por vontade do empresário, são encarados em conjunto, constituindo-se em uma universalidade de fato de bens, isto porque os bens que o formam se mantêm unidos por vontade e determinação do empresário, assim como a herança ou a massa falida, e por tal razão torna-se um objeto de direito.

A alienação do fundo de comércio se faz por meio do "contrato de trespasse", modalidade de contrato que permite a transferência do fundo de comércio de um comerciante para outro. Possui proteção específica, outorgada pela lei, em razão de ser ato de alienação com patente cunho de ordem pública.

O CC, art. 1.143, estabelece que o estabelecimento poder ser objeto unitário de direitos e de negócios jurídicos, translativos ou constitutivos, que sejam compatíveis com a sua natureza.

Em seguida, no art. 1.144, determina que o contrato que tenha por objeto a alienação, o usufruto ou arrendamento do estabelecimento, só produzirá efeitos quanto a terceiros depois de averbado à margem da inscrição do empresário, ou da sociedade empresária, no Registro Público de Empresas Mercantis, e de publicado na imprensa oficial.

Desta forma, o estabelecimento empresarial deixa de integrar o patrimônio de um empresário e passa para outro, sendo que o objeto da venda é o complexo de bens corpóreos e incorpóreos.

---

(1) Código Civil, arts. 1.142 e 1.143.
(2) Segundo Fran Martins (2006:414), forma-se o fundo de comércio de elementos incorpóreos e corpóreos. Todos eles servindo ao exercício do comércio pelo comerciante. Como elementos incorpóreos, destacam-se: a) a propriedade comercial, ou seja, o direito local em que está sediado o estabelecimento; b) o nome comercial, composto de firma ou denominação; c) os acessórios do nome comercial, ou seja, os títulos do estabelecimento e as expressões ou sinais de propaganda; d) a propriedade industrial, isto é, os privilégios de invenção, bem como os privilégios dos modelos de utilidade e dos desenhos e modelos industriais, os direito de uso de marcas de indústria e comércio ou de serviços e das indicações de proveniência; e) a propriedade imaterial, ou seja, o aviamento, que pode consistir na reputação e crédito do comerciante ou na boa qualidade e variedade de seus produtos etc. Como elementos corpóreos temos os bens móveis, seja os utilizados pelo comerciante para aparelhar o seu estabelecimento, tais como as vitrinas, armações, prateleiras, mobiliário, balcões etc., sejam as mercadorias e produtos que servem ao seu negócio. Integram, também, o fundo de comércio, como elementos corpóreos, os bens imóveis pertencentes à empresa comercial.

O art. 1.145 do CC, estabelece que se ao alienante não restarem bens suficientes para solver o seu passivo, a eficácia da alienação do estabelecimento depende do pagamento de todos os credores, ou do consentimento destes, de modo expresso ou tácito, em trinta dias a partir de sua notificação.

A anuência tácita ocorre quando os credores, depois de notificados, deixam de se manifestar em contrário nos 30 (trinta) dias seguintes à notificação expedida pelo devedor que aliena seu estabelecimento.

O CC estabelece que, art. 1.146, que o adquirente do estabelecimento responde pelo pagamento dos débitos anteriores à transferência, desde que regularmente contabilizados, continuando o devedor primitivo solidariamente obrigado pelo prazo de um ano, a partir, quanto aos créditos vencidos, da publicação, e, quanto aos outros, da data do vencimento.

Porém, não obstante a previsão legal do art. 1.146 do CC, há exceções quanto essa regra, tornando o adquirente do estabelecimento sucessor de determinadas dívidas do alienante, respondendo com seu patrimônio.

A primeira delas dar-se-á por convenção entre as partes, prevendo expressamente sucessão no contrato de trespasse, seja total ou parcialmente das dívidas do alienante.

Haverá também sucessão em relação aos créditos de natureza tributária, determinados *ex lege*, como previsto no art. 133 do Código Tributário Nacional, dispondo que a pessoa física ou jurídica de direito privado que adquirir de outra, por qualquer título, fundo de comércio ou estabelecimento comercial, industrial ou profissional e continuar a respectiva exploração, sob a mesma ou outra razão social ou sob firma ou nome individual, reponde pelos tributos, relativos ao fundo ou estabelecimento adquirido, devido até a data do ato: I — integralmente, se o alienante cessar a exploração do comércio, indústria ou atividade; II — subsidiariamente com o alienante, se este prosseguir na exploração ou iniciar dentro de 6 (seis) meses, a contar da data da alienação, nova atividade no mesmo ou em outro ramo de comércio, indústria ou profissão.

Verifica-se então que a sucessão poderá ser total ou parcial, dependendo da continuidade da atividade exercida pelo alienante.

Quanto aos créditos trabalhistas, haverá também sucessão, transferindo para o adquirente do fundo de comércio as dívidas e encargos trabalhistas do alienante, como prevê o art. 448 da CLT, dispondo que a mudança na propriedade ou na estrutura jurídica da empresa não afetará os contratos de trabalho dos respectivos empregados. Nessa hipótese, poderá o credor optar em demandar contra o alienante, o adquirente ou contra ambos.

Porém, exceção a essas regras, como se verá adiante, a Lei n. 11.101/05 estabelece que o objeto da alienação dos bens do devedor na recuperação judicial ou na falência estará livre de qualquer ônus e não haverá sucessão do arrematante nas obrigações do devedor, inclusive as de natureza tributária, as derivadas da legislação do trabalho[3] e as decorrentes de acidentes de trabalho[4], regras semelhantes às contidas nos art. 1.116 do CPC e art. 130 do CTN.

4. A SUCESSÃO TRABALHISTA NA FALÊNCIA E NA RECUPERAÇÃO JUDICIAL

Visto que o art. 448 da CLT determina que a mudança na propriedade ou na estrutura jurídica da empresa não afetará os contratos de trabalho dos respectivos empregados, com o advento da Lei n. 11.101/05, a regra estabelecida na CLT não tem aplicabilidade quando a alienação do estabelecimento empresarial ocorrer em uma alienação decorrente de uma medida no plano de recuperação judicial, ou quando da alienação de ativos de uma empresa em um processo de falência.

Dispõe o art. 60 da Lei n. 11.101/05 que o plano de recuperação judicial aprovado envolver alienação judicial de filiais ou de unidades produtivas isoladas do devedor, o juiz ordenará a sua realização. O

---

(3) Quanto aos empregados, a questão seria resolvida pelo art. 141, § 2º, da LRJF, estabelecendo que os empregados do devedor contratados pelo arrematante serão admitidos mediante novos contratos de trabalho e o arrematante não responderá por obrigações decorrentes do contrato anterior.
(4) Ressalta-se que o STF julgou constitucional a medida, não ferindo direito dos trabalhadores. Confira-se: AÇÃO DIRETA DE INCONSTITUCIONALIDADE. ARTS. 60, PARÁGRAFO ÚNICO, 83, I E IV, C, E 141, II, DA LEI N. 11.101/2005. FALÊNCIA E RECUPERAÇÃO JUDICIAL. INEXISTÊNCIA DE OFENSA AOS ARTS. 1º, III E IV, 6º, 7º, I, E 170, DA CONSTITUIÇÃO FEDERAL DE 1988. ADI JULGADA IMPROCEDENTE. I — Inexiste reserva constitucional de lei complementar para a execução dos créditos trabalhistas decorrente de falência ou recuperação judicial. II — Não há, também, inconstitucionalidade quanto à ausência de sucessão de créditos trabalhistas. III — Igualmente não existe ofensa à Constituição no tocante ao limite de conversão de créditos trabalhistas em quirografários. IV — Diploma legal que objetiva prestigiar a função social da empresa e assegurar, tanto quanto possível, a preservação dos postos de trabalho. V — Ação direta julgada improcedente. (ADI n. 3.934, Relator(a): Min. Ricardo Lewandowski, Tribunal Pleno, julgado em 27.5.2009.)

parágrafo único, determina que o objeto da alienação estará livre de qualquer ônus e não haverá sucessão do arrematante nas obrigações do devedor, inclusive as de natureza tributária[5].

Já o art. 141, II, estabelece que na alienação conjunta ou separada de ativos, inclusive da empresa ou de suas filiais, promovida sob qualquer das modalidades de alienação, o objeto da alienação estará livre de qualquer ônus e não haverá sucessão do arrematante nas obrigações do devedor, inclusive as de natureza tributária, as derivadas da legislação do trabalho e as decorrentes de acidentes de trabalho[6].

Destarte, seja na recuperação judicial ou na falência, a expropriação dos bens poderá ser realizada por meio de alienação do estabelecimento[7], com a venda de seus estabelecimentos em bloco, alienação parcial do estabelecimento, com a venda de suas filiais ou unidades produtivas isoladamente, alienação em bloco dos bens que integram cada um dos estabelecimentos do devedor, alienação dos bens individualmente considerados[8].

Assim, explica Carlos Roberto Fonseca de Andrade (2007: 100) quer no âmbito da recuperação judicial, quer no contexto do processo falimentar, a lei, expressamente, exclui do mundo jurídico a hipótese de sucessão trabalhista para os adquirentes dos ativos das empresas.

Tais artigos têm por objetivo estimular e atrair investidores a adquirirem unidades produtivas, desobrigando-os de arcar com dívidas pretéritas e, por conseguinte, elevando o preço da alienação dos estabelecimentos, mantendo na recuperação judicial a empresa produtiva, aplicando o principio da preservação da empresa, ou maximizando, elevando os preços de unidades ou bens que pertenciam a empresa nos casos de alienação decorrente da decretação da falência.

Por meio da Ação Direta de Inconstitucionalidade — ADIN, estes dois artigos tiveram sua constitucionalidade questionada, ao argumento de afrontar aos valores constitucionais da dignidade da pessoa humana, do trabalho e do pleno emprego, abrigados nos art. 1º, III e IV e 170, VIII, da Constituição Federal.

Na ADIN de n. 3.934-2/DF, o STF entendeu que os arts. 60 e 141 da Lei de Falência são constitucionais, ao argumento de que do ponto de vista teleológico, o referido diploma legal buscou, antes de tudo, garantir a sobrevivência das empresas em dificuldades, autorizando a alienação de seus ativos, tendo em conta a função social que as empresas exercem, a teor do disposto no art. 170, III, da Lei Maior, mostrando-se constitucionalmente hígidos no ponto em que estabelecem a inocorrência de sucessão dos créditos trabalhistas, particularmente porque o legislador ordinário, ao concebê-los, optou por dar concreção a determinados valores constitucionais, a saber, a livre iniciativa e a função social da propriedade em detrimento de outros, com igual densidade axiológi-

---

(5) Observando ainda o disposto no § 1º, do art. 141, que dispõe:
(6) Salvo se arrematante for: I — sócio da sociedade falida, ou sociedade controlada pelo falido; II — parente, em linha reta ou colateral até o 4º (quarto) grau, consanguíneo ou afim, do falido ou de sócio da sociedade falida; ou III — identificado como agente do falido com o objetivo de fraudar a sucessão. (art. 141, § 1º)
(7) LRJF, art. 141 § 1º.
(8) A LRJF prevê uma série de hipóteses nos casos de alienação total ou parcial do estabelecimento empresarial, que, como defendido neste trabalho pode ser utilizado, por analogia, para a realização da expropriação. Confira-se: "Art. 142. O juiz, ouvido o administrador judicial e atendendo à orientação do Comitê, se houver, ordenará que se proceda à alienação do ativo em uma das seguintes modalidades: I — leilão, por lances orais; II — propostas fechadas; III — pregão.
§ 1º A realização da alienação em quaisquer das modalidades de que trata este artigo será antecedida por publicação de anúncio em jornal de ampla circulação, com 15 (quinze) dias de antecedência, em se tratando de bens móveis, e com 30 (trinta) dias na alienação da empresa ou de bens imóveis, facultada a divulgação por outros meios que contribuam para o amplo conhecimento da venda.
§ 2º A alienação dar-se-á pelo maior valor oferecido, ainda que seja inferior ao valor de avaliação.
§ 3º No leilão por lances orais, aplicam-se, no que couber, as regras do CPC.
§ 4º A alienação por propostas fechadas ocorrerá mediante a entrega, em cartório e sob recibo, de envelopes lacrados, a serem abertos pelo juiz, no dia, hora e local designados no edital, lavrando o escrivão o auto respectivo, assinado pelos presentes, e juntando as propostas aos autos da falência.
§ 5º A venda por pregão constitui modalidade híbrida das anteriores, comportando 2 (duas) fases: I — recebimento de propostas, na forma do § 3º deste artigo; II — leilão por lances orais, de que participarão somente aqueles que apresentarem propostas não inferiores a 90% (noventa por cento) da maior proposta ofertada, na forma do § 2º deste artigo.
§ 6º A venda por pregão respeitará as seguintes regras: I — recebidas e abertas as propostas na forma do § 5º deste artigo, o juiz ordenará a notificação dos ofertantes, cujas propostas atendam ao requisito de seu inciso II, para comparecer ao leilão; II — o valor de abertura do leilão será o da proposta recebida do maior ofertante presente, considerando-se esse valor como lance, ao qual ele fica obrigado; III — caso não compareça ao leilão o ofertante da maior proposta e não seja dado lance igual ou superior ao valor por ele ofertado, fica obrigado a prestar a diferença verificada, constituindo a respectiva certidão do juízo título executivo para a cobrança dos valores pelo administrador judicial.
§ 7º Em qualquer modalidade de alienação, o Ministério Público será intimado pessoalmente, sob pena de nulidade."

ca, eis que os reputou mais adequados ao tratamento da matéria[9].

Nesse julgamento, o Relator ressaltou que o processo falimentar, nele compreendido a recuperação das empresas em dificuldades, objetiva, em última análise, saldar o seu passivo mediante a realização do respectivo patrimônio. Para tanto, todos os credores são reunidos segundo uma ordem pré-determinada, em consonância com a natureza do crédito de que são detentores. Asseverou ainda que o referido processo tem em mira não somente contribuir para que a empresa vergastada por uma crise econômica ou financeira possa superá-la eventualmente, mas também busca preservar, o mais possível, os vínculos trabalhistas e a cadeia de fornecedores com os quais ela guarda verdadeira relação simbiótica.

Não obstante a expressa manifestação da Suprema Corte, quanto a constitucionalidade dos dispositivos citados, verifica-se ainda inúmeros questionamentos e decisões contrárias a decisão do STF, quanto a extensão da Lei de Falência no âmbito das execuções trabalhistas, notadamente na penhora, arresto ou sequestro de bens pela Justiça do Trabalho em empresas que estão sob recuperação judicial ou falência, levando o STJ, por diversas vezes[10] determinar a competência exclusiva do juízo do plano de

---

(9) EMENTA: AÇÃO DIRETA DE INCONSTITUCIONALIDADE. ARTS. 60, PARÁGRAFO ÚNICO, 83, I E IV, C, E 141, II, DA LEI N. 11.101/2005. FALÊNCIA E RECUPERAÇÃO JUDICIAL. INEXISTÊNCIA DE OFENSA AOS ARTS. 1º, III E IV, 6º, 7º, I, E 170, DA CONSTITUIÇÃO FEDERAL DE 1988. ADI JULGADA IMPROCEDENTE. I — Inexiste reserva constitucional de lei complementar para a execução dos créditos trabalhistas decorrente de falência ou recuperação judicial. II — Não há, também, inconstitucionalidade quanto à ausência de sucessão de créditos trabalhistas. III — Igualmente não existe ofensa à Constituição no tocante ao limite de conversão de créditos trabalhistas em quirografários. IV — Diploma legal que objetiva prestigiar a função social da empresa e assegurar, tanto quanto possível, a preservação dos postos de trabalho. V — Ação direta julgada improcedente. (ADI n. 3.934, Relator(a): Min. Ricardo Lewandowski, Tribunal Pleno, julgado em 27.5.2009, DJe-208 Divulg 5.11.2009 Public 6.11.2009 Ement v. 2381-02, p. 374 RTJ v. 216, p. 227)

(10) AGRAVO REGIMENTAL NO CONFLITO POSITIVO DE COMPETÊNCIA SUSCITADO POR EMPRESA ARREMATANTE DA UNIDADE PRODUTIVA DA VARIG S/A EM FACE DE JUÍZOS DO TRABALHO E JUÍZO FALIMENTAR. COMPETÊNCIA DO JUÍZO FALIMENTAR. 1. A execução individual trabalhista e a recuperação judicial apresentam nítida incompatibilidade concreta, porque uma não pode ser executada sem prejuízo da outra. 2. O Juízo universal é o competente para a execução dos créditos apurados nas ações trabalhistas propostas em face da Varig S/A e da VRG Linhas Aéreas S/A (arrematante da UPV), sobretudo porque, no que se refere à arrematação judicial da UPV, ficou consignado em edital, nos termos da Lei n. 11.101/05, que sua transmissão não acarretaria a assunção de seu passivo. 3. Competência do Juízo da Direito da 1ª Vara Empresarial do Rio de Janeiro, para os prosseguimentos das execuções trabalhistas. 4. Agravo regimental desprovido. (AgRg no CC 122.412/RJ, Rel. Ministro Marco Buzzi, Segunda Seção, julgado em 9.10.2013, DJe 16.10.2013)
AGRAVO REGIMENTAL. CONFLITO POSITIVO DE COMPETÊNCIA. JUÍZO TRABALHISTA E JUÍZO DA RECUPERAÇÃO JUDICIAL. PROSSEGUIMENTO DAS EXECUÇÕES TRABALHISTAS APÓS A FASE DE ACERTAMENTO E LIQUIDAÇÃO. COMPETÊNCIA DO JUÍZO UNIVERSAL DA RECUPERAÇÃO. IMPOSSIBILIDADE. RETOMADA AUTOMÁTICA DAS EXECUÇÕES APÓS O FIM DO PRAZO DE 180 DIAS. NÃO CABIMENTO. 1. A jurisprudência do Superior Tribunal de Justiça é firme no sentido de que, ultrapassada a fase de acertamento e liquidação dos créditos trabalhistas, cuja competência é da Justiça do Trabalho, os valores apurados deverão ser habilitados nos autos da falência ou da recuperação judicial para posterior pagamento (Decreto-Lei n. 7.661/45; Lei n. 11.101/2005). 2. O entendimento desta Corte preconiza que, via de regra, deferido o processamento ou, posteriormente, aprovado o plano de recuperação judicial, é incabível a retomada automática das execuções individuais, mesmo após decorrido o prazo de 180 dias previsto no art. 6º, § 4º, da Lei n. 11.101/2005. 3. Agravo regimental a que se nega provimento. (AgRg no CC 130.138/GO, Rel. Ministro Raul Araújo, Segunda Seção, julgado em 9.10.2013, DJe 21.11.2013)
PROCESSO CIVIL. AGRAVO REGIMENTAL. CONFLITO POSITIVO DE COMPETÊNCIA. JUÍZO DA FALÊNCIA E JUÍZO DO TRABALHO. CONVOLAÇÃO DA RECUPERAÇÃO JUDICIAL EM FALÊNCIA. COMPETÊNCIA DO JUÍZO FALIMENTAR. 1. Com a edição da Lei n. 11.101, de 2005, respeitadas as especificidades da falência e da recuperação judicial, é competente o respectivo Juízo para prosseguimento dos atos de execução, tais como alienação de ativos e pagamento de credores, que envolvam créditos apurados em outros órgãos judiciais, inclusive trabalhistas. 2. Agravo regimental provido. (AgRg no CC 114.916/SP, Rel. Ministro João Otávio De Noronha, Segunda Seção, julgado em 14.8.2013, DJe 21.8.2013)
CONFLITO POSITIVO DE COMPETÊNCIA. JUÍZO DO TRABALHO E JUÍZO DA RECUPERAÇÃO JUDICIAL. ADJUDICAÇÃO DO BEM, NA JUSTIÇA TRABALHISTA, DEPOIS DE DEFERIDO O PEDIDO DE PROCESSAMENTO DA RECUPERAÇÃO JUDICIAL. DESFAZIMENTO DO ATO. COMPETÊNCIA DO JUÍZO UNIVERSAL. 1. A jurisprudência desta Corte assentou-se no sentido de que, decretada a falência ou deferido o processamento da recuperação judicial, as execuções contra o devedor não podem prosseguir, ainda que exista prévia penhora. Na hipótese de adjudicação posterior levada a efeito em juízo diverso, o ato deve ser desfeito, em razão da competência do juízo universal e da observância do princípio da preservação da empresa. 2. De acordo com o entendimento deste Tribunal Superior, admite-se a prorrogação do prazo suspensivo das ações e execuções ajuizadas em face da sociedade em crise econômico-financeira, previsto no art. 6º, § 3º, da Lei n. 11.101/2005. 3. Conflito de competência conhecido, declarada a competência do Juízo da Vara de Falência e Recuperações Judiciais e decretada a nulidade da adjudicação. (CC 111.614/DF, Rel. Ministra Nancy Andrighi, Segunda Seção, julgado em 12.6.2013, DJe 19.6.2013)
PROCESSO CIVIL. CONFLITO DE COMPETÊNCIA. RECUPERAÇÃO JUDICIAL. TRANSFERÊNCIA DE PARQUE INDUSTRIAL MEDIANTE ARRENDAMENTO. CONSTITUIÇÃO DE NOVA EMPRESA PARA ADMINISTRÁ-LO. SUCESSÃO TRABALHISTA RECONHECIDA PELA JUSTIÇA DO TRABALHO. IMPOSSIBILIDADE. CONFLITO CONHECIDO. 1. Aprovado o plano de recuperação judicial, dispondo-se sobre a transferência parque industrial, compete ao juízo da recuperação verificar se a medida foi cumprida a contento, se há sucessão quanto aos débitos trabalhistas e se a constituição de terceira empresa exclusivamente para administrar o parquet. 2. O fato de a transferência se dar por arrendamento não retira do juízo da recuperação a competência para apurar a regularidade da operação. 3. O julgamento de reclamação trabalhista no qual se reconhece a existência de sucessão trabalhista, responsabilizando-se a nova empresa constituída pelos débitos da arrendante do parque industrial, implica invasão da competência do juízo da recuperação judicial. 4. Conflito de competência conhecido, estabelecendo-se o juízo da 1ª Vara Cível de Itaúna/MG, como competente para declarar a validade da transferência do estabelecimento a terceiros, inclusive no que diz respeito a eventual sucessão trabalhista, declarando-se nulos os atos praticados pelo juízo da vara do trabalho de Itaúna/MG. (CC 118.183/MG, Rel. Ministra Nancy Andrighi, Segunda Seção, julgado em 9.11.2011, DJe 17.11.2011)

recuperação ou da falência, para prosseguimento dos atos de execução, como alienação de ativos e pagamento de credores, mesmo que decorrentes da relação de trabalho, apurados em outros órgãos judiciais, inclusive fiscais[11] e trabalhistas, vedando, inclusive, a retomada automática das execuções individuais ou trabalhistas, mesmo após decorrido o prazo de 180 dias previsto no art. 6º, § 4º, da Lei n. 11.101/2005.

Explica Fábio Ulhoa Coelho (2005/352) que de um lado, quando a lei expressamente nega a sucessão, amplia as chances de interessados adquirirem o negócio da sociedade falida e, consequentemente, as de mais credores virem a ter seus créditos satisfeitos com recursos advindos da aquisição. Se o adquirente da empresa anteriormente explorada pela falida tiver de honrar todas as dívidas desta, é evidente que menos empresários terão interesse no negócio. Aliás, é provável que a própria alienação da empresa se inviabilize: se tiver de pagar tudo a que se obrigara o falido, o adquirente tende a falir também. Mas, de outro lado, a lei não pode ignorar as fraudes que a negativa expressa de sucessão pode abrigar. O controlador da sociedade falida pode, por interpostas pessoas, adquirir a mesma empresa que anteriormente explorava, liberando-se da obrigação de pagar o passivo.

Para Gladston Mamede (2012: 179), o art. 60 da Lei n. 11.101/05 cria uma exceção legal ao principio da sucessão jurídica subjetiva, válida para o juízo

---

PROCESSO CIVIL. EMBARGOS DECLARATÓRIOS. ADMISSÃO COMO AGRAVO REGIMENTAL. FUNGIBILIDADE E ECONOMIA PROCESSUAIS. CONFLITO POSITIVO DE COMPETÊNCIA. JUSTIÇA COMUM ESTADUAL E JUSTIÇA DO TRABALHO. RECUPERAÇÃO JUDICIAL. RECLAMAÇÃO TRABALHISTA. ATOS EXECUTIVOS. ALIENAÇÃO JUDICIAL DE ATIVOS. AUSÊNCIA DE SUCESSÃO. ARTS. 60 E 141 DA LEI N. 11.101/2005. CONSTITUCIONALIDADE PROCLAMADA PELO STF (ADI N. 3.934-2/DF). COMPETÊNCIA DO JUÍZO DE DIREITO DA VARA EMPRESARIAL. INTERESSE JURÍDICO DA SUSCITANTE. LEGITIMIDADE PARA SUSCITAR O INCIDENTE. 1. Admitem-se como agravo regimental embargos de declaração opostos a decisão monocrática proferida pelo relator, em nome dos princípios da fungibilidade e economia processuais. 2. O juízo responsável pela recuperação judicial detém a competência para dirimir todas as questões relacionadas, direta ou indiretamente, com tal procedimento, inclusive aquelas que digam respeito à alienação judicial conjunta ou separada de ativos da empresa recuperanda, diante do que estabelecem os arts. 6º, caput e § 2º, 47, 59 e 60, parágrafo único, da Lei n. 11.101/2005. 3. Como consectário lógico e direto dos pressupostos e alcance da Lei de Recuperação de Empresas e Falência, o Supremo Tribunal Federal, no julgamento da ADI n. 3.934-2/DF, ao tratar da ausência de sucessão, na alienação judicial, do arrematante nas obrigações do devedor, notadamente nas dívidas trabalhistas, proclamou a constitucionalidade dos arts. 60 e 141 da sobredita lei. 4. "Pode suscitar conflito de competência quem quer que esteja sujeito à eficácia da sentença, que qualquer dos juízes, no conflito positivo de competência, possa proferir. Neste caso, a apreciação da legitimidade para arguição depende mais da existência de interesse jurídico do requerente que propriamente de sua qualidade como parte" (CC n. 32.461/GO, Segunda Seção, relatora Ministra Nancy Andrighi). 5. Embargos de declaração recebidos como agravo regimental, ao qual se nega provimento. (EDcl no CC 115.255/RJ, Rel. Ministro João Otávio de Noronha, Segunda Seção, julgado em 27.4.2011, DJe 13.5.2011)

PROCESSUAL CIVIL. AGRAVO REGIMENTAL. CONFLITO POSITIVO DE COMPETÊNCIA. JUSTIÇA COMUM ESTADUAL E JUSTIÇA DO TRABALHO. RECUPERAÇÃO JUDICIAL. RECLAMAÇÃO TRABALHISTA. ATOS EXECUTIVOS. ALIENAÇÃO JUDICIAL DE ATIVOS. AUSÊNCIA DE SUCESSÃO. ARTS. 60 E 141 DA LEI N. 11.101/2005. CONSTITUCIONALIDADE PROCLAMADA PELO STF (ADI N. 3.934-2/DF). CONFLITO CONHECIDO PARA DECLARAR COMPETENTE O JUÍZO DE DIREITO DA VARA EMPRESARIAL. PRECEDENTES DO STJ. PRINCÍPIOS E DISPOSITIVOS CONSTITUCIONAIS. AUSÊNCIA DE VIOLAÇÃO. AGRAVO REGIMENTAL DESPROVIDO. 1. "A Lei n. 11.101, de 2005, não teria operacionalidade alguma se sua aplicação pudesse ser partilhada por juízes de direito e juízes do trabalho; competência constitucional (CF, art. 114, incs. I a VIII) e competência legal (CF, art. 114, inc. IX) da Justiça do Trabalho" (CC n. 61.272/RJ, Segunda Seção, relator Ministro Ari Pargendler, DJ de 25.6.2007). 2. O juízo responsável pela recuperação judicial detém a competência para dirimir todas as questões relacionadas, direta ou indiretamente, com tal procedimento, inclusive aquelas que digam respeito à alienação judicial conjunta ou separada de ativos da empresa recuperanda, diante do que estabelecem os arts. 6º, caput e § 2º, 47, 59 e 60, parágrafo único, da Lei n. 11.101/2005. 3. Como consectário lógico e direto dos pressupostos e alcance da Lei de Recuperação de Empresas e Falência, o Supremo Tribunal Federal, no julgamento da ADI n. 3.934-2/DF, relator Ministro Ricardo Lewandowski, DJe de 4.6.2009, ao tratar da ausência de sucessão, na alienação judicial, do arrematante nas obrigações do devedor, notadamente nas dívidas trabalhistas, proclamou a constitucionalidade dos arts. 60 e 141 da mencionada lei. 4. No caso, a decisão hostilizada, circunscrita especialmente aos atos decisórios oriundos dos Juízos suscitados, conheceu do conflito para declarar competente o Juízo de Direito da Vara Empresarial, em plena harmonia com a jurisprudência que o STJ construiu com amparo nas legislações especiais aplicáveis à espécie, motivo pelo qual não houve negativa de vigência de princípios e dispositivos constitucionais. 5. Agravo regimental desprovido. (AgRg no CC 112.637/RJ, Rel. Ministro João Otávio de Noronha, Segunda Seção, julgado em 23.2.2011, DJe 4.3.2011)

(11) A título de ilustração, quanto as execuções fiscais, decidiu o STJ: AGRAVO NO CONFLITO POSITIVO DE COMPETÊNCIA. SOCIEDADE EM RECUPERAÇÃO JUDICIAL. TRESPASSE DO ESTABELECIMENTO. RECONHECIMENTO DE SUCESSÃO TRIBUTÁRIA PELO JUÍZO FEDERAL. EXECUÇÃO FISCAL PROMOVIDA CONTRA A SOCIEDADE ADQUIRENTE. DECLARADA COMPETÊNCIA DO JUÍZO UNIVERSAL. AUSÊNCIA DE VIOLAÇÃO DA CLÁUSULA DE RESERVA DE PLENÁRIO. 1. Configura-se o conflito de competência quando, de um lado, está o Juízo da Recuperação Judicial, que declarou a inexistência de sucessão dos ônus e obrigações decorrentes do trespasse do estabelecimento da sociedade recuperanda; de outro, o Juízo Federal, que, reconhecendo a sucessão tributária, promove execução fiscal contra a sociedade adquirente. 2. Não há que se falar em ofensa à cláusula de reserva de plenário (art. 97 da Constituição Federal) se, na decisão agravada, não houve declaração de inconstitucionalidade dos dispositivos legais suscitados, tampouco se negou sua vigência, mas apenas se extraiu da regra seu verdadeiro alcance, a partir de uma interpretação sistêmica. 3. A 2ª Seção deste Tribunal pacificou o entendimento de que, não obstante a execução fiscal, em si, não se suspenda com o deferimento da recuperação judicial, cabe ao Juízo Universal o prosseguimento dos atos de execução, sob pena de inviabilizar a recuperação da sociedade. 4. É do Juízo da Recuperação Judicial a competência para definir a existência de sucessão dos ônus e obrigações, nos casos de alienação de unidade produtiva da sociedade recuperada, inclusive quanto à responsabilidade tributária da sociedade adquirente. 5. Agravo não provido. (AgRg no CC 116.036/SP, Rel. Ministra Nancy Andrighi, Segunda Seção, julgado em 12.6.2013, DJe 17.6.2013)

concursal. Essa sucessão é legitima, por resultar de um acordo judicial, proposto e aprovado em assembleia geral de credores, com participação e anuência do devedor. Há efetiva transação em ambiente judicial, Como se não bastasse, a alienação é judicial, e portanto, corresponde a uma desapropriação estatal (feita pelo judiciário) e transferência judicial. Assevera que essas alienações são comuns em qualquer processo de execução; no caso em lugar de se alienarem bens isoladamente, aliena-se uma coletividade de bens: um complexo organizado de bens (estabelecimento) com as respectivas relações jurídicas. O adquirente faz uma aquisição judicial e, portanto, não adquire o passivo, apenas ativo. Não se faz aquisição judicial de passivo.

Em seguida, o mesmo Autor (2012: 179), afirma que a alienação judicial da filial ou da unidade produtiva isolada corresponderá uma situação de interrupção na relação jurídica, por intervenção judicial; não é uma mesma relação jurídica, como alteração subjetiva e, via de consequência, sucessão subjetiva. Com o abandono do complexo organizado de bens ao Judiciário, para alienação, extingue-se a relação jurídica anterior e constitui-se uma nova relação jurídica. A arrematação, neste contexto, tem natureza jurídica de aquisição originária do direito (da propriedade) e, assim, não há efetivamente falar em sucessão do arrematante nas obrigações do devedor. Infelizmente, desse acordo judicial não participa a Fazenda Pública, excluída que está do processo pelo art. 187 do CTN, mas submete-se a seus efeitos (art. 60, parágrafo único, da Lei n. 11.101/05 e art. 133 do CTN).

Destaca oportunamente Carlos Roberto Fonseca de Andrade (2007:103) que a aquisição de ativo, judicialmente alienado, sob a vigilância do Ministério Público e do Juiz, não poderá ser objeto de estigma sempre invocado com base no art. 9º da CLT. Os procedimento adotados, públicos e transparentes haverão de carregar a marca do legal e do legítimo viabilizando a continuidade e consequentes novos contratos de trabalho. Impossível falar-se de abuso de direito, na mais reduzida ou na mais expressiva transferência de bens materiais ou imateriais, desde que realizado o ativo, obedecidos os trâmites previstos na nova lei (art. 142).

Ressalta-se que, no julgamento da ADIN n. 3.934-2/DF, citou-se inclusive o parecer senatorial, destacando que o fato de o adquirente da empresa em processo de falência não suceder o falido nas obrigações trabalhistas não implica prejuízo aos trabalhadores. Muito ao contrário, a exclusão da sucessão torna mais interessante a compra da empresa e tende a estimular maiores ofertas pelos interessados na aquisição, o que aumenta a garantia dos trabalhadores, já que o valor pago ficará à disposição do juízo da falência e será utilizado para pagar prioritariamente os créditos trabalhistas. Além do mais, a venda em bloco da empresa possibilita a continuação da atividade empresarial e preserva empregos. Nada pode ser pior para os trabalhadores que o fracasso na tentativa de vender a empresa, pois, se esta não é vendida, os trabalhadores não recebem seus créditos e ainda perdem seus empregos.

Para Carlos Roberto Fonseca de Andrade (2007: 104), fica evidente a *ratio legis* se expressa pela total inexistência de sucessão, para quem quer que venha a adquirir ativos independentemente da forma adotada para sua alienação. Prevalece o absoluto interesse na continuidade da célula social representada pelo empreendimento. Na perspectiva trabalhista, novos contratos de trabalho serão firmados, até mesmo com antigos empregadores, parte relevante do patrimônio alienado.

Interessante destacar que isso já ocorria no próprio processo trabalhista, quando da alienação de bens móveis ou imóveis por meio da adjudicação ou da hasta pública, uma vez que o adquirente destes bens não se tornaram sucessores da dívida laboral. Desta feita, o legislador aplicou as mesmas regras do processo de execução ao plano de recuperação e a falência.

Nesse sentido, Fábio Ulhôa Coelho (2005: 352) afirma que no direito brasileiro, há só uma hipótese de negativa expressa de sucessão do adquirente de empresa explorada por sociedade empresária falida. Trata-se da aquisição da empresa em qualquer modalidade, de venda ordinária, isto é, em hasta pública (leilão, propostas ou pregão). Desse modo, o adquirente da empresa por meio ordinário de realização do ativo não é, por força expressa de previsão legal, sucessor da falida. Quer dizer, se quem arrematou a empresa ou ativos da falida tiver alguma ligação como os empreendedores e investidores desta, a sucessão se estabelece. Trata-se de dispositivo destinado a evitar fraudes no manuseio de instituto jurídico de real importância para obtenção dos recursos necessários ao atendimento dos direitos dos credores.

Destacou o Revisor no julgamento da ADIN n. 3.934-2/DF, se fosse, como se pode sustentar, interessante ou atraente adquirir empresas em colapso com integral sucessão jurídica, esta lei seria absolutamente inútil. Ela foi engendrada, concebida exatamente porque a realidade mostra, como aliás a experiência judiciária o comprova abundantemente, que ninguém jamais, salvo com finalidade escusas, teria o menor interesse em adquirir uma empresa nessas circunstancias e arcar com débitos absolutamente insuscetíveis de pagamento. Em seguida, observou que na interpretação da Lei n. 11.101/05 há duas visões: uma macroeconômica, que tem o foco no dinamismo da economia e que, por isso mesmo, visa ao benefício de toda coletividade, e, de outro, uma visão mais microscópica e mais rente a aparente interesses subjetivos individualizados, mas que, no fundo, reverte em dano geral, porque não permite a recuperação de empresas, nem que a lei atinja o seus objetivos. Isso tudo, com base na experiência, que mostrou que, durante a vigência da lei velha, ninguém costumava adquirir bens, muito menos toda a empresa. em muitos e muitos casos, a demo nos processos de falência levava à deterioração desses bens e, portanto, à perda de seu valor econômico.

Desta feita, depreende-se da lógica jurídica e econômica de que a ausência de sucessão se torna a media mais adequada e viável, não sendo possível responsabilizar solidaria ou subsidiariamente o adquirente das dívidas da empresa em recuperação judicial ou falida.

5. Bibliografia

ANDRADE, Carlos Roberto Fonseca de. O direito do trabalho e a lei de recuperação de empresas. *In:* SANTOS, Paulo Penalva (coord.). *A nova lei de falências e de recuperação de empresas* — Lei n. 11.101/05. Rio de Janeiro: Forense, 2007.

ASSIS, Araken de. *Manual da execução.* 13. ed. São Paulo: RT, 2010.

BEZERRA FILHO, Manoel Justino. *Lei de recuperação de empresas e falência comentada.* 5. ed. São Paulo: RT, 2008.

BRITO, Cristiano Gomes de. *Sociedade limitada & cessão de quotas.* Curitiba: Juruá, 2007.

_____. A penhora de quotas da sociedade limitada — a harmonia entre os arts. 1.026 do CC e o 655, VI, do CPC. *Revista de Processo*, São Paulo: RT, v. 171, p. 49/65, maio 2009.

_____. Dissolução parcial de sociedade anônima. *Revista de Direito Mercantil, Industrial, Econômico e Financeiro*, São Paulo, v. 123, p. 147-159, jul./set. 2001.

CÂMARA, Alexandre Freitas. *Lições de direito processual civil.* Rio de Janeiro: Lumen Juris, 2009. v. 2.

CARNEIRO, Athos Gusmão. A "nova" execução dos títulos extrajudiciais. Mudou muito? *Revista de Processo*, São Paulo: RT, p. 115/129, jan. 2007.

COELHO, Fabio Ulhoa. Curso de Direito Comercial. 5.ª ed. São Paulo: Saraiva, 2005.

DINAMARCO, Candido Rangel. *A instrumentalidade do processo.* 13. ed. São Paulo: Malheiros, 2008.

FAZZIO JUNIOR, Waldo. *Nova lei de falência e recuperação de empresas.* 6. ed. São Paulo: RT, 2012.

FERNANDES, Sérgio Ricardo de Arruda. Os atos de expropriação forçada no processo de execução e a Lei n. 11.382/2006. *Revista de Processo*, São Paulo, v. 146, p. 141/159, abr. 2007.

MARTINS, Fran Martins. *Curso de direito comercial.* 30. ed. Rio de Janeiro: Forense, 2006.

MAMEDE, Gladston. *Direito empresarial brasileiro:* falência e recuperação de empresas. 5. ed. São Paulo: Atlas, 2012. v. 4.

MENDONÇA, J. X. Carvalho de. *Tratado de direito comercial brasileiro.* Rio de Janeiro: Freitas Bastos, 1945. v. III.

REQUIÃO, Rubens. *Curso de direito comercial.* 25. ed. São Paulo: Saraiva, 2003. v. 1.

THEODORO JÚNIOR, Humberto. *Curso de direito processual civil.* 45. ed. Rio de Janeiro. Forense, 2010. v. 2.

VERÇOSA, Haroldo Malheiros Duclerc. *Curso de direito comercial.* São Paulo: Malheiros, 2004. v. 1.

O Protesto Extrajudicial de Sentença Judicial Trabalhista

EVERSIO DONIZETE DE OLIVEIRA[*]

O protesto extrajudicial de documentos de dívida tem por base a legislação vigente, com vistas a sua efetivação, já que existe, por parte dos legisladores, vivo interesse em adequar o ordenamento às rápidas mudanças experimentadas pela sociedade no âmbito econômico.

Podemos observar na legislação pátria um avanço rápido e importante, a começar pela Lei n. 9.492, de 10 de setembro de 1997, Lei de Protesto, que em seu art. 1º inova o protesto extrajudicial, que agora pode alcançar documentos de dívida: "Art. 1º Protesto é o ato formal e solene pelo qual se prova a inadimplência e o descumprimento de obrigação originada em títulos e outros documentos de dívida".

Aqui entendido documento de dívida como todo e qualquer documento, público ou particular, que se torna protestável desde que represente uma dívida em dinheiro ou comprove "a relação de débito de natureza pecuniária contra determinada pessoa. Tais documentos, dentre outros, podem ser":

— CD — CONFISSÃO DE DÍVIDA

— CL — CONTRATO DE LOCAÇÃO

— CM — CONTRATO DE MÚTUO

— CPS — CONTRATO DE PRESTAÇÃO DE SERVIÇOS

— DTC — DESPESA DE CONDOMÍNIO

— SJ — SENTENÇA JUDICIAL

— CDA — CERTIDÃO DE DÍVIDA ATIVA DO ESTADO (Lei n. 9.159/2004)[1] (Grifo nosso)

Uma decisão do Conselho Nacional de Justiça (CNJ) abriu caminho para o protesto de títulos da dívida do setor público: ao julgar em 2010 o Pedido de Providências n. 200910000045376, o CNJ considerou legal o protesto de certidão da dívida ativa e estabeleceu que o devedor deve arcar com os custos.

A partir da decisão, a Procuradoria-Geral Federal e a Procuradoria da Fazenda Nacional passaram a adotar o protesto na cobrança da dívida ativa da União, com bons resultados. "O protesto é um instrumento bem mais efetivo que a execução fiscal para a

---

(*) Tabelião de Protesto Substituto da Comarca de Uberlândia — Bacharel em Direito pela Associação Salgado de Oliveira de Educação e Cultura (UNITRI). — Presidente da Associação dos Tabeliães de Protesto do Estado de Minas Gerais (Assotap-MG) — Presidente do Instituto de Estudo de Protesto de Títulos Brasil — Seção Minas Gerais — IEPTB-MG — Pós-graduado em Direito Notarial e Registral Pela Faculdade Uniessa Uberlândia — Mestre em Direito das Relações Econômico Empresariais pela Universidade de Franca — UNIFRAN — Professor convidado do Instituto de Ensino Luís Flávio Gomes —IELF — Professor de Direito Constitucional e Empresarial.

(1) TJ-BA. *Orientações. Orientações sobre protesto de títulos e outros documentos de dívida.* Disponível em: <http://www.tj.ba.gov.br/servicos/orientacoes/protestos.htm> Acesso em: 28.1.2014.

cobrança de dívidas de pequenos valores. O devedor tem de pagar em três dias o protesto ou o título é protestado", explicou o procurador-geral Federal, Marcelo de Siqueira Freitas[2].

Documento de dívida público, a certidão de dívida ativa da União, de estados, Distrito Federal e municípios, foi especificado na Lei n. 9.492/97, por meio da inserção de um parágrafo único no art. 1º, conforme a Lei n. 12.767, de 27 de dezembro de 2012. "Art. 1º (...) Parágrafo único. Incluem-se entre os títulos sujeitos a protesto as certidões de dívida ativa da União, dos Estados, do Distrito Federal, dos Municípios e das respectivas autarquias e fundações públicas."

A Lei n. 9.492/97, em sua versão original, não faz referências explícitas ao que se podem considerar documentos de dívida protestáveis, o que, em parte, só ocorreria com a promulgação da Lei n. 12.767/2012, quando titulou os documentos referentes à dívida ativa como passíveis de protesto. Nesse sentido há no Código de Processo Civil.

Dos documentos de dívida passíveis de protesto extrajudicial, elegemos a *sentença judicial trabalhista* como objeto deste estudo.

A sentença judicial trabalhista sempre se apresentou no Judiciário brasileiro, como promessa de pagamento, possibilidade de recebimento, adiado *sine die* o seu cumprimento pelos sentenciados, que se valiam de recursos legais, ou nem sempre, com o principal fito de protelação. Raramente cumprida em tempo hábil, cunhou-se a expressão popular *ganhou — a causa — mas não levou —* os créditos, a que fizera jus o trabalhador e a Justiça reconhecera.

A execução da sentença judicial teve um avanço importante com a adoção do instrumento *penhora on-line*, por meio do Bacen Jud[3]. Em permanente adequação, a *penhora on-line* é utilizada pelo Superior Tribunal do Trabalho desde 2005, quando firmou convênio com o Banco Central do Brasil. Emprestando grande agilidade ao recebimento de créditos pelo trabalhador, esse instrumento alcança "valores existentes em contas de depósitos à vista (contas correntes), de investimento e de poupança, depósitos a prazo, aplicações financeiras e outros ativos passíveis de bloqueio, de pessoas físicas e jurídicas..."[4].

Apesar da incontestável eficácia, determinada pela Lei n. 11.382, de 6 de dezembro de 2006 que modificou o Art. 655 do Código de Processo Civil, priorizando a penhora "em dinheiro, em espécie ou em depósito ou aplicação em instituição financeira" o instituto da *penhora on-line* atinge pouco mais de 50 por cento da população brasileira, aquela com conta bancária. Há que ser considerado, também, que o devedor, cadastrado no sistema financeiro nem sempre ostenta saldos em seu nome, expediente comum para protelar o cumprimento de sentenças judiciais.

Ainda com vistas a garantir ao trabalhador recebimento dos valores constantes em sentenças judiciais trabalhistas, foi promulgada a Lei n. 12.440, de 7 de julho de 2011, que acrescenta o "Título VII-A a Consolidação das Leis do Trabalho (CLT), aprovada pelo Decreto-Lei n. 5.452, de 1º de maio de 1943, para instituir a Certidão Negativa de Débitos Trabalhistas, e altera a Lei n. 8.666, de 21 de junho de 1993":

TÍTULO VII-A

DA PROVA DE INEXISTÊNCIA DE DÉBITOS TRABALHISTAS

Art. 642-A. É instituída a Certidão Negativa de Débitos Trabalhistas (CNDT), expedida gratuita e eletronicamente, para comprovar a inexistência de débitos inadimplidos perante a Justiça do Trabalho.

§ 1º O interessado não obterá a certidão quando em seu nome constar:

I — o inadimplemento de obrigações estabelecidas em sentença condenatória transitada em julgado proferida pela Justiça do Trabalho ou em acordos judiciais trabalhistas, inclusive no concernente aos recolhimentos previdenciários, a honorários, a custas, a emolumentos ou a recolhimentos determinados em lei; ou

II — o inadimplemento de obrigações decorrentes de execução de acordos firmados perante o Ministério Público do Trabalho ou Comissão de Conciliação Prévia.

§ 2º Verificada a existência de débitos garantidos por penhora suficiente ou com exigibilidade suspensa, será expedida Certidão Positiva de Débitos Trabalhistas em nome do interessado com os mesmos efeitos da CNDT.

---

(2) < http://www.cnj.jus.br/noticias/cnj> Acesso em 10.2.2014
(3) "O Bacen Jud 2.0 é um instrumento de comunicação eletrônica entre o Poder Judiciário e instituições financeiras bancárias, com intermediação, gestão técnica e serviço de suporte a cargo do Banco Central. Por meio dele, os magistrados protocolizam ordens judiciais de requisição de informações, bloqueio, desbloqueio e transferência de valores bloqueados, que serão transmitidas às instituições bancárias para cumprimento e resposta." Disponível em: <http://www.bcb.gov.br/?BCJUDINTRO> Acesso em: 28.1.2014.
(4) BANCO CENTRAL DO BRASIL. *Convênio Bacen/TST/2005*. Disponível em: <http://www.bcb.gov.br/?BCJUDTST> Acesso em: 28.1.2014.

§ 3º A CNDT certificará a empresa em relação a todos os seus estabelecimentos, agências e filiais.

§ 4º O prazo de validade da CNDT é de 180 (cento e oitenta) dias, contado da data de sua emissão.[5]

A promulgação da Lei n. 12.440/2011 mudou o entendimento de alguns juristas sobre a necessidade do protesto da Sentença Judicial Trabalhista — CNDT. Sendo o protesto "ato formal e solene pelo qual se prova a inadimplência e o descumprimento de obrigação originada em títulos e outros documentos de dívida" (art. 1º da Lei n. 9.492/97), a sua substituição pela Certidão Negativa de Débito Trabalhista seria plenamente aceitável, mas diminuiria o seu alcance, principalmente quando observarmos os quesitos "publicidade, segurança e eficácia dos atos jurídicos".

A CNDT só pode ser emitida quando não existir em nome da empresa (e de todos os seus estabelecimentos, agências e filiais) débitos inadimplidos perante a Justiça do Trabalho. A emissão da Certidão Negativa de Débitos Trabalhistas, instituída pela Lei n. 12.440/2011, é mais um instrumento para coagir o empresário, em débito pelo não cumprimento de sentença trabalhista, já que a sua empresa, enquanto inadimplente, não poderá participar de licitações e concorrências públicas (art. 3º da Lei n. 12.440/2011, que modificou o art. 29 da Lei n. 8.666/1993 — Lei de Licitações).

Há pronunciamento da justiça no sentido de que a emissão da Certidão Negativa de Débito Trabalhista pela Justiça do Trabalho dispensa o protesto extrajudicial de Sentença Judicial Trabalhista:

Processo RTOrd n. 151-90.2011.5.09.0652

Processo RTOrd n. 2504/2011-652-09-00.4

I — Consoante os termos do art. 1º, da Lei n. 9.492/1997, o "protesto é o ato formal e solene pelo qual se prova a inadimplência e o descumprimento de obrigação originada em títulos e outros documentos de dívida". Consiste, portanto, o protesto extrajudicial no registro do não pagamento do título executivo judicial ou extrajudicial ou de outro documento, pelo Tabelião de Protesto de Títulos, com o objetivo de dar publicidade à dívida existente.

II — Ocorre, pois, que a Lei n. 12.440/2011, que acrescentou o Título VII-A à CLT, instituiu a Certidão Negativa de Débitos Trabalhistas, que é certidão específica para comprovar a inadimplência de débitos trabalhistas. Dispõe o art. 642-A da CLT que, "É instituída a Certidão Negativa de Débitos Trabalhistas (CNDT), expedida gratuita e eletronicamente, para comprovar a inexistência de débitos inadimplidos perante a Justiça do Trabalho".

III — Assim, ante a existência de lei específica (e posterior), entendo que a comprovação da existência de débito trabalhista deve ser feita por meio da inclusão do devedor no Cadastro Nacional de Débitos Trabalhistas (CNDT). Como a ré já está incluída no CNDT, indefiro o pedido de fl. 146.[6]

O entendimento do magistrado expresso na citada jurisprudência está fundado na viva interpretação do texto da nova lei, que determina: "A CNDT certificará a empresa em relação a todos os seus estabelecimentos, agências e filiais" (Lei n. 12.440, art. 1º, § 3º). Mas não se pode resumir os devedores da Justiça do Trabalho a empresas, interessadas em participar de licitações e concorrências ou com depósitos e investimentos, alcançáveis pela penhora *on-line*.

A Lei n. 12.440/2011 avançou nas garantias ao trabalhador para recebimento de créditos constantes na Sentença Judicial Trabalhista, mas não revogou nem modificou o art. 1º, *caput*, da Lei n. 9.492/97, em que se admite, como prova de inadimplência e descumprimento da obrigação, o protesto de documentos de dívida.

Também no TST há a mesma compreensão, a de que esta lei específica e posterior (12.440/2011) dispensa o protesto, tanto que foi indicado o cancelamento do convênio celebrado em 2009 entre o Tribunal Regional do Trabalho 3ª Região, Minas Gerais, e o Instituto de Estudos de Protesto do Brasil — IEPTB, seção Minas Gerais, nos termos a seguir:

> Recomendou à Presidência do Tribunal, louvando-se no poder-dever de que está investido pelo art. 709, inciso II, da Consolidação das Leis do Trabalho, o cancelamento do convênio firmado com o Sindicato dos Notários e Registradores do Estado de Minas Gerais, Associação dos Tabeliães de Protestos do Estado de Minas Gerais e Instituto de Estudos de Protesto de Títulos do Brasil — Seção Minas Gerais, mediante prévia comunicação às entidades conveniadas. Pareceu-lhe extremamente oportuno trazer à colação a Lei n. 12.440, de 7 de julho de 2011, pela qual o Congresso Nacional, no legítimo exercício da sua função legiferante, acresceu o art. 642-A à Consolidação das Leis do Trabalho, elegendo a Certidão

---

(5) BRASIL. *Lei n. 12.440, de 7 de julho de 2011*. Disponível em: <http://www.planalto.gov.br/ccivil_03/_ato2011-2014/2011/lei/l12440.htm> Acesso em: 31.1.2014.

(6) Disponível em: <http://www.jusbrasil.com.br/diarios/55896464/trt-9-24-06-2013-pg-360> Acesso em: 2.2.2014.

Negativa de Débitos Trabalhistas como instrumento adicional e eficaz para se alcançar a tão almejada efetividade da execução, no âmbito do Judiciário do Trabalho. A Legislação Extravagante já se acha, inclusive, disciplinada pela Resolução Administrativa n. 1.470, de 2011[7], a qual se mostrara, desde logo, extremamente eficaz no resgate desses débitos, conforme se pôde verificar quando da abertura pontual do Banco Nacional de Devedores Trabalhistas.[8]

Apesar da recomendação feita pela Corregedoria-Geral do Tribunal Superior do Trabalho ao TRT-MG e ao TRT-PB, Tribunais Regionais da Justiça do Trabalho têm enfatizado a aplicação da Lei n. 9.492/97 no protesto de título executivo judicial, como podemos observar na sequência:

TRT-PR-18-05-2012 EXPEDIÇÃO DE OFÍCIO A CARTÓRIO DE REGISTRO DE PROTESTOS. PROTESTO DE TÍTULO EXECUTIVO JUDICIAL. Cabível o protesto da sentença nos termos da Lei n. 9.492/97, a ser procedido pelo juízo trabalhista. Agravo de petição conhecido e provido.

(TRT-9 6274200216909 PR 6274-2002-16-9-0-9, Relator: Luiz Celso Napp, Data de Publicação: 18.5.2012)

TRT-PR-17-08-2012 EXPEDIÇÃO DE OFÍCIO AO CARTÓRIO DE REGISTRO DE PROTESTO. PROTESTO DE TÍTULO EXECUTIVO JUDICIAL. EMOLUMENTOS. Cabível o protesto da sentença nos termos da Lei n. 9.492/97, a ser procedido pelo juízo trabalhista. Parte beneficiária da justiça gratuita. Dispensa do pagamento de emolumentos. Agravo de petição conhecido e provido.

(TRT-9 20021999657908 PR 2002-1999-657-9-0-8, Relator: Luiz Celso Napp, Data de Publicação: 17.8.2012)[9]

É inegável que uma das maiores conquistas do trabalhador com sentença transitada em julgado é o protesto extrajudicial de sentença trabalhista, instituído pela Lei n. 9.492/97. Antes, impossibilitado de fazer valer a determinação judicial frente aos mais variados recursos protelatórios utilizados pelo devedor, restava ao trabalhador esperar indefinidamente a percepção dos seus créditos. Isto reconhecendo que a Justiça Trabalhista empenha-se firmemente na solução de conflitos trabalhistas.

O protesto extrajudicial de sentença trabalhista alcança indistintamente todo sentenciado em mora, mesmo aqueles sem créditos bancários em nome próprio ou empresas interessadas na participação de licitações e concorrências no setor público. Procedimento simples, de grande celeridade, o protesto, segundo Oliveira e Barbosa (2008):

... é ato de vontade do portador. São dele a intenção e o direito de protestar, por meio de um tabelião de protesto, cuja função é protocolizar, intimar, registrar a recusa do devedor em livros próprios e lavrar o protesto. Assim, é de se ressaltar, desde logo, que o tabelião reveste-se do direito de avaliar as formalidades do título ou documento de dívida, mas, ao mesmo tempo, exerce a função de representante ou preposto do apresentante.[10]

O objetivo principal do protesto é tornar público o inadimplemento, provar a não realização do pagamento, mas é bastante comum resultar em liquidação do documento de dívida. Oliveira e Barbosa (2008) entendem que o inadimplemento caracteriza-se pelo descumprimento da obrigação "por vontade (dolo) ou por caso fortuito ou força maior (culpa)", devendo ser observado que o protesto não pode ser tirado antes do prazo "pactuado no título ou documento de dívida; estando o documento vencido, o devedor torna-se inadimplente"[11].

Para uma sociedade edificada no crediário, parte de um sistema que atribui maior *status* à capacidade de consumir que à conquista da cidadania — aliás, considera cidadão qualquer pessoa inserida no mercado de consumo — o protesto de documentos de dívida causa abalos, ou até mesmo danos, significa-

---

(7) A Resolução Administrativa n. 1.470, de 24 de agosto de 2011, em art. 1º, regulamenta a Certidão Negativa de Débitos Trabalhistas — CNDT, e dá outras providências, como:
Art. 1º É instituído o Banco Nacional de Devedores Trabalhistas — BNDT, composto dos dados necessários à identificação das pessoas naturais e jurídicas, de direito público e privado, inadimplentes perante a Justiça do Trabalho quanto às obrigações:
I — estabelecidas em sentença condenatória transitada em julgado ou em acordos judiciais trabalhistas; ou
II — decorrentes de execução de acordos firmados perante o Ministério Público do Trabalho ou Comissão de Conciliação Prévia. Disponível em: <http://aplicacao.tst.jus.br/dspace/handle/1939/15476> Acesso em: 2.2.2014.
(8) TST. *Corregedoria-Geral da Justiça do Trabalho. Relatório de Gestão 2012*. Disponível em: <http://www.tst.jus.br/documents/10157/60149/Relat%C3%B3rio+de+Gest%C3%A3o+2012+Ministro+Levenhagen.pdf> Acesso em: 2.2.2014.
(9) Disponível em: <http://www.jusbrasil.com.br/jurisprudencia/busca?q=PROTESTO+DE+SENTEN%C3%87A+JUDICIAL+TRABALHISTA> Acesso em: 2.2.2014.
(10) OLIVEIRA, E. D.; BARBOSA, M. L. *Manual prático do protesto extrajudicial. Comentários à Lei n. 9.492/97. Prática. Jurisprudência. Legislação*. 2. ed. Franca: Lemos e Cruz, 2009. p. 14.
(11) *Ibidem*, p. 18.

tivos à imagem e à autoimagem do devedor, já que uma das funções do tabelião é enviar relação atualizada de títulos e documentos de dívida protestados ao Serviço de Proteção ao Crédito — SPC, Serasa e Cadastro Informativo de créditos não quitados do setor público federal — Cadin.

Embora o protesto tenha por fito a publicidade do descumprimento da obrigação, é comum despertar no devedor constrangimentos, pela exposição de sua imagem e pelas restrições creditícias, que levam transtornos a sua vida pessoal e social. Ao incluir documentos de dívida no rol das dívidas protestáveis, o legislador certamente o fez no sentido de proteger a sociedade, mais especificamente o trabalhador credor, no caso de sentença judicial trabalhista, contra os maus pagadores.

O Superior Tribunal de Justiça — STJ tem-se mostrado atento e reiterado a legalidade do protesto desses documentos de dívida, como podemos observar em recentes jurisprudências, citadas a seguir:

AGRAVO REGIMENTAL NO AGRAVO EM RECURSO ESPECIAL. PROTESTO DE SENTENÇA CONDENATÓRIA TRANSITADA EM JULGADO. POSSIBILIDADE. 1. A jurisprudência desta Corte é assente no sentido de ser possível o protesto da sentença condenatória, transitada em julgado, que represente obrigação pecuniária líquida, certa e exigível. 2. Agravo regimental não provido.

(STJ — AgRg no AREsp: 291608 RS 2013/0025214-0, Relator: Ministro Ricardo Villas Bôas Cueva, Data de Julgamento: 22.10.2013, T3 — Terceira Turma, Data de Publicação: DJe 28.10.2013).[12]

RECURSO ESPECIAL. PROTESTO DE SENTENÇA CONDENATÓRIA, TRANSITADA EM JULGADO. POSSIBILIDADE. EXIGÊNCIA DE QUE REPRESENTE OBRIGAÇÃO PECUNIÁRIA LÍQUIDA, CERTA E EXIGÍVEL. 1. O protesto comprova o inadimplemento. Funciona, por isso, como poderoso instrumento a serviço do credor, pois alerta o devedor para cumprir sua obrigação. 2. O protesto é devido sempre que a obrigação estampada no título é líquida, certa e exigível. 3. Sentença condenatória transitada em julgado, é título representativo de dívida — tanto quanto qualquer título de crédito. 4. É possível o protesto da sentença condenatória, transitada em julgado, que represente obrigação pecuniária líquida, certa e exigível. 5. Quem não cumpre espontaneamente a decisão judicial não pode reclamar porque a respectiva sentença foi levada a protesto.

(STJ — REsp: 750805 RS 2005/0080845-0, Relator: Ministro Humberto Gomes de Barros, Data de Julgamento: 14.2.2008, T3 — Terceira Turma, Data de Publicação: DJe 16.6.2009).[13]

A sentença judicial trabalhista levada a protesto é uma possibilidade efetiva de rápido recebimento dos créditos, além da eficácia do procedimento, já que "boa parte dos devedores, temerosos de ter seu nome protestado, e consequentemente inscrito no Serasa e Associação Comercial, efetuam o pagamento no prazo constante de intimação"[14] e sem custos para o credor, a não ser que desista do protesto, quando terá que pagar à serventia os emolumentos.

Quando se utiliza do protesto para realização dos seus créditos, expressos na sentença judicial trabalhista, o trabalhador exerce um poder amplo de coerção sobre o empresário devedor, porque não só a imagem da empresa passa a correr riscos, mas também o equilíbrio financeiro da organização, devido ao impacto negativo do protesto na sua área comercial e financeira, devido à restrição de crédito na praça e, até mesmo, sua participação em licitações.

Por isso o protesto de documentos de dívida, mais especificamente, o protesto de sentença judicial trabalhista é instrumento de grande valia para o trabalhador, que, antes da Lei de Protesto, mesmo com a sentença transitada em julgado não tinha qualquer garantia de que receberia seus créditos, ficando à mercê da procrastinação implementada pelo devedor inadimplente.

Conclusão

É de grande importância o novo alcance estabelecido pela Lei n. 9.492, de 10 de setembro de 1997, na seara do protesto, quando passou a possibilitar o protesto de documentos de dívida (e não mais só de títulos de crédito). Isto representou significativo avanço na relação devedor-credor, principalmente quanto às sentenças judiciais trabalhistas, assíduo objeto de procrastinação.

---

(12) JUSBRASIL. *Jurisprudência*. Disponível em: <http://stj.jusbrasil.com.br/jurisprudencia/24599963/agravo-regimental-no-agravo-em-recurso-especial--agrg-no-aresp-291608-rs-2013-0025214-0-stj> Acesso em: 31.1.2014.
(13) JUSBRASIL. *Jurisprudência*. Disponível em: <http://stj.jusbrasil.com.br/jurisprudencia/24599963/agravo-regimental-no-agravo-em-recurso-especial--agrg-no-aresp-291608-rs-2013-0025214-0-stj> Acesso em: 31.1.2014.
(14) OAB CAMPOS DE JORDÃO. *Como protestar sentença transitada em julgado*. Disponível em: <http://www.oabsp.org.br/subs/camposdojordao/noticias/como-protestar-setenca-transitada-em-julgado> Acesso em: 31.1.2014.

O protesto de documentos de dívida é instrumento fundamental para a quitação de débitos, independente se o devedor é uma empresa, preocupada em preservar a sua imagem (parte do seu patrimônio imaterial), e se apresentar apta à CNDT e, com isso, prestar serviços a órgãos públicos. Pelo seu poder coercitivo, além de constrangimento, o protesto compele o devedor in mora a liquidar o seu débito.

O acréscimo do parágrafo único ao *caput* do art. 1º da Lei de Protesto pela Lei n. 12.767, de 27 de dezembro de 2012, teve o condão de esclarecer a possibilidade de protestar a dívida ativa de União, estados, distrito federal e municípios, antes objeto de eternas discussões e grande celeuma.

Quanto à Lei n. 12.440, de 7 de julho de 2011, que instituiu a Certidão de Negativa de Débitos Trabalhistas — CNDT, no nosso entendimento, pode ser considerada mais um instrumento de coerção ao devedor, que deve se somar ao protesto da Sentença Judicial Trabalhista.

Ousaríamos dizer que o alcance da Certidão Negativa de Débitos Trabalhista seria semelhante ao da penhora *on-line*, restrito a devedores encrustados em empresas e organizações de médio ou grande porte, frequentadoras de licitações e concorrências, e com expressiva movimentação financeira na rede bancária. E as garantias devem alcançar todos os trabalhadores, por isso, o protesto do documento de dívida é ainda necessário e indispensável.

Nesse sentido, para que sejam equânimes as possibilidades do trabalhador efetivar os seus créditos, determinados por sentença judicial transitada em julgado, acreditamos na observância do art. 1º da Lei n. 9.492/97, que autoriza qualquer cidadão a levar a protesto documentos de dívida inadimplidos.

Referências bibliográficas

ABRÃO, Carlos Henrique. *Do protesto*. São Paulo: Leud, 1999.

ADAMOVICH, Eduardo Henrique Raymundo Von. *Comentários à consolidação das leis do trabalho*. Rio de Janeiro: Forense, 2009.

ALVIM, Arruda; ASSIS, Araken de; ALVIM, Eduardo Arruda. *Comentários ao código de processo civil*. 2. ed. São Paulo: RT, 2012.

AMARAL, Guilherme Rizzo. *Cumprimento e execução de sentença sob a ótica do formalismo-valorativo*. Porto Alegre: Livraria do Advogado, 2008.

AZEVEDO, Silvia Nothen de. *O protesto de títulos e outros documentos de dívida*. 2. ed. Porto Alegre: EdiPUCRS.

BANCO CENTRAL DO BRASIL. *Convênio Bacen/TST/2005*. Disponível em: <http://www.bcb.gov.br/?BCJUDTST> Acesso em: 28.1.2014.

_____. <http://www.bcb.gov.br/?BCJUDINTRO> Acesso em: 28.1.2014.

BLACK'S LAW DICTIONARY. Obra elaborada pela LawProse, Inc. sob a coordenação de Bryan A. Garner. Saint Paul: Thomson Reuters, 2009.

BORGES, Leonardo Dias. *Direito processual do trabalho*. 3. ed. Rio de Janeiro: Impetus, 2003.

BRASIL. *Lei n. 12.440, de 7 de julho de 2011*. Disponível em: <http://www.planalto.gov.br/ccivil_03/_ato2011-2014/2011/lei/l12440.htm> Acesso em: 31.1.2014.

BUENO, Sérgio Luiz José. *O protesto de títulos e outros documentos de dívida*: aspectos práticos. Porto alegre: Sergio Antonio Fabris, 2011.

COSTA, Wile Duarte. *Títulos de crédito*. 3. ed. Belo Horizonte: Del Rey, 2007.

JUSBRASIL. *Jurisprudência*. Disponível em: <http://stj.jusbrasil.com.br/jurisprudencia/24599963/agravo-regimental-no-agravo-em-recurso-especial-agrg-no--aresp-291608-rs-2013-0025214-0-stj> Acesso em: 31.1.2014.

_____. <http://www.jusbrasil.com.br/diarios/55896464/trt-9-24-06-2013-pg-360> Acesso em: 2.2.2014.

MORAES, Emanoel Macabu. *Protesto extrajudicial*: direito notarial. Rio de Janeiro: Lumen Juris, 2004.

OAB CAMPOS DE JORDÃO. *Como protestar sentença transitada em julgado*. Disponível em: <http://www.oabsp.org.br/subs/camposdojordao/noticias/como-protestar-setenca--transitada-em-julgado> Acesso em: 31.1.2014.

OLIVEIRA, Eversio Donizete de; BARBOSA, Magno Luiz. *Manual prático do protesto extrajudicial. Comentários à Lei n. 9.492/97. Prática. Jurisprudência. Legislação*. 2. ed. Franca: Lemos e Cruz, 2009.

PINHO, Themistocles; VAZ, Ubirayr Ferreira. *Protesto de títulos e outros documentos de dívida*. Rio de Janeiro: Freitas Bastos, 2007.

TJ-BA. **Orientações**. Orientações sobre protesto de títulos e outros documentos de dívida. Disponível em: <http://www.tj.ba.gov.br/servicos/orientacoes/protestos.htm> Acesso em: 28.1.2014.

TST. *Corregedoria-Geral da Justiça do Trabalho. Relatório de Gestão 2012*. Disponível em: <http://www.tst.jus.br/documents/10157/60149/Relat%C3%B3rio+de+Gest%C3%A3o+2012+Ministro+Levenhagen.pdf> Acesso em: 2.2.2014.

_____. <http://aplicacao.tst.jus.br/dspace/handle/1939/15476> Acesso em: 2.2.2014.

A "Miopia" do Direito do Trabalho Brasileiro e a Necessidade do Consequencialismo nas Decisões Judiciais e Legislativas

Luciana Yeung[*]
Luciano Timm[**]

1. Introdução: "informalidade por causa da lei trabalhista"

Recentemente, num noticiário da televisão, foi divulgada a seguinte notícia: "Apesar da aprovação da PEC [72/2013], domésticas ainda estão na informalidade"[1]. É bastante claro que o(a) jornalista quem fez a reportagem não domina a Análise Econômica do Direito; se tivesse, não teria errado no emprego da preposição: o correto não é "*Apesar* da aprovação da PEC...", e sim: "*Por causa* da aprovação da PEC, domésticas estão na informalidade...". O resultado da informalidade no mercado de empregados domésticos, ou melhor, o aumento da informalidade já era previsto como consequência direta e automática da criação da PEC, que concedeu todos os direitos e benefícios de trabalhadores de outros setores para o setor doméstico.

Curiosamente (ou não), a Consolidação das Leis Trabalhistas, a famosa CLT, completa exatos 70 anos neste ano de criação da PEC n. 72. Quando ela foi inicialmente criada, a economia brasileira engatinhava, o Estado Novo era a realidade política do país, os trabalhadores acabavam de se formar como grupo coeso, havia bem poucos sinais de industrialização significativa e o mundo não havia nem passado ainda pelos horrores da Segunda Guerra. Hoje, o Brasil é a sétima economia do mundo, vivemos a era da *internet* e da economia 100% virtual, a área de serviços domina mais de 70% do produto nacional, mas... as leis trabalhistas não somente não foram ajustadas à nova realidade, como foram estendidas para áreas além daquelas inicialmente previstas.

As leis vigentes refletem a cultura jurídica que domina um país. E se no Brasil as leis trabalhistas não mudam é porque as crenças dos criadores das leis não mudaram ainda. Dentre estas crenças estão: (i) Os atores do cenário trabalhista são (continuam) incapazes de negociarem por si sós, de alcançarem resultados positivos de forma cooperativa. (ii) Sem a intervenção da lei, o ambiente de trabalho seria

---

(*) Doutora — Insper Instituto de Ensino e Pesquisa (São Paulo, SP).
(**) Doutor em Direito Empresarial, Advogado.
(1) *Jornal BandNews*, 12.10.2013.

marcado pela barbárie nas relações, por isso, é preciso sempre proteger o trabalhador, que é a parte mais fraca. Dado isso, pergunta-se: o objetivo inicial, que era de proteger a classe trabalhadora, foi alcançado? Os incentivos dos empregadores de "explorar" os trabalhadores foram eliminados? As leis, tão cuidadosamente desenhadas, foram capazes de tornar o ambiente de trabalho menos "hostil" ao trabalhador? Ou o contrário aconteceu?

2. "A ÁRVORE E A FLORESTA"

Vera (2012) mostra que a análise dos operadores do Direito (normalmente) assemelha-se a "olhar para a árvore" enquanto que a análise da Economia assemelha-se a "olhar para a floresta toda". Em outras palavras, o advogado, o jurista é treinado para resolver o caso posto em sua frente. E, na ânsia de resolver tal problema, muitas vezes, não percebe que suas decisões geram impactos diretos também em outras pessoas e questões, que acabam por gerar problemas ainda maiores e resultados contrários aos que se intencionava inicialmente. Em "economês", dizemos que muitas ações e decisões geram *externalidades*, ou seja, efeitos sobre as outras pessoas.

Exemplos de geração de tais externalidades não intencionadas, ou mesmo de miopia, abundam no cenário legislativo e judicial brasileiro. Um caso clássico foi trazido por Rezende e Zylbersztajn (2012) caso que ficou bastante conhecido na literatura da Análise Econômica do Direito brasileiro, os dos contratos de soja verde no estado de Goiás. No ano de 2003, dezenas de produtores de soja firmaram contratos para venda futura de soja a algumas empresas processadoras de alimentos. Entretanto, findo o período e chegada a hora de realizar a venda, devido a oscilações no cenário internacional, o preço no mercado de soja sofreu um grande aumento com relação ao valor inicialmente acordado entre empresas e produtores. Com isso, houve um grande incentivo para que estes deixassem de cumprir o preço inicialmente estabelecido no contrato. Estes conflitos acabaram em centenas de processos judiciais na Justiça. Apesar de algumas divergências, a maioria das decisões dos juízes goianos foi de proteger os produtores, permitindo sua quebra contratual, baseados, sobretudo, no fundamento da Função Social do Contrato. Achavam que, com estas decisões favoráveis à parte hipossuficiente, os produtores de soja, estavam beneficiando-os contra uma eventual exploração da parte mais forte, as empresas de alimentos. No entanto, como mostram Rezende e Zylbersztajn, não foi isso o que aconteceu: pouco tempo depois, mais precisamente, na safra seguinte, houve uma redução drástica na quantidade de contratos desse tipo firmados entre produtores de soja e empresas no estado de Goiás, e os que foram firmados tornaram-se muito mais rigorosos com relação aos produtores. Os autores mostram mais: que mesmo os produtores de soja que seguiram seus contratos à risca, sem recorrer à Justiça par demandar a quebra contratual, também sofreram com cláusulas mais rígidas. Em outras palavras: os juízes, que quiseram favorecer a parte mais fraca, acabaram por desferir-lhes um golpe mortal.

Não surpreende que esse tipo de visão míope, "da árvore e não da floresta", encontra exemplares frequentes e numerosos na Justiça e no Direito do Trabalho. A incapacidade, e até mesmo recusa dos juízes e legisladores trabalhistas de perceber os impactos de longo prazo e as externalidades negativas de suas decisões, gera incontáveis e imensuráveis danos à classe trabalhadora brasileira — exatamente ao contrário do que os primeiros imaginam. De fato, a Justiça é cega: cega aos males que ela cria, em nome de uma suposta necessidade de "proteção dos mais fracos".

Um exemplo é uma decisão recente do TST, o Tribunal Superior do Trabalho: em 14 de setembro de 2012, decidiu-se que *"a empregada gestante tem direito à estabilidade provisória... mesmo na hipótese de admissão mediante contrato por tempo determinado"*. Ou seja, a empregada temporária, caso engravide, passa quase ao mesmo *status* da empregada com contrato por prazo indeterminado e ainda não pode ser demitida sem justa causa. Os magistrados do TST imaginaram que fizeram um grande bem pelas trabalhadoras temporárias. Mas pode não ter sido isso o que aconteceu. Poucas semanas depois da decisão pelo TST, algumas entidades representantes das empresas que contratam mão de obra temporária fizeram previsões para as contratações de temporários no fim de ano: "Homens terão preferência porque a manutenção de um contrato por tempo superior ao planejado [causado por uma gravidez] pode gerar [prejuízos para as empresas contratantes]... Se houver muitas mulheres nessa situação, as prestadoras de serviço podem falir. Não poderão manter trabalhadoras se não tiverem onde alocá-las"[2]. Os magistrados não

---

(2) Depoimento do presidente do Sindeprestem para a *Folha de S. Paulo*, 7 de outubro de 2012, Caderno Mercado.

percebem duas coisas: (i) para proteger efetivamente os trabalhadores (e trabalhadoras, no caso), as empresas precisam estar bem financeiramente, e isso não se consegue aumentando-se seus custos, pois empresa com prejuízo não emprega ninguém, fecha as portas; (ii) a intenção foi de proteger as trabalhadoras femininas, mas quando o TST proferiu aquela decisão, todas as vezes em que uma empresa se deparar com dois candidatos igualmente qualificados (e isso é bem comum de acontecer em casos de trabalhos com baixa qualificação), se um for homem e outra for mulher, claramente, e sem a menor dúvida, a empresa decidirá por contratar o homem — a não ser que a lei brasileira comece a adotar quotas para mulheres em todas as empresas também. Infelizmente, para este caso, não foram feitos (ainda) trabalhos empíricos para avaliar quais foram os impactos efetivos da decisão do TST.

O segundo caso que merece ser discutido é justamente o caso mencionado no início deste capítulo, da PEC n. 72/2013, que ficou conhecido como "PEC das domésticas". Para esta lei, a imprensa se deu ao trabalho de fazer a avaliação empírica *ex-post* e os resultados já foram anunciados em manchete de telejornal.

3. O legado da CLT e da legislação trabalhista sobre o ambiente de trabalho brasileiro

O curioso é que depois de 70 anos, a CLT ainda não conseguiu garantir o bem-estar dos trabalhadores, pois as questões trabalhistas parecem ser ainda uma das que mais geram litígios entre os brasileiros. O Índice de Confiança no Judiciário (ICJ Brasil), medido semestralmente pela Fundação Getúlio Vargas, faz levantamento junto a indivíduos de oito unidades da federação: Amazonas, Bahia, Distrito Federal, Minas Gerais, Pernambuco, Rio de Janeiro, Rio Grande do Sul e São Paulo)[3]. O relatório do 1º semestre de 2013 encontrou que, das pessoas que já tiveram experiência com o Judiciário, 27% usaram-no para resolver questões trabalhistas, 25% usaram-no para direito do consumidor e 19% para questões de família. Questões relacionadas à previdência social, crime, conflitos de trânsito e outros foram bem menos relevantes. Ou seja, o Direito do Trabalho é ainda a área mais conflituosa na sociedade brasileira. Pergunta que vale a pena tentar responder: é a quantidade grande de conflitos que torna o direito trabalhista tão protecionista (a ponto de ser "míope" aos efeitos de suas decisões)? Ou é o protecionismo do direito trabalhista que cria tantos conflitos? Sabendo que as pessoas têm informações e olham à sua volta para ver o que está acontecendo e que lhe interessa (e não precisa ter nível superior completo para fazer isso), pode-se dizer que as decisões legais geram sinalizações e incentivos para o comportamento das pessoas: "se eu percebo que a lei me protege e me dá muitos direitos, eu vou mais atrás da lei para ganhar tal proteção, tal direito". Claro e imediato assim. Da mesma forma que é claro de onde vem a perpetuação do ambiente conflituoso na área trabalhista, e a incapacidade de pequenas empresas manterem-se na formalidade e legalidade das exigências trabalhistas: não é à toa que o Brasil continua com níveis de informalidade no mercado de trabalho altíssimos (com contribuições da PEC n. 72), estimados entre 40% e 50% de toda a economia[4], a despeito de todo o crescimento econômico que aconteceu nos anos 1990s e começo dos anos 2000.

Trabalhos especializados identificam a CLT como sendo paternalista, corporativista, e com forte interferência estatal (PROJETO RELASUR-OIT, 1996). Em termos econômicos, poder-se-ia dizer que ela criou um "clube exclusivo de cidadãos privilegiados". Este clube inclui os trabalhadores amparados pelas leis trabalhistas oficiais, mas exclui todo o resto. Existem, na verdade, dois grupos bastante distintos de trabalhadores no Brasil: os protegidos pelo "clube exclusivo da CLT" e os não protegidos pela legislação trabalhista. Não há dúvidas que este segundo grupo, o dos trabalhadores informais, continua bastante numeroso. Pela Pesquisa Nacional por Amostras de Domicílios do IBGE, a PNAD, de 2012, as estimativas são de aproximadamente 47% do total da força de trabalho na informalidade. Mesmo com alguns recentes avanços, a proteção legal e efetiva que trabalhadores informais recebem no país ainda é pífia. Basta lembrar-nos de notícias bastante recentes de trabalho escravo e semiescravo não só em regiões remotas do país, mas mesmo dentro de grandes cidades como São Paulo.

3.1. A informalidade criada pela CLT

A informalidade, além de gerar problemas na proteção legal, também leva a grandes disparidades

---

(3) Os relatórios do ICJ podem ser acessados pelo *site* da FGVLaw: <http://www.direitogv.com.br/>.
(4) Ver, por exemplo, *McKinsey Global Institute* (2006).

de renda, o que colabora com os índices de desigualdade no Brasil, praticamente insuperáveis em todo o planeta. Geralmente, trabalhadores informais têm rendimentos muito inferiores aos de suas contrapartes no mercado formal. E isso é comprovado pelas estatísticas oficiais. A PNAD do ano de 2008 mostra que o rendimento mensal médio dos trabalhadores com carteira assinada no setor privado, ou seja, dos trabalhadores formais, era de R$ 1.034,00. Isto corresponde a mais do que 71% do que o rendimento médio dos trabalhadores informais, sem carteira assinada, que foi de somente R$ 604,00.

E por que a informalidade existe? A resposta é clara: por que muitas pessoas e empresas não conseguem arcar com todas as exigências de uma legislação e uma Justiça que são excessivamente protecionistas com relação ao trabalhador. Num trabalho publicado no exterior, dois economistas brasileiros, Marcello Estevão e Irineu de Carvalho Filho (2012), mostram que "a informalidade pode servir como uma válvula de escape para burlar as instituições e regulamentações do mercado de trabalho" (p. 17). Além disso, os autores argumentam que a dimensão da informalidade de uma economia indica a excessiva proteção da legislação trabalhista daquele país.

Por que se preocupar com a informalidade, por que não simplesmente garantir uma legislação e uma Justiça que protejam de maneira ilimitada somente os trabalhadores formais, já que são estes que efetivamente "cumprem com suas obrigações" tributárias, previdenciárias, etc.? Existe na verdade toda uma literatura científica, teórica e empírica, que estuda os efeitos deletérios de se ter uma informalidade bastante alta. Mais precisamente, a *McKinsey Global Institute* (MGI) da consultoria internacional McKinsey & Company, identificou em 2006, que o maior empecilho para o crescimento da economia e da produtividade brasileira era a informalidade. Segundo mensurações da MGI, esta é responsável por 42% de toda a diferença de produtividade entre as economias norte-americana e brasileira (que é bastante substancial). E por que se preocupar com a produtividade das empresas, ou com o crescimento da economia? Se a economia não cresce, se as empresas continuam pequenas, simplesmente reduzem-se as oportunidades de emprego. É ilusório imaginar que é possível garantir bem estar aos trabalhadores — formais ou informais — se a economia simplesmente não vai bem. Desemprego e subemprego são as únicas soluções nessas situações.

Caso a informalidade seja entendida de fato como um problema, os dois autores citados anteriormente, Estevão e Carvalho Filho (2012) mostram: a solução talvez seja "mudar o foco das proteções trabalhistas em direção a mecanismos melhores de segurança aos desempregados... e reduzir os incentivos para a informalidade" (p. 18). Por outro lado, pode-se ignorar tudo isso, e manter uma legislação e uma Justiça trabalhista que continue com míope, ou mesmo cega, com relação a toda a massa de trabalhadores informais, que barrados do "clube exclusivo" de proteção legal e formal. Será esta a escolha de do Direito do Trabalho brasileiro?

3.2. Outros legados da CLT

Os impactos da CLT podem ser bastante amplos sobre a economia e sobre o ambiente de trabalho. Escolhamos alguns poucos para comentar.

O § 2º do art. 443 afirma:

"O contrato [de trabalho] por prazo determinado só será válido em se tratando:

a) de serviço cuja natureza ou transitoriedade justifique a predeterminação do prazo;

b) de atividades empresariais de caráter transitório;

c) de contrato de experiência."

Logo em seguida o art. 445 complementa:

"O contrato de trabalho por prazo determinado não poderá ser estipulado por mais de dois anos [...]."

A impossibilidade de se contratar trabalhadores temporários de maneira mais ampla é um grande obstáculo para a maior contratação de trabalhadores em momentos que a demanda parecer necessária, mas ainda for incerta. Sabe-se que a atividade econômica tem ciclos ao longo dos meses de ano, e até mesmo ao longo dos anos. Somados a isso há os altos custos de contratação e demissão, que no Brasil tendem a ser ainda mais altos do que se comparados a outros países. O resultado disso é que, mesmo defrontados a uma expansão da atividade econômica, os empregadores hesitarão em aumentar as contratações num primeiro momento se não estiverem certos sobre a duração desta expansão. Se contratos de trabalho temporário fossem permitidos para um maior número de situações, além daquelas identificadas pela CLT, mais trabalhadores poderiam ser contratados durante os períodos de expansão econômica, mesmo que os empregadores não tenham informação clara sobre a duração do *boom* inicial. Vale ainda ressaltar que leis como esta prejudicam, sobretudo, os mais jovens, que poderiam encontrar ocupações para seus períodos de férias escolares. Não é difícil de entender o porquê do conceito de estágio e trabalho de férias para os estudantes universitários ainda ser tão pouco conhecidos no Brasil, enquanto é regra para os estudantes de países europeus e norte-americanos. Se os contratos temporários fossem permitidos, mais oportunidades de trabalho poderiam ser oferecidas pelos empregadores, e os jovens trabalhadores poderiam ganhar experiência de trabalho.

Há ainda um conjunto de artigos da CLT que, complementados com legislações de cunho trabalhista retirados da Constituição Federal e Leis Complementares, trazem um impacto significativo. Eles podem ser parcialmente responsáveis por algumas das deficiências estruturais de longo prazo da economia brasileira, tais como os baixos níveis de poupança doméstica (num país onde as taxas de juros estão entre as mais altas do mundo) e baixos níveis de crescimento (ou crescimento menor do que o potencial nos últimos anos). Vejamos a seguir.

A Constituição Federal de 1988 instituiu formalmente o décimo terceiro salário, e tornou-o direito a todos os trabalhadores da área urbana e rural, incluindo os trabalhadores domésticos. De acordo com alguns especialistas, o pagamento do décimo terceiro salário é uma tradição que "não podia mais ser ignorada" (ALMEIDA, 2004). O racional social e cultural para a existência deste é o período de férias e de festas de fim de ano. Este salário adicional seria (e é!) usado para os gastos adicionais que os trabalhadores normalmente incorrem durante os meses de dezembro e janeiro.

Os arts. 129 a 153, que formam o capítulo 4 do Título II da CLT, referem-se às férias anuais. Especificamente os arts. 142 a 145 referem-se à remuneração de férias. Estes quatro artigos, somados a outros da Constituição Federal, formam o que, aos olhos de estrangeiros, constitui uma das mais peculiares regras da legislação trabalhista brasileira: o direito a um salário mais um terço durante o período das férias, quando o trabalhador não está ativo. O racional social para esta regra é que se deve garantir que todos os trabalhadores sejam capazes de usufruir suas férias sem comprometimento de seu salário regular, que deve ser direcionado para os gastos das atividades regulares (ALMEIDA, idem). Ou seja, há um pagamento extra para um aproveitamento extra da vida.

Finalmente, outra regra que também é uma peculiaridade da legislação brasileira é a estipulação do Fundo de Garantia do Tempo de Serviço, o FGTS. Cada trabalhador legalmente registrado tem uma conta num banco público (para evitar a possibilidade de falência), a Caixa Econômica Federal, onde o empregador deposita, periodicamente, um valor proporcional ao seu salário. O depósito é compulsório e feito enquanto o trabalhador estiver com um emprego formal remunerado, mesmo que ele(a) mude de emprego e de empregador inúmeras vezes. Apesar dos recursos contidos nesta conta serem integralmente de sua propriedade, de maneira geral, a lei prevê apenas três circunstâncias (e alguns casos excepcionais) em que o trabalhador poderá sacar seu dinheiro do fundo: (i) aposentadoria, (ii) demissão sem justa causa, (iii) aquisição de casa própria. Portanto, o FGTS nada mais é do que uma poupança forçada para usos específicos, e sua existência é mais uma evidência de que o Estado brasileiro olha para seus cidadãos (no caso, os trabalhadores) como um ser irracional, incapaz de tomar decisões adequadas para si próprios, que precisam que a lei os proteja e os diga quando e quanto poupar, e quando gastar.

Estes três elementos — o décimo terceiro salário, a remuneração adicional de férias e o FGTS — são, talvez, as características mais marcantes da legislação brasileira. É pouco provável acreditar que elas possam ser eliminadas sem que haja uma convulsão nacional. Entretanto, pode-se acreditar que eles sejam parte da explicação dos baixos índices de poupança doméstica no país. Ora, em qualquer lugar, em qualquer momento da história, festas de fim de ano, férias, aposentadoria e aquisição da casa própria são as principais razões para que os trabalhadores poupem parte de suas rendas regulares. Futuros trabalhos empíricos poderiam confirmar esta hipótese, mas por ora, ela não parece ser inverossímil. Se assim for, pode-se dizer que apesar de existirem fortes incentivos econômicos para a poupança doméstica — através das altas taxas de juros, por exemplo — inexistem incentivos *institucionais* para que tal poupança aconteça em níveis significativos. Este pode ser o "elo perdido" que explicaria este paradoxo macroeconômico.

Os impactos dos baixos níveis de poupança doméstica estão fora do escopo deste trabalho, mas os economistas têm poucas dúvidas de que este seja um dos maiores obstáculos ao crescimento econômico. Não surpreende o fato de que países que observaram acelerados processos de industrialização também observaram elevadas taxas de poupança doméstica. Os Tigres Asiáticos, por exemplo, alcançavam a marca dos 35% durante os anos 1990 (BANCO MUNDIAL, 1993), enquanto o Brasil, mesmo nos seus melhores anos, nunca ultrapassou os 23%, observando-se inclusive uma queda para abaixo dos 20% nos últimos anos da mesma década (AMADEO; MONTEIRO, 2005).

4. O LEGADO DA CLT E DA LEGISLAÇÃO TRABALHISTA SOBRE O AMBIENTE DE NEGÓCIOS BRASILEIRO

Dados os limites impostos por este trabalho, não analisaremos todos os outros impactos econômicos da legislação trabalhista brasileira, mesmo porque seriam milhares deles. A importância deste impacto, no entanto, é inconteste. O mesmo estudo realizado pela *McKinsey Global Institute* mencionado anteriormente mostra que, depois da informalidade, o segundo mais importante fator responsável pelo baixo crescimento da economia brasileira é a quantidade excessiva e o rigor das regulamentações em prática. Estas explicam 17% da diferença entre a produtividade norte-americana e a brasileira. E, dentre todas as regulamentações existentes, a de maior importância é justamente a regulamentação trabalhista.

Tal importância é o impacto de regulamentações trabalhistas sobre o crescimento da economia que o *Doing Business*, o relatório mais conhecido de mensuração da competitividade e do ambiente de negócios no mundo, realizado anualmente pelo Banco Mundial, tem um sub-índice especificamente voltado para a mensuração das regras trabalhistas em cada um dos 189 países avaliados. Diferentemente dos outros sub-índices, para o trabalhista, não existe um *ranking* mundial (infelizmente), mas alguns dados do Brasil indicam a situação observada. Em 2012, a única reforma significativa no campo trabalhista observada pelo *Doing Business* foi o aumento do período de aviso prévio no caso de demissões. No índice de "rigidez do emprego", o Brasil proíbe o contrato por prazo determinado para tarefas permanentes (como já discutido acima), estipula prazos máximos para todos os casos em que a contratação por prazo determinado é permitida, e tem o valor do salário mínimo de jovens trabalhadores ou aprendizes crescente nos últimos 6 anos. Por questões políticas com a Organização Mundial do Trabalho (a OIT), o Banco Mundial se exime de calcular um *ranking* e um índice claro e objetivo para as questões trabalhistas (como ocorre com todos os demais índices), mas a mensagem é clara: a rigidez do emprego no Brasil, como calculado pelo *Doing Business*, é bastante alta. Há ainda outras 3 tabelas referentes à questão do trabalho como ponto de atratividade (ou não de negócios). É interessante observar que o índice de dificuldade de demissões brasileiro é relativamente baixo, ou seja, comparado a outros países, é relativamente "fácil" demitir um empregado no Brasil — fato já identificado por especialistas do trabalho. Porém, como o indicador seguinte mostra, esta facilidade de demitir é compensada por um custo bastante alto.

Apesar da dificuldade de se avaliar de maneira objetiva esta avaliação pelo *Doing* Business sobre o ambiente de trabalho, existe outro índice no mesmo relatório em que não sobram dúvidas sobre a qualidade da regulamentação trabalhista sobra o ambiente de negócios. Mais precisamente, é o índice que mede a tributação sobre as empresas no Brasil. De todos os 11 índices medidos, este é que coloca o país na pior colocação, uma vergonhosa 159ª colocação, do total de 189 países medidos[5]. No Brasil, uma pequena ou média empresa paga uma alíquota de imposto equivalente a 68,3% de seu lucro! E deste total, nada menos do que o equivalente a 39,6% sobre os lucros refere-se a contribuições e impostos sobre o trabalho. É muito mais do que qualquer tipo de imposto cobrado às empresas. O trabalho custo *muito* para as empresas e, relacionando ao que já foi discutido acima, é por isso que muitas empresas — e teme-se que cada vez mais — não podem ou não pagam quando puderem, o que explica os níveis de informalidade, e também os altos graus de mortalidade das empresas[6].

E o que tudo isso importa àqueles que se preocupam somente com o bem estar, a empregabilidade e a qualidade do emprego na perspectiva do trabalhador? Importa porque um bom ambiente de negócios é a fonte dos empregos, de todos os tipos. Sem negócios, sem empresas, não há emprego, e não adianta ter regulamentações bastante protetoras ao trabalhador se não houver postos de emprego. Mesmo numa hipotética situação em que todas as empresas empregadoras fossem públicas (ou seja, não importam que as empresas privadas vão todas à falência), não há contas públicas que sejam sustentáveis a prejuízos (ou *déficits*) eternos sem uma contrapartida de ganhos ou lucros. É claro que isso também é apenas um exercício completamente hipotético, o Brasil, assim como todos os outros países da história da humanidade já viram que é impossível ter

---

(5) *Doing Business* 2014, divulgado em 29 de outubro de 2013.
(6) Dados de organizações de suporte ao empreendedorismo mostram estatísticas indicando que o Brasil tem níveis de novos empreendimentos altos, mas também de mortalidade das empresas alta.

uma economia baseada integralmente no empreendedorismo estatal. Não funciona.

5. Mais uma breve análise nos dados para avaliar o ambiente do trabalho brasileiro

A área do Direito de uma maneira geral, e a do Direito do Trabalho de maneira específica, são campos bastante férteis para análise de dados e consequente conclusões às vezes um pouco surpreendentes. Dada à falta de tradição de análise empírica no estudo do Direito no Brasil, muitos dados estão disponíveis, mas aguardando o trabalho de algum pesquisador curioso para "colocar a mão na massa". Congressos e associações de estudos de Análise Econômica do Direito, e de Estudos Empíricos do Direito começam a ganhar força na academia brasileira, e começando a fazer contribuições significativas ao conhecimento sério e objetivo do sistema jurídico no país.

Alguns desses estudiosos empíricos têm se interessado na análise de tomada de decisões judiciais e na estimação dos impactos dessas decisões sobre o ambiente econômico e social. Nesses estudos, às vezes, alguns "mitos" são desfeitos, outros corroborados. Por exemplo, Yeung (2010) encontrou que, a despeito de uma crença generalizada entre os praticantes e entre os acadêmicos, o Judiciário não favorece os devedores de dividas privadas tanto quanto se imaginava, pelo menos no nível superior, em decisões do Superior Tribunal de Justiça (STJ). Por outro lado, corroborando o que se conhecia anedoticamente, os magistrados do estado do Rio Grande do Sul parecem, sim, tender a favorecer esses mesmos devedores.

Um estudo sobre tendências de decisões judiciais especificamente para questões do trabalho tem uma dificuldade inerente, que é justamente o excessivo protecionismo da legislação trabalhista. Assim, uma tendência "pró trabalhador" observada nas decisões da Justiça trabalhista poderia ser meramente reflexo da legislação que é, por si só, muito protetora. Falcão, Schuartz e Arguelhes (2006), por exemplo, mostram que, muitas vezes, é atribuído aos magistrados um suposto viés, que na verdade, tem origem na criação das leis pelo Executivo e/ou Legislativo. É o que eles chamam de *viés legislativo*. Apesar de focarem especificamente na questão do viés pró ou anticredor e devedor, o mesmo cuidado deveria ser aplicado aqui.

Mesmo assim, num primeiro momento, o estudo de decisões judiciais trabalhista revela alguns fatos interessantes. O projeto que propomos aqui foi a análise de três conjuntos de decisões judiciais da Justiça trabalhista, assim definidos:

- 104 decisões de processos trabalhistas da 1ª instância do TRT-2 (SP capital). Somente foram incluídos no estudo processos lidando com questões de mérito, excluindo aquelas de questões meramente processuais, por exemplo, embargos.

- 57 decisões em acórdão, da 2ª instância do TRT-2. Idem com relação ao tipo de processo analisado.

- 38 decisões em acórdão, da 2ª instância do TRT-4 (RS). *Idem*.

Todos os processos foram julgados em Julho de 2012. Tivemos assim, uma fotografia instantânea de uma amostra de 199 processos.

Resultados Descritivos:

Dos casos levados à primeira instância no TRT-2, extraímos algumas informações[7]:

Tabela 1: Tipo de Réu (1ª instância, TRT-2)

Réu	
Indivíduos	9,6%
Peq. Médias Empresas	72,1%
Grandes Empresas	15,4%

Os autores nestes processos foram todos empregados (ou ex-empregados). Portanto, é curioso notar a maioria absoluta de réus sendo composta por pequenas e médias empresas, e não de grandes empresas, ao contrário do que muitos supunham anedoticamente.

O segundo dado, vindo das decisões de 1ª instância mostra o quanto se demandou e o quanto se concedeu em termos de reclamações pelos trabalhadores:

---

(7) Os dados e resultados completos deste estudo, inclusive com as atualizações, podem ser obtidas diretamente com a autora deste artigo.

Tabela 2: Valores da Causa e da Condenação (em R$)

	Valor da causa	Valor da condenação
Média	48.188	10.801
Mediana	27.000	5.000
Máximo	1.240.008	70.000
Mínimo	533	0

Em média, os valores demandados pelos trabalhadores nos processos foi de mais de R$ 48 mil reais, com grande dispersão nos valores máximos e mínimos (o valor máximo encontrado foi de um ex-empregado da Vale). No entanto, o valor efetivamente condenado pelo tribunal trabalhista foi, em média, de R$ 10.800 reais. Na verdade, analisando caso a caso, a média do valor da condenação sobre o valor da causa (demandado) foi de 49,3%. Em outras palavras, o trabalhador, quando entra com um processo trabalhista, ganha em média, metade do que ele pediu na ação original.

Levando-se em conta estes dados, pode-se ter uma ideia do peso da Justiça trabalhista sobre as pequenas e médias empresas. Lembrando que este tipo de custo *não entra* no custo do trabalho como calculado pelo *Doing Business* podemos ver o quanto existe de desincentivos para se empreender e se empregar pessoas nas empresas.

Quando se olham os tribunais de 2ª instância, percebe-se um pouco de mudança nos atores envolvidos:

Tabela 3: Autores, processos do TRT-2 e TRT-4

Indivíduos	47,4%
Associação trabalhista	4,2%
Peq. Médias Empresas (PMEs)	23,2%
Grandes Empresas	25,3%

Tabela 4: Réus, processos do TRT-2 e TRT-4

Indivíduos	45,3%
Associação Trabalhista	1,1%
PMEs	25,3%
Grandes Empresas	25,3%
Associação Patronal	1,1%

No segundo grau, a participação das pequenas e médias empresas cai para algo em torno dos 25%, como autoras ou como rés. Isso é um fato esperado, dado os altos custos de se manter um processo na Justiça; poucas são as PMEs que podem se dar ao luxo de arcar com um longo processo judicial. Nestes casos, é preferível "fazer um mau acordo, do que esperar a Justiça". Tal escolha já havia sido evidenciada pelo economista Armando Castelar Pinheiro (2000), quando fez o estudo inédito levantando as avaliações de centenas de empresas brasileiras sobre o funcionamento do Judiciário.

Finalmente, neste estudo empírico preliminar, encontramos os seguintes resultados:

Tabela 5: Decisões na 1ª instância

Majoritariamente pró-trabalhador	36,5%
Pró-empresa	28,8%
Parcial	34,6%

Tabela 6: Decisões na 2ª instância

Pró-trabalhador	34,7%
Pró-empresa	26,3%
Parcial	38,9%

Por decisões que foram "majoritariamente pró-trabalhador" entende-se aquelas que o magistrado concedeu integralmente ou mais da metade de suas demandas. Decisões "parciais" foram aquelas que concederam metade das demandas, tanto vindas do empregador ou do trabalhador. Podemos perceber que apenas 29% das ações na primeira instância e 26% na segunda instância não atenderam a nenhuma das demandas do trabalhador nos processos, ou que semelhantemente, atenderam a todas as demandas do empregador.

6. Conclusões

Neste trabalho discutimos as consequências criadas quando os representantes do Direito — sejam eles do Legislativo, do Executivo ou do Judiciário — tomam decisões e ações sem levar em conta os efeitos indiretos, sobre todos os outros agentes da sociedade. Esta visão "da árvore e não da floresta" pode acabar gerando resultados contrários ao que inicialmente se almeja, até mesmo prejudicando quem se queria inicialmente favorecer, a classe trabalhadora, por exemplo.

Também foi mostrado como a legislação trabalhista, que inicialmente almejou a proteção de trabalhador no país, acabou por criar uma enorme classe de trabalhadores informais, que compõem quase que metade do total da força de trabalho nacional, completamente alienada dos direitos e privilégios formais. A manutenção de um conjunto de regras superprotetoras para os trabalhadores formais é a causa da existência e persistência dessa grande classe de informais excluídos. Além disso, mesmo dentre os trabalhadores formais, protegidos pela legislação trabalhista, o ambiente de trabalho em nada se harmonizou, sete décadas depois da criação da CLT.

Ainda, bastante deletérias são as consequências da forte regulamentação e da protetora legislação trabalhista sobre o ambiente de negócios. De acordo com o Banco Mundial, pequenas e médias empresas pagam o equivalente a 40% do total de seus lucros somente para cumprir as exigências trabalhistas. Em um ambiente como este, não é surpreendente que o Brasil está classificado dentre os piores do mundo em termos de ambiente de negócios. E, sem negócios não há emprego, não há que se falar em postos de trabalho de qualidade.

Finalmente, nosso estudo empírico preliminar indica que, em termos judiciais, mais uma vez, as empresas sofrem no geral — sendo condenadas a pagar, em média, metade do valor demandado pelos trabalhadores nos processos trabalhistas, e tendo apenas 26% dos casos totalmente favoráveis a elas (nas decisões de 2ª instância). Mas as pequenas e médias empresas tendem a ser as mais processadas na 1ª instância, compondo mais de 72% das rés. Este custo deve ser adicionado àquele calculado pelo *Doing Business* do Banco Mundial.

Em suma, enquanto os agentes do Direito brasileiro continuarem com a miopia nas tomadas de decisões, ignorando as consequências efetivas de suas decisões, o ambiente de trabalho no Brasil continuará a ser marcado por conflitos, desincentivos para a cooperação produtiva, e sobretudo para os negócios. Nestes casos, não somente a empresa sofre, quem mais sofrerá das consequências é o próprio trabalhador, que não dificilmente encontrará garantias para seus postos de trabalho.

O início do arrefecimento da economia brasileira nos últimos anos é apenas um dos primeiros sinais deste ambiente hostil...

7. REFERÊNCIAS BIBLIOGRÁFICAS

ALMEIDA, A. *CLT comentada:* legislação, doutrina, jurisprudência. São Paulo: Saraiva, 2004.

AMADEO, E.; MONTEIRO, F. Crescimento econômico e a restrição da poupança. *In:* GIAMBIAGI, F.; VILLELA, A.; BARROS DE CASTRO, L.; HERMANN, J. (orgs.). *Economia brasileira contemporânea.* Rio de Janeiro: Elsevier, 2000.

BANCO MUNDIAL. *Doing business.* Disponível em: <http://doingbusiness.org/> 2013/ 2014.

_____. *The east Asian miracle:* economic growth and public policy. New York: Oxford University, 1993.

CASTELAR PINHEIRO, A. *Judiciário e economia no Brasil.* São Paulo: Sumaré, 2000.

ESTEVÃO, M.; CARVALHO FILHO, I. Institutions, informality, and wage flexibility: evidence from Brazil. *IMF Working Paper WP/12/84,* 2012.

FALCÃO, J.; SCHUARTZ, L. F.; ARGUELHES, D. W. Jurisdição, incerteza e estado de direito. *Revista de Direito Administrativo,* n. 243, 2006.

MCKINSEY GLOBAL INSTITUTE, How can Brazil grow? Disponível em: <http://www.mckinsey.com/insights/south_america/how_brazil_can_grow> 2006.

PESQUISA NACIONAL POR AMOSTRAS DE DOMICILIOS (PNAD). Disponível em: <http://www.ibge.gov.br/home/estatistica/populacao/trabalhoerendimento/pnad2012/default.shtm> 2008, 2011 e 2012.

PROJETO RELASUR-OIT. *Las relaciones laborales en Brasil.* Madrid: Ministerio de Trabajo y Seguridad Social de España, 1996.

REZENDE, C. L.; ZYLBERSZTAJN, D. Pacta sunt servanda versus the social role of contractcs: the case of Brazilian agriculture contracts. *Revista de Economia e Sociologia Rural,* v. 50, p. 205-220, 2012.

VERA, F. S. A análise econômica da propriedade. *In:* TIMM, L. B. (org.). *Direito e economia no Brasil.* São Paulo: Atlas, 2012.

YEUNG, L. L. *Além dos "achismos", do senso comum e das evidencias anedóticas:* uma analise econômica do Judiciário brasileiro. Tese (Doutorado) — Escola de Economia de São Paulo. São Paulo: Getulio Vargas, 2010.

O Trabalho, o Avanço Tecnológico e o Direito do Trabalhador à Desconexão

Magno Luiz Barbosa[*]

1. Introdução

Este estudo irá trazer a baila uma breve reflexão sobre o capitalismo, o avanço tecnológico e o direito do trabalhador à desconexão em um contexto atual, com análise inclusive à recente alteração na Consolidação das Leis do Trabalho, no que tange ao trabalho em domicílio, que vem se tornando muito mais comum devido ao avanço tecnológico, bem como far-se-á um comparativo como o teletrabalho.

Para isso, será necessário um estudo dogmático-jurídico que consiste basicamente na análise da lei e da doutrina, a fim de se alcançar uma posição acerca das consequências da revolução tecnológica que implica em novas formas de pensar e agir no mundo do trabalho.

Ao nos determos na essência da alteração normativa que será abordada, perceberemos que a mola propulsora das mudanças está na necessidade de adequação do ordenamento jurídico com a realidade laboral contemporânea. Afinal, não há dúvidas de que a forma de trabalho nos dias atuais vem sofrendo consideráveis alterações no Brasil e no mundo, como por exemplo, o trabalho fora das dependências da empresa, o que indubitavelmente gera consequências tanto para a classe trabalhadora, como para o empregador e para o Estado.

Verificar-se-á que o aumento nesse tipo de trabalho no qual o empregado não está necessariamente nas dependências da empresa, pode ser trazer benefícios, mas também consequências nefastas para o trabalhador, por isso, será abordado o direito ao descanso ao trabalhador, que hodiernamente tem significado o "Direito à desconexão".

É imprescindível salientar que não há, no presente estudo, a pretensão de esgotar o assunto, e sim trazer a tona uma reflexão que possa de alguma forma, colaborar, se não para o entendimento mais amplo do tema, pelo menos para o aprofundamento do debate sobre a atual situação laboral diante do avanço tecnológico e capitalismo contemporâneo.

2. A revolução tecnológica e suas consequências no mundo do trabalho

Indubitavelmente o mundo vive uma Revolução Tecnológica que vem alterando sobremaneira o

---

(*) Doutor em Direito das Relações Sociais pela Pontifícia Universidade Católica de São Paulo — PUC/SP, mestre em Direito das Relações Econômico-Empresariais pela Universidade de Franca (2005) — UNIFRAN, especialista em Direito Civil (1999) e Direito Processual Civil (1998), pela Universidade Federal de Uberlândia — UFU, sócio do Escritório Barbosa e Araújo Advogados Associados, professor de Direito Material e Processual do Trabalho da Universidade Federal de Uberlândia/MG — UFU.

mundo do trabalho, de certa forma como ocorreu no século XVIII com a Revolução Industrial.

Naquele momento da história laboral, vários foram os problemas enfrentados pela classe trabalhadora e um dos mais importantes foi a exploração da burguesia quanto a exigência de trabalho em extenuantes jornadas, que chegavam a dezesseis horas diárias o que provocou o levante dos trabalhadores a fim de se alcançar uma duração do trabalho mais justa e salutar.

Gradativamente os Estados capitalistas foram implementando jornadas de trabalho menos extensas, até alcança o patamar global de oito horas diárias em média e assim foi ocorrendo com os demais direitos trabalhistas ao longo do tempo.

Hodiernamente, com o avanço tecnológico e a ampliação da utilização de aparelhos eletrônicos cada vez mais eficazes no mundo do trabalho, tornou-se mais comum o tipo de trabalho em que o empregado não necessita mais estar nas dependências da empresa, ou seja, realiza seu labor a distância, porém, conectado de alguma forma ao seu trabalho, seja por meio da rede mundial de computadores, por meio dos aparelhos telemóveis ou qualquer outro meio que possibilite a conexão a distância.

A Revolução Tecnológica que se vive nos dias atuais trouxe como uma de suas consequências o aumento da possibilidade formas de trabalho já existentes, como o trabalho em domicílio, bem como trouxe novas formas como o teletrabalho, que iremos abordar na sequência.

3. O TRABALHO EM DOMICÍLIO SOB A ÓTICA LABORAL CONTEMPORÂNEA

O trabalho em domicílio é uma forma paralela de relação de emprego, com a característica essencial de o empregado não laborar sob as vistas do empregador, gerando uma situação especial.

Moraes Filho (1994), ao escrever sobre o assunto, expressou com clareza que "o trabalho a domicílio, ao contrário do artesão, é um legítimo assalariado, já que não possui, em geral, os instrumentos de trabalho, recebe a matéria prima do seu empresário e trabalha para ele e por sua conta, dele recebendo salário"[1].

Na mesma linha de entendimento De La Cueva (1970) descorre que: "El trabajador a domicilio, en la vida real, se encuentra subordinado al patrono, igual que el trabajador de la fábrica: Tiene la obligación de entregar el producto que se le solicita; [...]"[2].

A legislação brasileira até 16 de dezembro de 2011 previa, expressamente, no art. 6º da CLT, que: "Não se distingue entre o trabalho realizado no estabelecimento do empregador e o executado no domicílio do empregado, desde que esteja caracterizada a relação de emprego". No art. 83 garante, ainda, que: "É devido o salário mínimo ao trabalhador em domicílio, considerado este como o executado na habitação do empregado ou em oficina de família, por conta de empregador que o remunere".

A relação de emprego se caracteriza quando um dos sujeitos, o empregado, tratar-se de pessoa física, trabalhar de forma pessoal (*intuitu presonae*), com subordinação, não eventualmente e gerar onerosidade ao empregador. Todavia, no trabalho em domicílio algumas dessas características não são de fácil controle, como a pessoalidade e a subordinação, pois a execução dos serviços ocorre sem o acompanhamento direto do empregador.

Diante disso, percebe-se a importância da parte final da redação original do art. 6º da CLT, pois a situação somente será incontroversa quando houver a relação formal de trabalho entre as partes, em que, além da formalidade se estabeleça uma relação de confiança, quando se espera que o empregado realize efetivamente as tarefas que lhe são conferidas.

Outra questão muito peculiar ao trabalho em domicílio é justamente quanto ao controle da duração de trabalho, visto que, em regra, o empregado não está sujeito à fiscalização direta do empregador.

Diante dessa dificuldade, especificamente, além da necessidade de atualização do texto celetista, em função da realidade tecnológica hodierna, foi editada a Lei n. 12.551, de 15 de dezembro de 2011[3], que alterou o art. 6º da CLT, passando a ter a seguinte redação:

> Art. 6º Não se distingue entre o trabalho realizado no estabelecimento do empregador, o executado no domicílio do empregado e o realizado a distância, desde que estejam caracterizados os pressupostos da relação de emprego.

---

(1) MORAES FILHO, Evaristo de. *Trabalho a domicílio e contrato de trabalho*. São Paulo: LTr, 1994. p. 55.
(2) DE LA CUEVA, Mário. *Derecho mexicano del trabajo*. 12. ed. México: Porrúa, 1970. p. 867, v. 1.
(3) A referida lei entrou em vigor a partir de sua publicação no *Diário Oficial da União* — DOU, em 16 de dezembro de 2011.

Parágrafo único. Os meios telemáticos e informatizados de comando, controle e supervisão se equiparam, para fins de subordinação jurídica, aos meios pessoais e diretos de comando, controle e supervisão do trabalho alheio.

As alterações no art. 6º da CLT ocorreram inicialmente no *caput*, em que foi acrescentado, além do trabalho em domicílio, o *trabalho realizado a distância*, ou seja, aquele que é relação de emprego, porém, em local diverso do domicílio do empregado e do ambiente empresarial, contemplando, de certa forma, o teletrabalho que será analisado ainda neste item.

No parágrafo acrescentado ao art. 6º da CLT, observa-se claramente uma tentativa de adequação legislativa à realidade tecnológica atual, tendo em vista a situação de inúmeros empregados que, hodiernamente, laboram em jornadas extenuantes, mesmo que fora do ambiente de trabalho, conectados aos mais variados aparatos tecnológicos, conforme analisado no item 3 do Capítulo I deste estudo.

De algum modo, a alteração do artigo em destaque veio contemplar o *direito à desconexão*, posto que o novo texto oficializa o direito às horas extraordinárias quanto ao labor realizado nesse momento de *revolução tecnológica*, com situações de trabalho de duração extremante longas, semelhantes ao que aconteceu na Revolução Industrial.

Indubitavelmente, a alteração legal em apreço trouxe, também, dúvidas quanto ao efetivo efeito sobre as horas extraordinárias, o que somente com o tempo poderá delinear.

Seja pela redação anterior seja pela atual do art. 6º da CLT, é imprescindível salientar que, apesar da dificuldade do controle da duração do trabalho, caso se comprove, de alguma maneira, que o empregado tenha trabalhado horas extraordinárias em seu domicílio, fará jus ao pagamento do respectivo adicional de horas suplementares ou da compensação de horários.

Süssekind (2000), ao comentar a redação original do art. 6º da CLT defende que a possibilidade do obreiro compensar os horários elide o direito a horas extraordinárias:

> Entendemos, contudo, não obstante o disposto no art. 6º da Consolidação que os dispositivos atinentes à limitação da jornada de trabalho não se aplicam ao trabalho a domicílio — o que não ocorre com o repouso semanal e as férias remuneradas. É que o trabalhador a domicílio, embora na condição de empregado executa o serviço na sua própria residência, longe da fiscalização direta do empregador, no horário que melhor convém aos seus interesses. A remuneração que recebe é paga de acordo com o número de peças produzidas e, sem embargo do limite mínimo de produção que geralmente é ajustado no contrato de emprego, certo é que nada obsta que trabalhe dez horas um dia, quatro no outro, etc.[4]

Pelos princípios que norteiam o Direito do Trabalho, bem como pelo fato de a lei não excepcionar quanto ao direito às horas extras ao empregado em domicílio, deve-se considerar que o direito é garantido a esses trabalhadores, apesar de ressalvada a dificuldade de comprovação, diante das peculiaridades do trabalho.

Ressalte-se que o empregador poderá dispor de meios próprios para aferição do tempo de trabalho, como o controle de produção ou tarefa, de maneira que seja exigido do empregado em domicílio produção diária igual à do obreiro, que exerce a sua atividade na sede da empresa.

Nesse sentido, Moraes Filho (1994) ressalta que: "O trabalhador a domicílio distingue-se do trabalhador interno de fábrica somente pelo local de trabalho, nada mais. A relação que se forma entre ambos e o empregador é idêntica"[5].

Percebe-se que, apesar de a duração do trabalho no Brasil ser considerada rígida, devendo seguir os padrões da Constituição Federal ou da legislação especial de cada atividade específica, pode-se dizer que o trabalho em domicílio e a distância são, sem dúvida alguma, as formas de trabalho que mais se aproximam da possibilidade da duração do trabalho flexível.

Certo é, indubitavelmente, tratar-se de uma forma de trabalho, cujo tempo efetivo de labor fica muito mais a critério do empregado do que do empregador, inclusive no que diz respeito aos horários de intervalo para repouso e alimentação.

São consideradas vantagens do trabalho em domicilio o fato de o trabalhador não estar sujeito a deslocamentos entre a sua casa e o local de

---

(4) SÜSSEKIND, Arnaldo. *Duração do trabalho e repousos remunerados*. Rio de Janeiro: Freitas Bastos, 1950. p. 143.
(5) MORAES FILHO, Evaristo de. *Trabalho a domicílio e contrato de trabalho*. São Paulo: LTr, 1994, p. 148.

trabalho, principalmente nos grandes centos urbanos, bem como o fato de não estar o tempo todo sob os olhares de seu empregador, o que lhe garante maior liberdade. Este é o argumento principal de De La Cueva (1970), ao narrar que os defensores do sistema aduzem que "El trabajo a domicilio libera al obrero de la vigilância constante del patrono y le hace sentirse libre"[6].

Quanto aos argumentos contrários, o principal é quanto ao isolamento do empregado, o que dificulta a socialização em sua categoria de trabalho, bem como a sindicalização, que também fica extremamente prejudicada, enfraquecendo esses trabalhadores.

De La Cueva (1970) acrescenta que: "Por regla general, escriben los atores, se pagan salarios muy reducidos; como no existe control sobre la forma de pago los salarios, pagan los patronos precios extraordinariamente bajos por cada pieza que reciben"[7].

Outro ponto relevante sobre o trabalho em domicilio é que, por vezes, esse tipo de trabalho não é formalizado, prejudicando o trabalhador, que não se beneficia de direitos trabalhistas, como 13º salário, férias, repouso semanal remunerado e, ainda, fica excluído do sistema previdenciário e do regime do Fundo de Garantia por Tempo de Serviço. Para o Estado, as consequências do trabalho em domicílio informal são diminuição da arrecadação de verbas, previdenciárias, do FGTS e demais encargos trabalhistas.

4. O TELETRABALHO E SUAS PECULIARIDADES

Diferente modalidade de relação de emprego pode ocorrer fora da empresa, o chamado teletrabalho, que vem ganhando força nos tempos modernos, principalmente em viturde do avanço tecnológico.

O teletrabalho[8] é realizado quando se utilizam equipamentos que permitem desenvolver o trabalho em um lugar diverso da sede empresa, um local criado para esse fim ou no domicílio do empregado. Segundo o jornal *Estado de S. Paulo*, de julho de 2008, o Brasil já conta com 10,6 milhões de teletrabalhadores, sendo que, em 2001[9].

Conforme visto anteriormente, o parágrafo único do art. 6º da CLT veio, de certa forma, contemplar o teletrabalho, posto que ficou expresso em sua nova redação o trabalho *realizado a distância*, o que certamente poderá fundamentar para essa nova modalidade de trabalho, enquanto não surgir legislação especifica sobre o tema.

Tramita no Congresso Nacional o Projeto de Lei n. 4.505/2008, de autoria do Deputado Luiz Paulo Vellozo Lucas do PSDB/ES, que dispõe sobre o teletrabalho:

> Sob controle de um empregador ou para um cliente, por um empregado ou trabalhador autônomo de forma regular e por uma cota superior a quarenta por cento do tempo de trabalho em um ou mais lugares diversos do local de trabalho regular, sendo utilizadas para realização das atividades laborativas, tecnologias informáticas e de telecomunicações.[10]

Portanto, verifica-se a possibilidade do teletrabalho, como relação de trabalho, que não se aplica aos interesses do presente estudo, visto não haver qualquer controle quanto à duração do trabalho, e como relação de emprego, em que se observa uma situação bastante diversa do simples trabalho em domicílio, pois, em regra o teletrabalho implica realização de tarefas mais complexas, conforme dispõe Barros (2009):

> O teletrabalho distingue-se do trabalho em domicílio tradicional não só por implicar, em geral, a realização de tarefas mais complexas, do que as manuais, mas também porque abrange setores diversos: como tratamento, transmissão e acumulação de informação; atividade de investigação; secretariado, consultoria, assistência técnica e auditoria; gestão de recursos, vendas e operações mercantis em geral; desenho, jornalismo, digitação, redação, edição, contabilidade, tradução, além da utilização de novas tecnologias, como

---

(6) DE LA CUEVA, Mário. *Derecho mexicano del trabajo*. 12. ed. México: Porrúa, 1970. v. 1, p. 869.
(7) DE LA CUEVA, Mário. *Derecho mexicano del trabajo*. 12. ed. México: Porrúa, 1970. v. 1, p. 869.
(8) Rubens Valtercides narra que: "Em termos de teletrabalho, o trabalhador exerce suas atividades fora do *habitat* tradicional da empresa — novos tempos — pois estava acostumado a viver dentro de uma geração que separava nitidamente vida doméstica, lazer e trabalho". Disponível em: <http://www.diritto.it/docs/30998-natureza-jur-dica-do-teletrabalho-no-brasil?page=2> Acesso: 22.10.2011.
(9) AGÊNCIA ESTADO. *Empresa estimula funcionários a trabalhar em casa*. Disponível em: <http://www.estadao.com.br/noticias/geral,empresa-estimula-funcionarios-a-trabalhar-em-casa,182110,0.htm> Acesso em: 22.10.2011.
(10) CÂMARA DOS DEPUTADOS. Disponível em: <http://www.camara.gov.br/proposicoesWeb/fichadetramitacao?idProposicao=420890> Acesso em: 22.10.2011.

informática e telecomunicações, afetas ao setor terciário.[11]

Essa situação peculiar do teletrabalho, em relação ao trabalho em domicílio, pode contribuir para maior facilidade no controle da duração de trabalho, visto que as atividades relacionadas ao uso de informática podem perfeitamente ser monitoradas a distância, inclusive, no que tange ao tempo de efetivo trabalho.

Interessante registrar que, no mencionado Projeto de Lei n. 4.505/2008, o art. 6º garante aos teletrabalhadores os mesmos direitos assegurados aos demais trabalhadores celetistas. Contudo, o parágrafo único do referido artigo dispõe que "Em razão do caráter de controle de jornada aberta e, via de regra, de forma virtual, aos empregados teletrabalhadores não será contemplado o direito às horas extras, devendo a remuneração ajustar-se às horas normais de trabalho".

Com isso, o empregado em teletrabalho estaria no rol de trabalhadores excluídos do regime legal de duração do trabalho, assim como os trabalhadores externos, os que exercem cargo de gestão nos termos do art. 62 da CLT e os domésticos, que não foram contemplados com esse direito.

Indiscutivelmente verificam-se vantagens do teletrabalho para o empregador, seja no que diz respeito à redução do espaço imobiliário, com diminuição de custos inerentes à aquisição de locais, aluguéis, manutenção, transporte[12], seja, caso aprovado o mencionado projeto de lei, na redução de despesas trabalhistas, como as horas extraordinárias.

Em contrapartida, para o trabalhador é discutível se a flexibilidade de horários é vantajosa, visto que, enquanto se cria a possibilidade de conciliar melhor o tempo de trabalho e o convívio familiar, corre-se também o risco de o empregado se tornar um *telescravo*, tendo que cumprir metas inalcançáveis, sem encontrar um meio-termo entre as suas atividades laborativas e o seu tempo livre; nessas condições não se estaria observando o direito básico à saúde do trabalhador.

Por outro lado, há que se admitir que tanto o trabalho em domicílio quanto o teletrabalho constituem formas incipientes de contribuição na atenuação de um dos maiores problemas do mundo pós-moderno, a difícil locomoção nos grandes centros urbanos, além de se constituir em opção para diminuir o impacto ambiental decorrente desses deslocamentos.

Entretanto, frise-se que o maior cuidado a ser tomado em relação ao trabalho em domicílio e o teletrabalho é o isolamento decorrente da falta de contato com outros trabalhadores, a eliminação da possibilidade de progressão na carreira e, principalmente, menores níveis de proteção social e de tutela sindical, em virtude dessa individualização, como ocorre com o trabalhador doméstico, categoria notoriamente isolada, que, em pleno século XXI, ainda não tem todos os direitos dos demais trabalhadores.

5. Tempo de trabalho e não trabalho no capitalismo contemporâneo e o direito do trabalhador à desconexão

Não há dúvidas de que o binômio trabalho e não trabalho foi sempre motivo de grandes discussões entre empregados e empregadores, desde o surgimento do emprego e das primeiras lutas pela proteção do trabalhador. Conforme bem colocado por Gonçalves e Manus (1996), "A quantidade de horas de trabalho e a de descanso constituem alvo da atenção do legislador, da doutrina e da jurisprudência. A razão é singela: o ser humano tem limite relativamente curto de suportar a prestação de trabalho contínuo"[13].

A importância da distinção entre o tempo de trabalho e não trabalho é extremamente abrangente, alcançando as discussões sobre empregabilidade, convívio social, lazer ou simplesmente o ócio destinado ao descanso.

Destarte, atualmente, quando se trata do assunto tempo de trabalho e não trabalho há que se pensar que o mundo pós-moderno trouxe novas situações para a humanidade, que resultaram, principalmente, no desenvolvimento do capitalismo e no avanço tecnológico.

Quanto ao desenvolvimento do capitalismo, esta é a lição de Suret-Canale (2005):

> O capitalismo desenvolve-se com base na produção mercantil, que supõe a generalização. Diferentemente dos modos de produção anteriores, mais ou menos fundados sobre

---

(11) BARROS, Alice Monteiro de. *Curso de direito do trabalho*. 5. ed. São Paulo: LTr, 2009. p. 327.
(12) BARROS, Alice Monteiro de. *Curso de direito do trabalho*. 5. ed. São Paulo: LTr, 2009. p. 328.
(13) GONÇALES, Odonel Urbano; MANUS, Pedro Paulo Teixeira. *Duração do trabalho*. São Paulo: LTr, 1996. p. 7.

uma economia de subsistência, a produção capitalista volta-se, logo de início para o mercado: o capitalismo produz para vender. E a própria relação entre o capitalista e o assalariado apresenta-se sob a forma da troca mercantil: o capitalista apresenta-se como comprador de força de trabalho, o assalariado como vendedor.[14]

O capitalismo se fortaleceu a ponto de impor a ideia de que é a única forma capaz de manter o mundo em atividade, fazendo com que o homem tenha em mente se tornar, a cada dia, mais escravo do seu trabalho, ademais, o capitalismo se firmou como modelo da *felicidade*, prova disso é o que foi visto na Alemanha Ocidental e na Alemanha Oriental.

Nesse contexto, é inimaginável no mundo atual impor às grandes massas, criadas no mundo capitalista, outro sistema que as privasse de sua liberdade e dessa ideia de possibilidade de crescimento econômico, *a priori*, vinculado apenas à sua capacidade e vontade pessoal. O capitalismo é considerado o sistema que oferece condições para o indivíduo elevar o seu padrão de vida a patamares que outros sistemas, como o socialismo, jamais permitiria; em contrapartida, escraviza o homem a partir do momento em que o instiga a ter sempre mais capital, desde que trabalhe para isso.

Por sua vez, o avanço tecnológico contribuiu sobremaneira para um novo enfoque sobre tempo de trabalho e tempo de não trabalho, pois alterou o próprio modo de trabalho na maioria das atividades humanas. Desde o surgimento das primeiras máquinas a vapor e a evolução da manufatura para a maquinofatura, todos os avanços que se sucederam foram extremamente importantes para o fortalecimento e as consequências do capitalismo.

Inicialmente se acreditava que, ocorrendo o avanço tecnológico, haveria mais tempo livre para o indivíduo[15], pois tarefas que antes demandavam mais tempo para serem executadas passaram a ser realizadas em fração de segundos, porém ocorreu fenômeno inverso, a escravização do trabalhador às novas tecnologias.

Nesse sentido, Lafargue (2000) já dizia em 1880:

> Uma boa operária, com sua fusada, não faz mais de cinco malhas por minuto, enquanto certas máquinas circulares de tricotar fazem, no mesmo espaço de tempo, trinta mil. Cada minuto da máquina equivale a cem horas de trabalho da operária; ou, então, cada minuto de trabalho da máquina permite à operária dez dias de repouso. O que vale para a indústria da tecelagem é mais ou menos válido para todas as indústrias renovadas pela mecânica moderna. Mas o que podemos observar? À medida que a máquina se aperfeiçoa e elimina o trabalho do homem com uma rapidez e precisão cada vez maiores, o operário, em vez de prolongar seu descanso na mesma medida, redobra seus esforços, como se quisesse rivalizar com a máquina. Que concorrência absurda e assassina![16]

Assim sendo, o tempo dedicado ao trabalho acaba alcançando níveis que ultrapassam a simples discussão de tempo de trabalho e tempo de lazer, pois é muito comum nos dias atuais encontrar o homem moderno, em férias, porém conectado às suas mídias eletrônicas, resolvendo os mais diversos problemas relacionados ao seu trabalho.

Neste sentido, mais que o direito básico ao lazer, surge o chamado "direito a desconexão" que Oliveira (2010) assim define:

> O direito à desconexão pode ser definido como aquele que assiste ao trabalhador de não permanecer sujeito à ingerência, solicitações ou contatos emanados do respectivo empregador pessoa física ou do empreendimento empresarial para o qual o obreiro trabalha, em seu período destinado ao descanso diário (intervalos intra e interjornada), semanal (descanso semanal remunerado) ou anual (férias), e ainda em situações similares (licenças), em especial diante da existência das novas tecnologias (*blackberry*, *palm*, *pager*, *fax*, celular, e ainda computador ou *notebook* munidos de internet ou de rede).[17]

---

(14) SURET-CANALE, Jean. *O livro negro do capitalismo*. 4. ed. Org. Gilles Perrault; Trad. Ana Maria Duarte *et al*. Rio de Janeiro: Record, 2005. p. 26.
(15) "Um poeta grego do tempo de Cícero, Antípatro, assim cantava a invenção do moinho d`água (para moer grãos): ele iria emancipar as escravas e fazer voltar a época áurea: 'Descansem o braço que faz girar a moenda, ó moleiras, e durmam em paz! Que o galo em vão as avise que o dia surgiu! Dao impôs às ninfas o trabalho dos escravos e, no entanto, lá estão elas a saltar alegremente sobre a roda enquanto o eixo danificado gira com seus raios, fazendo girar a pesada pedra rolante. Vivamos da vida de nossos pais e, ociosos, rejubilemo-nos com os dons que a deusa nos dá'." Trecho retirado do livro de LAFARGUE, Paul. *O direito a preguiça*. 2. ed. Trad. J. Teixeira Coelho. São Paulo: Hucitec; Unesp, 2000. p. 87.
(16) LAFARGUE, Paul. *O direito à preguiça*. 2. ed. Trad. por J. Teixeira Coelho. São Paulo: Hucitec; Unesp, 2000. p. 88.
(17) OLIVEIRA, Christiana D'arc Damasceno. *(O) direito do trabalho contemporâneo*. São Paulo: LTr, 2010. p. 118.

É simplesmente o direito de o empregado estar efetivamente desconectado de seu trabalho, livre das obrigações funcionais que muitas vezes acompanham o obreiro nos momentos que deveriam ser de descanso, estudo ou de convívio familiar.

As duas formas de trabalho que foram analisadas nos tópicos anteriores, o trabalho em domicílio e o teletrabalho, são exemplos claros de situações laborais nas quais o trabalhador pode ficar conectado ao seu trabalho por jornadas extenuantes.

O fato é que seja no trabalho em domicílio, no teletrabalho ou em outras diversas formas de trabalho, percebe-se que mesmo o empregado não exercendo diretamente sua atividade laboral, há atualmente uma preocupação constante em consultar e-mail, ou atender ao telefone celular a qualquer momento.

No dia 28 de novembro de 2011, o Jornal *Folha de S. Paulo* trouxe a reportagem "*E-mail* e celular estendem jornada de trabalho para casa e até as férias", em que narrava que "a combinação entre crescimento mais intenso da economia e avanço nas tecnologias de comunicação tem resultado em aumento das horas trabalhadas no Brasil"[18].

Apontou, ainda, que "sete em cada dez profissionais — que ocupam cargos, como analista, gerente e supervisor — afirmam que passam mais tempo no escritório hoje do que há cinco anos", e que "mais da metade diz que o teto da carga horária no escritório saltou de oito para dez horas diárias, e quase 80% são acionados nos momentos de lazer e descanso via mensagens no celular." Outro dado alarmante é que "mais de 50% dos funcionários de empresas que atuam no país respondem a e-mails de trabalho nesse período".

A reportagem menciona, ainda, que, em sete de cada dez entrevistados, cansaço e estresse são os efeitos colaterais do excesso de trabalho, bem como "o aumento nos casos de transtornos mentais e comportamentais tem relação direta com o aumento das horas trabalhadas".

A situação é, sem dúvida alguma, resultado do avanço tecnológico, aliado ao capitalismo voraz, que assola a sociedade contemporânea, revelando uma nova forma de exploração do trabalho humano.

Percebe-se no mundo pós-moderno uma característica peculiar, o tempo de que dispomos não está sendo suficiente para cumprir a contento todas as atividades, restando a impressão de sempre ficar algo para depois, seja no próprio trabalho, seja no campo familiar, nas áreas de conhecimento, lazer e de convívio em sociedade. Porém, conforme bem colocado por Cardoso (2009), "a duração do dia continua sendo de 24 horas, aceitam-se cada vez mais atividades simultâneas que permitem, ao preço de considerável tensão física e psicológica, multiplicar a quantidade de tempo que cada um dispõe"[19].

O certo é que o ser social tem que se adequar ao que é imposto pela sociedade, sendo que atualmente ocorre um fenômeno extremamente sensível, em que o indivíduo, empregado ou empregador, deverá equalizar o tempo de trabalho e o tempo de efetivo descanso, antes que se instale o caos social, com o adoecimento global da sociedade laborativa, diante da competitividade e da cobrança presentes na sociedade moderna.

6. Conclusões

Inegavelmente a forma para se encontrar a consonância entre tempo de trabalho e não trabalho, com efetivas consequências positivas está fundada na conscientização das verdadeiras necessidades humanas e sociais, em que o trabalho deve ser tratado como parte da vida do indivíduo e não como causa primária de tudo.

Entretanto, essas novas concepções se conflitam com o explanado neste estudo, ou seja, no capitalismo, os detentores do capital e os que o aspiram não sinalizam, ainda que de forma remota, qualquer disposição para uma nova concepção social, em detrimento de seus anseios.

O cenário mais realista do capitalismo hodierno, considerado selvagem pelo modo com que seduz a sociedade, abaliza que as pessoas continuarão comprando, vendendo, roubando, fraudando, se corrompendo, visando de alguma forma à ascensão social. Paralelamente, a população continuará crescendo, o que também contribui sobremaneira para dificultar a solução de questões, como o trabalho e o tempo de não trabalho na sociedade capitalista pós-moderna.

---

(18) FRAGA, Érica. *E-mail* e celular estendem jornada de trabalho para casa e até as férias. *Jornal Folha de S. Paulo*, Mercado, 28 de nov. de 2011.
(19) CARDOSO, Ana Cláudia Moreira. *Tempos de trabalho, tempos de não trabalho*: disputas em torno da jornada do trabalhador. São Paulo: Annablume, 2009. p. 46.

Independentemente de qualquer análise que se faça aos mais profícuos estudos dedicados ao tema tempo de trabalho e não trabalho na sociedade capitalista moderna, por mais otimista que se possa ser, inevitavelmente retorna-se ao círculo vicioso, relacionado a trabalho, consumo (exagerado e fútil) e busca infindável pelo direito ao descanso, gerando, muitas vezes, conflitos pessoais, capazes de provocar o adoecimento do trabalhador, assunto que será abordado mais adiante no presente estudo.

Parece um caminho sem volta, pois a humanidade está voltada para o materialismo, de tal forma que o assunto em debate certamente ainda servirá de campo fértil para inúmeras discussões e proposições, que poderão, ou não, alcançar algo de razoável e útil para a sociedade contemporânea.

7. REFERÊNCIAS BIBLIOGRÁFICAS E WEBOGRÁFICAS

AGÊNCIA ESTADO. *Empresa estimula funcionários a trabalhar em casa*. Disponível em: <http://www.estadao.com.br/noticias/geral,empresa-estimula-funcionarios-a-trabalhar-em-casa,182110,0.htm>. Acesso em: 10.2.2014.

BARROS, Alice Monteiro de. *Curso de direito do trabalho*. 5. ed. São Paulo: LTr, 2009.

CÂMARA DOS DEPUTADOS. Disponível em: <http://www.camara.gov.br/proposicoesWeb/fichadetramitacao?idProposicao=420890> Acesso em: 14.2.2014.

CARDOSO, Ana Cláudia Moreira. *Tempos de trabalho, tempos de não trabalho*: disputas em torno da jornada do trabalhador. São Paulo: Annablume, 2009.

DE LA CUEVA, Mário. *Derecho mexicano del trabajo*. 12. ed. México: Porrúa, 1970.

FRAGA, Érica. *E-mail e celular estendem jornada de trabalho para casa e até as férias*. Jornal Folha de S. Paulo, Mercado, 28 nov. 2011.

GONÇALES, Odonel Urbano; MANUS, Pedro Paulo Teixeira. *Duração do trabalho*. São Paulo: LTr, 1996.

LAFARGUE, Paul. *O direito à preguiça*. 2. ed. Trad. por J. Teixeira Coelho. São Paulo: Hucitec; Unesp, 2000.

MORAES FILHO, Evaristo de. *Trabalho a domicílio e contrato de trabalho*. São Paulo: LTr, 1994.

OLIVEIRA, Christiana D'arc Damasceno. *(O) direito do trabalho contemporâneo*. São Paulo: LTr, 2010.

SURET-CANALE, Jean. *O livro negro do capitalismo*. 4. ed. Org. Gilles Perrault; Trad. Ana Maria Duarte *et al*. Rio de Janeiro: Record, 2005.

SÜSSEKIND, Arnaldo. *Duração do trabalho e repousos remunerados*. Rio de Janeiro: Freitas Bastos, 1950.

VALTERCIDES, Rubens narra que: *Em termos de teletrabalho, o trabalhador exerce suas atividades fora do habitat tradicional da empresa — novos tempos — pois estava acostumado a viver dentro de uma geração que separava nitidamente vida doméstica, lazer e trabalho*. Disponível em: <http://www.diritto.it/docs/30998-natureza-jur-dica-do-teletrabalho-no-brasil?page=2> Acesso em: 17.2.2014.

A Competência Material da Justiça do Trabalho para Julgar Controvérsias de Apólice de Seguro de Empregado

Marcel Lopes Machado[*]

1. Introdução

Pretende-se, por este estudo, fazer uma análise e interpretação acerca da competência material da Justiça do Trabalho para apreciar as controvérsias jurídicas sobre a contratação da apólice de seguro de vida e/ou acidentária pelo empregador, a favor de seus empregados, com empresa do segmento securitizado.

"Encontra-se implícito, em outras palavras, o reconhecimento de que na interpretação judiciária do direito legislativo está ínsito certo grau de criatividade. O ponto, de resto, tornou-se explícito pelo próprio Barwick quando escreve que ainda "a melhor arte de redação das leis", e mesmo o uso da mais simples e precisa linguagem legislativa, sempre deixam, de qualquer modo, lacunas que devem ser preenchidas pelo juiz e sempre permitem ambiguidades e incertezas que, em última análise, devem ser resolvidas na via judiciária."[1]

A contratação de apólice de seguro de vida e/ou acidentária pelo empregador, a favor de seus empregados, tem previsão no art. 458, § 2º, V, da CLT, que fixa expressamente sua natureza jurídica de utilidade não salarial, e, portanto, se trata, inequivocamente, de uma parcela ou benefício de direito privado/civil, mas instituído em razão e função do contrato de emprego, arts. 2º e 3º da CLT.

Ainda, a contratação deste benefício pelo empregador com empresa securitária, a favor de seus empregados, decorre também, da previsão do art. 444 da CLT, que estabelece uma cláusula geral de livre estipulação e/ou contratação de benefícios entre as partes, com o objetivo de implementar uma melhora nas condições sociais dos trabalhadores, art. 7º, caput, do CR.

E, em inúmeros outros casos, observa-se também, que esta obrigação tem previsão e origem em disposições existentes nos instrumentos normativos, acordos coletivos e/ou convenções coletivas, arts. 7º, XXVI e 8º, III, do CR e art. 613, IV, da CLT, que regulamentam outras condições de trabalho das categorias.

(*) Juiz do Trabalho do TRT da 3ª Região, auxiliar da 1ª Vara do Trabalho de Uberlândia — MG, pós-graduado em Direito Material e Processual do Trabalho/UFU; pós-graduado em Filosofia do Direito e Direito Público/Faculdade Católica de Uberlândia-Dominis, professor do curso de pós-graduação em Direito Material e Processual do Trabalho/UFU.

(1) CAPPELLETTI, Mauro. *Juízes legisladores?* Trad. Carlos Alberto de Oliveira. Porto Alegre: Sergio Antonio Fabris, p. 20-21.

Não obstante tratar-se de instituto fornecido em razão do contrato de emprego e/ou até mesmo das normas coletivas que regulamentam novas e diferentes condições e benefícios em favor da categoria profissional dos trabalhadores, existem precedentes da própria jurisprudência trabalhista que não admitem sua competência material para apreciação desta matéria, como se observa:

> EMENTA: DENUNCIAÇÃO À LIDE. SEGURADORA. A competência material da Justiça do Trabalho encontra-se prevista no art. 114 da Constituição da República, não contemplando, todavia, as ações que envolvam empresas seguradoras e empregadores, acerca do cumprimento de apólice de seguro. (TRT 3ª Região — 1ª T. — RO 00270-2010-043-03-00-2 — Rel. Juiz Conv. Eduardo Aurélio Pereira Ferri — DJMG 30.9.2011).

> EMENTA: COMPETÊNCIA DA JUSTIÇA DO TRABALHO. INDENIZAÇÃO DO PRÊMIO DE SEGURO. LIDE ENTRE SEGURADO E SEGURADORA. NATUREZA AUTÔNOMA. Cabendo à Justiça do Trabalho dirimir conflito de interesses entre empregado e empregador e outras controvérsias decorrentes da relação de trabalho, aparteia-se da seara atávica trabalhista a questão surgida entre segurado e seguradora, com vínculo jurídico clássico com o contrato de seguro. (TRT 3ª Região — 3ª T. — RO 00525-58.2011.5.03.0043 — Relª Des. Emilia Facchini — DEJT 21.1.2013).

2. A NATUREZA DO CONFLITO E SUA COMPETÊNCIA MATERIAL

Na fixação da competência material, deve-se observar que a "índole de um conflito deriva de sua origem e de seu objeto, e não da norma invocada"[2], logo, data vênia dos r. entendimentos em contrário, a Justiça do Trabalho detém competência para apreciar e julgar as ações indenizatórias lato sensu fundadas na existência da relação de emprego.

Trata-se, inclusive, de competência histórica, antes mesmo do advento da Emenda Constitucional n. 45/2004, e que inclui, portanto, a hipótese jurídica de reparação de danos materiais de apólice de seguro, eis que sua origem, derivação e fundamento legal é a preexistência do contrato de emprego, art. 444 da CLT.

Isto porque, esta preexistência do contrato de emprego é condição essencial (e não acidental e/ou natural) do negócio jurídico de seguro (vida e/ou acidentário) com a empresa securitária, e, o conflito que daí surge, decorre da vantagem concedida, ainda que indireta, da existência e condições contratuais daquele vínculo, arts. 444 e 458, § 2º, V, da CLT.

É justamente a preexistência do vínculo de emprego, como condição essencial do negócio jurídico securitário, que permite, inclusive, instituir o pagamento do prêmio mensal da apólice para a empresa securitária, e, não ao empregador propriamente dito, através de descontos mensais dos salários dos trabalhadores, descontos estes, incontroversamente tidos por lícitos pela legislação e jurisprudência trabalhista, art. 462 da CLT e Súmula n. 342 do TST.

Portanto, a relação jurídica securitária que surge entre empregado, empregador e empresa securitária, pode ser compreendida como um contrato anexo àquele de emprego, que lhe é preexistente, ou, em outras palavras, sem a preexistência do contrato de emprego, com a consequente utilidade fornecida pelo empregador, art. 458, § 2º, V, da CLT do desconto salarial compartilhado do empregado, art. 462 da CLT e Súmula n. 342 do TST, é impossível a existência do contrato securitário multilateral.

Tem-se então, na hipótese de recusa do pagamento da apólice, um conflito trabalhista impuro/atípico[3], cuja competência material é da Justiça do Trabalho, independentemente que a solução o mérito da controvérsia tenha que ser apreciada e julgada segundo as normas do Direito Civil, como expressamente prevê o art. 8º da CLT.

> Os principais criadores do direito (...) podem ser, e frequentemente são, os juízes, pois representam a voz final da autoridade. Toda vez que interpretam um contrato, uma relação real (...) ou as garantias do processo e da liberdade, emitem necessariamente no ordenamento jurídico partículas dum sistema de filosofia social. As decisões dos Tribunais sobre questões econômicas e sociais dependem da sua filosofia econômica e social, motivo pelo qual o progresso pacífico do nosso povo, no curso do século XX, dependerá, em larga medida de que os juízes saibam fazer-se portadores duma moderna filosofia econômica e social, antes de que superada filosofia, por si mesma produto de condições econômicas

---

(2) DALAZEN, João Orestes. *Competência material trabalhista*. São Paulo: LTr, 1994. p. 51.
(3) *Ibidem*, p. 56. Ainda, leciona o eminente Ministro: "Em síntese, **conflito trabalhista** de natureza jurídica é o que se estabelece visando à interpretação **ou aplicação** de norma jurídica preexistente, assim **considerada a que emane do contrato de emprego** ou de qualquer das fontes formais do Direito do Trabalho: lei, convenção ou acordo coletivo, regulamento ou sentença normativa (esta, singularidade apenas do direito brasileiro)". *Ibidem*, p. 58.

superadas. (Da mensagem enviada pelo Presidente Theodore Roosevelt ao Congresso Americano em 8 de dezembro de 1908 (43 Cong. Rec., Part I, p. 21)[4]

Aliás, antes mesmo do advento da Emenda Constitucional n. 45/2004, e, portanto, na vigência da redação original do art. 114 da CR, o STF já se manifestou neste sentido:

JUSTIÇA DO TRABALHO. COMPETÊNCIA. CONST., ART. 114. AÇÃO DE EMPREGADO CONTRA O EMPREGADOR, VISANDO A OBSERVANCIA DAS CONDIÇÕES NEGOCIAIS DA PROMESSA DE CONTRATAR FORMULADA PELA EMPRESA EM DECORRÊNCIA DA RELAÇÃO DE TRABALHO. 1. COMPETE A JUSTIÇA DO TRABALHO JULGAR DEMANDA DE SERVIDORES DO BANCO DO BRASIL PARA COMPELIR A EMPRESA AO CUMPRIMENTO DA PROMESSA DE VENDER-LHES, EM DADAS CONDIÇÕES DE PREÇO E MODO DE PAGAMENTO, APARTAMENTOS QUE, ASSENTINDO EM TRANSFERIR-SE PARA BRASILIA, AQUI VIESSEM A OCUPAR, POR MAIS DE CINCO ANOS, PERMANECENDO A SEU SERVIÇO EXCLUSIVO E DIRETO. 2. A DETERMINAÇÃO DA COMPETÊNCIA DA JUSTIÇA DO TRABALHO NÃO IMPORTA QUE DEPENDA A SOLUÇÃO DA LIDE DE QUESTÕES DE DIREITO CIVIL, MAS SIM, NO CASO, QUE A PROMESSA DE CONTRATAR, CUJO ALEGADO CONTEUDO E O FUNDAMENTO DO PEDIDO, TENHA SIDO FEITA EM RAZÃO DA RELAÇÃO DE EMPREGO, INSERINDO-SE NO CONTRATO DE TRABALHO. (STF — T. Pleno — CJ 6959-6/DF — Rel. Min. Sepúlveda Pertence — DJU 22.2.1991).

EMENTA: Justiça do Trabalho: competência: ação de reparação de danos decorrentes da imputação caluniosa irrogada ao trabalhador pelo empregador a pretexto de justa causa para a despedida e, assim, decorrente da relação de trabalho, não importando deva a controvérsia ser dirimida à luz do Direito Civil. (STF — 1ª Turma — RE 238.737-4/SP — Rel. Min. Sepúlveda Pertence — DJU 5.2.1999).

Neste aspecto, a Corte Constitucional corrigiu a posição jurisprudencial do STJ, para quem, a fixação da incompetência material trabalhista decorria da causa de pedir e pedidos fundados no Direito Civil, e não, na própria relação jurídica material das partes, ou seja, os pedidos de indenização fundamentos no Direito Civil seriam da competência da Justiça Comum.

Como muito bem assinado pelo professor Antônio Álvares da Silva[5]:

"Toda questão, de qualquer natureza, que for conteúdo de uma relação de emprego ou de trabalho, obrigação de contratar, obrigação de dar, um apartamento sob certa condição, inscrição em plano de saúde, transferência de quotas, promessa de empréstimo, e tudo mais que provier do contrato de trabalho, será competência da Justiça do Trabalho.

(...)

Se à determinação da competência da Justiça do Trabalho não importa a natureza da solução da lide, mas sim que o fundamento do pedido tenha sido feito em razão do contrato de trabalho, abriu-se efetivamente a porta para o desenvolvimento da competência da Justiça do Trabalho."

Este, inclusive, é o fundamento atual da jurisprudência trabalhista consolidada, ao fixar a competência material da Justiça do Trabalho para: 1. Apreciação da reparação por danos morais que tenham origem no contrato de emprego, Súmula n. 392 do TST. 2. apreciação da reparação por danos materiais que tenham origem na frustração do Seguro-desemprego por culpa do empregador, Súmula n. 389 do TST. 3. Apreciação das reparações por acidente de trabalho e/ou doenças ocupacionais (STF — T. Pleno — CC n. 7.204/MG — Rel. Min. Carlos Ayres Brito — DJU 9.12.2005), todas questões cuja solução será fundada na teoria da responsabilidade civil.

Ademais, não se pode deixar de observar que esta controvérsia, acerca do inadimplemento da obrigação securitária, decorre também, muitas vezes, como efeito anexo e secundário, da lide originária e primária sobre o acidente de trabalho e/ou doença ocupacional que vitima o trabalhador, cuja pretensão reparatória se insere no rol de seus direitos sociais, art. 7º, XXVIII, da CR, e se situa na 3ª hipótese acima de competência material da Justiça do Trabalho.

3. A EMENDA CONSTITUCIONAL N. 45/2004. A ATUAL REDAÇÃO DO ART. 114, VI E IX, DA CR

A Emenda Constitucional n. 45/2004 teve por objetivo promover a chamada "Reforma do Poder Judiciário" e apresentou importante papel de reafirmação da importância da Justiça do Trabalho, ao

---

(4) CAPPELLETTI, Mauro. *Juízes legisladores?* Trad. Carlos Alberto de Oliveira. Porto Alegre: Sergio Antonio Fabris, 1993.
(5) *Pequeno tratado da nova competência trabalhista*. São Paulo: LTr, 2005. p. 238-239.

compreender e fixar dentro de sua competência material, diversos conflitos de índole e naturezas distintas da relação de emprego propriamente dita, que até então, não se inseriam em seu âmbito jurisdicional.

Desta emenda, extrai-se a nova redação dada ao art. 114, incisos VI e IX, da CR, que fixam, expressa e textualmente, a competência material da Justiça do Trabalho, para apreciar e julgar: 1. As ações de indenização por dano moral ou material, decorrentes da relação de trabalho. 2. Outras controvérsias decorrentes da relação de trabalho, na forma da lei.

A partir de sua vigência, parece não haver dúvida, quanto à disposição do inciso VI do art. 114, da competência material trabalhista para julgar as ações indenizatórias decorrentes da relação de trabalho, na qual se inclui, à evidência, as da relação de emprego.

Destaca-se, sobretudo, que o texto constitucional utilizou a expressão "ações" no plural, o que reforça na busca do sentido das palavras utilizadas, pelos métodos interpretativos gramatical, sistemático e teleológico, sua intenção expansionista e ampliativa, já que se parte da premissa que não existem palavras inúteis na Constituição.

Logo, quaisquer ações indenizatórias, em sentido *lato*, que tenham origem e fundamento na relação de trabalho, serão da competência da Justiça do Trabalho, o que incluiu, portanto, as controvérsias indenizatórias sobre o pagamento da apólice de seguro.

Inclusive, a jurisprudência do TST evolui neste sentido[6].

Compreende-se, portanto, que esta competência material é fixada em razão da matéria ter origem e fundamento no contrato de emprego, e não das normas da teoria da responsabilidade civil utilizadas para solução da controvérsia, bem como, não em razão do eventual sujeito passivo da obrigação indenizatória a ser cumprida, se o empregador propriamente dito, a empresa securitária contratada, ou ambos.

Inclusive, como muito bem explicitado pelo Ministro João Orestes Dalazen[7], com o advento da EC n. 45/2004, inserem-se no âmbito de competência material da Justiça do Trabalho:

"(...) quaisquer outras lides a propósito de direitos e obrigações que decorram da relação de emprego, mesmo que não se estabeleçam entre empregado e empregador, como se dá com a ação civil pública trabalhista, ou com o dissídio sobre complementação de aposentadoria entre empregado e entidade de previdência fechada instituída pelo empregador, quando a complementação de aposentadoria não é criada pelo empregador."

A adoção de solução jurídica diversa, mesmo após o advento da EC n. 45/2004, com a redação dada ao art. 114, VI, da CR, incorrerá no risco de se materializar, ainda que involuntariamente, o vício da interpretação retrospectiva, já advertida pelo professor e hoje Ministro Luís Roberto Barroso[8]:

"Atente-se para a lição mais relevante: as normas legais têm de ser *reinterpretadas em face da nova Constituição, não se lhes aplicando, automática e acriticamente, a jurisprudência forjada no regime anterior*. Deve-se rejeitar uma das patologias crônicas da hermenêutica constitucional brasileira, que é a interpretação retrospectiva, pela qual se procura interpretar o texto novo de maneira a que ele não inove nada, mas, ao revés, fique tão parecido quanto possível com o antigo. Com argúcia e espírito, José Carlos Barbosa Moreira estigmatiza a equivocidade desta postura:

'Põe-se ênfase nas semelhanças, corre-se um véu sobre as diferenças e conclui-se

---

(6) "CONTRATO DE SEGURO DE VIDA. COMPETÊNCIA DA JUSTIÇA DO TRABALHO. O direito postulado **é proveniente do contrato de trabalho celebrado entre as partes**, afigurando-se competente a Justiça do Trabalho, a teor do art. 114 da Constituição Federal. No contexto em que foi decidida a matéria, não há margem para se concluir pela violação dos dispositivos citados, uma vez que se trata de obrigação originária da relação de emprego entre o Reclamante e a CEF. Recurso de Embargos não conhecido." (SBDI-1 — E-RR 5.132/2002-921-21-00.8 — Rel. Ministro Carlos Alberto Reis de Paula — DJU 10.6.2005)
"COMPETÊNCIA DA JUSTIÇA DO TRABALHO. SEGURO. PAGAMENTO DE INDENIZAÇÃO SUBSTITUTIVA. OBRIGAÇÃO DECORRENTE DA RELAÇÃO DE EMPREGO. A competência da Justiça do Trabalho tem como fator determinante, no caso, a circunstância de que o reclamante somente é beneficiário do plano de seguro em **razão da condição de empregado da empresa.** Recurso de Embargos de que não se conhece." (SBDI-1 — E-RR 864/2003-102-03-00.7 — Rel. Ministro João Batista Brito Pereira — DJU 21.9.2007)
"AGRAVO DE INSTRUMENTO. BENEFÍCIO DECORRENTE DA RELAÇÃO DE EMPREGO. SEGURO DE VIDA CONTRATADO PELA EMPREGADORA. COMPETÊNCIA DA JUSTIÇA DO TRABALHO. Compete à Justiça do Trabalho julgar pedidos relativos a direitos e vantagens previstos na legislação trabalhista. O fato de o seguro de vida constituir-se em obrigação assumida pela empregadora, e que aderiu ao contrato do trabalho do autor, não desloca a competência para a Justiça Comum, **pois diretamente ligado ao contrato de trabalho** (art. 114 da Constituição Federal de 1988). Agravo de instrumento a que se nega provimento." (6ª T. — AIRR 76740-08.2006.5.03.0025 — Rel. Ministro Aloysio Corrêa da Veiga — DJU 6.6.2008).
(7) A reforma do judiciário e os novos marcos da competência material da justiça do trabalho no Brasil. *In:* COUTINHO, Grijalbo Fernandes; FAVA, Marcos Neves. *Nova competência da justiça do trabalho.* São Paulo: LTr, 2005. p. 153).
(8) *Interpretação e aplicação da constituição.* 6. ed. São Paulo: Saraiva, 2004. p. 70-71.

que, à luz daquelas, e a despeito destas, a disciplina da matéria, afinal de contas, mudou pouco, se é que na verdade mudou. É um tipo de interpretação... em que o olhar do interprete dirige-se antes ao passado que ao presente, e a imagem que lhe capta é menos a representação da realidade que uma sombra fantasmagórica'."

Outra questão, já com ênfase na interpretação do art. 114, IX, da CR, é que o Poder Constituinte Derivado criou e reservou à Justiça do Trabalho, a competência material residual por derivação legislativa infraconstitucional.

E, de igual sorte, a obrigação de contratar e fornecer a apólice de seguro de vida e/ou acidentária pode, também, decorrer da previsão dos instrumentos normativos que regem o Direito Coletivo do Trabalho (acordos coletivos e convenções coletivas), art. 7º, XXVI e 8º, III e VI da CR e art. 611 da CLT.

Tratam-se de típicos institutos do Direito do Trabalho, criados com fundamento na autonomia privada coletiva[9], originária na negociação entre as entidades sindicais ou com a empresa, mediante prévia aprovação dos trabalhadores em assembleia específica, art. 612/CLT, no exercício de sua liberdade e autonomia na organização e deliberações sindicais art. 8º, I, da CR, com o objetivo de implementar o enunciado constitucional da melhoria de suas condições sociais, art. 7º, *caput*, da CR.

E, justamente por se tratar de obrigação que tem origem e fundamento de existência e validade na norma coletiva das categorias, arts. 7º, XXVI e 8º, III, da CR e 613, IV, da CLT, é que, também por este prima e enfoque, a competência material é da Justiça Especializada do Trabalho, por expressa previsão do art. 1º da Lei n. 8.984/1995, naturalmente recepcionado pela competência constitucional residual por derivação legislativa, art. 114, IX, da CR.

4. Tutela da ordem jurídica dos direitos sociais e a Competência da Justiça do Trabalho. interpretações. exclusão das incoerências jurídicas

Diante das premissas das demais hipóteses de competência material da Justiça do Trabalho, em que a controvérsia se resolve pela teoria da responsabilidade civil, como expressamente prevê o art. 8º da CLT (v. ex., 1. danos morais puros, Súmula n. 392 do TST. 2. seguro desemprego, Súmula n. 389 do TST. 3. acidentes de trabalho e/ou doenças ocupacionais, STF — T. Pleno — CC n. 7.204/MG), deve-se buscar, para a coerência e compatibilidade das interpretações jurisdicionais, da unidade do Direito Judiciário do Trabalho, o ponto de equilíbrio e congruência também para esta hipótese de conflito, já que existente as mesmas razões e fundamentos jurídicos das anteriores, e, portanto, a preservação da coerência, harmonia e completude do ordenamento.

Ora, se a função do direito é o equilíbrio, a razão de ser do direito também é o equilíbrio, porque é isso que o direito melhor sabe proporcionar. Por conseguinte, a figura do juiz se agiganta, como a de quem devolve a serenidade e a proporção perdida das prestações obrigacionais, atividade fundamental à essência do exercício de qualquer direito. (...).

O injusto não é de ser atingido pela interpretação jurídica. A hermenêutica do direito não pode conduzir à injustiça, não pode ser causa de desorientação, de perda de valores fundamentais para a sobrevivência do homem, da perda do estado de igualdade. Não há método jurídico que se preze, que possa conduzir o intérprete à injustiça. E para que se não corra esta risco, é necessário obrigar o intérprete a enfrentar o contexto, conhecer o pretexto e dizer o texto, antes de tudo, jungido ao compromisso de não fugir do roteiro ético que o valor científico de pensar o direito lhe impõe. E esse trabalho é muito mais difícil do que identificar o sentido da norma, porque, na verdade, ele é o de busca de solução ética e não se contenta com o simples dizer o direito, mas consiste em expurgar o que é injusto da solução dada. (...).

---

(9) "A autonomia privada coletiva não se confunde com a negociação coletiva de trabalho. Esta é efeito decorrencial daquela e sua manifestação concreta. A autonomia privada coletiva é o poder social dos grupos representados autorregularem seus interesses gerais e abstratos, reconhecendo o Estado a eficácia plena dessa avença em relação a cada integrante dessa coletividade, *a par* ou *apesar* do regramento estatal — desde que não afronte norma típica *de ordem pública*. Ou, como bem diz Gian Carlo Perone, é o "poder de negociar a regulamentação desses interesses (coletivos), ficando todavia, entendido que se está diante de uma manifestação de autonomia privada, isto é, de capacidade de estabelecer livremente a posição dos próprios interesses considerada objetivamente mais conveniente, independentemente da necessidade de alcançar finalidades indicadas por sujeitos estranhos ou mesmo pelo Estado" (*A ação sindical nos estados membros da união europeia*. São Paulo: LTr, 1999. p. 22).
A Constituição Federal de 1988 é expressa a arrolar, entre os direitos sociais que assegura, o "reconhecimento das convenções e acordos coletivos de trabalho" (art. 7º, inciso XXVI), aí conferindo não apenas validade aos instrumentos negociais nominados — visão apequenada desse direito social. A elocução constitucional transcende, em muito, à forma de exteriorização do pactuado. Contém, na verdade, o reconhecimento estatal do poder inerente às pessoas e, pois, aos grupos por ela organizados de autoconduzirem-se, de codecidirem sobre o ordenamento de condições de trabalho, de protagonizarem a autocomposição de seus interesses coletivos, solverem suas desinteligências fora do Estado, pela via do entendimento direto, valendo, o que restar pactuado, como lei entre as partes e cada um dos membros representados, se inexistir malferimento a norma de ordem pública estatal". TEIXEIRA FILHO, João de Lima. *Instituições de direito do trabalho*. 22. ed. São Paulo: LTr, 2005. v. II, p. 1.189, 1.190 e 1.191.

O problema é que a realidade demonstra que nem sempre nas relações privadas há igualdade entre os sujeitos e que quando ela falta os critérios de justiça hão de ser outros: ou justiça distributiva, ou justiça social; mas não comutativa. Mas os técnicos de direito privado insistem em invocar a igualdade das partes, o princípio do pacta sunt servanda, para exigir a necessária fidelidade ao vínculo criado pelos sujeitos, quando é tão evidente a inocorrência de hipótese verdadeira de vinculação livre e igualitária de vontades. E é essa lealdade intelectual que falta aos cientistas do direito, muitas vezes, quando se permitem olvidar da natureza verdadeira do vínculo jurídico e reconhecem a consequência jurídica dele, desprezando a desproporcionalidade de prestações, que torna, sem qualquer dúvida, impossível a realização do meio-termo, do justo.[10]

A inadimplência da obrigação de seguro, que tem origem e fundamento na pré-existência do contrato de emprego, em suas normas coletivas e na própria legislação trabalhista sobre as utilidades não salariais fornecidas, constituiu prática ilegal e abusiva no mercado de consumo, art. 187 do CC, e violação da função social contratual, art. 421 do CC.

Ainda, caracteriza dano à toda uma coletividade indeterminada, art. 81 do CDC, tanto os empregados na frustração da fruição de sua proteção jurídica, quanto, também, os empregadores, na lesão da garantia contratual adquirida com o objetivo de prevenção ou de reparação acidentária, art. 7º, XXII e XXVIII da CR, em seus efeitos pecuniários.

Ora, o empregador contrata o objeto da apólice justamente em benefício de seus empregados, para lhes minimizar eventuais prejuízos materiais decorrentes dos infortúnios de acidentes e doenças (com ou sem nexo com o trabalho), mas, também se vê frustrado por aquela inadimplência, suscetível, inclusive, de ser responsabilizado por eventual culpa na escolha (*in eligendo*) da empresa de seguros, e, como tal, também é parte lesada, pelo seu descumprimento contratual.

Trata-se de lesão à própria ordem jurídica trabalhista e seus principais destinatários, empregados e empregadores, o que justifica, pois, a competência material da Justiça do Trabalho para apreciação desta matéria, art. 114, VI e IX, da CR, a fim de se dar efetividade e materialidade aos direitos sociais previstos nos arts. 7º, XXII, XXVI e XXVIII e 8º, III e VI, da CR, direitos estes que se inserem no âmbito de normatividade dos direitos fundamentais, art. 5º, § 2º, da CR[11].

E, justamente pelos direitos sociais do trabalho serem interpretados como direitos fundamentais (de 2ª dimensão), deve-se lhes aplicar, de igual maneira, o princípio da efetividade[12] das normas constitucionais, art. 5º, § 1º, da CR, para proteção do ser humano.

Defender o direito a todo custo não é necessariamente defender a norma a todo custo. É defender o **homem** a todo custo, **valor supremo** da razão de ser do direito. Por isso se diz que o *direito se acha na luta* (IHERING), e essa ideia, expressa na obra de *Kampf um's Recht* do célere autor, firmava o conceito de *sentimento do direito* (*Rechtsgefühl*).

Lutar pelo direito é "lutar pela conservação moral da pessoa".

Por isso dizemos que "é um aspecto essencial da *conditio humana* que nós procuremos a justiça, que não a encontremos no mundo e nem ao menos possuamos estereótipos fixos de Justiça: Justiça é uma tarefa, tanto como um problema eterno da definição do que é Justiça, quanto como uma

---

(10) ANDRADE NERY, Rosa Maria de. Responsabilidade da doutrina e o fenômeno da criação do direito pelos juízes. *In:* FUX, Luiz; NERY JR., Nelson; WAMBIER, Teresa Arruda Alvim (coords.). *Processo e constituição:* estudos em homenagem ao professor José Carlos Barbosa Moreira. São Paulo: RT, 2006. p. 423 e 428.

(11) O Min. do STF Sepúlveda Pertence, em seu voto proferido na ADI n. 1.675-1, publicada no DJU em 24.9.97, mencionou que os direitos sociais do trabalho encontram-se inseridos no rol dos direitos constitucionais fundamentais, em interpretação sistemática extraída do art. 5º, § 2º, da CR/88 ("...os direitos sociais dos trabalhadores, enunciados no art. 7º da Constituição se compreendem entre os direitos e garantias constitucionais incluídas no âmbito normativo do art. 5º, § 2º, de modo a reconhecer alçada constitucional às convenções internacionais anteriormente codificadas no Brasil").

(12) A ideia de efetividade, conquanto de desenvolvimento relativamente recente, traduz a mais notável preocupação do constitucionalismo nos últimos tempos. Ligada ao fenômeno da juridicização da Constituição, e ao reconhecimento e incremento de sua força normativa, a efetividade merece capítulo obrigatório na interpretação constitucional. Os grandes autores da atualidade referem-se à necessidade de dar preferência, nos problemas constitucionais, aos pontos de vista que levem as normas a obter máxima eficácia ante as circunstâncias de cada caso. BARROSO, Luís Roberto. *Interpretação e aplicação da constituição.* 6. ed. São Paulo: Saraiva, p. 246.
Esse princípio, também designado por princípio da eficiência ou princípio da interpretação efetiva, pode ser formulado da seguinte maneira: a uma norma constitucional deve ser atribuído o sentido que maior eficácia lhe dê. É um princípio operativo em relação a todas e quaisquer normas constitucionais, e embora sua origem esteja ligada à tese da atualidade das normas programáticas (Thoma), é hoje sobretudo invocado no âmbito dos direitos fundamentais (em caso de dúvidas deve preferir-se a interpretação que reconheça maior eficácia aos direitos fundamentais). CANOTILHO, José Joaquim Gomes apud, BARROSO, Luís Roberto. *Idem.*

tentativa de agir de maneira justa e de criar um mundo (relativamente) justo".

É por isso que devemos compreender o direito como a esperança dos homens, que renasce, segundo Horácio, todos os dias, *aliusque et idem*.[13]

5. Conclusão

Diante de todo este contexto, pode-se concluir que a Justiça do Trabalho detém competência material para apreciar e julgar as ações indenizatórias que versem sobre o inadimplemento de apólice de seguro (de vida e/ou acidentária) contratada pelo empregador, a favor de seus empregados, com empresa securitária, eis que:

I. Trata-se de controvérsia que tem origem e fundamento na existência do contrato de emprego, e, a fixação da competência material independente que a solução jurídica se dê pela aplicação da teoria da responsabilidade civil, art. 8º da CLT (Precedentes do STF: **1.** CJ 6959-6/DF — Rel. Min. Sepúlveda Pertence — DJU 22.2.1991. **2.** RE 238.737-4/SP — Rel. Min. Sepúlveda Pertence — DJU 5.2.1999).

II. Já se fixou na jurisprudência, que a Justiça do Trabalho detém competência material para apreciar outras ações indenizatórias, desde que seu fundamento seja a existência da relação jurídica material de emprego, a exemplo, 1. Das ações reparatórias acidentárias e/ou por acidente de trabalho (STF — T. Pleno — CC n. 7.204/MG — Rel. Min. Carlos Ayres Brito — DJU 9.12.2005), 2. Das ações de reparação por danos materiais pelo não recebimento do seguro desemprego por culpa do empregador (Súmula n. 389 do TST), 3. Das ações de reparação por danos morais puros (Súmula n. 392 do TST).

III. A apólice de seguro é um benefício concedido em razão da liberdade de negociação e contratação entre as partes, art. 444 da CLT, de natureza jurídica de utilidade não salarial, art. 458, § 2º, V, da CLT, sendo que, é pacífico no âmbito da Justiça do Trabalho a legalidade e licitude do custeio compartilhado pelo empregado, mediante desconto em seu salário, art. 462 da CLT e Súmula n. 342, do TST.

IV. O art. 114, **VI**, da CR estabeleceu a competência material da Justiça do Trabalho, de forma expansionista e ampliativa, para apreciar e julgar as ações indenizatórias em sentido *lato* e no plural, que tenham origem e fundamento na relação de trabalho.

V. Trata-se, pois, de competência fixada em razão da matéria, com origem e fundamento no contrato de emprego, e não dos eventuais sujeitos passivos da obrigação, a ser apreciada e resolvida pelas normas da teoria da responsabilidade civil, como expressamente prevê o art. 8º da CLT.

VI. Por outro lado, pode se tratar de benefício instituído e criado pelas normas decorrentes da autonomia privada coletiva (ACT e/ou CCT), arts. 7º, XXVI e 8º, III e VI, da CR, arts. 611 e 613, IV, da CLT, cuja competência material da Justiça do Trabalho fixada no art. 1º da Lei n. 8.984/1995, foi naturalmente recepcionada pela competência constitucional residual por derivação legislativa, art. 114, IX, da CR.

VII. A inadimplência da apólice pode caracterizar dano à toda uma coletividade indeterminada, art. 81 do CDC, tanto os empregados na frustração da fruição de sua proteção jurídica, quanto, também, os empregadores, na lesão da garantia contratual adquirida com o objetivo de prevenção ou de reparação acidentária, art. 7º, XXII e XXVIII, da CR, em seus efeitos pecuniários.

VIII. Caracteriza, pois, uma lesão à própria ordem jurídica trabalhista e seus principais destinatários, empregados e empregadores, o que justifica, pois, a competência material da Justiça do Trabalho para apreciação desta matéria, art. 114, VI e IX, da CR, a fim de se dar efetividade e materialidade aos direitos sociais previstos nos arts. 7º, XXII, XXVI e XXVIII e 8º, III e VI, da CR.

IX. Trata-se, em última síntese, de compreensões e conclusões que afastam o risco da adoção da interpretação retrospectiva (e sua "patologia de hermenêutica constitucional"), e, busca adotar uma interpretação de conformidade com o princípio da efetividade das normas constitucionais, notadamente, quanto à sua aplicação aos direitos sociais dos trabalhadores, que se inserem no âmbito de normatividade dos direitos fundamentais, art. 5º, § 2º, da CR.

6. Referências bibliográficas

BARROSO, Luís Roberto. *Interpretação e aplicação da constituição*. 6. ed. São Paulo: Saraiva, 2006.

CAPPELLETTI, Mauro. *Juízes legisladores?* Trad. Carlos Alberto de Oliveira. Porto Alegre: Sergio Antonio Fabris, 1993.

COUTINHO, Grijalbo Fernandes; FAVA, Marcos Neves. *Nova competência da justiça do trabalho*. São Paulo: LTr, 2005.

DELGADO, Mauricio Godinho. *Capitalismo, trabalho e emprego:* entre o paradigma da destruição e os caminhos da reconstrução. São Paulo: LTr, 2005.

---

(13) ANDRADE NERY, Rosa Maria de. *Op. cit.*, p. 429.

DINAMARCO, Cândido Rangel. *Nova era do processo civil.* 2. ed. São Paulo: Malheiros, 2004.

FRANCIULLI NETTO, Domingos; MENDES, Gilmar Ferreira; MARTINS FILHO, Ives Gandra da Silva (coords.). *O novo código civil:* estudos em homenagem ao professor Miguel Reale. São Paulo: LTr, 2005.

FUX, Luiz; NERY JR., Nelson; WAMBIER, Teresa Arruda Alvim (coords.). *Processo e constituição:* estudos em homenagem ao professor José Carlos Barbosa Moreira. São Paulo: RT, 2006.

NERY JR., Nelson; NERY, Rosa Maria de Andrade. *Constituição federal comentada e legislação constitucional.* São Paulo: RT, 2006.

SILVA, Antônio Álvares da. *Súmulas de efeito vinculante e a completude do ordenamento jurídico.* São Paulo: LTr, 2004.

_____ . *Pequeno tratado da nova competência trabalhista.* São Paulo: LTr, 2005.

SÜSSEKIND, Arnaldo; MARANHÃO, Délio; VIANNA, Segadas; TEIXEIRA, Lima. *Instituições de direito do trabalho.* 22. ed. São Paulo: LTr, 2005. v. I.

Necessidade de Releitura do art. 384 da CLT diante da Interpretação Evolutiva do Princípio Constitucional da Igualdade

Marcelo Rosa Franco[*]

1. O princípio constitucional da igualdade e o tratamento privilegiado dispensado à mulher

A origem do debate acerca da heterogeneidade entre homens e mulheres confunde-se com sua própria criação. A fragilidade física da mulher lhe impôs uma submissão clássica em relação ao homem. Dessa forma, o que a princípio era uma desigualdade fisiológica evoluiu para uma desigualdade sociojurídica.

O próprio trecho do Livro do Gênesis atribui ao homem o papel de um ser dominador, ao passo que à mulher um papel servil.

E disse Deus: Façamos o homem à nossa imagem, conforme a nossa semelhança; e domine sobre os peixes do mar, e sobre as aves dos céus, e sobre o gado, e sobre toda a terra, e sobre todo o réptil que se move sobre a terra.

E criou Deus o homem à sua imagem; (Gn 1:26-27).

(...) E disse o Senhor Deus: Não é bom que o homem esteja só; far-lhe-ei uma ajudadora idônea para ele (Gn 2:18).

De fato, homens e mulheres são distintos sob diversos aspectos e os ordenamentos jurídicos não poderiam ignorar essa realidade. O tratamento dispensado pelo legislador à mulher é que fomentou, ao longo dos séculos, as discussões em torno do Princípio da Igualdade.

Historicamente, os conceitos de igualdade e de justiça foram por vezes justapostos, não como institutos unívocos, mas, sim, como grandezas que, quando relacionadas, complementam-se para atingir um fim comum, almejado por grande parte da humanidade. Nessa evolução, a concepção de igualdade passou por interpretações sucessivas que a Filosofia se dedica a relatar.

A justiça pressupõe um primado de ordem moral, que se associa à observância de uma norma posta em um determinado sistema. A eficiência da justiça resulta em uma virtude apta a assegurar aquilo que é seu e a respeitar o que é alheio. Por sua vez, a igualdade representa a identidade entre dois indivíduos confrontados sob determinada óptica, sem que se apurem entre ambos os desvios ou incongruências.

(*) Professor universitário. Mestre em Direito Público pela Universidade Federal de Uberlândia. Advogado. Sócio do escritório Rosa Simões Advogados Associados.

Sua aferição se realiza pela comparação entre os dois em um dado cenário.

Desde a Antiguidade clássica, a igualdade é tida como um elemento basilar do conceito de justiça. Acepções divinas, jurídicas, políticas ou sociais de justiça indicam uma homogeneidade na distribuição de oportunidades; retidão na aplicação das normas; proporcionalidade na adoção de procedimentos, considerando, em cada caso, os elementos culturais e éticos aplicáveis. A própria negação dessa inter-relação entre igualdade e justiça se apoia em outros dois institutos correlatos: a desigualdade e a injustiça.

As divagações filosóficas em torno da igualdade remota de Clístenes (565 a.C. — 492 a.C.), que, ao dar continuidade ao pensamento de Sólon (638 a.C. — 558 a.C.), estrutura a democracia Ateniense (508 a.C.). Platão (428 a.C. — 347 a.C.) é pioneiro ao associar igualdade e justiça. Coube ao discípulo de Sócrates (470 a.C. — 399 a.C.) a primeira intuição clássica da Filosofia, que adota os mundos sensível e inteligível como pilares do conhecimento.

No diálogo *A república (Politeia)*, Platão se demonstra insatisfeito com o fato de os homens públicos estarem utilizando seus cargos para satisfazerem interesses particulares. A vida política e os costumes da sociedade geravam uma inquietude no aristocrata ateniense. A desordem no cenário político motivou Platão a buscar na Filosofia uma acepção de justiça. Por meio do diálogo, esse precursor instigava os homens a inovarem suas ideias e a recordarem as formas puras da alma, fazendo uso, para tanto, da dialética maiêutica socrática. Pela "Teoria das Ideias", Platão sugere a existência de uma noção principal — a "Ideia do Bem", à qual todas as demais ideias se subordinam e da qual extraem sua validade.

O entendimento de justiça expresso por Platão em *A república* resulta ora na justiça como ideia, ora como virtude. Ao narrar a Alegoria da Caverna, enfatiza que "[...] só conhece a justiça aquele que é justo" (PLATÃO, 2006, p. 335)[1]. Para dissociar o indivíduo justo do injusto, o ateniense os considera em um mesmo plano de igualdade, portando os mesmos direitos. É esse o termo inicial para a visão da justiça platônica associada à igualdade.

Em relação à desigualdade, Platão apresenta uma visão antropológica, fazendo uso da natureza humana para justificar as disparidades. A igualdade platônica é vaga, consistindo tão somente em um traço da natureza do homem. Como homens e mulheres apresentam graus variados de capacidade, força ou inteligência, há uma desigualdade natural que os distingue. Assim, eles devem dedicar-se àquela função para a qual sua natureza é mais adequada.

Essa noção de igualdade foi parcialmente continuada, na era contratualista, por Thomas Hobbes (1588-1679). Para o filósofo, todos os homens têm uma mesma origem no estado de natureza. Nele, todos são livres, sem qualquer oposição ou impedimentos externos, e iguais, podendo valer-se de tudo, principalmente da força para fazer prevalecer sua vontade e, consequentemente, conquistar poder e honra. Todavia, essa igualdade é causa de desavença, porque, em sendo iguais, no caso de conflito de interesses em relação a algo, não haverá Direito de preferência, prevalecendo a sobreposição do mais forte em detrimento do mais fraco.

> A natureza fez os homens tão iguais, quanto às faculdades do corpo e do espírito, que, embora por vezes se encontre um homem manifestamente mais forte de corpo, ou de espírito mais vivo do que outro, mesmo assim, quando se considera tudo isto em conjunto, a diferença entre um e outro homem não é suficientemente considerável para que qualquer um possa com base nela reclamar qualquer benefício a que outro não possa igualmente aspirar. (HOBBES, 2003, p. 106)[2]

A igualdade hobbesiana, aliada à rivalidade inata humana, incita o indivíduo a se antecipar ao próximo, pois, em pé de igualdade, a qualquer momento pode ser preterido pelo outro. Nesse cenário, a fragilidade física feminina a coloca em situação de evidente desvantagem em relação ao homem.

Em 1753, a academia francesa de Dijon alvitrou uma premiação para aquele que melhor respondesse à seguinte indagação: Qual a origem da desigualdade entre os homens e será ela permitida pela Lei natural? Tendo a Filosofia enciclopédica e as ciências naturais e históricas como inspiração, Jean Jacques Rousseau (1712-1778) redigiu o Discurso sobre a Origem e os Fundamentos da Desigualdade entre os Homens. Muito embora o vencedor do concurso tenha sido o Padre François Xavier Talbert — que logo caiu no esquecimento — a preleção do contratualista suíço tem uma repercussão singular para a complementação do conceito jus filosófico de igualdade.

---

(1) PLATÃO. *A república*. Trad. Edson Bini. São Paulo: Edipro, 2006. p. 335.
(2) HOBBES, Thomas. *Leviatã*. Trad. João Paulo Monteiro e Maria Beatriz Nizza da Silva. São Paulo: Martins Fontes, 2003.

Rousseau apresenta uma visão romantizada do indivíduo em seu estado natural. O homem é um ser harmonioso e dotado de virtudes concebidas por Deus em graus variados. Assim como os demais pensadores da era iluminista, atribui à propriedade e ao trabalho grande parte da heterogeneidade da sociedade firmada pelo contrato. Ocorre que Rousseau, influenciado pelos ideais da França pré-revolucionária, incrementa a essa matriz igualitária a liberdade. Em sua visão, a aquisição da propriedade privada, o acesso ao trabalho e o exercício da liberdade e da política são elementos essenciais para a aferição da igualdade. Como nesse momento histórico tais elementos ainda eram praticamente inacessíveis às mulheres, elas permaneceram à margem do "igual masculino".

Ocorre que a divisão do poder Estatal preconizada por Montesquieu (1689-1755) viabilizou a intervenção do Estado na ordem econômica e possibilitou a Revolução Industrial no território europeu. Com a proliferação das indústrias, a mão de obra masculina tornou-se insuficiente para atender à demanda exigida. Para não perder essa oportunidade de inserção no mercado de trabalho, as mulheres se sujeitaram a uma remuneração inferior à dos homens além de condições exaustivas, penosas e insalubres. A mulher representava uma "meia-força", mais pacata e menos dispendiosa que o homem.

O absenteísmo típico do Estado liberal fomentou sua crise de legitimação e ulterior derrocada. Os trabalhadores (homens e mulheres) se uniram e por meio de movimentos organizados, passaram a reivindicar alguns direitos específicos, que foram reconhecidos a duras penas pelo Estado. Essa inovação contribuiu para a inauguração de uma nova era do constitucionalismo e, consequentemente, do conceito de igualdade, qual seja a do Estado social.

Na Inglaterra, surge o *Coal Mining Act*, de 19.8.1842, proibindo o trabalho da mulher em subterrâneos. O *Factory Act*, de 1844, limitou a jornada de trabalho da mulher a 12 horas de trabalho, proibindo-a no período noturno. O *Factory and Workshop Act*, de 1878, vedou o emprego da mulher em trabalhos perigosos e insalubres.

Na França, houve uma lei de 19.5.1874 que proibiu o trabalho da mulher em minas e pedreiras, assim como o trabalho noturno para menores de 21 anos. A lei de 2.11.1892 limitou a jornada de trabalho das mulheres em 11 horas. A lei de 28.12.1909 outorgou o direito às mulheres grávidas do repouso não remunerado de oito semanas, vedando o carregamento de objetos pesados.

Na Alemanha, o código industrial de 1891 fixou algumas normas mínimas quanto ao trabalho da mulher.

> O Tratado de Versalhes estabeleceu o princípio da igualdade salarial entre homens e mulheres, que foi albergado por muitos países, entre os quais o Brasil.[3] (MARTINS, 2009, p. 581)

A uniformização dessa tendência no plano internacional foi feita posteriormente pela Organização Internacional do Trabalho (OIT): as Convenções ns. 3 e 103 dispõem sobre a proteção da maternidade; ns. 4, 41, 89 e Protocolo n. 90 regulam o trabalho noturno nas indústrias submetidas ao regime de horas extras e sobrecarga de peso; a de n. 45 trata do trabalho no subterrâneo e em minas; a de ns. 13 e 136 versa sobre o trabalho insalubre; e as de ns. 100 e 111 abordam a igualdade entre homens e mulheres em relação a salário e oportunidades no emprego e profissão.

A Declaração Universal dos Direitos do Homem de 1948 também trouxe em seu texto preceitos sobre a não discriminação em razão do sexo. De igual forma, o Pacto Internacional sobre Direitos Econômicos, Sociais e Culturais de 1966 positivou a igualdade de direitos entre homens e mulheres.

No Brasil, a primeira norma a regulamentar especificamente o trabalho da mulher nos estabelecimentos industriais e comerciais foi o Decreto n. 21.417-A, de 1932. Entre outras prescrições, essa norma proibia o trabalho da mulher à noite e a locomoção de peso; assegurava um descanso de quatro semanas antes e quatro semanas depois do parto; concedia à mulher dois descansos diários de trinta minutos para aleitamento dos filhos durante os seis primeiros meses de vida dos lactentes; o descanso remunerado de duas semanas no caso de aborto não criminoso.

O Decreto em comento influenciou a elaboração da Consolidação das Leis do Trabalho em 1943. No Capítulo III da CLT os arts. 391, 392, §§ 1º e 2º, 393, 394, 395 e 396 demonstram essa interferência, uma vez que trazem em seu texto a mesma carga axiológica favorável às mulheres.

Em nosso plano Constitucional, todos os diplomas posteriores a 1934 se dedicaram ao tema,

---

(3) MARTINS, Sergio Pinto. *Direito do trabalho*. 25. ed. São Paulo: Atlas, 2009.

assegurando, em seus dispositivos, a adequação do trabalho da mulher. Todavia, a Carta de 1988 o fez com maior maestria ao buscar o fundamento de validade de tais medidas protetivas na principiologia da igualdade.

Na Constituição, os princípios compõem um conjunto ordenado e aberto de normas voltadas para a consolidação indistinta de direitos privados e públicos, em especial os direitos fundamentais. Eles representam a pedra angular de toda a ciência jurídica e revelam na materialização de seus enunciados a essência do Direito e da justiça.

> Princípio é, por definição, mandamento nuclear de um sistema, verdadeiro alicerce dele, disposição fundamental que se irradia sobre diferentes normas compondo-lhes o espírito e servindo de critério para a sua exata compreensão e inteligência, exatamente por definir a lógica e a racionalidade do sistema normativo, no que lhe confere a tônica e lhe dá sentido harmônico. É o conhecimento do princípio que preside a intelecção das diferentes partes componentes do todo unitário que há por nome sistema jurídico positivo. Violar um princípio é muito mais grave que transgredir uma norma. A desatenção ao princípio implica ofensa não apenas a um específico mandamento obrigatório, mas a todo sistema de comandos. É a mais grave forma de ilegalidade ou inconstitucionalidade, conforme o escalão do princípio atingido, porque representa insurgência contra todo o sistema, subversão de seus valores fundamentais, contumélia irremissível a seu arcabouço lógico e corrosão de sua estrutura mestra.[4] (BANDEIRA DE MELLO, 2009, p. 948-949)

A Constituição é a norma fundamental positivada que ocupa no ordenamento uma posição privilegiada, dotada de superioridade jurídica, conteúdo intangível e linguagem exclusiva, na qual as normas infraconstitucionais buscam seu fundamento de validade. Eles traduzem os mandamentos constitucionais de convalidação, que devem ser observados para o reconhecimento desse atributo indispensável entendido como a aptidão formal ou material para figurar no sistema jurídico.

Os princípios agem como um mecanismo diretivo entre as normas infraconstitucionais e a Constituição. Se houver correlação entre ambas, aquelas se integram ao sistema; caso contrário, não. Ao servir de elo de legitimação para as normas infraconstitucionais, o campo de atuação dos princípios não se restringe mais às situações em que os interesses envolvidos são exclusivos das partes. Pelo contrário, a incidência principiológica se destina à prevalência dos valores essenciais de todo o ordenamento em detrimento daqueles particulares. "Os princípios constitucionais consubstanciam as premissas básicas de uma dada ordem jurídica, irradiando-se por todo o sistema" (BARROSO, 1998, p. 143)[5]. O alcance aberto dos princípios estabelece uma conexão estrutural entre os bens jurídicos individuais e os grupais, pois ainda que indiretamente a aplicação irrestrita de um princípio vinculará as relações entre partes.

> Os princípios constitucionais são aqueles que guardam os valores fundamentais da ordem jurídica. Isto só é possível na medida em que estes não objetivam regular situações específicas, mas sim desejam lançar a sua força sobre todo o mundo jurídico. Alcançam os princípios essa meta à proporção que perdem o seu caráter de precisão de conteúdo, isto é, conforme vão perdendo densidade semântica, eles ascendem a uma posição que lhes permite sobressair, pairando sobre uma área muito mais ampla do que uma norma estabelecedora de preceitos. Portanto, o que o princípio perde em carga normativa ganha como força valorativa a espraiar-se por cima de um sem-número de outras normas.[6] (BASTOS, 2001, p. 161)

Os princípios fundamentam a aplicação e interpretação do Direito e podem materializar-se em graus variados, de acordo com as possibilidades fáticas e jurídicas. Independentemente dos níveis, exige-se um coeficiente mínimo de facticidade e de juridicidade para o aperfeiçoamento do princípio. Se apenas as condições fáticas são favoráveis à sua concretização, falta-lhe fundamentação jurídica e, por via de consequência, validade. Já se estão presentes apenas as condições jurídicas, não há pressuposto fático para sua subsunção. Assim, o equilíbrio entre

---

(4) BANDEIRA DE MELLO, Celso Antônio. Princípio da isonomia: desequiparações proibidas e desequiparações permitidas. *Revista trimestral de direito público*, n. 1, São Paulo: Malheiros, p. 81-82, 1993.
(5) BARROSO, Luís Roberto. *Interpretação e aplicação da constituição. Fundamentos de uma dogmática constitucional transformadora.* 2. ed. São Paulo: Saraiva, 1998.
(6) BASTOS, Celso Ribeiro. *Curso de direito constitucional.* 22. ed. São Paulo: Saraiva, 2001.

as possibilidades fáticas e jurídicas é determinante para que um princípio se erija como uma máxima capaz de refletir sua verdadeira finalidade e baldrame constitucional.

No que tange ao princípio da igualdade, sua efetivação depende da presença de três elementos: o subjetivo, o objetivo e o finalístico.

O elemento subjetivo representa os sujeitos a serem comparados. Como a igualdade se condiciona a uma medida de comparação, necessariamente deve haver uma pluralidade subjetiva — *in casu*, homens e mulheres. A comparação entre os sujeitos é realizada de acordo com o objeto em cotejo. O elemento objetivo é o que define o grau de equivalência ou de distorção existente entre os sujeitos em uma determinada situação fática, como, por exemplo, as características fisiológicas. Necessariamente, o elemento objetivo deve-se correlacionar com a equivalência ou distorção, pois, do contrário, não estará apto a revelar as semelhanças nem as dessemelhanças eventualmente existentes. Por fim, a equivalência ou distorção deve ser abonada por um elemento finalístico condizente com o texto constitucional e que justifique sua utilização, como ocorre com a dispensa legal de tratamento diferenciado.

Por conseguinte, a relação de igualdade implica uma mensuração entre dois ou mais sujeitos, ligados por um objeto que se relaciona a uma situação fática e, quando comparados com um fim constitucionalmente reconhecido, evidenciam equivalências ou distorções variáveis e limitadas. É a "igualdade entre alguns, em algo". A igualdade prescritiva se relaciona à elaboração e aplicação da norma jurídica. Trata-se da igualdade na Lei (material), e da igualdade perante a Lei (formal).

Na Constituição de 1988, o princípio da igualdade recebeu lugar de destaque. Ao contrário de todas as demais Constituições, na de 1988 a igualdade deixou os incisos e parágrafos para ocupar o *caput* do art. 5º:

> Art. 5º Todos são iguais perante a Lei, sem distinção de qualquer natureza, garantindo-se aos brasileiros e aos estrangeiros residentes no País a inviolabilidade do Direito à vida, à liberdade, à igualdade, à segurança e à propriedade, nos termos seguintes:
>
> I — homens e mulheres são iguais em direitos e obrigações, nos termos desta Constituição. (BRASIL. Constituição da República Federativa do Brasil de 1988)

A redação do artigo aparenta ser redundante, ao garantir a igualdade reiteradamente. Todavia, o que realmente expressa é a distinção pelo legislador constituinte originário da igualdade na Lei (material), e da igualdade perante a Lei (formal). A existência de categorias de indivíduos fixadas por Lei é um verdadeiro desafio para os elaboradores e aplicadores da Lei, que se dedicam à árdua tarefa de identificar os "iguais entre si" e "iguais perante a Lei".

A igualdade formal abona o emprego uniforme da Lei. Todos têm garantida uma aplicação idêntica, sem qualquer diferenciação. Na igualdade perante a Lei, o conteúdo normativo não é relevante, mas, sim, a condição de igualdade daqueles submetidos a sua vigência. Todos devem ser tratados de maneira paritária por conta da igualdade formal.

> Ela pede a realização, sem exceção, do Direito existente, sem consideração da pessoa: cada um é, em forma igual, obrigado e autorizado pelas normalizações do Direito, e, ao contrário, é proibido a todas as autoridades estatais, não aplicar Direito existente a favor ou à custa de algumas pessoas. Nesse ponto, o mandamento da igualdade jurídica deixa-se fixar, sem dificuldades, como postulado fundamental do estado de Direito.[7] (HESSE, 1998, p. 330)

Ocorre que a aplicação uniforme da Lei, por si só, não garante a igualdade, pois seu conteúdo pode ser discriminatório ou arbitrário. Nessa hipótese, a aplicação uniforme resulta na materialização dessas discriminações ou arbitrariedades incrustadas no texto legal. Ademais, a igualdade formal, se analisada isoladamente, cria a presunção absurda de que todos os seres humanos são idênticos, desconsiderando por inteiro as particularidades físicas, intelectuais, sociais, econômicas, políticas, religiosas, antropológicas etc. Ora, é cediço que, no mundo fenomênico, não existe a igualdade absoluta. Pelo contrário, a igualdade é relativa, pois sempre considera uma característica, um aspecto, um ponto de vista para a comparação, eleito para aferi-la. De acordo com o pensamento kelseniano, não se trata de forma de igualdade, mas mera adequação à norma.

A interpretação do art. 5º, I, da Constituição deve ser sistêmica, ponderando outros mandamentos constitucionais como as exigências da justiça social e os objetivos da ordem econômica e social.

---

(7) HESSE, Konrad. *Elementos de direito constitucional da República federal da Alemanha*. Tradução Luís Afonso Heck. Porto Alegre: Sergio Antonio Fabris, 1998.

Tais aspectos traduzem diferenças naturais, sociais e econômicas entre os indivíduos, categorizando-os em classes distintas na sociedade. Não se pode tratar homens e mulheres abstratamente como iguais, ignorando as demais disposições constitucionais, pois ambos não são absolutamente iguais. "As desigualdades naturais são saudáveis, como são doentes aquelas sociais e econômicas, que não deixam alternativas de caminhos singulares a cada ser humano único" (ROCHA, 1990, p. 118)[8].

Devido a essa diversidade de categorias entre os indivíduos, pela igualdade material, o conteúdo da Lei deve prescrever um tratamento constitucionalmente acertado. O Direito positivo pode perfeitamente estabelecer formas de tratamento e critérios de agrupamento dos indivíduos em categorias (homens x mulheres), desde que adote nessa especificação uma escala de valores condizente com a Constituição, com base nos quais os indivíduos possam ser considerados iguais ou desiguais. "Normas e regras 'igualam' pessoas do mesmo grupo social e 'desigualam' pessoas de grupos diferentes" (HELLER, 1998, p. 197)[9].

A divisão entre igualdade formal e material dá azo a outra discussão: essa distinção cabe ao legislador ou ao aplicador da Lei? Se entendida como a obrigação de aplicar a Lei ao caso concreto, de acordo com o que ela estabelece, impondo, inclusive, discriminações arbitrárias, o destinatário é o aplicador; enquanto, se há a exigência da valoração de seu conteúdo, o destinatário é o legislador.

À primeira vista, o destinatário útil do mandamento constitucional é o legislador, até mesmo porque o aplicador da Lei está adstrito às suas disposições expressas. Todavia, a igualdade perante a Lei é tida como a "[...] exigência dirigida ao juiz legal e às autoridades administrativas no sentido de se assegurar formalmente a igual aplicação da Lei a todos os cidadãos" (CANOTILHO, 1994, p. 381)[10]. E ainda, "[...] o princípio tem como destinatários tanto o legislador como os aplicadores da Lei" (SILVA, 1995, p. 210)[11].

Assim como o executor da Lei se encontra cingido aos critérios dela emanados, o elaborador tem seu papel limitado pela Constituição. Ou seja, o princípio da igualdade não se destina apenas ao aplicador da Lei e ao legislador, mas a todo o ordenamento, haja vista que os indivíduos devem ser equiparados tanto diante da norma em elaboração, bem como daquelas já convalidadas pelo sistema.

A efetividade do princípio fica condicionada à interpretação da norma jurídica em consonância com os valores resguardados pela norma Constitucional. Adotando as premissas expostas quando do estudo da interpretação, é possível asseverar que o princípio da igualdade é dotado de uma aplicabilidade ambivalente, útil tanto para conceder privilégios, quanto para minimizar os efeitos da desigualdade. Ou melhor, uma autoaplicabilidade prescindível de regulamentação ou de complementação normativa que vincula o Poder Público à função de abolir privilégios e coibir discriminações "na Lei" ou "perante a Lei". E não há qualquer incompatibilidade nisso! Igualdades formal e material se inter-relacionam em um ciclo benéfico no qual uma leva à outra.

Materialmente, a igualdade age com uma generalidade abstrata, sem incluir no seu processo de formação fatores de discriminação capazes de irromper a ordem isonômica. Formalmente, a Lei que prevê a igualdade impõe aos demais poderes estatais a impossibilidade de subjugá-la a critérios que sugiram tratamento seletivo ou discriminatório.

Essa interpretação permite anuir às igualdades (formal e material), eliminar antinomias reprováveis e admitir diferenciações justificadas. A junção formal e material da igualdade normativa representa uma garantia contra o arbítrio na aplicação das normas, assegurando que não haja distinção em que o legislador não pode e não distingue, bem como que haja distinção onde efetivamente deva distinguir. Certifica também que o aplicador rejeite a Lei que afronta a igualdade, seja por discriminar impositivamente ou por ignorar particularidades juridicamente importantes.

Sob o aspecto formal, se uma norma é válida ela deve ser aplicada. Todavia, se as particularidades do caso concreto exigirem uma forma especial de tratamento, essa mesma norma não comporta subsunção. Não se trata de afronta à igualdade formal, mas de sua confirmação. Já sob o aspecto material deve haver

---

(8) ROCHA, Cármen Lúcia Antunes. *O princípio constitucional da igualdade*. Belo Horizonte: Lê, 1990.
(9) HELLER, Agnes. *Além da justiça*. Tradução Savannah Hartmann. Rio de Janeiro: Civilização Brasileira, 1998.
(10) CANOTILHO, José Joaquim Gomes. *Constituição dirigente e vinculação do legislador. Contribuindo para a compreensão das normas constitucionais programáticas*. reimp. Coimbra: Coimbra, 1994.
(11) SILVA, José Afonso da. *Curso de direito constitucional positivo*. 10. ed. São Paulo: Malheiros, 1995.

uma colação entre a norma e o caso concreto. Se há equivalência entre situações fáticas e o pressuposto de uma norma válida, ela deve ser igualmente aplicada. Do contrário, se os acontecimentos não condizem com o pressuposto normativo, sua aplicação é comprometida. Trata-se da regra de tratamento pregada no ordenamento pátrio de forma pioneira por Rui Barbosa: não distinguir quando a norma válida não o faça; e discriminar somente quando houver previsão válida e situação realmente distinta.

> A regra da igualdade não consiste senão em aquinhoar desigualmente aos desiguais, na medida em que se desigualam. Nesta desigualdade social, proporcionada à desigualdade natural, é que se acha a verdadeira Lei da igualdade. O mais são desvarios da inveja, do orgulho, ou da loucura. Tratar com desigualdade a iguais, ou a desiguais com igualdade, seria desigualdade flagrante, e não igualdade real.[12] (BARBOSA, 2003, p. 39)

O problema da igualdade não reside na sua concepção formal ou material, e sim na adoção dos critérios de comparação e em sua valoração. Identificar as diferenças que podem ser ignoradas e as particularidades que devem ser consideradas como objeto de comparação é tarefa complexa e sua definição é indispensável para o emprego do princípio da igualdade. O descarte de um elemento relevante ou a adoção de uma medida de equivalência sem pertinência lógica obsta por inteiro sua aplicação.

> Em verdade, o que se tem de indagar para concluir se uma norma desatende a igualdade ou se convive bem com ela é o seguinte: se o tratamento diverso outorgado a uns for 'justificável', por existir uma correlação lógica entre o fator de discrímen tomado em conta e o regramento que se lhe deu, a norma ou a conduta são compatíveis com o princípio da igualdade, se, pelo contrário, inexistir essa relação de congruência lógica ou — o que ainda seria mais flagrante — se nem ao menos houvesse um fator de discrímen identificável, a norma ou a conduta serão incompatíveis com o princípio da igualdade.[13] (BANDEIRA DE MELLO, 1993, p. 81-82)

Certas discriminações, se realizadas, comprometem a isonomia. Assim, alguns critérios como a admissão de um elemento como fator de discriminação; a correspondência lógica entre este fator e a desigualdade estabelecida nos tratamentos jurídicos; e a convalidação dessa correspondência lógica pela Constituição demonstra-se útil para identificar o desrespeito à isonomia.

Parece-nos que o reconhecimento das diferenciações que não podem ser feitas sem quebra da isonomia se divide em três questões:

> a) a primeira diz com o elemento tomado como fator de desigualação;
>
> b) a segunda reporta-se a correlação lógica abstrata existente entre o fator erigido em critério de discrímen e a disparidade estabelecida no tratamento jurídico diversificado;
>
> c) a terceira atina à consonância desta correlação lógica com os interesses absorvidos no sistema constitucional e destarte juridicizados.[14] (BANDEIRA DE MELLO, 2006, p. 21)

É preciso conhecer o critério de discriminação empregado e apurar se há fundamento lógico para sua adoção. No caso do critério "sexo", este critério de discriminação foi expressamente vedado pelo art. 5º, I, e 7º, XXX, da CF.

No que tange ao alcance, ainda que constitucionalmente referendado, o critério adotado não deve ser específico ao ponto de individualizar uma pessoa ou uma situação determinada, por resultar em favoritismos injustificáveis e tolher a aplicação do princípio da igualdade. "Os conceitos de igualdade e desigualdade são relativos, impõem a confrontação e o contraste entre duas ou várias situações, pelo que onde uma só existe não é possível indagar de tratamento igual ou discriminatório" (SEABRA FAGUNDES, 1955, p. 11)[15]. A Lei que enuncia situação atual exclusiva, impossível de se reproduzir ou materializar em pluralidade não contempla a igualdade. Generalidade e abstração são características da Lei de igualdade. Se a Lei se direciona para um indivíduo ou para uma única circunstância, esse mandamento não é uma Lei isonômica, e sim um privilégio, diga-se, odioso.

---

(12) BARBOSA, Rui. *Oração aos moços*. São Paulo: Martin Claret, 2003.
(13) BANDEIRA DE MELLO, Celso Antônio. *Op. cit.*, 1993.
(14) BANDEIRA DE MELLO, Celso Antônio. *Conteúdo jurídico do princípio da igualdade*. 3. ed. São Paulo: Malheiros, 2006.
(15) SEABRA FAGUNDES, Miguel. O princípio constitucional da igualdade perante a lei e o poder legislativo. *Revista dos tribunais*, ano 44, v. 235, São Paulo: RT, p. 11, maio 1955.

Além da aprovação Constitucional, para que um tratamento diferenciado seja tolerado, faz-se necessária uma correlação lógica entre ele e o critério de discriminação adotado.

A coerência entre os elementos de diferenciação e a diversidade de tratamento fixada em função deles é fator decisivo para a aprovação ou não de uma máxima de desigualdade. Insta saber se o critério de discriminação é relevante e se o tratamento especial se justifica racionalmente, pois a prática do discrímen não pode se dar deliberada ou aleatoriamente. Há que existir uma adequação coesa entre o tratamento diferenciado e a circunstância que a motivou.

É nesse contexto que se insere a análise do art. 384 da CLT, segundo o qual "Em caso de prorrogação do horário normal, será obrigatório um descanso de quinze (15) minutos no mínimo, antes do início do período extraordinário do trabalho" (BRASIL. Consolidação das Leis do Trabalho, 1943).

Por estar inserido no Capítulo III da CLT, sua aplicação se direciona exclusivamente às mulheres. Muito embora este comando legal atenda à generalidade e abstração (todas as mulheres), nesse caso deve-se aferir se há pertinência lógica entre o critério de diferenciação adotado (fisiologia dos homens e mulheres) e o benefício proposto (descanso de 15 minutos). O estudo dessa indagação dá origem a três teorias: a positivista, a negativista e a extensiva.

2. A RECEPÇÃO DO ART. 384 DA CLT PELA CONSTITUIÇÃO DE 1988: ANÁLISE DAS TEORIAS POSITIVISTA, NEGATIVISTA E EXTENSIVA

Conforme já exposto, o legislador da CLT, buscou, à época de sua elaboração, outorgar às mulheres algumas garantias até então não resguardadas pelo nosso ordenamento. Essas medidas foram positivadas no Capítulo III da CLT que dispõe sobre a proteção do trabalho feminino.

O art. 384 da CLT prevê a necessidade de concessão de um intervalo de quinze minutos antes do início de uma jornada extraordinária. Esse dispositivo se direciona às mulheres em razão de sua menor resistência física em comparação aos homens. Com o advento da Constituição de 1988, homens e mulheres foram alçados à condição de igualdade (art. 5º, I e art. 7º, XXX). Inevitável, portanto, indagar se o art. 384 foi ou não recepcionado pela Constituição de 1988.

Considerando que o legislador em 1989, por meio da Lei n. 7.855 revogou expressamente alguns dispositivos do mencionado Capítulo III da CLT (arts. 374, 375, 378, 379, 380, 387), mantendo inatacável o art. 384, presume-se que entendeu pela sua recepção em 1988. De igual forma, a revogação expressa do art. 376 da CLT pela Lei n. 10.244/01 não foi direcionada para o art. 384 da CLT, o que manteve o protecionismo legal nele insculpido.

Assim, de acordo com a teoria positivista, o art. 384 da CLT encontra fundamento de validade na Constituição de 1988 e foi recepcionado por ela.

> (...) Se da mulher forem exigidas horas extraordinárias, para compensação ou em se tratando de força maior, será obrigatório intervalo de 15 minutos entre o fim da jornada normal e o início das horas suplementares.[16] (NASCIMENTO, 1998, p. 711)

Trata-se de uma modalidade de repouso típica das trabalhadoras do sexo feminino em razão de sua compleição física distinta dos homens. Pela teoria positivista, a identidade jurídica existente entre homens e mulheres não possui o condão de afastar a necessária distinção fisiológica entre ambos.

Em outras palavras, a adoção de um fator de discrímen fisiológico entre homens e mulheres, quando da aplicação do princípio da igualdade, autoriza que se conceda exclusivamente a elas o referido intervalo. De acordo com essa corrente, homens e mulheres são seres distintos e, como tais, merecem um tratamento diferenciado.

Ademais, o direito ao descanso feminino representa uma conquista histórica no plano da evolução social construída no capítulo anterior. Por se tratar de norma que se relaciona com a dignidade da pessoa humana (art. 1º, III, da CF), aplica-se a ela o "princípio do não retrocesso social", segundo o qual é vedada a supressão dos direitos sociais conquistados pelo cidadão na ordem jurídica.

> A ideia aqui expressa também tem sido designada como proibição de contrarrevolução social ou da evolução reacionária. Com isto quer dizer-se que os direitos sociais e econômicos (ex.: direito dos trabalhadores, direito à assistência, direito à educação) uma vez obtido um determinado grau de realização, passam a constituir, simultaneamente, uma garantia institucional e um direito subjetivo.

---

(16) NASCIMENTO, Amauri Mascaro. *Curso de direito do trabalho*. 15. ed. São Paulo: Saraiva, 1998.

A "proibição do retrocesso social" nada pode fazer contra as recessões e crises econômicas (reversibilidade fática), mas o princípio em análise limita a reversibilidade dos direitos adquiridos (ex.: segurança social, subsídio de desemprego, prestações de saúde), em clara violação do princípio da proteção da confiança e da segurança dos cidadãos no âmbito econômico, social e cultural, e do núcleo essencial da existência mínima inerente ao respeito pela dignidade da pessoa humana. O reconhecimento desta proteção de direitos prestacionais de propriedade, subjetivamente adquiridos, constitui um limite jurídico do legislador, e ao mesmo tempo, uma obrigação de prossecução de uma política congruente com direitos concretos e as expectativas subjetivamente alicerçadas. A violação do núcleo essencial efetivado justificará a sanção de inconstitucionalidade relativamente a normas manifestamente aniquiladoras da chamada justiça social. Assim, por exemplo, será inconstitucional uma lei que extinga o direito a subsídio de desemprego ou pretenda alargar desproporcionalmente o tempo de serviço necessário para a aquisição do direito à reforma. [...]. A liberdade de conformação do legislador nas leis sociais nunca pode afirmar-se sem reservas, pois estará sempre sujeita ao princípio da igualdade, princípio da proibição de discriminações sociais e de políticas antissociais. As eventuais modificações dessas leis devem observar os princípios do Estado de Direito vinculativos da atividade legislativa e do núcleo essencial dos direitos sociais. O princípio da proibição do retrocesso social pode formular-se assim: o núcleo essencial dos direitos sociais já realizado e efetivado através de medidas legislativas ("lei da segurança social", "lei do subsídio de desemprego", "lei do serviço de saúde") deve considerar-se constitucionalmente garantido, sendo inconstitucionais quaisquer medidas estaduais que, sem a criação de outros esquemas alternativos ou compensatórios, se traduzem na prática, numa "anulação", "revogação" ou "aniquilação" pura e simples desse núcleo essencial. Não se trata, pois, de proibir um retrocesso social captado em termos ideológicos ou formulado em termos gerais ou garantir em abstrato um *status quo* social, mas de proteger direitos fundamentais sociais sobretudo no seu núcleo essencial. A liberdade de conformação do legislador e inerente autorreversibilidade têm como limite o núcleo essencial já realizado, sobretudo quando o núcleo essencial se reconduz à garantia do mínimo de existência condigna inerente ao respeito pela dignidade da pessoa humana.[17] (CANOTILHO, 2003, p. 338)

Destarte, por ser o art. 384 da CLT um preceito mais benéfico que o art. 7º, XVI da CF, ele deve ser mantido na ordem jurídica vigente por representar uma importante melhoria na condição social das trabalhadoras, em atenção à concepção do não retrocesso social.

A constitucionalidade do art. 384 foi objeto de ponderação pelo Tribunal Superior do Trabalho. Na ocasião o pleno do Tribunal Superior do Trabalho entendeu que este dispositivo está em sintonia com o Texto Maior:

MULHER — INTERVALO DE 15 MINUTOS ANTES DE LABOR EM SOBREJORNADA — CONSTITUCIONALIDADE DO ART. 384 DA CLT EM FACE DO ART. 5º, I, DA CF.

1. O art. 384 da CLT impõe intervalo de 15 minutos antes de se começar a prestação de horas extras pela trabalhadora mulher. Pretende-se sua não recepção pela Constituição Federal, dada a plena igualdade de direitos e obrigações entre homens e mulheres decantada pela Carta Política de 1988 (art. 5º, I), como conquista feminina no campo jurídico.

2. A igualdade jurídica e intelectual entre homens e mulheres não afasta a natural diferenciação fisiológica e psicológica dos sexos, não escapando ao senso comum a patente diferença de compleição física entre homens e mulheres. Analisando o art. 384 da CLT em seu contexto, verifica-se que se trata de norma legal inserida no capítulo que cuida da proteção do trabalho da mulher e que, versando sobre intervalo intrajornada, possui natureza de norma afeta à medicina e segurança do trabalho, infensa à negociação coletiva, dada a sua indisponibilidade (cf. Orientação Jurisprudencial n. 342 da SBDI-1 do TST).

3. O maior desgaste natural da mulher trabalhadora não foi desconsiderado pelo Constituinte de 1988, que garantiu diferentes condições para a obtenção da aposentadoria, com menos idade e tempo de contribuição previdenciária para as mulheres (CF, art. 201, § 7º, I e II). A própria diferenciação temporal da licença-maternidade e paternidade (CF,

---

(17) CANOTILHO, J. J. G. *Direito constitucional e teoria da constituição*. 7. ed. Coimbra: Almeida, 2003.

art. 7º, XVIII e XIX; ADCT, art. 10, § 1º) deixa claro que o desgaste físico efetivo é da maternidade. A praxe generalizada, ademais, é a de se postergar o gozo da licença-maternidade para depois do parto, o que leva a mulher, nos meses finais da gestação, a um desgaste físico cada vez maior, o que justifica o tratamento diferenciado em termos de jornada de trabalho e período de descanso.

4. Não é demais lembrar que as mulheres que trabalham fora do lar estão sujeitas a dupla jornada de trabalho, pois ainda realizam as atividades domésticas quando retornam à casa. Por mais que se dividam as tarefas domésticas entre o casal, o peso maior da administração da casa e da educação dos filhos acaba recaindo sobre a mulher.

5. Nesse diapasão, levando-se em consideração a máxima albergada pelo princípio da isonomia, de tratar desigualmente os desiguais na medida das suas desigualdades, ao ônus da dupla missão, familiar e profissional, que desempenha a mulher trabalhadora corresponde o bônus da jubilação antecipada e da concessão de vantagens específicas, em função de suas circunstâncias próprias, como é o caso do intervalo de 15 minutos antes de iniciar uma jornada extraordinária, sendo de se rejeitar a pretensa inconstitucionalidade do art. 384 da CLT. Incidente de inconstitucionalidade em recurso de revista rejeitado (BRASIL. Tribunal Superior do Trabalho. Incidente de Inconstitucionalidade no Recurso de Revista n. 1540/2005-046-12-00-5, Relator para o acórdão Min. Ives Gandra da Silva Martins Filho, Tribunal Pleno, julgado em 17.11.2008. Disponível em: <www.tst.jus.br> Acesso em: 3.11.2013).

Ocorre que o referido julgado não foi capaz de pacificar as discussões doutrinárias sobre o tema. Para a corrente negativista, o art. 384 da CLT foi tacitamente revogado pela Constituição de 1988 e desde então não encontra mais guarida em nosso ordenamento.

Entre as razões apresentadas pelos negativistas, consta o fato de que o art. 384 da CLT foi editado na década de 1940, época em que a sociedade brasileira ainda carregava a influência cultural da submissão feminina. Tradicionalmente, a mulher se dedicou às atividades de menor expressão, quase sempre relacionadas ao trato do lar. Era ela, na Antiguidade, quem tecia a lã para confeccionar a vestimenta, coletava frutos, preparava o pão. Na Idade Média, competia à mulher lidar com a tapeçaria, com a ourivesaria e com o vestuário. No período Contemporâneo ela passou a trabalhar na indústria, entretanto sem ter sua mão de obra reconhecida ou mesmo valorizada.

Sensível a essa herança histórica, o legislador celetista contemplou as mulheres com o intervalo próprio do art. 384. Até mesmo pelo fato de que, após cumprir sua jornada de trabalho no mercado, ao chegar a sua residência a maioria das mulheres ainda eram obrigadas a tratar sozinha dos afazeres domésticos, tais como a limpeza e organização da casa, alimentação dos familiares e dos cuidados com os filhos menores.

Todavia, essa organização patriarcal vivida na década de 1940 por grande parte da sociedade brasileira não se verifica mais nos dias atuais. As mulheres ocupam significativa fatia do mercado de trabalho e detêm cargos sempre mais relevantes. Os maridos auxiliam suas esposas nos diversos afazeres domésticos. O novo papel exercido pelo homem no lar abrandou significativamente o ônus que recaía exclusivamente sobre a mulher. A indústria se adequou a essa nova realidade e passou a produzir alimentos congelados e semielaborados de fácil preparo. O crescimento econômico do País permitiu o acesso das classes menos privilegiadas a produtos eletro eletrônicos que facilitam o cotidiano, tais como congeladores, aparelhos de micro-ondas, máquinas de lavar roupas, entre outros.

O panorama social de 1940, que foi um dos elementos motivadores do tratamento diferenciado previsto no art. 384, foi alterado e não outorga mais o substrato necessário para sua manutenção. A dupla jornada feminina (trabalho-casa) não mais se verifica.

> Esses posicionamentos refletiam uma estrutura cultural arraigada de estereótipos sexistas, que atribuíam à mulher apenas o "papel" secular de mãe e dona de casa, fortalecendo o mito da fragilidade feminina e o preceito do homem, no tocante às atividades familiares e domésticas. Frise-se, o sexo não poderá constituir critério para atribuições de encargos à mulher e ao homem na família, no trabalho e na sociedade; do contrário, a igualdade almejada jamais será atingida.[18] (BARROS, 2009, p. 1090)

Além do aspecto social, outra causa justificante do art. 384 da CLT é a diferença de higidez física entre homens e mulheres. Seguindo essa linha, o art. 390 da CLT também adota esse mesmo critério para privilegiar as mulheres.

Entretanto, a compleição física feminina igualmente passou por significativas alterações nas

---

(18) BARROS, Alice Monteiro de. *Curso de direito do trabalho*. 5. ed. São Paulo: LTr, 2009.

últimas décadas. A maior capacidade econômica possibilitou o consumo de alimentos mais energéticos. Os novos modais de saúde corporal estimularam as mulheres a praticarem exercícios físicos variados o que potencializou sua força física.

Aliada à mitigação da desvantagem fisiológica da mulher, a mecanização e coordenação do ambiente de trabalho reduziram a necessidade do emprego de força muscular para a execução das tarefas. A utilização de máquinas em substituição à força humana é uma tendência atual que se tem demonstrado apropriada, pois o carregamento excessivo de peso é degradante sob o aspecto físico tanto para homens como para mulheres.

Assim, rechaçados os fatores de discrímen relacionados a aspectos sociais e de força física, tem-se que somente estão aptos a justificar a dispensa de tratamento favorecido às mulheres os elementos inerentes ao estado gravídico-puerperal por lhes serem próprios. Ou seja, as normas voltadas para a proteção da maternidade devem guardar pertinência com o princípio da igualdade, o que, para os adeptos da corrente negativista, não ocorre com o art. 384 da CLT que diferencia homens e mulheres por meio da utilização de um critério considerado inapto hodiernamente por ter sido superado pelo dinamismo característico das relações sociais e trabalhistas.

Antes da uniformização do entendimento adotado no incidente de inconstitucionalidade retromencionado, a corrente negativista chegou a ser acolhida pelo Tribunal Superior do Trabalho:

> RECURSO DE EMBARGOS. TRABALHO DA MULHER. INTERVALO PARA DESCANSO EM CASO DE PRORROGAÇÃO DO HORÁRIO NORMAL. ART. 384 DA CLT. NÃO RECEPÇÃO COM O PRINCÍPIO DA IGUALDADE ENTRE HOMENS E MULHERES. VIOLAÇÃO DO ART. 896 DA CLT RECONHECIDA. O art. 384 da CLT está inserido no capítulo que se destina à proteção do trabalho da mulher e contempla a concessão de quinze minutos de intervalo à mulher, no caso de prorrogação da jornada, antes de iniciar o trabalho extraordinário. O tratamento especial, previsto na legislação infraconstitucional não foi recepcionado pela Constituição Federal ao consagrar no inciso I do art. 5º, que homens e mulheres "são iguais em direitos e obrigações". A história da humanidade, e mesmo a do Brasil, é suficiente para reconhecer que a mulher foi expropriada de garantias que apenas eram dirigidas aos homens e é esse o contexto constitucional em que é inserida a regra. Os direitos e obrigações a que se igualam homens e mulheres apenas viabilizam a estipulação de jornada diferenciada quando houver necessidade da distinção, não podendo ser admitida a diferenciação apenas em razão do sexo, sob pena de se estimular discriminação no trabalho entre iguais, que apenas se viabiliza em razão de ordem biológica. As únicas normas que possibilitam dar tratamento diferenciado à mulher diz respeito àquelas traduzidas na proteção à maternidade, dando à mulher garantias desde a concepção, o que não é o caso, quando se examina apenas o intervalo previsto no art. 384 da CLT, para ser aplicado apenas à jornada de trabalho da mulher intervalo este em prorrogação de jornada, que não encontra distinção entre homem e mulher. Embargos conhecidos e providos. (BRASIL. Tribunal Superior do Trabalho. Embargos em Recurso de Revista n. 388600-31.2000.5.09.0071, Relator Min. Aloysio Corrêa da Veiga, Subseção I Especializada em Dissídios Individuais, julgado em 31.3.2008. Disponível em: <www.tst.jus.br>. Acesso em: 4.11.2013)

Ao contrário do que se verifica com as limitações impostas à mulher pela maternidade, para os negativistas, a mera prorrogação da jornada de trabalho não pode continuar sendo vista na nova Ordem Constitucional como causa abonadora de um tratamento diferenciado. As inovações trazidas pela Carta Magna de 1988 exigem uma revisão das normas que tutelam as relações de trabalho no universo feminino.

Como o Princípio da Igualdade foi reeditado pelo legislador Constituinte de 1988 e por este direcionado aos homens e mulheres (art. 5º, I, e art. 7º, XXX), os dispositivos infraconstitucionais da CLT devem ser revistos sob a ótica dessa evolução Constitucional.

> Em face da igualdade preconizada nos arts. 5º, I e 7º, XXX, CRFB, não foi recepcionado o art. 384 da CLT, bem como qualquer outra norma discriminatória concernente à jornada, hora extra, compensação, trabalho noturno, descanso diferenciado ou intervalo especial. Por este motivo foi cancelada a Súmula n. 108 do TST.[19] (CASSAR, 2010, p. 543)

Destarte, enquanto as Constituições anteriores protegiam o trabalho da mulher das ameaças da sociedade patriarcal da época, a Carta atual redirecionou esta proteção para o mercado de trabalho da mulher. Isso porque não é mais o trabalho da mulher que necessita de proteção, e sim o mercado no qual ela atua (art. 7º, XX, CF), sobretudo para a garantia de igualdade de oportunidades em relação aos homens.

---

[19] CASSAR, Vólia Bomfim. *Direito do trabalho*. 4. ed. Niterói: Impetus, 2010.

Essa releitura do princípio da igualdade pelo novo Texto Constitucional não passou despercebida pelos Poderes Executivo e Legislativo.

O Poder Executivo tratou de contemplar esse progresso logo após a promulgação da Constituição, ao editar por meio do Ministério do Trabalho e Emprego a Instrução Normativa n. 1, de 12 de outubro de 1988:

INSTRUÇÃO NORMATIVA N. 1, DE 12 DE OUTUBRO DE 1988

Dispõe sobre a ação a ser desenvolvida pelos Fiscais do Trabalho em face da Nova Constituição Federal

(...)

II — DISPOSIÇÕES ESPECÍFICAS

(...)

TRABALHO DA MULHER

(...)

O art. 5º da Constituição Federal preceitua que todos são iguais perante a lei e que não deve haver distinção de qualquer natureza.

Por outro lado, o inciso I do referido artigo preconiza que "homens e mulheres são iguais em direitos e obrigações", sendo que o inciso XXX, do art. 7º, proíbe diferença de exercício de funções, de critério de admissão e de salários, por motivo de sexo.

Diante desses dispositivos constitucionais, não cabe ao Poder Executivo, em especial ao Ministério do Trabalho, criar restrições ao trabalho da mulher.

Assim, no que concerne à jornada, seja quanto à hora extra ou compensação de horas, seja quanto ao trabalho noturno, aplicam-se à mulher os dispositivos que regulam o trabalho masculino. Devem-se observar as restrições ao trabalho da mulher apenas quando menor, conforme item 3, desta Instrução.

Quanto às normas de proteção à maternidade, continuam em vigor os dispositivos consolidados, observando-se, em especial, o que dispões o item 4 desta Instrução.

No que diz respeito ao exercício de atividade perigosa, insalubre, penosa e demais normas de segurança e medicina, deverá haver definição do Secretaria especializada. (BRASIL. Ministério do Trabalho e Emprego. Instrução Normativa n. 1, de 12 de outubro de 1988 Ação Fiscal a ser desenvolvida pelos Fiscais do Trabalho, em face da Constituição Federal/88. *Diário Oficial da União*, 21 de outubro de 1988)

Por sua vez, o Poder Legislativo editou a Lei n. 8.112/90 que dispõe sobre o regime jurídico dos servidores públicos civis da União, das autarquias e das fundações públicas federais. Ao versar sobre o serviço extraordinário dos servidores estatutários não previu qualquer diferenciação em razão do gênero.

Muito embora as servidoras públicas também possuam seus deveres maternos e afazeres domésticos, o legislador não lhes conferiu qualquer benesse similar àquela prevista no art. 384 da CLT. Essa desarmonia entre o art. 384 da CLT e o art. 73 da Lei n. 8.112/90 sinalizam uma tendência do Poder Legislativo pela não recepção daquele comando normativo pela Constituição de 1988.

Por se tratar de matéria de índole Constitucional, o Supremo Tribunal Federal foi chamado a se manifestar sobre a constitucionalidade do tema no Recurso Extraordinário n. 658.312/SC — ainda pendente de julgamento. O relator, Ministro Dias Toffoli, reconheceu a repercussão geral da matéria no dia 17.2.2012, sob o argumento de que o julgado resultante servirá à pacificação de inúmeros outros conflitos de mesmo jaez.

DIREITO DO TRABALHO E CONSTITUCIONAL. RECEPÇÃO DO ART. 384 DA CONSOLIDAÇÃO DAS LEIS DO TRABALHO PELA CONSTITUIÇÃO FEDERAL DE 1988. DISCUSSÃO ACERCA DA CONSTITUCIONALIDADE DO INTERVALO DE 15 MINUTOS PARA MULHERES ANTES DA JORNADA EXTRAORDINÁRIA. MATÉRIA PASSÍVEL DE REPETIÇÃO EM INÚMEROS PROCESSOS, A REPERCUTIR NA ESFERA DE INTERESSE DE MILHARES DE PESSOAS. PRESENÇA DE REPERCUSSÃO GERAL. Decisão: O Tribunal reconheceu a existência de repercussão geral da questão constitucional suscitada, vencido o Ministro Cezar Peluso. Não se manifestaram os Ministros Joaquim Barbosa e Cármen Lúcia. (Supremo Tribunal Federal .Repercussão Geral no Recurso Extraordinário n. 658312/SC. Relator Min. Dias Toffoli, julgado em 17.2.2012. Disponível em: <www.stf.jus.br> Acesso em: 5.11.2013).

Diversamente das teorias positivista e negativista, a teoria extensiva é mais abrangente e defende que o intervalo previsto no art. 384 da CLT foi recepcionado pela Constituição de 1988, devendo inclusive concedido a ambos os sexos.

Esse entendimento é pautado no art. 7º, XXII, da Constituição, que prevê como medida de redução de riscos associados ao trabalho a elaboração de normas de saúde e segurança. Trata-se de norma de ordem pública, ou seja, que espelha o interesse da coletividade e que, por conseguinte, não é passível de supressão ou interpretação restritiva.

Ademais, como o referido artigo se encontra inserido no Título II da Constituição que versa sobre os Direitos e Garantias Fundamentais, ele tem aplicação imediata nos termos do § 1º do art. 5º da Constituição. E no que tange à aplicação, para parte da doutrina (...) "não se deve pensar na inaplicabilidade dessa norma, e sim na sua aplicação também para os homens" (MAIOR, 2008, v II, p. 362)[20].

No ano de 2007, foi sediada em Brasília a primeira Jornada de Direito Material e Processual na Justiça do Trabalho. Entre os enunciados aprovados pelos magistrados trabalhistas, encontra-se o de n. 22, que ratifica a imperatividade e o caráter de ordem pública do art. 384 da CLT:

> ART. 384 DA CLT. NORMA DE ORDEM PÚBLICA. RECEPÇÃO PELA CF DE 1988. Constitui norma de ordem pública que prestigia a prevenção de acidentes de trabalho (CF, art. 7º, XXII) e foi recepcionada pela Constituição Federal, em interpretação conforme (arts. 5º, I, e 7º, XXX), para os trabalhadores de ambos os sexos. (MONTEIRO, Cláudio José; STERN, Maria de Fátima Coêlho Borges; ELY, Leonardo (coords.). *Primeira jornada de direito material e processual na justiça do trabalho*. São Paulo: LTr, 2008. p. 39)

Assim, se a igualdade formal entre homens e mulheres for analisada sob o enfoque da redução de riscos associados ao trabalho, não se verifica qualquer óbice à concessão desse intervalo para os homens, pois o cumprimento de jornada extraordinária é lesivo tanto para a saúde e segurança dos homens quanto das mulheres.

Ora, se aos direitos previstos no art. 7º da CF/88 se adicionam outros que visem à melhoria da condição social dos trabalhadores, não se pode permitir a supressão do intervalo de quinze minutos para a mulher, por se tratar de norma mais benéfica que a do inciso XVI do art. 7º da Constituição. Como não se pode tolerar a supressão desse intervalo para a mulher e como homens e mulheres são iguais perante a lei (art. 5º, I, da CF/88), é evidente que ao homem se aplica esse intervalo de quinze minutos (MARQUES, 2009, p. 196)[21].

Assaz, se essa mesma igualdade perante a lei for associada à distinção fisiológica entre os sexos a conclusão não é diferente, pois se por um lado o homem possui uma compleição física mais pujante que a da mulher, é cediço que ao longo do cumprimento de sua jornada laboral ele é submetido a um maior esforço físico. Ou seja, o fato de ser exposto costumeiramente a tarefas mais extenuantes que àquelas realizadas pelas mulheres corrobora o gozo do intervalo intrajornada positivado no art. 384 da CLT.

Mesmo após o julgado do incidente de inconstitucionalidade retro mencionado a corrente extensiva ainda logrou menção no Tribunal Superior do Trabalho:

> RECURSO DE REVISTA. INTERVALO DO ART. 384 DA CLT. PRECEDENTE DA SDI-1 DESTA CORTE. Fazendo-se uso do critério hermenêutico da interpretação das normas de acordo com a Constituição Federal, é possível concluir-se que o art. 384 da CLT fez-se recepcionado pela atual Carta Magna. A justificativa do direito ao intervalo reside no trabalho contínuo a impor necessário período de descanso, a fim de que o empregado possa recuperar-se e manter-se apto ao prosseguimento de suas atividades laborais em regulares condições de segurança. Com efeito, a norma insculpida no referido dispositivo celetário tem por escopo primordial a proteção do trabalhador contra riscos de acidentes e doenças profissionais, a contribuir pela melhoria do meio ambiente de trabalho (arts. 7º, XXII, c/c 200, VII, da Carta Magna). Ademais, releva considerar que a previsão legal do intervalo em questão está contida entre as normas do Direito Tutelar do Trabalho, sendo de ordem pública e de interesse social. Neste sentido, reconhece-se que tanto o organismo masculino, como o feminino, carecem de repouso nos momentos anteriores a prorrogações, sendo, portanto, devida a remuneração, como serviço extraordinário, do período de intervalo não concedido, ante a aplicação analógica do art. 71, § 4º, da CLT. Recurso de revista conhecido e provido. INTERVALO INTRAJORNADA (alegação de violação do art. 71, § 4º, da Consolidação das Leis do Trabalho, contrariedade às Orientações Jurisprudenciais ns. 307 e 354 da SBDI-1 desta Corte e divergência jurisprudencial). Não demonstrada a violação à literalidade de dispositivo de lei federal ou a existência de teses diversas na interpretação de um mesmo dispositivo legal, não há que se determinar o seguimento do recurso de revista com fundamento nas alíneas "a" e "c" do art. 896 da Consolidação das Leis do Trabalho. Recurso de revista não conhecido. (BRASIL. Tribunal Superior do Trabalho. Recurso de Revista n. 43500-48.2008.5.04.0019, Relator Min. Renato de Lacerda Paiva, Segunda Turma, julgado em 17.12.2010. Disponível em: <www.tst.jus.br> Acesso em 8.11.2013)

---

(20) MAIOR, Jorge Luiz Souto. *Curso de direito do trabalho*. São Paulo: LTr, 2008.
(21) MARQUES, Rafael da Silva. Princípio da igualdade no âmbito trabalhista — análise do art. 384 da CLT. *Cadernos da Escola Judicial do TRT da 4ª Região*, Estudos de administração judiciária: reflexões de magistrados sobre a gestão do Poder Judiciário, n. 2, Porto Alegre: HS, 2009.

O reconhecimento do direito ao intervalo do art. 384 da CLT exclusivamente às mulheres pode gerar um efeito discriminatório ambivalente. Como homens e mulheres foram alçados à condição de igualdade pela Constituição de 1988, a preterição intervalar representa para aqueles uma vertente moderna da *capitis deminutio* do Direito Romano, o que afronta a essência da isonomia por adotar um fator de discrímen constitucionalmente ilegítimo. Já para as mulheres, o art. 384 da CLT implica um obstáculo a mais para sua contratação, pois a realidade atual evidencia que as medidas protetivas impostas pela lei em favor das mulheres e fatores relacionados com a maternidade e o cuidado com os filhos oneram demasiadamente o empregador, que frequentemente opta pela contratação da mão de obra masculina.

Para evitar essa discriminação reversa, a doutrina sugere a redução do amparo legal excessivo:

> As medidas de proteção, porém, só se justificam em relação ao período de gravidez e após o parto, de amamentação e a certas situações peculiares à mulher, como de sua impossibilidade física de levantar pesos excessivos, que são condições inerentes à mulher. As demais formas de discriminação deveriam ser abolidas.
>
> O art. 5º da Constituição proclama a igualdade de todos perante a lei, sem distinção de qualquer natureza. O inciso I do mesmo artigo estabelece que homens e mulheres são iguais em direitos e obrigações. No entanto, a CLT ainda tem uma série de artigos discriminatórios quanto ao trabalho da mulher, que já não se justificam. Verifica-se que os motivos de proteção ao trabalho da mulher são conservadores e, em vez de protege-la, acabam discriminando-a.[22] (MARTINS, 2009, p. 585)

Conforme demonstrado, a decisão proferida pelo Tribunal Superior do Trabalho no incidente de inconstitucionalidade n. 1540/2005-046-12-00-5 não foi capaz de suplantar os debates sobre a situação do art. 384 em nosso sistema normativo após a Constituição de 1988. Assim, quando do julgamento do Recurso Extraordinário n. 658.312/SC caberá ao Supremo Tribunal Federal ratificar uma das teorias aqui apresentadas, tarefa esta que será concluída por meio da interpretação do princípio da igualdade.

3. A INTERPRETAÇÃO EVOLUTIVA DO PRINCÍPIO DA IGUALDADE

No pós-positivismo, os princípios transcendem a dimensão meramente axiológica ou ética e são alçados à condição de norma jurídica com alto grau de abstração, subjetividade e amplitude, aptas a atingir inúmeras situações. "Os princípios são dotados de vagueza, no sentido de uma enunciação larga, aberta, capaz de hospedar as grandes linhas da direção das quais deve orientar-se todo o ordenamento jurídico" (ROTHENBURG, 1999, p. 18)[23]. Dessa característica decorre a maleabilidade dos princípios, que faz sua adequação à realidade e os permite acompanhar as mutações sociais.

O movimento pós-positivista apresenta, inicialmente, uma quimérica vasta que sugere o resgate dos valores, a evidência dos direitos fundamentais e a reaproximação entre Direito e Ética. Na efetivação desse escopo os princípios assumem um encargo decisivo e único pelas características que lhes são inerentes, entre as quais merecem destaque:

> a) a maior aproximação da ideia de direito ou dos valores do ordenamento;
>
> b) a amplitude ou a maior generalidade frente às normas-regras;
>
> c) a irradiação ou projeção para um número vasto de regras ou preceitos, correspondentes a hipóteses de sensível heterogeneidade;
>
> d) a adstrição a fins, e não a meios ou à regulação de comportamentos;
>
> e) a versatilidade, a susceptibilidade de conteúdos com densificações variáveis ao longo dos tempos e das circunstâncias;
>
> f) a abertura, sem pretensão de regulamentação exaustiva ou em plenitude, de todos os casos;
>
> g) a expansibilidade perante situações ou fatos novos, sem os absorver ou neles se esgotar;
>
> h) a virtualidade de harmonização, sem revogação ou invalidação recíproca;
>
> i) a virtualidade de oferecer critérios de solução a uma pluralidade de problemas.[24]
> (MIRANDA, 2007, p. 265)

---

(22) MARTINS. *Op. cit.*, p. 585.
(23) ROTHENBURG, Walter Claudius. *Princípios constitucionais*. Porto Alegre: Sergio Antonio Fabris, 1999.
(24) MIRANDA, Jorge. *Manual de direito constitucional*. 6. ed. Coimbra: Coimbra, 2007. t. II, p. 265.

No exercício desse papel de revelar a expressão jurídico-normativa dos valores sociais, os princípios podem atingir um sem número de hipóteses e sentidos. Essa vaguidade e essa abstração contribuem para sua perfeita convalidação pelo Texto Constitucional e lhe delega eficácia interpretativa, entendida como a possibilidade de orientar a aplicação das normas em geral, para que o intérprete faça a opção, entre as possíveis exegeses para o caso concreto, por aquela que realiza melhor o efeito pretendido pelo princípio correspondente.

Essa abertura interpretativa da qual os princípios são dotados lhes abrolham a condição necessária para alcançar várias conjecturas e se adequarem às exigências da circunstância fática a ser juridicizada.

> A polimorfia principiológica na Constituição é que possibilita a multiplicidade de sentidos que se acrescentam e se sucedem, a fim de que o sistema tenha permanência, presença e eficácia social e jurídica fosse o princípio encarcerado em um único sentido e sua cristalização e unívoca e imutável imporia, como condição de eficiência do sistema jurídico, que a cada nova visão social do Direito se alterasse, formalmente, a ordem normada, a fim de que os novos termos, nos quais fossem eles expostos, sintonizasse o ideário social com o definido constitucionalmente.[25] (ROCHA, 1994, p. 39)

Isso significa que os princípios não são imutáveis, admitem alterações condizentes com o momento social em virtude de sua abertura e inexauribilidade.

A ciência Hermenêutica, aliada às técnicas de interpretação, presta-se a adjudicar a aplicação do princípio à realidade que lhe dá origem. Caso essa situação fática seja inédita ou incomum, por consequência das transformações sociais, é possível, pela Hermenêutica, estender o sentido do princípio para abrangê-la e garantir a incolumidade do valor constitucional por ele resguardado. "A norma constitucional não tem existência autônoma em face da realidade" (HESSE, 1991, p. 14)[26].

Segundo o exposto, o legado histórico, a influência cultural e as tendências sexistas que fomentaram a criação do art. 384 da década de 1940 não mais se verificam. *Pari passu*, a sociedade brasileira evolucionou enquanto a interpretação da norma em apreço pelo aplicador do Direito se manteve aparentemente estática. Em reação a isso, o advento da "Constituição Cidadã" deve ser o elemento motivador para a adoção da interpretação evolutiva dos direitos fundamentais trabalhistas.

Pela interpretação evolutiva são atribuídos novos conteúdos à norma, sem alterar o seu texto, em virtude de mutações sociais não pressagiadas pelo legislador originário. Trata-se de uma concepção ampliativa do exercício dos direitos fundamentais trabalhistas, pautada na máxima da cidadania social.

Esse deve ser o verdadeiro desígnio do aplicador da lei na égide da saúde e segurança do trabalhador preconizadas na Constituição atual. Por se tratar de valores jurídicos intangíveis, não soa razoável invocar a igualdade entre os sexos para mitigar o alcance do intervalo do art. 384 da CLT aos homens. A extensão aos homens dessa proteção particular já conferida às mulheres coaduna-se com os valores constitucionais e com a necessidade de se efetivar direitos fundamentais aplicáveis na relação de trabalho, como o não retrocesso social (art. 7º, *caput*), a igualdade (art. 5º, I, CF) e a dignidade da pessoa humana (art. 1º, III).

Essa técnica interpretativa vem sendo adotada no âmbito dos Tribunais Regionais do Trabalho:

> ART. 384 DA CLT. INTERVALO ANTECEDENTE À PRESTAÇAO DE TRABALHO EXTRAORDINÁRIO. COMPATIBILIDADE COM AS MUDANÇAS NO MEIO SOCIAL. ALTERAÇÃO DA FINALIDADE DA NORMA, REDEFINIDA NO TEMPO. MUTAÇÃO INTERPRETATIVA. INTERPRETAÇÃO EVOLUTIVA DA LEGISLAÇAO CONFORME A CONSTITUIÇÃO. DISCRIMINAÇÃO POSITIVA FAVORECEDORA DA MULHER QUE NÃO MAIS SE JUSTIFICA. EXTENSÃO AO HOMEM. APLICAÇÃO ANALÓGICA DO ART. 71, § 1º, DA CLT. INCIDÊNCIA DE PRINCÍPIOS E NORMAS DE DIREITO INTERNACIONAL DO TRABALHO. APLICAÇÃO CONCOMITANTE DOS PRINCÍPIOS DA IGUALDADE DE TRATAMENTO (ART. 5º, I e ART. 7º, XXX), DA VEDAÇÃO DO RETROCESSO SOCIAL (ART. 7º, *CAPUT*), DA PROTEÇÃO À SAUDE DO TRABALHADOR (ART. 7º, XXII) E DA DIGNIDADE DA PESSOA HUMANA (ART. 1º, III). EFICÁCIA HORIZONTAL OU PRIVADA E MÁXIMA EFETIVIDADE POSSÍVEL DE DIREITOS FUNDAMENTAIS. Sem olvidar da atual jurisprudência do C. TST na matéria e ciente da repercussão geral do tema, tratado no Recurso Extraordinário

---

(25) ROCHA, Cármen Lúcia Antunes. *Princípios constitucionais da administração pública*. Belo Horizonte: Del Rey, 1994.
(26) HESSE, Konrad. *A força normativa da constituição*. Tradução Gilmar Ferreira Mendes. Porto Alegre: Sergio Antonio Fabris, 1991.

(RE) 658.312 perante o E. STF, algumas vantagens femininas, ligadas diretamente ao sexo, mas sem relação com a capacidade procriadora ou com as exigências sociais contemporâneas, anteriormente necessárias dentro do contexto em que surgiram, atualmente podem colocar as mulheres em situação de vulnerabilidade diante do empregador, quando comparadas aos trabalhadores do sexo masculino, e ainda comprometer a participação feminina na força de trabalho global da empresa, com consequências que, no contexto atual, não mais se justificam. Esse parece ser o caso atual do intervalo para repouso mencionado no art. 384 da CLT, se interpretado em sua literalidade. Partindo-se de premissa vinculada aos princípios da igualdade de tratamento homem-mulher, da vedação do retrocesso social, da proteção à saúde do trabalhador e da dignidade da pessoa humana e inspirando-se de princípios oriundos das Convenções ns. 100 e 111 da OIT, ambas ratificadas pelo Brasil, a melhor alternativa é a readequação da regra inscrita no art. 384 da CLT à realidade, concedendo-lhe o mesmo efeito da regra do art. 71, § 1º, da CLT, para considerar que trabalhadores de ambos os sexos têm direito ao intervalo antecedente ao trabalho suplementar de 15 minutos, especialmente em época de intensificação de trabalho e de concentração de tarefas, o que ocorre sem distinção de sexo. O respeito ao intervalo anterior à prestação do trabalho extraordinário deve ter igual ou maior atenção do que o ao intervalo intrajornada. Trata-se, antes de tudo, de reconhecimento da superioridade da Constituição em face da rigidez infraconstitucional, que, por sua vez, se submete a mutações legislativas, com alteração do significado, do alcance e do sentido de suas regras, sempre dentro dos limites da Constituição. A *ratio legis* do art. 384, assim como do art. 71, § 1º, da CLT, parecem, nesse ponto, terem sido redefinidas com o tempo, de modo a preservar a saúde de todo trabalhador, indistintamente de seu sexo ou orientação sexual, legitimando as regras ainda mais e atingindo, com maior efetividade, o ideário da preservação da dignidade da pessoa humana. (BRASIL. Tribunal Regional do Trabalho da Terceira Região. Recurso Ordinário n. 0154-2012-041-03-00-2 RO, Relator Juíza Martha Halfeld Furtado de Mendonça Schmidt, Sétima Turma, julgado em 21.3.2013. Disponível em: <www.trt3.jus.br> Acesso em: 8.11.2013)

Não se trata de fato inédito na seara das normas específicas do universo feminino. O salário-maternidade previsto no art. 71 da Lei n. 8.213/91 e a respectiva licença já foram reconhecidos em casos específicos para alguns pais (homens), pelo Poder Judiciário. Apesar de, no caso do art. 384 da CLT, almejar-se sua aplicação irrestrita, o caso paradigma elucida o uso irretorquível da interpretação evolutiva.

Assim, compete ao aplicador da lei identificar a necessidade do trabalhador em sintonia com contexto social contemporâneo, além de rever conceitos e atualizar as técnicas de interpretação para resguardar a volatilidade da Constituição em face da rigidez infraconstitucional.

4. Considerações finais

Entre os princípios constitucionais, o que melhor traduz o ideal de justiça é a igualdade, entendida como o produto de uma unidade de comparação entre sujeitos que se relacionam em uma determinada situação fática, eleita por um critério sinalizador com o qual guarda pertinência, utilizada com uma finalidade específica que a referenda.

Presente em todas as Constituições brasileiras, na Carta de 1988, o princípio da igualdade recebeu lugar de destaque no *caput* do art. 5º, que inaugura o seleto rol dos direitos fundamentais, entre os quais se encontra prevista a isonomia entre homens e mulheres. Essa prevalência axiológica atribuída pela Constituição coteja ao princípio da igualdade uma presunção relativa e abstrata que possibilita seu direcionamento tanto para o legislador (igualdade formal) como para o aplicador (igualdade material).

Essa polimorfia inerente aos princípios não consiste em uma autorização para interpretações incondicionais ou mesmo arguições indiscriminadas, uma vez que a Hermenêutica valorativa dos princípios é limitada por sua própria essência, qual seja a aplicação do Direito. Lado outro, não é dado ao aplicador ater-se ao texto normativo e ignorar as inovações sociais posteriores a ele, pois, nessa hipótese, corre o risco de se desvincular da realidade e do próprio desiderato Constitucional.

No caso do intervalo antecedente ao labor extraordinário feminino, previsto no art. 384 da CLT, há o entendimento que esse dispositivo não foi acolhido pela Constituição de 1988, que igualou homens e mulheres, e aquele que pende por sua recepção em razão da distinção fisiológica existente entre ambos os sexos. Ocorre que, por se tratar de uma norma de ordem pública que se volta para a redução dos riscos inerentes ao trabalho, negar a sua vigência implica um retrocesso social incompatível com nosso sistema. Por sua vez, sua aplicação exclusivamente às mulheres pode resultar em uma discriminação reflexa no mercado de trabalho.

Nesse contexto, a interpretação evolutiva do princípio da igualdade parece ser a mais apropriada, pois ao atribuir uma nova roupagem ao art. 384 da CLT, permite que ele se adapte às mutações sociais relevantes e efetive seu objeto por meio da extensão do aludido intervalo também aos homens, com o fito de promover os direitos fundamentais aplicáveis à relação de trabalho.

5. REFERÊNCIAS

BANDEIRA DE MELLO, Celso Antônio. Princípio da isonomia: desequiparações proibidas e desequiparações permitidas. *Revista Trimestral de Direito Público*, n. 1, p. 81-82. São Paulo: Malheiros, 1993.

_____ . *Conteúdo jurídico do princípio da igualdade*. 3. ed. São Paulo: Malheiros, 2006.

_____ . *Curso de direito administrativo*. 26. ed. São Paulo: Malheiros, 2009.

BARBOSA, Rui. *Oração aos moços*. São Paulo: Martin Claret, 2003.

BARCELLOS, Ana Paula de. Alguns parâmetros normativos para a ponderação constitucional. *In:* BARROSO, Luís Roberto. *Interpretação e aplicação da constituição. Fundamentos de uma dogmática constitucional transformadora*. 2. ed. São Paulo: Saraiva, 1998.

BARROS, Alice Monteiro de. *Curso de direito do trabalho*. 5. ed. São Paulo: LTr, 2009.

BARROSO, Luís Roberto. *Interpretação e aplicação da constituição. Fundamentos de uma dogmática constitucional transformadora*. 2. ed. São Paulo: Saraiva, 1998.

BASTOS, Celso Ribeiro. *Curso de direito constitucional*. 22. ed. São Paulo: Saraiva, 2001.

BRASIL. *Consolidação das leis do trabalho*. Decreto-Lei n. 5.452, de 1º de maio de 1943.

_____ . *Constituição da República Federativa do Brasil de 1988*. Disponível em: <http://www.planalto.gov.br/ccivil_03/constituicao/constitui%C3%A7ao.htm> Acesso em: 2.11.2013.

_____ . Justiça do trabalho. *In:* MONTEIRO, Cláudio José STERN, Maria de Fátima Coêlho Borges; ELY, Leonardo (coords.). *Primeira jornada de direito material e processual*. São Paulo: LTr, 2008.

_____ . Ministério do Trabalho e Emprego. Instrução Normativa n. 1, de 12 de outubro de 1988. Ação Fiscal a ser desenvolvida pelos Fiscais do Trabalho, em face da Constituição Federal/88. *Diário Oficial da União*, 21 de outubro de 1988.

_____ . Supremo Tribunal Federal. *Repercussão Geral no Recurso Extraordinário n. 658312/SC*. Relator Min. Dias Toffoli, julgado em 17.2.2012. Disponível em: <www.stf.jus.br> Acesso em: 5.11.2013.

_____ . Tribunal Regional do Trabalho da Terceira Região. *Recurso Ordinário n. 00154-2012-041-03-00-2 RO*, Relator Juíza Martha Halfeld Furtado de Mendonça Schmidt, Sétima Turma, julgado em 21.3.2013. Disponível em: <www.trt3.jus.br> Acesso em: 8.11.2013.

_____ . Tribunal Superior do Trabalho. *Embargos em Recurso de Revista n. 388600-31.2000.5.09.0071*, Relator Min. Aloysio Corrêa da Veiga, Subseção I Especializada em Dissídios Individuais, julgado em 31.3.2008. Disponível em: <www.tst.jus.br> Acesso em: 4.11.2013.

_____ . Tribunal Superior do Trabalho. *Incidente de Inconstitucionalidade no Recurso de Revista n. 1540/2005-046-12-00-5*, Relator para o acórdão Min. Ives Gandra da Silva Martins Filho, Tribunal Pleno, julgado em 17.11.2008. Disponível em: <www.tst.jus.br> Acesso em: 3.11.2013.

_____ . Tribunal Superior do Trabalho. *Recurso de Revista n. 43500-48.2008.5.04.0019*, Relator Min. Renato de Lacerda Paiva, Segunda Turma, julgado em 17.12.2010. Disponível em: <www.tst.jus.br> Acesso em: 8.11.2013.

CANOTILHO, José Joaquim Gomes. *Constituição dirigente e vinculação do legislador. Contribuindo para a compreensão das normas constitucionais programáticas*. reimp. Coimbra: Coimbra, 1994.

_____ . *Direito constitucional e teoria da constituição*. 7. ed. Coimbra: Almeida, 2003.

CASSAR, Vólia Bomfim. *Direito do trabalho*. 4. ed. Niterói: Impetus, 2010.

GÊNESIS. *A Bíblia*: tradução ecumênica. São Paulo: Paulinas, 2002.

HELLER, Agnes. *Além da justiça*. Tradução Savannah Hartmann. Rio de Janeiro: Civilização Brasileira, 1998.

HESSE, Konrad. *A força normativa da constituição*. Tradução Gilmar Ferreira Mendes. Porto Alegre: Sergio Antonio Fabris, 1991.

_____ . *Elementos de direito constitucional da república federal da Alemanha*. Tradução Luís Afonso Heck. Porto Alegre: Sergio Antonio Fabris, 1998.

HOBBES, Thomas. *Leviatã*. Tradução João Paulo Monteiro e Maria Beatriz Nizza da Silva. São Paulo: Martins Fontes, 2003.

MAIOR, Jorge Luiz Souto. *Curso de direito do trabalho*. São Paulo: LTr, 2008.

MARQUES, Rafael da Silva. Princípio da igualdade no âmbito trabalhista — análise do art. 384 da CLT. *Cadernos da Escola Judicial do TRT da 4ª Região*, Estudos de administração judiciária: reflexões de magistrados sobre a gestão do Poder Judiciário, n. 2, Porto Alegre: HS, 2009.

MARTINS, Sergio Pinto. *Direito do trabalho*. 25. ed. São Paulo: Atlas, 2009.

MIRANDA, Jorge. *Manual de direito constitucional*. 6. ed. Coimbra: Coimbra, 2007. t. II.

NASCIMENTO, Amauri Mascaro. *Curso de direito do trabalho*. 15. ed. São Paulo: Saraiva, 1998.

PLATÃO. *A república*. Tradução Edson Bini. São Paulo: Edipro, 2006.

ROCHA, Cármen Lúcia Antunes. *O princípio constitucional da igualdade*. Belo Horizonte: Lê, 1990.

_____ . *Princípios constitucionais da administração pública*. Belo Horizonte: Del Rey, 1994.

ROTHENBURG, Walter Claudius. *Princípios constitucionais*. Porto Alegre: Sergio Antonio Fabris, 1999.

SEABRA FAGUNDES, Miguel. O princípio constitucional da igualdade perante a lei e o poder legislativo. *Revista dos Tribunais*, ano 44, v. 235, p. 11, São Paulo: RT, maio 1955.

SILVA, José Afonso da. *Curso de direito constitucional positivo*. 10. ed. São Paulo: Malheiros, 1995.

O Limbo Jurídico: o Trabalhador que é Considerado Apto pelo INSS e Inapto pelo Empregador. Uma Solução Hermenêutica em Prol da Justiça do Trabalho

Marco Aurélio Marsiglia Treviso[(*)]

1. O SOFRIMENTO DO TRABALHADOR

É muito comum o Poder Judiciário Trabalhista ser chamado a enfrentar a seguinte situação: determinado empregado encontra-se afastado de suas atividades, por força de benefício previdenciário (auxílio-doença comum ou acidentário), até o momento em que esta prestação é cancelada, pelo fato de que o INSS o considerou apto ao trabalho; o trabalhador, neste contexto, dirige-se à sede da empregadora para retomar as suas atividades profissionais, quando é comunicado pelo médico da empresa que, na verdade, ainda encontra-se inapto ao labor.

Com isso, se inicia um martírio na vida daquela pessoa: passa, a partir da decisão exarada pelo INSS, a não receber mais valores a título de benefício previdenciário; ao mesmo tempo, por força da avaliação do médico da empresa, não poderá retomar as suas atividades laborativas, ficando, também, sem receber salários. O resultado é um só: surge para o trabalhador um limbo jurídico, uma vez que lhe é retirada a fonte de renda imprescindível para arcar com o sustento próprio e/ou familiar.

Geralmente, diante desta situação, o trabalhador, com base no laudo emitido pelo médico da empresa, formula pedido administrativo de reconsideração do cancelamento do benefício junto ao INSS. Caso tal requerimento seja negado, passa a bater às portas do Poder Judiciário, ingressando ora com uma demanda perante a Justiça Comum (Federal ou Estadual, a depender da prestação que está recebendo), para postular o restabelecimento da benesse previdenciária, ora na Justiça do Trabalho, para reclamar os salários não pagos e demais parcelas durante todo este período. E, durante o período de tramitação destas demandas, continua o trabalhador sem receber a renda necessária para a sua subsistência.

(*) Era juiz substituto do trabalho, e agora é Juiz Titular da 1ª Vara do Trabalho de Uberlândia (MG). Máster em *Teoria Crítica dos Direitos Humanos*, pela *Universidad Pablo de Olavide* (Sevilha, Espanha). Mestre em Direito Público, com ênfase em Direitos e Garantias Fundamentais, pela Universidade Federal de Uberlândia — FADIR/UFU (MG). Membro da Associação Latino-Americana de Juízes do Trabalho. Sócio fundador do Instituto de Pesquisas e Estudos Avançados da Magistratura e Ministério Público do Trabalho (IPEATRA). Professor de Direito do Trabalho e Processo do Trabalho, em Uberlândia (MG).

A situação é contraditória, na mente do trabalhador. Afinal de contas, está ele apto ou inapto para o desempenho de sua atividade laborativa? Esta é a pergunta da qual se aguarda uma resposta do Poder Judiciário. Mas, a Justiça do Trabalho e a Justiça Federal, em demandas *distintas*, poderão ofertar uma resposta *coerente* à pretensão de direito material vindicada? Não há dúvidas que, em tese, a resposta a esta pergunta será negativa, dada a possibilidade de decisões contraditórias. Expliquemo-nos.

As duas ações tramitam em órgãos distintos do Poder Judiciário (Justiça Comum, Estadual e/ou Federal e Justiça do Trabalho). Em ambos os processos, provavelmente, serão realizadas perícias médicas distintas. Basta, para tanto, que os laudos sejam contraditórios: aquele realizado perante a Justiça Comum, considerando o trabalhador apto ao trabalho, dando razão ao INSS no cancelamento do benefício previdenciário; o apresentado pelo perito nomeado pela Justiça do Trabalho, por sua vez, considera o trabalhador inapto, dizendo que a postura do empregador está correta.

E, agora? As decisões judiciais, calcadas nos referidos laudos médicos, serão provavelmente contraditórias. O Poder Judiciário, ao invés de pacificar o conflito, agravou a situação do trabalhador! A conclusão, neste caso, é inequívoca: existe algo de *equivocado*, uma vez que, até para o mais leigo ser humano, um trabalhador apenas poderá ser considerado apto ou inapto ao trabalho. Não existe aptidão e inaptidão simultâneas. A dignidade da pessoa humana, sem dúvidas, é desrespeitada, por retirar do trabalhador a condição de adquirir os bens materiais e imateriais necessários para uma vida digna, já que, num simples *passe de mágica*, deixa de receber salários e benefício previdenciário, sem qualquer outra fonte de renda.

Devemos, neste compasso, buscar uma solução mais adequada. Uma resposta que esteja calcada nos primados do valor social do trabalho, no respeito à pessoa humana e na garantia do *mínimo existencial*. Precisamos buscar um *mecanismo* que possa, efetivamente, equilibrar este problema. Esta equação perpassa, obrigatoriamente, pelo pleno acesso à Justiça do Trabalho. A nova ordem constitucional, trazida pela EC n. 45/04, autoriza a criação de um entendimento que, de uma vez por todas, sane o equívoco ora apontado, criando um caminho processual que, sem dúvidas, trará maior *segurança jurídica* às partes envolvidas, bem como demarcará, de forma definitiva, o importante papel consagrado à Justiça do Trabalho pelo legislador constitucional, na promoção dos direitos sociais fundamentais. É o que passaremos a expor.

2. Uma nova interpretação das normas constitucionais: em busca da competência da Justiça do Trabalho

A dignidade da pessoa humana e o valor social do trabalho são princípios fundamentais que estão previstos no art. 1º, incisos III e IV, de nossa Constituição Federal. O preâmbulo da CF, por sua vez, dispõe que o Brasil é considerado um Estado Democrático de Direito, destinado a assegurar o efetivo exercício dos direitos sociais, além de promover a igualdade e a justiça como valores supremos de uma sociedade fraterna, justa e igualitária. A Constituição Federal, do ponto de vista político-ideológico, representa um projeto liberal de sociedade. E, nas palavras de Wilson Steinmetz[1]:

> Trata-se de um liberalismo humanizado, democrático e socialmente orientado: de um liberalismo matizado ("temperado") pela dignidade da pessoa humana, pelos direitos e garantias fundamentais, pela democracia e pelas aspirações de igualdade, de bem-estar e de justiças sociais. Ao lado do princípio da livre iniciativa, assegurador da economia de mercado (CF, arts. 1º, IV, e 170, *caput*) e do princípio geral de liberdade (CF, art. 5º, *caput*) estão o princípio da dignidade da pessoa humana (CF, art. 1º, III) os direitos e as garantias fundamentais (CF, Título II), o princípio democrático (CF, art. 1º, parágrafo único), o princípio da igualdade (CF, art. 5º, *caput*, e art. 3º, III e IV) e o princípio objetivo de construção de uma sociedade justa e solidária (CF, art. 3º, I).

Estes são os pilares que devem nortear o intérprete e o aplicador do direito, na solução dos casos concretos. Discorrendo sobre a interpretação das normas constitucionais, ensina Luis Roberto Barroso[2] que:

---
(1) STEINMETZ, Wilson. *A vinculação dos particulares a direitos fundamentais*. São Paulo: Malheiros, 2004. p. 99-100.
(2) BARROSO, Luis Roberto. Neoconstitucionalismo e transformações do direito constitucional contemporâneo. *In:* LIMA, Martonio Mont'Alverne Barreto; ALBUQUERQUE, Paulo Antonio de Menezes. *Democracia, direito e política:* estudos internacionais em homenagem a Friedrich Muller. Florianópolis: Boiteux, 2006. p. 488-489.

As especificidades das normas constitucionais levaram a doutrina e a jurisprudência, já de muitos anos, a desenvolver ou sistematizar um elenco próprio de princípios aplicáveis à interpretação constitucional. Tais princípios, de natureza instrumental, e não material, são pressupostos lógicos, metodológicos ou finalísticos da aplicação das normas constitucionais. São eles, na ordenação que se afigura mais adequada para as circunstâncias brasileiras: o da supremacia da Constituição, o da presunção de constitucionalidade das normas e atos do Poder Público, o da interpretação conforme a Constituição, o da unidade, o da razoabilidade e o da efetividade.

(...)

A interpretação jurídica tradicional desenvolveu-se sobre duas grandes premissas: (i) quanto ao papel da norma, cabe a ela oferecer, no seu relato abstrato, a solução para os problemas jurídicos; (ii) quanto ao papel do juiz cabe a ele identificar, no ordenamento jurídico, a norma aplicável aos problemas a ser resolvido, revelando a solução nele contida. Vale dizer: a resposta para os problemas está integralmente no sistema jurídico e o intérprete desempenha uma função técnica de conhecimentos, de formulação de juízos de fato. No modelo convencional, as normas são percebidas como regras, enunciados descritivos de condutas a serem seguidas, aplicáveis mediante subsunção.

Com o avanço do direito constitucional, as premissas ideológicas sobre as quais se erigiu o sistema de interpretação tradicional deixaram de ser integralmente satisfatórias. Assim: (i) quanto ao papel da norma, verificou-se que a solução dos problemas jurídicos nem sempre encontra relato abstrato no texto normativo. Muitas vezes só é possível produzir a resposta constitucionalmente adequada à luz do problema, dos fatos relevantes, analisados topicamente; (ii) quanto ao papel do juiz, já não lhe caberá apenas uma função de conhecimento técnico, voltado para revelar a solução contida no enunciado normativo. O intérprete torna-se copartícipe do processo de criação do Direito, completando o trabalho do legislador, ao fazer valorações de sentido para as cláusulas abertas e ao realizar escolhas entre soluções possíveis.

Pois bem. Com o advento da EC n. 45/04, foi rompido o antigo paradigma de que a Justiça do Trabalho possuía competência restrita, diretamente relacionada aos sujeitos da relação processual: empregado *versus* empregador. A partir de então, a competência desta Especializada deixou de se guiar pelo aspecto subjetivo, para adotar um critério puramente objetivo. Assim, todas as matérias que sejam oriundas da relação de trabalho passam a ser processadas e julgadas por este órgão especializado do Poder Judiciário (art. 114, inciso I, da CF), situação que abrange, inclusive, a administração pública direta e indireta (destaque-se, para este estudo, a autarquia previdenciária).

Esta mudança constitucional, atrelada à consagração do princípio fundamental da duração razoável do processo, tendo como escopo a ser perseguido a concretização do princípio da dignidade da pessoa humana, deve ser levada em consideração para a análise dos demais preceitos constitucionais que regulamentam as competências atribuídas aos diversos órgãos do Poder Judiciário brasileiro. Ganha especial destaque e relevo a previsão contida no art. 109, § 3º, da CF, *in verbis*:

> Art. 109. Aos juízes federais compete processar e julgar:
>
> Inciso I. as causas em que a União, entidade autárquica ou empresa pública federal forem interessadas na condição de autoras, rés, assistentes ou oponentes, exceto as de acidente do trabalho, e as sujeitas à Justiça Eleitoral e Justiça do Trabalho.
>
> § 3º Serão processadas e julgadas na justiça estadual, no foro de domicílio dos segurados ou beneficiários, as causas em que forem parte instituição de previdência social e segurado, sempre que a comarca não seja sede de vara do juízo federal, e, se verificada essa condição, poderá a lei permitir que outras causas sejam também processadas e julgadas pela justiça estadual.

A disposição constitucional acima transcrita parece revelar que a competência dos juízes federais ou estaduais, em relação aos benefícios previdenciários, é plena. Porém, a interpretação literal da norma constitucional, sem atentar-se para as demais disposições, também de caráter constitucional e, principalmente, para o princípio da dignidade da pessoa humana não se amolda ao contexto apresentado por Barroso. E, como adverte o autor italiano Emilio Betti[3],

> As normas, uma vez postas, tendem a se enrijecer na sua objetividade: eis a razão para o

---

(3) BETTI, Emilio. *Interpretação da lei e dos atos jurídicos.* São Paulo: Martins Fontes, 2007. p. 198.

perigo de que elas se tornem, distanciando-se da atualidade, estranhas às exigências da vida. Percebe-se, assim, a necessidade de reagir a um enrijecimento estático, oferecendo instrumentos que assegurem a elasticidade e a capacidade dinâmica da ordem jurídica, mantendo-a em perene eficácia perante as exigências emergentes da vida social.

A evolução da sociedade e a complexidade de situações atualmente vivenciadas exigem do aplicador do Direito a busca de novas soluções jurídicas. Impõe-se ao intérprete a tarefa de superar o duradouro comportamento intelectualista, que tende a reduzir o objeto da interpretação à mera literalidade da lei, cujo ofício seria uma simples operação lógica-formal, tornando-a, muitas vezes, opaca, ou seja, não permeável às necessidades de uma apreciação adversa à dinâmica do direito[4]. Neste contexto, são mais uma vez precisas as lições de Barroso[5] que, em estudo específico sobre a interpretação de novas normas constitucionais em relação àquelas que anteriormente vigiam, fruto da tarefa desempenhada constituinte originário ou reformador, no sentido de que *"deve-se rejeitar uma das patologias crônicas da hermenêutica constitucional brasileira, que é a interpretação retrospectiva, pela qual se procura interpretar o texto novo de maneira que ele não inove em nada, mas, ao revés, fique tão parecido quanto possível com o antigo"*. Ainda sobre a interpretação retrospectiva, assinala José Carlos Barbosa Moreira[6],

> Põe-se ênfase nas semelhanças, corre-se um véu sobre as diferenças e conclui-se que, à luz daquelas, e a despeito destas, a disciplina da matéria, afinal de contas, mudou pouco, se é que na verdade mudou. É um tipo de interpretação... em que o olhar do intérprete dirige-se antes ao passado que ao presente, e a imagem que ele capta é menos a representação da realidade que uma sombra fantasmagórica.

Com efeito, é inquestionável a competência da Justiça do Trabalho para apreciar algumas matérias de natureza eminentemente previdenciária. A execução das contribuições sociais, o reconhecimento incidental de acidente do trabalho para concessão da estabilidade prevista no art. 118 da Lei n. 8.213/91 ou, até mesmo, para a condenação em pedidos de indenização por danos morais e materiais, são matérias corriqueiras no âmbito desta Justiça Especializada.

E, para solucionarmos o problema apresentado, precisamos adotar uma postura que analise a situação concreta vivenciada pelas partes envolvidas, buscando soluções que visem resguardar o princípio da dignidade da pessoa humana e o valor social do trabalho, além da duração razoável do processo, à luz do novo regramento constitucional trazido pela EC n. 45/04, notadamente no que diz respeito à norma contida no art. 114, inciso I, da Magna Carta. A Constituição, atualmente, precisa ser encarada como um sistema aberto de princípios e regras, cujo papel central é estabelecido pelos ideais de justiça e da realização dos direitos fundamentais. Tal sistema deve ser compreendido, adotando-se as palavras de Juarez de Freitas[7], como sendo uma

> rede axiológica e hierarquizada topicamente de princípios fundamentais, de normas estritas (ou regras) e de valores jurídicos cuja função é a de, evitando ou superando antinomias em sentido lato, dar cumprimento aos objetivos justificadores do Estado Democrático, assim como se encontram consubstanciados, expressa ou implicitamente, na Constituição.

Como expõe Barroso[8], *é preciso transpor a fronteira da reflexão filosófica, ingressar na prática jurisprudencial e produzir efeitos positivos sobre a realidade*. A interpretação das normas constitucionais deve se abalizar na busca constante de sua máxima efetividade, com a eliminação de eventuais lacunas existentes, procurando, sempre, a solução de questões jurídicas para que a pacificação social seja alcançada. Precisamos adotar o espaço emancipador de interpretação das normas constitucionais, notadamente aquelas de ordem processual, para buscar uma solução que não seja considerada *suicida* para o trabalhador. Torna-se necessário, ainda, concretizar, promover e efetivar os direitos sociais constitucionalmente garantidos. Nas palavras de Daniel Sarmento[9], devemos ter em mente que:

> A dignidade da pessoa humana é o princípio mais relevante da nossa ordem jurídica, que

---

(4) BETTI, Emilio. *Interpretação da lei e dos atos jurídicos*. São Paulo: Martins Fontes, 2007. p. 198.
(5) BARROSO, Luis Roberto. *Interpretação e aplicação da constituição*. 7. ed. São Paulo: Saraiva, 2010. p. 75.
(6) MOREIRA, José Carlos Barbosa. O poder judiciário e a efetividade da nova constituição. *Revista Forense*, Rio de Janeiro, v. 304:151, p. 152, 1988.
(7) FREITAS, Juarez. *A interpretação sistemática do direito*. São Paulo: Malheiros, 1995. p. 54.
(8) BARROSO, Luís Roberto. *Interpretação e aplicação da constituição*. São Paulo: Saraiva, 2004. p. 384.
(9) SARMENTO, Daniel. *Direitos fundamentais e relações privadas*. Rio de Janeiro: Lumen Juris, 2008. p. 86.

lhe confere unidade de sentido e de valor, devendo por isso condicionar e inspirar a exegese e aplicação de todo o direito vigente, público ou privado. Além disso, o princípio em questão legitima a ordem jurídica, centrando-se na pessoa humana, que passa a ser concebida como 'valor-fonte fundamental de Direito'. Desta forma, alicerça-se o direito positivo sobre profundas bases éticas, tornando-o merecedor do título de 'direito justo'.

Nesta esteira de raciocínio, convém ressaltar que num contrato de emprego, ao trabalhador são garantidos, entre vários outros, dois direitos sociais que, para nós, possuem especial importância para o desenvolvimento deste trabalho: o direito à percepção de salário, observando os patamares mínimos fixados pela CF; e, na hipótese de, por algum motivo, ficar impossibilitado de laborar, por exemplo, pela aquisição de uma doença (profissional ou não) e, desde que preenchidos os chamados períodos de carência (quando existentes), o direito ao recebimento de uma prestação social, de natureza previdenciária. Como afirma Gregorio Robles[10],

> A remuneração adequada para uma vida digna, a moradia, a formação escolar, a saúde, constituem bens de cuja qualidade ninguém pode duvidar. (...) Os direitos econômicos e sociais se referem, sobretudo, às condições necessárias para uma existência digna. Atendem, essencialmente, à cobertura das necessidades básicas, requisito prévio de qualquer diferenciação social.

No contexto do direito previdenciário, existem várias formas de se atrelar à Previdência Social (convencionalmente denominados de segurados *facultativos* e/ou *obrigatórios*). Porém, a maneira mais comum de um trabalhador encontrar a proteção previdenciária decorre, sem dúvidas, da relação jurídica havida com o seu empregador. A simples formalização de um vínculo de natureza empregatícia automaticamente gera a inscrição daquele empregado em nosso sistema previdenciário. A relação previdenciária, portanto, possui a sua origem na relação empregatícia. Torna-se plenamente possível, neste compasso, entender que a responsabilidade do INSS (autarquia federal responsável pela concessão dos benefícios previdenciários) e do empregador são, em um paralelismo, os *dois lados da mesma moeda*. Assim, quando o empregado encontra-se perfeitamente apto ao desenvolvimento de suas atividades laborativas, receberá do empregador a devida contraprestação; porém, se no curso deste contrato de emprego, vier a ser constatada eventual incapacidade, passará aquele mesmo trabalhador a perceber o benefício previdenciário tipificado em lei.

Agora, indaga-se: porque obrigar o trabalhador a ajuizar uma ação (contra o INSS) perante um ramo do Poder Judiciário e outra demanda (contra o empregador) em outro órgão do mesmo Poder, dentro da problemática apresentada, quando tal conflito envolve os *dois lados da mesma moeda*? Ora: se o trabalhador está inserido num contrato de emprego, a responsabilidade pela garantia de pagamento dos valores mínimos necessários para se viver com dignidade, quando apto ao labor é, sem dúvidas, do empregador; e, quando inapto, a responsabilidade é simplesmente *transferida* para o INSS, por força do mesmo vínculo jurídico base. E, isto ocorre, porque, como ensina Milton Vasques Thibau[11]:

> No sistema da Previdência Social as prestações consistem, precipuamente, em benefícios, que são rendas mensais cuja natureza jurídica é de "substitutivo de salário", ou seja, toda vez que o trabalhador se afasta do trabalho por fatores alheios à sua vontade, por ter sido acometido por infortúnio, é privado da renda que lhe garante a subsistência, razão pela qual os benefícios previdenciários substituem essa renda da qual o segurado foi privado.

A resposta que encontramos para o problema apresentado é simples: ao invés de serem propostas ações distintas, deverá ser concedida ao trabalhador a *faculdade* de ajuizar demanda única, contra o empregador e o INSS, cujo feito, por força da EC n. 45/04, será processado e julgado pela Justiça do Trabalho, já que, no caso específico, a relação previdenciária é *oriunda* do contrato de emprego havido.

Convém ressaltar uma limitação objetiva em nosso pensamento: não se pretende, neste trabalho, dizer que a Justiça Especializada possui competência ampla e irrestrita para apreciar todas e quaisquer questões referentes ao ramo previdenciário. As matérias relacionadas à revisão de benefícios, períodos de carência, concessão de prestações quando o contrato de trabalho não está mais em vigor ou, ainda, quaisquer outras demandas ajuizadas, apenas, contra

---

(10) ROBLES, Gregorio. *Os direitos fundamentais e a ética na sociedade atual*. Barueri: Manole, 2005. p. 99.
(11) ALMEIDA, Milton Vasques Thibau de. *Fundamentos constitucionais da previdência social*. Belo Horizonte: Fórum, 2011. p. 102.

o INSS, permanecem na órbita da competência da Justiça Comum, Estadual ou Federal.

O que se pretende defender é, somente, a criação de um caminho *alternativo* ao trabalhador que consideramos mais rápido, célere e eficaz, em atenção à duração razoável do processo e que respeite, ainda, os princípios da dignidade da pessoa humana e o valor social do trabalho. A competência da Justiça do Trabalho, assim, estaria *restrita* à discussão envolvendo a eventual (in)capacidade laborativa do autor, em um contrato de trabalho vigente ou que foi rescindindo de maneira indevida (quando se postula, então, a declaração de nulidade da dispensa, por força da suspensão do contrato, com efeitos *ex tunc*), já que decorrentes da mera relação empregatícia e que, por força destes fatos jurídicos, envolvem obrigações devidas pelo empregador ou pelo INSS.

Tudo isso decorre do já conhecido o princípio da unidade de convicção. Assim, quando um mesmo fato tiver de ser analisado mais de uma vez, deve sê-lo pelo mesmo juízo. Em outras palavras: incumbe atribuir ao *mesmo* órgão do Poder Judiciário os fatos decorrentes da *mesma* relação jurídica base, neste caso, a eventual (in)capacidade laborativa do trabalhador, *por conta dos graves riscos de decisões contraditórias, sempre inteligíveis para os jurisdicionados e depreciativas para a justiça*[12]. Este princípio, que é adotado pelo Supremo Tribunal Federal, parte do pressuposto de que a cisão de competência não favorece a aplicação da *justiça*, além do fato de que a possibilidade de divergência de decisões para ações decorrentes da mesma relação jurídica base, por força de solução adotada por órgãos jurisdicionais distintos, causa impacto perverso para o jurisdicionado e para a credibilidade do Poder Judiciário.

Na situação apresentada neste trabalho, o trabalhador, por ter sido considerado apto ao trabalho pelo INSS e inapto pelo empregador, fica sem receber salários e benefício previdenciário, restando privado de seu único meio de subsistência. A cisão de competência para a análise deste problema jurídico pode apresentar soluções divergentes. Basta, para tanto, que a Justiça Comum reconheça que o autor está apto para o trabalho (cuja perícia, geralmente, é realizada sob o prisma da aptidão ou inaptidão para o labor *em geral*), ao passo que, numa demanda de natureza trabalhista, a Justiça do Trabalho venha a declarar que, na verdade, aquela pessoa encontra-se incapacitada para retomar as funções para as quais foi efetivamente contratado (capacidade para a profissão ou ofício à qual se habilitou, na esteira do prevê o art. 950 do CC).

Esta possibilidade de entendimentos divergentes ofende o princípio da dignidade da pessoa humana, na medida em que, em razão da denegação de solução efetiva para o caso concreto por parte do Judiciário, o trabalhador se vê tolhido do *mínimo existencial* para sua sobrevivência.

Por isso, nestas situações, o trabalhador poderá ajuizar demanda única, que será processada e julgada pela Justiça do Trabalho, colocando no polo passivo, não só o empregador, mas também a autarquia federal (INSS). A causa de pedir é a mesma: a existência, ou não, de incapacidade laborativa num contrato de emprego. O que existe são meros *desdobramentos* relacionados ao pedido: se o autor estiver apto para o trabalho, possui o direito inconteste de voltar a desempenhar as suas atividades laborativas, sendo a empregadora, neste contexto, responsável pelo pagamento dos salários, desde a alta médica até o efetivo retorno. Porém, se estiver inapto, a responsabilidade recai, agora, sobre o INSS, que deverá restabelecer o benefício previdenciário, com o pagamento integral dos valores indevidamente suprimidos.

São esclarecedoras, neste contexto, as palavras de José Eduardo Resende Chaves Júnior[13], para quem:

> Parece interessante resgatar a conceituação de competência perpetrada por Celso Neves, que abandona a tradicional 'medida da jurisdição', concebendo-a como a relação de adequação legítima entre o processo e o órgão judiciário, ou seja, uma noção concreta, pragmática, porém, racional de competência. A ideia do processualista paulista é superar as conceituações quantitativas da competência — competência enquanto medida — para caminhar em direção a uma conceituação qualitativa. A conceituação qualitativa, segundo Celso Neves, tem um aspecto subjetivo e outro objetivo. Do ponto de vista subjetivo, a competência é definida como atributo para o exercício da jurisdição, decorrente da inves-

---

(12) Trecho extraído do voto de lavra do Ministro Cezar Peluso, no julgamento do CC n. 7.204. Disponível em: <www.stf.jus.br> Acesso em: 3.9.2012.
(13) CHAVES JÚNIOR, José Eduardo Resende. A justiça do trabalho enquanto vis *attractiva protectionis*: o trabalho 'biopolítico' na perspectiva de uma especialização democrática dos ramos judiciários. *Congreso de Magistrados del Orden Social: el futuro de la jurisdicición social*, Madrid: Foro de Estudios Europeos de Múrcia, Consejo General del Poder Judicial. Centro de Documentación Judicial, p. 931-944, 2007.

tidura legítima. Do ponto de vista objetivo, que aqui nos interessa mais especificamente, como a relação necessária, de adequação legítima, entre o processo e o órgão jurisdicional.

Para isso, é necessário que a ampliação de competência, que deflui da locução relação de trabalho, não se limite à definição do número de categorias do labor humano subsumidas na respectiva locução conceitual, mas proceda, também, a uma intensificação qualitativa na tutela do trabalho humano. Em outras palavras, ampliar a competência da Justiça do Trabalho tem de significar também ampliar o grau de intensidade de proteção ao trabalho humano, mormente aquele prestado sob alheação.

Uma solução simples para uma problemática tão complexa, calcada, apenas, na reinterpretação das normas constitucionais. Afinal de contas, se o direito é indivisível, em si, também indivisível deve ser a sua tutela, notadamente quando *una* é a jurisdição. A *vis attractiva protectionis* da Justiça do Trabalho autoriza, sobremaneira, o entendimento ora proposto. Parte-se da situação concretamente vivenciada pelos trabalhadores, frontalmente contrária ao princípio da dignidade da pessoa humana, para a busca, na interpretação sistemática das normas constitucionais, sem qualquer proposta de alteração legislativa, a solução para o caso. Como afirma Luiz Gustavo Bóiam Pancotti[14], *o hermeneuta deverá dar à norma constitucional a interpretação adequada com a realidade social no momento histórico em que se encontra, de forma que promova uma constante atualização da regra com os anseios sociais, sem alterar o seu texto*. Na esteira dos ensinamentos de Barroso, o *papel do juiz* (na qualidade de intérprete e aplicador do Direito) não se restringirá a uma função de conhecimento técnico, voltado para revelar a solução contida no enunciado normativo. O intérprete efetivamente atua na qualidade de coparticipante do processo de criação do Direito, completando o trabalho do legislador, fazendo as valorações necessárias, escolhendo uma solução possível e, principalmente, respeitando o princípio da dignidade da pessoa humana.

Por fim, visando a demonstrar os efeitos práticos desta linha de pensamento, passaremos, agora, a discorrer sobre algumas *vantagens* para o trabalhador, empregador e INSS ao se adotar tal posicionamento. Afinal de contas, como adverte Ricardo Luis Lorenzetti[15], na análise de casos considerados difíceis, torna-se necessário conhecer os benefícios e prejuízos que sofre a sociedade, numa perspectiva sistemática. Assim, estaremos num campo sólido, concreto, seguro, para tentar convencer os nossos leitores a adotarem o caminho aqui proposto.

3. As vantagens para o trabalhador

Não há dúvidas que o manejo de uma única demanda traz inúmeras vantagens para o trabalhador. Em primeiro lugar, devemos frisar que a Justiça do Trabalho é a mais célere do País, possuindo totais condições de analisar esse tipo de demanda. O princípio da duração razoável do processo, trazido pela EC n. 45/04, sem dúvidas, será respeitado. Além disso, o acesso do trabalhador à Justiça Especializada é muito mais simples, seja pelos princípios norteadores do sistema processual trabalhista, que visam a rápida satisfação de direitos estritamente alimentares, seja pelo regramento específico que facilita o ajuizamento de demandas, como, por exemplo, o pagamento de custas processuais, apenas, ao final, e a concessão de benefícios da justiça gratuita por simples declaração, além do sempre criticado *jus postulandi*.

A possibilidade de ajuizamento de única ação impede, sem sombra de dúvidas, a possibilidade de prolação de decisões contraditórias. Afinal de contas, ou se reconhece que o trabalhador estará apto ao trabalho, fazendo jus aos salários, ou se declara a sua inaptidão, passando a ter o direito de receber o benefício previdenciário correspondente. O trabalhador poderá, assim, em curto espaço de tempo, recuperar a sua dignidade, seja voltando ao labor, seja recebendo o benefício previdenciário correspondente, não precisando recorrer aos caminhos da informalidade. Além disso, por força da sua vinculação à previdência social, poderá o trabalhador, muito bem, no curso do processo, ser agraciado com a concessão da benesse previdenciária. O Juiz do Trabalho, de posse do laudo exarado pelo médico da empresa, poderá antecipar os efeitos da tutela, determinando o restabelecimento do benefício suprimido.

Mas, indaga-se: e se ao final do processo, for constatado que o autor realmente estava apto ao trabalho, ao contrário do que foi declarado pelo médico da empresa, recebendo, por força da antecipação de tutela concedida, benefício previdenciário de maneira *indevida*? Como ficaria o critério da irreversibilidade

---

(14) PANCOTTI, Luiz Gustavo Bóiam. *Conflitos de princípios constitucionais na tutela de benefícios previdenciários*. São Paulo: LTr, 2009. p. 47.
(15) LORENZETTI, Ricardo Luis. *Fundamentos de direito privado*. São Paulo: Revista dos Tribunais, 1998. p. 422.

do provimento jurisdicional, previsto no art. 273, § 2º, do CPC? A solução jurídica é simples, senão vejamos: a) prolata-se a decisão de mérito, neste sentido, reconhecendo a aptidão do trabalhador; b) condena-se a empresa, então, a efetuar o pagamento dos salários, desde a alta médica até o efetivo retorno ao trabalho; c) solicita-se que o INSS, na fase de liquidação de sentença, traga aos autos um simples extrato, demonstrando os valores pagos ao trabalhador a título de benefício previdenciário; d) determina-se, então, a dedução dos valores devidos pelo empregador ao trabalhador, com vistas a se evitar enriquecimento indevido; e) com a condenação do empregador, efetua-se a devolução ao INSS dos valores percebidos pelo trabalhador; f) havendo valores remanescentes em favor do autor da demanda, passa-se à fase de execução da empregadora.

O laudo pericial exarado pelo médico do INSS poderá ser objeto, ainda, de questionamento judicial, trazendo para o *contraditório* as partes que serão atingidas pela decisão judicial: o empregador, o trabalhador e o INSS. Pacifica-se, desta forma, de maneira concreta, o conflito existente. Elimina-se o caminho *suicida* que era percorrido pelo trabalhador.

4. A SEGURANÇA JURÍDICA PARA O EMPREGADOR

Todas as vezes que o empregado é considerado, pelo INSS, apto ao trabalho e o médico da empresa apresenta um parecer em sentido diametralmente oposto, surge uma dúvida para o empregador: O que fazer? Qual é a postura a ser adotada? Existem decisões judicias estabelecendo que, neste caso, deverá o empregador efetuar o pagamento dos salários, já que deverá prevalecer a decisão administrativa exarada pela autarquia federal. Neste sentido, o seguinte aresto:

> AFASTAMENTO PREVIDENCIÁRIO. EMPREGADO CONSIDERADO APTO PARA O TRABALHO PELO INSS. INAPTIDÃO CONSTATADA NO EXAME DE SAÚDE OCUPACIONAL. INDEFINIÇÃO QUANTO A SITUAÇÃO DO CONTRATO DE TRABALHO. MEIOS DE SOBREVIVÊNCIA DO TRABALHADOR. CULPA DA EMPRESA. Tem se tornado comum nesta Justiça do Trabalho o caso em que o trabalhador se apresenta para retomar seu posto de trabalho, ao receber alta médica do órgão previdenciário, mas não é aceito pelo empregador, porque o exame médico ocupacional consta a inaptidão para o trabalho. Nessa situação, o contrato de trabalho não pode permanecer no limbo, isto é, não pode o empregado ficar, ao mesmo tempo, sem o benefício previdenciário, que não mais recebe, e sem auferir salários, da empresa que não o aceita de volta. Se o empregador discorda do resultado da decisão do INSS, que de alguma forma lhe impõe aceitar o retorno do empregado ao trabalho, deve recorrer da decisão junto à Previdência Social ou dispensar o trabalhador. (TRT 3ª R. Nona Turma 00570-2009-063-03-00-2 RO Rel.: Desembargador Antônio Fernando Guimarães DEJT 17.3.2010, p. 94).

Mas, como obrigar o empregador a efetuar o pagamento de salários, sem poder utilizar-se da respectiva mão de obra? E se a decisão administrativa, de fato, estiver equivocada? Apontamos, ainda, outro grave entrave: o risco daquele trabalhador que, em tese, está inapto para o desenvolvimento de suas atividades laborativas, venha a sofrer um acidente do trabalho nas dependências da empresa aumenta consideravelmente. Assim, poderá a empregadora ser condenada ao pagamento de indenizações por danos morais e materiais decorrentes daquele infortúnio laboral, simplesmente pelo fato de ter assumido o risco de colocar, no posto de serviço, uma pessoa que, segundo o médico contratado pela própria ré, estaria incapacitada para o exercício daquela tarefa. O empregador seria considerado negligente.

Como se vê, a contradição entre pareceres médicos poderá prejudicar, sensivelmente, não só a capacidade laborativa do trabalhador, atentando, mais uma vez, contra a sua dignidade, como também trazer sérias responsabilidades e consequências jurídicas à empregadora. Adotar, por exemplo, a última solução apresentada na ementa acima transcrita (qual seja, simplesmente *dispensar o trabalhador*) não resolve, *data venia*, o problema; na realidade, apenas o agrava; a discussão encerra-se, não por força da solução a respeito da (in)capacidade laborativa daquela pessoa, mas pela simples extinção do contrato de emprego. Não me parece que esta solução esteja adequada aos princípios de proteção ao hipossuficiente.

Por isso, entendemos que a empregadora também será beneficiada com a possibilidade por nós apresentada. Haverá *segurança jurídica* a respeito da situação clínica do trabalhador, diante da prolação de uma decisão judicial reconhecendo a capacidade ou incapacidade para o labor. Haverá uma discussão profunda a respeito da saúde do trabalhador, com todos os desdobramentos que surgirem deste fato. Sendo possível, adota-se o caminho da reabilitação profissional. Caso tal conduta não se mostre razoável, por exemplo, pelo *tamanho* da empresa ou pela qualidade do empregador (que, diga-se, poderá até mesmo ser um empregador doméstico), mantem-se a benesse previdenciária, até o restabelecimento completo da capacidade laborativa.

5. Os efeitos da participação do INSS

As perícias médicas realizadas pela autarquia passarão a sofrer controle jurisdicional perante o órgão do Poder Judiciário mais *apto* na análise destas questões. Os médicos que prestam serviços para o INSS poderão, ainda, atuar no feito na qualidade de assistentes técnicos, trazendo elementos necessários para o julgamento *justo*.

Além disso, em casos de acidente do trabalho ou doença ocupacional, a empresa poderá ser condenada a arcar com despesas médicas e cirúrgicas, para o restabelecimento completo da saúde do trabalhador, que, assim que alcançada, autorizará o INSS a cancelar o benefício, contribuindo, assim, para se evitar a *indústria* do pagamento indevido de prestações previdenciárias. Soma-se, ainda, o fato de que a empresa poderá, neste último caso, ser condenada a promover a efetiva reabilitação profissional do trabalhador, em atenção ao que prevê o art. 62 da Lei n. 8.213/91.

Ademais, em casos típicos de acidente do trabalho, a instrução processual contribuirá para que o INSS, posteriormente, tenha os elementos jurídicos necessários para o ajuizamento da demanda regressiva em face do empregador, postulando o ressarcimento dos valores pagos a título de benefício previdenciário ao erário público, na esteira do que expressamente dispõe o art. 120 da Lei n. 8.213/91. E, nesta demanda de caráter regressiva, movida pelo INSS, dificilmente haverá a possibilidade de novos questionamentos sobre os fatos discutidos na ação principal, uma vez que todos os envolvidos (o empregado, a empregador e INSS) produziram as provas que reputarem necessárias para o julgamento da lide movida pelo trabalhador, sempre em atenção aos princípios, também fundamentais, da ampla defesa e do contraditório.

6. O desafogamento do Poder Judiciário

O verdadeiro escopo da jurisdição é pacificar um conflito subjetivo de interesses. A prolação de decisões contraditórias, sobre o mesmo *tema-base* (incapacidade laborativa do autor), não existirá, o que apenas contribui para o crédito que a sociedade deve conferir a esta importante tarefa estatal. O processo será resolvido de maneira mais rápida e ágil, já que sabemos o elevado número de ações que tramitam na Justiça Federal, contribuindo para desafogar este órgão. O número de ações, ao final, diminuirá, uma vez que não haverá necessidade de se provocar a jurisdição, em órgãos distintos, sobre o mesmo *pano de fundo* jurídico.

Não há dúvidas que, com a promulgação da EC n. 45/04, foi reconhecido um importante papel à Justiça do Trabalho, aumentando-se o leque de demandas atribuídas à apreciação por este órgão do Poder Judiciário. A Justiça do Trabalho é, sem dúvidas, aquela que detém as melhores condições para solucionar, de forma definitiva, o conflito estabelecido entre todas as partes envolvidas (empregado, empregador e INSS). A celeridade, marca indelegável da Justiça do Trabalho, apenas contribuirá para a concretização do princípio da duração razoável do processo, à luz do princípio máximo de todo o sistema jurídico constitucional brasileiro, qual seja, a dignidade da pessoa humana. O papel conferido à Justiça do Trabalho, pelo legislador constitucional, ampliando o leque de atribuições e responsabilidades será, sem dúvidas, sedimentado, com a solução de um conflito que apenas contribuía para o martírio na vida do trabalhador.

É se entender, portanto, que a solução apresentada neste trabalho apenas beneficiará todas as partes envolvidas na relação (trabalhador, empregador e INSS), bem como a própria sociedade, que terá a certeza de que o Poder Judiciário cumpriu o seu papel de pacificador dos conflitos existentes. Inexistem entraves para este pensamento, salvo a interpretação absolutamente gramatical e literal da regra constante no art. 109 da CF que, *data vênia*, não se justifica, porque não atende aos postulados da dignidade da pessoa humana, da unidade (inclusive do Poder Judiciário) e da justiça social, dentro da visão pós-positivista do ordenamento jurídico.

A tutela jurisdicional dará efetividade e concretude aos direitos fundamentais do trabalhador, restabelecendo a sua dignidade, com a certeza e garantia de que perceberá os proventos necessários para a aquisição dos bens materiais e imateriais necessários para a subsistência própria e familiar, seja através do pagamento de salários, seja por meio do benefício previdenciário adequado ao caso. E, com a facilidade se de postular o *restabelecimento* de sua dignidade, através do Poder Judiciário que mais se aproxima do cidadão e da promoção dos direitos sociais fundamentais: a Justiça do Trabalho.

É por isso que finalizamos este trabalho dizendo que a reinterpretação das normas constitucionais, dentro da concepção trazida pelo pós-positivismo jurídico, resgatando os ideais de valores, justiça social e dignidade da pessoa humana, concedendo à Justiça do Trabalho a competência para apreciar e julgar, de maneira concreta, o conflito apresentado, sem que haja ofensa à previsão contida no art. 109, § 3º, da CF é, em nossa visão, a única forma de se garantir a efetividade do direito fundamental ao recebimento de valores necessários para a aquisição dos bens necessários para uma vida digna, garantindo-se, assim, o *mínimo existencial*, dentro da problemática apresentada.

7. Considerações finais

Ao longo deste trabalho, apresentamos, inicialmente, a situação que tanto aflige a vida de vários trabalhadores. A possibilidade de decisões contraditórias, no caminho normalmente percorrido é latente, o que contribui para o descrédito e a insatisfação geral da sociedade para com o Poder Judiciário Brasileiro.

Este problema deve ser analisado sob outro *viés*. Reconhecer a existência de um caminho *alternativo*, concedendo ao trabalhador a possibilidade de ajuizamento de única demanda contra o empregador e o INSS perante a Justiça do Trabalho, nestes casos, é, em nossa visão, a maneira mais prática, efetiva e célere de equacionar esta questão.

As vantagens para todos os envolvidos (empregado e empregador, INSS e Judiciário) são várias. Algumas foram apontadas, o que não impede o reconhecimento de outras. A única desvantagem está calcada na interpretação literal da disposição contida no art. 109 da CF que, como procuramos demonstrar, não deverá mais subsistir.

A Justiça do Trabalho é a mais célere do País. É a única que possui como mandamento constitucional o escopo de trazer a efetiva proteção angariada em lei ao trabalhador. Os Juízes do Trabalho já estão plenamente acostumados e adaptados com a inclusão do INSS no polo passivo das demandas que são processadas por este ramo do Poder Judiciário. Não haverá novidades.

Temos a convicção que o trabalhador e a sociedade serão os grandes beneficiários desta tutela, por força de uma simples reinterpretação das normas constitucionais. Torcemos para que os juristas (juízes, advogados, estudantes e demais operadores) abracem esta causa social, para que os trabalhadores, nos momentos mais críticos de suas vidas, não fiquem à margem da possibilidade de, concretamente, adquirirem os meios necessários para viverem com dignidade.

8. Bibliografia

ANTUNES, Davi José Nardy. Gasto social e desigualdade social. *In:* FAGNANI, Eduardo; POCHMANN, Márcio (orgs.). *Mercado de trabalho, relações sindicais, pobreza e ajuste fiscal.* São Paulo: LTr, 2007.

ANTUNES, Ricardo. O neoliberalismo e a precarização estrutural do trabalho na fase da mundialização do capital. *In:* DA SILVA, Alessandro; MAIOR, Jorge Luiz Souto; FELIPPE, Kenarik Boujikian; SEMMER, Marcelo. *Direitos humanos:* essência do direito do trabalho. São Paulo: LTr, 2007.

ALEXY, Robert. *Teoria dos direitos fundamentais.* São Paulo, Malheiros, 2008.

BARROSO, Luís Roberto. *Interpretação e aplicação da constituição.* São Paulo: Saraiva, 2004.

_____. *Interpretação e aplicação da constituição.* 7. ed. São Paulo: Saraiva, 2010.

_____. Neoconstitucionalismo e transformações do direito constitucional contemporâneo. *In:* LIMA, Martonio Mont'Alverne Barreto; ALBUQUERQUE, Paulo Antonio de Menezes. *Democracia, direito e política:* estudos internacionais em homenagem a Friedrich Muller. Florianópolis: Boiteux, 2006.

BETTI, Emilio. *Interpretação da lei e dos atos jurídicos.* São Paulo: Martins Fontes, 2007.

CAMPOS, Cristiane Soares; DUTRA, Flávia Cristina Rossi. Globalização e dignidade da pessoa humana. *Revista do Tribunal Regional do Trabalho da 3ª Região*, Belo Horizonte, v. 73, 2006.

CANARIS, Claus-Wilhelm. *Direitos fundamentais e direito privado.* Coimbra: Almedina, 2003.

_____. *Pensamento sistemático e conceito de sistema na ciência do direito.* 4. ed. Lisboa: Calouste Gulbenkian, 2008.

CAPLAN, Luciana. O direito do trabalho e a teoria crítica dos direitos humanos. *In:* DA SILVA, Alessandro; MAIOR, Jorge Luiz Souto; FELIPPE, Kenarik Boujikian; SEMMER, Marcelo. *Direitos humanos:* essência do direito do trabalho. São Paulo: LTr, 2007.

_____. Direitos sociais da constituição cidadã e as armadilhas ideológicas que levam à sua inefetividade: uma leitura a partir da teoria crítica. *In: Direitos sociais na Constituição de 1988*: uma análise crítica vinte anos depois. São Paulo: LTr, 2008.

CHAVES JÚNIOR, José Eduardo Resende. A justiça do trabalho enquanto vis attractiva protectionis: o trabalho 'biopolítico' na perspectiva de uma especialização democrática dos ramos judiciários. *Congreso de Magistrados del Orden Social: el futuro de la jurisdicición social.* Madri: Foro de Estudios Europeos de Múrcia. Consejo General del Poder Judicial. Centro de Documentación Judicial, 2007.

COLUSSI, Luiz Antonio. *Direito, estado e regulação social*: o papel do contrato de trabalho na sociedade em transformação. São Paulo: LTr, 2009.

COSTA, Flávio Divino de Castro e. A função realizadora do poder judiciário e as políticas públicas do Brasil. *In: Direitos sociais na Constituição de 1988*: uma análise crítica vinte anos depois. São Paulo: LTr, 2008.

DELGADO, Mauricio Godinho. *Capitalismo, trabalho e emprego*: entre o paradigma da destruição e os caminhos da reconstrução. São Paulo: LTr, 2006.

FLORES, Joaquín Herrera. *A (re)invenção dos direitos humanos*. Florianópolis: Boiteux, 2009.

FREITAS, Juarez. *A interpretação sistemática do direito*. São Paulo: Malheiros, 2004.

GOSDAL, Thereza Cristina. *Dignidade do trabalhador*: um conceito construído sob o paradigma do trabalhado decente e da honra. São Paulo: LTr, 2008.

HINKELAMMERT, Franz J. La inversión de los derechos humanos: el caso de John Locke in *In:* HERRERA FLORES, Joaquín (ed.). *El vuelo de anteo*: derechos humanos y crítica de la razón liberal. Bilbao: Desclee de Brouwer, 2000.

MAIOR, Jorge Luiz Souto. Direito social, direito do trabalho e direitos humanos. *In:* DA SILVA, Alessandro; MAIOR, Jorge Luiz Souto; FELIPPE, Kenarik Boujikian; SEMMER, Marcelo. *Direitos humanos*: essência do direito do trabalho. São Paulo: LTr, 2007.

MORAES, Alexandre de. *Direito constitucional*. 15. ed. Rio de Janeiro: Atlas, 2004.

MOREIRA, José Carlos Barbosa. O poder judiciário e a efetividade da nova constituição. Revista Forense, Rio de Janeiro, v. 304:151, 1988.

PANCOTTI, Luiz Gustavo Bóiam. *Conflitos de princípios constitucionais na tutela de benefícios previdenciários*. São Paulo: LTr, 2009.

ROBLES, Gregorio. *Os direitos fundamentais e a ética na sociedade atual*. Barueri: Manole, 2005.

SARLET, Ingo Wolfgang. *A eficácia dos direitos fundamentais*: uma teoria geral dos direitos fundamentais na perspectiva constitucional. Porto Alegre: Livraria do Advogado, 2009.

_____. Os direitos fundamentais sociais na Constituição de 1988. *Revista Diálogo Jurídico*, Porto Alegre, ano I, v. 1, p. 10, 2001.

SARMENTO, Daniel. *Direitos fundamentais e relações privadas*. Rio de Janeiro: Lumen Juris, 2008.

SILVA, José Antônio Ribeiro de Oliveira. *A saúde do trabalhador como um direito humano*: conteúdo essencial da dignidade humana. São Paulo: LTr, 2008.

STEINMETZ, Wilson. *A vinculação dos particulares a direitos fundamentais*. São Paulo: Malheiros, 2004.

<www.stf.jus.br>

<www.trt3.jus.br>

Assédio Moral e o Dever de Tolerância

Rafael Foresti Pego[(*)]

1. Introdução

O assédio moral nas relações do trabalho continua ocupando boa parte da pauta do Judiciário Trabalhistas e sendo objeto de discussão na seara doutrinária e acadêmica. O instituto tem se sido objeto de constante evolução, não apenas pela ampliação das hipóteses a partir da complexidade dos casos concretos, mas também pela transformação do tratamento jurídico conferido à questão. Hoje está consolidada a figura do assédio moral coletivo e organizacional, bem como já é possível se pleitear a nulidade da dispensa e a reintegração no emprego por motivo de discriminação decorrente da prática do assédio moral, nos termos da Lei n. 9.209/95. Também as profundas alterações do comportamento social ocorridas nos últimos anos corroboram para este novo olhar do assédio moral, inclusive pela ampliação do acesso à informação.

Embora louvável todos estes avanços na matéria, dadas as graves repercussões da prática do assédio moral nas relações de trabalho, constata-se uma realidade de multiplicação de ações trabalhistas que tenham como objeto pretensões envolvendo tal figura e, por consequência, a multiplicação dos pronunciamentos judiciais sobre a questão. Ao mesmo tempo que não se pode negar que tal realidade forense contribuiu e ainda contribui para o avanço na matéria, por outro lado, resta a dúvida se a existência destas ações refletem uma realidade de intensa prática de assédio ou do seu comum desvirtuamento? Mais do que isso, a avaliação da ocorrência do assédio, no contexto de uma sociedade pluralista, deve ser feita por um viés objetivo ou subjetivo? E, por fim, se tal realidade não acarreta a fragilização do necessário dever de tolerância que devem ter, reciprocamente, os atores das relações trabalhistas?

Estes e outros questionamentos serão abordados neste ensaio.

2. O Assédio Moral nas Relações de Trabalho

O assédio moral constitui uma mazela social antiga, embora o estudo científico do tema é relativamente recente, seja no âmbito sociológico, psicológico e jurídico. Também é um fenômeno universal e que ocorre em diversos setores da sociedade, como nas escolas com crianças e adolescentes, nos círculos sociais, no trabalho, entre outros. Neste artigo, será tratado especificamente o assédio moral ocorrido nas relações trabalhistas, fazendo-se, neste tópico, uma breve síntese do fenômeno do assédio moral, uma vez que se trata de um tema já amplamente discutido, com inúmeras obras doutrinárias específicas e artigos

---

(*) Mestre em Direito pela PUCRS. Especialista em Direito do Trabalho e Direito Processual do Trabalho pela PUCRS. Advogado trabalhista.

científicos, para posterior análise do dever de tolerância e sua correlação com a figura do assédio moral.

O assédio moral se caracteriza pela exposição do empregado a situações de humilhação ou de constrangimento, de forma continuada, por quem frequente o ambiente do trabalho. Como bem sintetiza Vólia Bomfim Cassar, o assédio moral "é caracterizado pelas condutas abusivas praticadas pelo empregador direta ou indiretamente, sob o plano vertical ou horizontal, ao empregado, que afetem seu estado psicológico"[1].

A partir das diversas definições contempladas na doutrina trabalhista e delineada na jurisprudência dos Tribunais do Trabalho, pode-se concluir que existem três principais elementos característicos do assédio moral no trabalho. São eles: a) um conjunto de atos de violência psicológica, conexos, degradando o ambiente e as condições de trabalho; b) uma periodicidade da conduta; e c) intencionalidade, já que há um agressor que visa desestabilizar uma vítima, trazendo grave desequilíbrio emocional. Quanto a este último, é comum a sua mitigação ao se considerar a intencionalidade implícita na própria prática do assédio moral.

Amauri Mascaro Nascimento bem adverte a distinção entre uma agressão moral e o assédio moral, embora ambas tenham em comum o resultado da indenização por danos morais. A primeira, é um ato único que, por si só, causa o abalo moral e enseja a respectiva indenização. Já o segundo se distingue da agressão moral pela reiteração da prática que conduz ao abalo moral e a respectiva indenização[2].

A classificação do assédio moral é feita a partir da posição do agressor, podendo ser vertical, quando provêm das relações pautadas por uma hierarquia; horizontal, quando desencadeado por colegas de trabalho; e misto, quando inicial de forma vertical, a partir da incitação pelo superior hierárquico, mas se estende para os demais colegas de trabalho, que aderem à causa. Ainda, há uma subdivisão do assédio moral vertical em descendente e ascendente. O primeiro, que é a figura mais comum na realidade, quando praticado pelo superior hierárquico contra um empregado que lhe é subordinado; o segundo, quando praticado por um ou alguns subordinados em face de um superior hierárquico, como já se viu em casos de uma designação de um novato ou inexperiente superior hierárquico.

Na atualidade, já está bastante consolidada a noção do assédio moral organizacional ou institucional, que tem como característica a práticas de condutas abusivas de caráter geral, praticadas em face da coletividade de trabalhadores de uma empresa ou determinado setor. Muitas vezes tais condutas são incorporadas aos métodos de gestão empresarial, como o chamado *straining*, método de gestão por estresse oriundo do direito norte-americano.

Uma ressalva importante diz respeito à responsabilidade do empregador pelos danos, morais e materiais, decorrentes do assédio moral praticado de forma vertical e também horizontal. Não raro as empresas apresentam defesas em ações judiciais alegando não ter conhecimento do assédio ou que este partiu da iniciativa exclusiva de determinado empregado, responsabilizando-o exclusivamente, o que se mostra inócuo. Isso porque o art. 932, inciso III, do Código Civil de 2002, estabeleceu a responsabilidade objetiva do empregador por atos dos seus empregados e prepostos, a partir do qual se consolidou o entendimento de que o empregador vai responder pelos danos causados pelo assédio moral a um de seus empregados, independentemente da sua culpa ou conhecimento. Ao contrário da intenção defensiva, a alegação do desconhecimento pelo empregador acaba por lhe prejudicar, sendo uma confissão da sua falha no dever de dirigir e fiscalizar o trabalho e o ambiente laboral, bem como de sancionar os empregados que apresentem condutas incompatíveis com a boa-fé inerente ao contrato de trabalho, como ocorre na prática do assédio moral.

Por outro lado, apesar do empregador responder objetivamente perante o empregado pelas indenizações decorrentes do assédio moral praticado no âmbito da sua atividade empresarial, há o direito de regresso contra o agressor, principalmente nos casos em que não houve qualquer participação, anuência ou benefício ao empregador decorrente da prática do assédio, o que pode se dar no próprio bojo da ação trabalhista, mediante denunciação à lide do agressor, nos termos do art. 70, inciso III, do Código de Processo Civil. No entanto, não cabe o referido direito de regresso se o empregador, de qualquer forma, tenha dado respaldo ao assediante ou da conduta deste tenha se beneficiado, como ocorre no caso de cobranças de metas mediante condutas caracterizadoras do assédio moral, que refletem um aumento na lucratividade do empreendimento econômico.

---

(1) BOMFIM, Volia. *Direito do trabalho*. 7. ed. rev. e atual. Rio de Janeiro: Forense, 2012. p. 912.
(2) NASCIMENTO, Amauri Mascaro. *Direito contemporâneo do trabalho*. São Paulo: Saraiva, 2011. p. 406.

Outra questão relevante é a tendência de se reconhecer o assédio moral mesmo nos casos em que a ofensa parte de terceiros, como ocorre na relação entre um cliente da empresa que trabalha diretamente com um empregado desta, e passa a assediá-lo moralmente, principalmente quando o empregador tem conhecimento de tal conduta e nada faz para impedir.

Inúmeros são os exemplos de assédio moral no cotidiano das relações de trabalho, como, por exemplo, o isolamento intencional de um trabalhador para forçar um pedido de demissão; deixar um empregado na chamada disponibilidade remunerada; desprezo do superior hierárquico por tudo que o empregado faz, alardeando os demais colegas, gerando constrangimento moral; a atribuição de tarefas impossíveis, deixando o empregado em situação desigual em relação aos seus colegas; a exigência de castigos, "prendas", humilhações para aqueles que não atingem as suas metas; induzir a vítima ao erro; espalhar rumores a respeito da vítima ou injuriá-la; ameaças de agressões físicas; agressões verbais etc.

Portanto, o assédio moral nas relações do trabalho é um tema de extrema relevância, que precisa ser prevenido e combatido de forma veementemente por todos os atores sociais da área trabalhista, a começar pelos próprios empregadores, diante das consequências e prejuízos decorrentes, bem como pelos Sindicatos, autoridades da fiscalização do trabalho, Ministério Público do Trabalho e até mesmo aos Juízes do Trabalho, quando provocados sobre o tema em ações individuais ou coletivas.

3. Consequências do assédio moral

Ocorrido o assédio moral interpessoal, são diversas as consequências jurídicas.

Para a vítima, esta prática traz graves consequências na sua vida particular, familiar e profissional, a partir de sentimentos de desânimo, constrangimento, inferioridade e outros. Já existem estudos que correlacionam o surgimento de doenças no aparelho digestivo, doenças cardiovasculares e até mesmo depressão em virtude do assédio moral sofrido pela vítima. Além disso, é comum que do assédio moral resulte uma propensão ao uso ou abuso do fumo, bebidas alcoólicas e outras drogas nocivas à saúde, situações que também trazem um prejuízo ao Estado, que passará a ter uma pessoa sem condições plenas de trabalhar e subsistir, cabendo ao Estado ampará-lo, normalmente por meio da Previdência Social ou Assistência Social.

Pode-se concluir que o assédio moral nas relações de trabalho diversos valores fundamentais do Estado Democrático Brasileiro, a começar pela dignidade da pessoa humana (art. 1º, inciso III, da Constituição Federal), no caso do trabalhador e o valor social do trabalho (art. 1º, inciso IV, da Constituição Federal); a saúde psíquica e a integridade física e psíquica do trabalhador (art. 6º da Constituição Federal); a honra e imagem do trabalhador (art. 5º, incisos V e X, da Constituição Federal); entre tantos outros. Além disso, muitas o assédio decorre de preconceitos e discriminação, seja por sexo, idade, raça etc., o que torna ainda mais grave a conduta.

Diante deste quadro, cabe ao ofendido buscar a devida reparação por danos materiais e morais. O primeiro, exige a comprovação dos prejuízos sofridos, como, por exemplo, despesas de tratamento da doença desencadeada pelo assédio moral. Já o segundo é presumido, no chamado dano *in re ipsa*, uma vez que decorre da própria dimensão e gravidade dos fatos ocorridos.

Além disso, a vítima terá o direito de postular a rescisão indireta do contrato de trabalho, percebendo todas as verbas rescisórias inerentes a uma dispensa, incluindo-se as verbas indenizatórias. O enquadramento da rescisão indireta pode se dar por diversas alíneas do art. 483 da CLT, como a alínea "b", que trata do rigor excessivo do empregador em face de um empregado; alínea "d", que trata do descumprimento contratual pelo empregador, no caso do seu dever anexo de boa-fé e respeito ao empregado; e alínea "e" ou "f", que trata das agressões físicas ou ofensas morais contra um empregado, ambas intoleráveis no ambiente do trabalho.

De forma correlata, é possível afirmar a possibilidade de o empregador dispensar por justa causa o empregado que promoveu o assédio, cujo enquadramento pode ocorrer tanto por mau procedimento (art. 482, alínea "b", da CLT) quanto pelo ato lesivo à honra e boa fama dos colegas de trabalho (art. 482, alínea "j", da CLT).

Ao empregador, além dos prejuízos decorrentes das indenizações postuladas pelo empregado assediado, é comum que condutas de assédio moral prejudiquem a imagem da empresa, o que pode refletir no resultado desta, a partir de consumidores cada vez mais bem informados e exigentes, que não pautam suas escolhas simplesmente pelo aspecto econômico, como um valor de um produto, mas por identificação com os valores da cada corporação. Outro efeito comum é o aumento do absenteísmo (ausências ao trabalho, principalmente por licenças médicas), presenteísmo (quando o trabalhador se apresenta ao trabalho, mas não tem as suas plenas condições para o trabalho, refletindo na perda de qualidade ou produtividade) e o risco de acidentes do trabalho, diante da presença de um trabalhador emocionalmente desestabilizado em razão da conduta do assédio.

Também existem leis que trazem restrições às empresas que já sofreram condenação por assédio moral no trabalho, como é o caso da Lei n. 11.948/2009, que no seu art. 4º veda a concessão ou renovação de empréstimos ou financiamentos pelo Banco Nacional de Desenvolvimento Econômico e Social a empresas da iniciativa privada cujos dirigentes sejam condenados por assédio moral, entre outras hipóteses.

Por tais motivos e a partir do desenvolvimento do senso de responsabilidade social, verifica-se que, cada vez mais, as empresas estão conferindo grande relevância ao tema, buscando a criação dos mais variados mecanismos de prevenção e combate ao assédio moral nas relações trabalhistas, como a promoção de palestras e eventos para esclarecer e debater o tema; o investimento em cursos e treinamentos para todos os gestores, com vistas à prevenção e combate do assédio; a criação de canais de denúncias de assédio, com procedimentos sigilosos de apuração, e a criação de comitês permanentes para o enfrentamento da questão, evitando a exposição do denunciante ou a dificuldade de acesso aos superiores hierárquicos do assediante; elaboração de uma política empresarial sobre o tema, ou a sua inclusão no regulamento da empresa; entre outros.

4. O DEVER DE TOLERÂNCIA

Como já dito, o assédio moral é uma prática a ser fortemente combatida no âmbito das relações de trabalho, considerando as graves consequências que dele decorrem. Por isso, é louvável a evolução no tratamento jurídico da matéria, bem como a atenção que tem sido dispensada pelos juristas ao tema, principalmente por parte dos Tribunais Trabalhistas, após a devida provocação pela vítima. Merecem igual destaque os Órgãos da fiscalização do trabalho e o Ministério Público do Trabalho. Mas, por outro lado, verifica-se um aumento desproporcional do número de ações versando sobre o assédio moral, a partir do que, em uma análise rápida e estatística, pode-se concluir ser comum uma distorção do instituto em parte das ações judiciais, tendo em vista as mais diversas finalidades.

Antes de aprofundar esta situação, deve ficar claro que, ao se afirmar a existências de distorções, não se está abarcando os casos graves e indiscutíveis de assédio moral, infelizmente ainda bastante comum nas relações de trabalho, apesar de todo o esforço no combate à tal mazela social. Por exemplo, em nenhuma hipótese se admite impor ao trabalhador castigos ou "prendas"; ou promover o seu isolamento, sem lhe passar atividades para serem desempenhadas (a chamada "disponibilidade remunerada"), muitas vezes visando forçar um pedido de demissão fraudulento; ou privá-lo do acesso aos instrumentos de trabalho; ou zombar das suas deficiências, entre outras hipóteses.

Também não se trata das situações classificadas como "zonas grises" para a caracterização do assédio, em que se verifica certa razoabilidade nas alegações de ambas as partes, por haver uma linha tênue que separa os limites do poder diretivo do empregador e o abuso ensejador do assédio moral. Apenas exemplificativamente, seria o caso de existir uma tabela com o *ranking* das vendas de cada empregado, por muitos consideradas como caracterizadora do assédio moral, ao passo que em diversos momentos da vida as pessoas são avaliadas e seus resultados expostos, como se pode ver na própria seleção de servidores na Administração Pública, o que, neste caso específico, é uma medida de promoção dos princípios constitucionais que regem a Administração Pública (art. 37 da Constituição Federal).

Quanto se fala em pretensões distorcidas acerca do assédio moral, refere-se à postulações de reparação civil com base em situações que, analisadas sob o viés objetivo (padrão do homem médio), não caracterizam assédio moral. Pretensões estas que visam, claramente, a fins diversos do que a reparação de um verdadeiro assédio. Por exemplo, já se constatou as seguintes finalidades: ser um facilitador para eventual conciliação, podendo fixar a natureza indenizatória da parcela e evitar as incidências fiscais e previdenciárias (o que é algo prejudicial ao próprio trabalhador demandante, já que deixará de computar tais valores em futuros benefícios previdenciários, sem contar o caráter fraudulento e o prejuízo ao sistema previdenciário e fiscal, passível de impugnação pela Fazenda Pública); elevar o valor da proposta de conciliação; usar o valor para fins de evitar a tramitação da demanda pelo rito sumaríssimo, o qual, embora benéfico ao trabalhador, ainda é por muitos vista como uma dificuldade, em razão dos seus requisitos especiais mais exigentes e regras procedimentais etc.

Pode ocorrer, ainda, que a parte efetivamente entenda ter sofrido assédio, em uma visão subjetiva. Ou seja, ainda que pelo padrão de normalidade e pelo princípio da razoabilidade não se trate de hipótese característica do assédio moral, a parte realmente acredita ter sofrido o assédio, postulando, de boa-fé, a reparação de um dano que entende ter sofrido. É claro que, nestas hipóteses, ao que parece mais razoável, caberia ao advogado analisar os fatos narrados e o enquadramento destes na definição jurídica do assédio antes de simplesmente mover a ação trabalhista, evitando aventuras jurídicas. A parte narra os fatos, cabe ao advogado o enquadramento jurídico ao deduzir os respectivos pleitos, já que detentor do conhecimento técnico.

Ocorre que, a partir do desenvolvimento do instituto do assédio moral e do consequente fenômeno de incremento de ações judiciais versando sobre ele, e principalmente pelas hipóteses em que tais pretensões se mostram desvirtuadas, há um verdadeiro efeito perverso que é a frequente usurpação do instituto do assédio moral, transformando qualquer desagrado em suposto assédio, além do completo esquecimento do dever de tolerância exigido na relação de emprego.

Fruto da subordinação jurídica, elemento de destaque para a caracterização da relação de emprego, o reflexo poder diretivo do empregador tem previsão nos arts. 2º e 3º da CLT. Incumbe ao empregador o poder de organizar e dirigir os trabalhadores, uma tarefa também árdua, ao se tentar conciliar exigências, profissionalismo e seriedade no trabalho com uma convivência amistosa, um ambiente de trabalho agradável e, até certo ponto, descontraído.

Como qualquer relação entre duas ou mais pessoas, ao longo de um convívio diário por horas, muitas vezes durante anos, é natural situações de conflitos e desgastes, na maioria das vezes gerando um desagrado por cada uma das pessoas envolvidas, que se sentem injustiçadas, dada a natural tendência do ser humano de não utilizar a empatia. Ocorre que isso não significa assédio. No máximo entraria na categoria dos dissabores naturais do convívio pessoal (Súmula n. 83 do STJ). É natural do ser humano ter dias melhores e piores, sendo que, em virtude da necessária convivência que se estabelece entre empregados e empregadores, exige-se que ambas as partes tenham um razoável dever de tolerância.

O dever de tolerância decorre do princípio da boa-fé, nos termos do art. 422 do Código Civil Brasileiro, e tem destaque no âmbito do contrato de trabalho, em razão de uma elevada fidúcia inerente a esta modalidade contratual, refletida muitas vezes no convívio diário, por horas, entre as partes. Trata-se de um verdadeiro dever de empatia e de colaboração entre as partes, evitando-se analisar a questão apenas pelo seu lado, subjetivamente, mas analisar o todo, compreender o lado oposto e as circunstâncias, buscando colaborar, na medida do possível, uns com os outros.

Apenas para situar hipóteses concretas de tais deveres, pode-se citar a situação de um empregador solicitar ao empregado uma alteração momentânea do seu horário, retardando-o em uma ou poucas horas, para fazer frente à um imprevisto, como, por exemplo uma falha mecânica, ou para cobrir o atraso de um colega. Deve haver tolerância, compreensão e cooperação do empregado em tais situações. O mesmo ocorre por parte do empregador, que deve se mostrar sensível à situações do cotidiano do empregado. Cabe ao empregador tolerar atrasos e faltas do empregado por motivos razoáveis, ainda que não haja uma estrita previsão legal, como ocorre nos casos de enfermidade do filho ou parente, que demande o acompanhamento pelo empregado, com ou sem compensação do horário, a depender do caso.

Exigências ordinárias, e também as extraordinárias, devem ser mutuamente compreendidas, toleradas, ressalvada a manifesta ilegalidade ou o desvirtuamento (situações de fraude, justificada por falso motivo etc.). Ordens, exigências, cobranças, resultados, conflito de ideias, de pensamentos, desgastes, aborrecimentos, enfim, dias bons e ruins são normais no convívio humano, inclusive e principalmente no ambiente de trabalho. Não que isso seja algo bom ou positivo, geralmente não é, gerando um sentimento de desagrado e de contrariedade, ou até mesmo algum contratempo na rotina do empregado ou do empregador. Mas, voltando ao ponto inicial, o assédio não se caracteriza por desagrados ou contratempos.

Não raro surgem demandas alegando a prática de assédio moral em virtude de ter, o empregador, advertido ou suspenso o trabalhador por atrasos ou ausências reiteradas, que no mais das vezes são reconhecidamente injustificadas. Nesse e outros casos há uma verdadeira inversão de valores, uma vez que se passa a cogitar no assédio moral pela exigência de pontualidade, ou de uma justificativa pela ausência, deturpando a lógica do razoável. De fato, o instituto do assédio moral, e outros correlatos, servem como resguardo em face do exercício abusivo do poder diretivo e disciplinar pelo empregador, que ainda constitui uma triste realidade no ambiente laboral, favorecida pelo caráter subordinativo da relação de emprego, cujos limites são extrapolados. Mas isso jamais deverá importar em restrição ao exercício do poder disciplinar pela efetiva violação de deveres contratuais, legais, inerentes à boa-fé (deveres anexos) e até mesmo morais.

Por isso a relevância do jurista de buscar uma análise mais objetiva do assédio, pautada nos padrões comuns e de normalidade (o chamado "homem médio"), tolerável pela maioria das pessoas e balizado pela razoabilidade e proporcionalidade, e não pelos sentimentos subjetivos da parte naquele caso. Entender de modo contrário significa favorecer a multiplicação de demandas judiciais improcedentes, principalmente no contexto de uma sociedade pluralista, com valores tão diversos e diariamente conflitantes, resultando na banalização de um instituto de grande relevância, inclusive a ponto de gerar uma descrença generalizada, capaz de prejudicar os casos que efetivamente se enquadram no conceito de assédio moral e o combate a tal mazela social.

É claro que na teoria é bem mais simples do que na prática. Mas que, a partir destas ideias, os juristas sejam provocados e propensos a avaliar os casos de assédio moral de forma mais objetiva e criteriosa. E que não sirva de óbice o argumento de que a parte tem o direito constitucional de livre e amplo acesso à Justiça, podendo deduzir quaisquer pretensões para situações que entenda ter gerado uma lesão ou ameaça de lesão. Tal garantia constitucional confere à parte o direito de se socorrer do Judiciário para lesões ou ameaça de lesões à direito, dentro de um contexto de razoabilidade, consoante demonstram os deveres e abstenções previstos nos arts. 14 e 17 do CPC, respectivamente.

5. Considerações finais

Em síntese, chega-se às seguintes conclusões:

1. O assédio moral se caracteriza pela exposição do empregado a situações de humilhação ou de constrangimento, de forma continuada, por quem frequente o ambiente do trabalho;

2. Existem três principais elementos característicos do assédio moral no trabalho: um conjunto de atos de violência psicológica, conexos, degradando o ambiente e as condições de trabalho; uma periodicidade da conduta; e intencionalidade, já que há um agressor que visa desestabilizar um vítima, trazendo grave desequilíbrio emocional;

3. A classificação do assédio moral é feita a partir da posição do agressor, podendo ser vertical (ascendente e descendente), horizontal e misto;

4. Também há o assédio moral organizacional ou institucional, que tem como característica a práticas de condutas abusivas de caráter geral enraizadas na gestão de um empreendimento empresarial;

5. O empregador vai responder pelos danos causados pelo assédio moral a um de seus empregados, independentemente da sua culpa ou conhecimento, sendo possível o exercício do direito de regresso quando não tenha, de qualquer forma, dado respaldo ao assediante ou da conduta deste tenha se beneficiado;

6. O assédio moral traz inúmeras consequências às vítimas, empregadores e ao Estado, violando valores fundamentais do Estado Democrático brasileiro, ensejando, em relação ao âmbito do contrato de trabalho, indenizações por danos morais e materiais para a vítima, a possibilidade da ruptura do contrato de trabalho desta por rescisão indireta e a dispensa por justa causa do empregado assediante;

7. Pela relevância do tema e como incremento fruto da responsabilidade social, cada vez mais empresas se preocupam com a questão e promovem medidas de prevenção e combate ao assédio moral;

8. Considerando as graves consequências que decorrem do assédio, é louvável a evolução no tratamento jurídico da matéria, bem como a atenção que tem sido dispensada pelos juristas ao tema, principalmente por parte dos Tribunais Trabalhistas, Órgãos da fiscalização do trabalho e do Ministério Público do Trabalho, embora, por outro lado, verifica-se um aumento desproporcional do número de ações versando sobre o assédio moral que, estatisticamente, representam uma distorção

do instituto em parte destas ações judiciais, a partir de critérios objetivos, tendo em vista as mais diversas finalidades;

9. Com o incremento de ações judiciais trabalhistas infundadas versando sobre o assédio moral, principalmente pelas hipóteses em que tais pretensões se mostram desvirtuadas, há um verdadeiro efeito perverso que é a frequente usurpação do instituto do assédio moral, e o esquecimento do dever de tolerância exigido na relação de emprego;

10. O dever de tolerância decorre do princípio da boa-fé e tem destaque no âmbito do contrato de trabalho, em razão de uma elevada fidúcia inerente a esta modalidade contratual, tratando-se de um verdadeiro dever de empatia e de colaboração entre as sujeitos da relação jurídica de trabalho;

11. O longo de um convívio diário por horas, muitas vezes durante anos, inerente à relação de emprego traz uma natural possibilidade de existir situações de conflitos e desgastes, o que não caracteriza, necessariamente, um assédio moral;

12. O instituto do assédio moral serve como resguardo em face do exercício abusivo do poder diretivo e disciplinar pelo empregador, que ainda constitui uma triste realidade no ambiente laboral, favorecida pelo caráter subordinativo da relação de emprego, cujos limites são extrapolados; porém, o assédio moral jamais deverá importar em restrição ao exercício do poder disciplinar pela efetiva violação de deveres contratuais, legais, inerentes à boa-fé e até mesmo morais;

13. O jurista de buscar uma análise mais objetiva do assédio, pautada nos padrões comuns de normalidade, tolerável pela maioria das pessoas e balizado pela razoabilidade e proporcionalidade, e não pelos sentimentos subjetivos da parte;

14. A banalização do assédio moral, em situações que claramente não se enquadram na hipótese pode gerar, isso se já não está gerando, uma descrença generalizada, capaz de prejudicar os casos que efetivamente se enquadram no conceito de assédio moral e o combate a tal grave mazela social;

15. O assédio moral nas relações do trabalho é um tema de extrema relevância, que precisa ser prevenido e combatido de forma veementemente por todos os atores sociais da área trabalhista, incluindo-se o papel dos juristas de examinar os fatos, de forma objetiva e criteriosa, antes de provocar a ação do Judiciário Trabalhista sob a alegação da prática do assédio moral.

6. Obras consultadas

BARRETO, Margarida *et al. Assédio moral no trabalho.* São Paulo: Cengage, 2008.

BOMFIM, Volia. *Direito do trabalho.* 7. ed. rev. e atual. Rio de Janeiro: Forense, 2012.

HIRIGOYEN, Marie-France. *Assédio moral:* a violência perversa no cotidiano. 6. ed. Rio de Janeiro: Bertrand Brasil, 2003.

_____. *Mal-estar no trabalho:* redefinindo o assédio moral. Rio de Janeiro: Bertrand Brasil, 2002.

JORGE NETO, Francisco Ferreira *et al. Direito processual do trabalho.* 5. ed. São Paulo: Atlas, 2012.

LEITE, Carlos Henrique Bezerra. *Curso de direito processual do trabalho.* 8. ed. São Paulo: LTr, 2010.

MARTINS, Sergio Pinto. *Direito do trabalho.* 28. ed. São Paulo: Atlas, 2012.

NASCIMENTO, Amauri Mascaro. *Direito contemporâneo do trabalho.* São Paulo: Saraiva, 2011.

SAAD, Eduardo Gabriel. *Consolidação das leis do trabalho:* comentada. 43. ed. atual. rev. e ampl. São Paulo: LTr, 2010.

Ações Afirmativas na Empresa: a Construção da Cidadania Plena por Meio da Livre-Iniciativa e do Valor Social do Trabalho

Renato de Almeida Oliveira Muçouçah[(*)]

1. Introdução

Já em 1956, no seu clássico *Introdução ao Direito do Trabalho* (que, em verdade, mais se assemelha a Tratado que propriamente a uma mera *Introdução*), Evaristo de Moraes Filho traz luzes ao debate clássico que envolve Direito Empresarial e Trabalhista. Conforme as escorreitas ponderações do autor, muitas das noções hoje existentes no ramo justrabalhista surgem a partir do Direito Empresarial, a começar pela própria noção de contrato de trabalho (o qual, mais tarde, viria a tornar-se contrato de emprego).

A zona limítrofe que com maior ênfase desponta dessa correlação entre ambas as disciplinas jurídicas, contudo, é a teoria da empresa (no tempo do citado autor, ainda presa aos chamados *atos de comércio*). O conceito de empresa, cuja evolução se vê no debate do próprio direito empresarial, associa-se diretamente ao trabalhista, pois na atualidade se proclama unanimemente o que Evaristo de Moraes Filho, há quase sessenta anos, já apregoava: a empresa "não é somente o organismo econômico para fins de lucro, e sim a célula de produção e de trabalho, com profundos reflexos na comunidade, através dos empregos que proporciona"[(1)].

A caracterização da figura do empresário como aquele que exerce *atos de comércio* — noção ainda oriunda dos tempos do Código Comercial, de 1850 — foi descaracterizada pela doutrina e jurisprudência antes mesmo do Código Civil de 2002 e da clara noção que seu art. 966 confere à figura do empresário (e não mais apenas *comerciante*, como na denominação anterior).

De forma técnica, empresário é alguém que desenvolve atividade econômica com alguns aspectos. A primeira delas é o *profissionalismo*: o empresário não pratica atividade eventual, corriqueira, como que fornecendo bens ao comércio numa situação esporádica apenas para satisfazer alguma necessidade imediata. Trata-se de alguém, pois, que pratica com habitualidade determinada atividade econômica no mercado. Além disto, em regra o empresário — e

---

(*) Professor de Direito do Trabalho da Faculdade de Direito da Universidade Federal de Uberlândia (UFU). Mestre e Doutor em Direito do Trabalho pela Faculdade de Direito da Universidade de São Paulo (USP). Membro do Instituto Brasileiro de Direito Social "Cesarino Júnior".
(1) MORAES FILHO, Evaristo de. *Introdução ao direito do trabalho*. Rio de Janeiro: Forense, 1956. v. 2, p. 437-438.

aqui se nota outro ponto comum entre ambos os direitos em comento — possui *empregados*, os quais estão sob sua ordem e liderança, agindo sempre em nome do empreendimento, vez que é o empresário quem detém o monopólio das informações sobre o produto ou serviço objeto de seu empreendimento.

Ademais, é empresário quem desenvolve atividade econômica, com intuito lucrativo, de forma organizada. Sob o comando da figura empresarial concentra-se a organização de quatro elementos, quais sejam, capital, mão de obra, insumos e tecnologia. Logo, sempre que se desenvolve atividade empresária, há necessidade de utilização do trabalho humano, cuja valorização e proteção é o cerne e fundamento último do direito do trabalho. Nesse sentido, tanto a teoria da empresa quanto o direito laboral contribuem para a construção de um conceito: o que é *empresa*.

É fato que se utiliza o tempo empresa corriqueiramente, ora como sinônimo de uma pessoa jurídica que explore atividade econômica, ora como estabelecimento, ou seja, o local onde a atividade econômica é desenvolvida. Empresa, em verdade, é sinônimo de empreendimento[2] (no caso, com o intuito de auferir lucros de maneira organizada e profissional). Esse conceito vulgar de empresa, comumente utilizado no direito empresarial, também o é no trabalhista. A maior prova do afirmado encontra-se no art. 2º da Consolidação das Leis do Trabalho, a qual expressamente se refere a "empresa" como sinônimo de empregador.

A ausência de técnica na redação do dispositivo consolidado, porém, facilitou a interpretação daquilo que o direito do trabalho pretendia tutelar: as relações entre trabalhadores e os empresários, ora denominados como empregadores. A maneira nada técnica como a Consolidação cuidou dos empregadores, dizendo-os "empresas", na verdade auxiliou os estudos trabalhistas no sentido de que se "*acentua a integração objetiva da relação de emprego no complexo de bens materiais e imateriais*" ligados à atividade empresarial, "*como fórmula de potenciar os objetivos protecionistas perseguidos*"[3] pelo direito laboral.

Por uma lógica até bastante simples verifica-se, pois, a imbricação entre direitos empresarial e trabalhista já nos conceitos elementares que darão suporte a todo o embasamento teórico construído em torno destas disciplinas ora tratadas. Em uma ligação umbilical, deslocando-se da esfera do direito comum para abarcar um mesmo fenômeno sob óticas distintas, formaram-se dois ramos jurídicos autônomos, mas entre si interdependentes.

As discussões envolvendo direito do trabalho e empresarial são desde há muito conhecidas e exploradas; como exemplo, podemos citar o empregado eleito diretor da sociedade empresarial: permanecerá seu vínculo de emprego ou haverá suspensão do contrato de trabalho, pelo fato de este personificar o *alter ego* da figura empresarial? Também é interessante a discussão acerca do que ocorre na sucessão trabalhista: caso uma empresa seja adquirida em hasta pública, inexistirão as garantias de créditos dos trabalhadores da empresa sucedida com relação à adquirente.

Com a complexidade das demandas do mercado, a existência de conglomerados de capital fortes e muito bem estruturados, e a garantia constitucional de direitos sociais aos trabalhadores — sendo o direito do trabalho, por excelência, uma disciplina jurídica de inclusão das pessoas a garantias dos misteres bastantes para viver — é provável que as relações entre ambos os ramos do direito em comento se ampliem e dialoguem cada vez mais.

A atividade empresarial, contudo, tem demonstrado práticas excludentes e includentes de um de seus elementos fundamentais de existência: a figura dos empregados. Ver-se-á, a seguir, a análise de práticas nefastas à própria economia de mercado (e que envolve a figura dos trabalhadores) na disputa entre capitais e, por outro lado, possibilidades de a figura do empresário contribuir com a formação cidadã e democrática de nosso Estado.

2. PRÁTICAS EMPRESARIAIS ANACRÔNICAS: A AUSÊNCIA DE COMPROMISSO COM O DESENVOLVIMENTO DO PAÍS

Muito tem se verificado no mercado do século XXI, por parte de algumas empresas, a prática de atos em nada comprometidos com o desenvolvimento econômico, social e humano de nosso país, o qual se consubstanciaria na conhecida expressão *função social da empresa*. Gerar emprego e renda é, certamente, uma das cimeiras e mais importantes funções da empresa analisadas sob o crivo da socialidade que

---

(2) COELHO, Fábio Ulhôa. *Manual de direito comercial*: direito de empresa. 18. ed. São Paulo: Saraiva, 2007. p. 13.
(3) DELGADO, Mauricio Godinho. *Curso de direito do trabalho*. 12. ed. São Paulo: LTr, 2013. p. 407.

permeia nosso ordenamento jurídico, mas não só. É preciso oferecer emprego digno, que potencialize o crescimento da pessoa humana tanto em sua especialização intelectual quanto na dimensão social do homem cidadão. A empresa que permanecer alheia a estes fatores acabará por quedar-se obsoleta, estacionada no tempo e no espaço, perdendo espaço para a concorrência e conferindo menor qualidade à confecção de seus produtos vários.

Uma prática que bem exemplifica as assertivas acima mencionadas é o chamado *dumping social*. Trata-se, pois, da prática reiterada e sistemática da empresa em desrespeitar os direitos trabalhistas mais elementares de seus empregados — elementares vez que constitucionalmente previstos. Além de esta prática negar ao trabalhador "a segurança capaz de lhe permitir uma interação social minimamente programada", a empresa acaba por comprometer também "a própria ordem econômica, projetada na mesma Constituição"[4]. Em suma, trata-se do retorno do trabalho à sua origem. Explica-se.

Conforme relata Robert Castel[5], houve três formas sucessivas e distintas de condição dos trabalhadores no capitalismo posterior à Revolução Industrial: a condição proletária, a condição operária e a condição salarial. Na primeira fase, verifica-se a inexistência — e exclusão — dos trabalhadores na sociedade: sujeitos de direitos, considerados formalmente iguais aos seus *contratantes*, os problemas oriundos do contrato de emprego resolviam-se com base no acordo bilateral de vontades entre empregado e empregador, sem qualquer preocupação de promoção social da figura do empregado.

O proletário não existe para a sociedade porque apenas *produz* para ela; é, no entanto, tão miserável que não consegue sequer consumir o que produziu. Sem qualquer força política ou construção de identidade com aqueles que vivem em condições semelhantes às suas, o homem, nesta fase, trabalha apenas para reproduzir-se materialmente.

A posterior passagem à condição operária traduziu-se na integração por outra maneira: a percepção da lógica *subordinante*, que afinal foi a alavanca do mundo do trabalho no fito de constituir uma espécie de coesão social[6], com a qual se forjou uma identidade de classe. Aliás, é nesta fase que surge o direito do trabalho e o salário deixa de ser a mera retribuição pontual pelas tarefas desempenhadas, nos dizeres de Castel[7]. Ele passa a ser mais: finalmente garante direitos, permite o acesso a direitos sociais como aposentadoria, auxílio por enfermidade relacionada ou não ao trabalho, assim como possibilita à classe trabalhadora conquistar o consumo, a instrução, o lazer e a propriedade.

O salário não permitia apenas o acesso à alimentação, significando toda uma rede de proteção social. O acesso a determinados bens, como os acima citados, permitiu a atenuação do binário dominante-dominado, na medida em que trabalhadores e empresários poderiam conquistar os mesmos bens. Verificados estes novos horizontes, abriu-se o leque da indistinção: entre patrões e empregados tudo é possível e absolutamente nada está delimitado. Se antes havia a distinção clara entre as honrarias e a riqueza de uns, e a miserabilidade e a exclusão dos outros, o acesso da classe operária a cada vez mais bens agora parece ser apenas uma questão de luta. Conquistar mais e maiores parcelas do patrimônio do empregador, patrimônio que estes mesmos empregados ajudaram a construir, é uma questão meramente negocial.

Assim, no curso destes dois períodos, o trabalhador deixou de ser um contraente qualquer para tornar-se alguém dotado de dignidade, e nitidamente controlado pelas políticas públicas. Esta condição, em verdade, pode ser explicada em muitos aspectos pelos *acidentes do trabalho*, que deixaram de ser vistos como simples casos fortuitos, mas sim como um risco a ser socializado. Esta integração entre empregado e sociedade, patrocinada por meio da empresa, transformou um problema de ordem meramente fática em algo jurídico e, portanto, passível de exigibilidade[8].

Para além de fatos tais, trabalhadores tornaram-se também *consumidores* dos produtos do sistema capitalista, de forma a integrar-se cada vez mais à sociedade. Na esteira das lições do mencionado Robert Castel[9], quadra gizar que embora Taylor já houvesse defendido o aumento salarial para que os operários pudessem se submeter mais docilmente à disciplina industrial, apenas com o fordismo vê-se a conexão entre produção e consumo.

---

(4) SOUTO MAIOR, Jorge Luiz; MENDES, Ranulio; SEVERO, Valdete Souto. Dumping *social nas relações de trabalho*. São Paulo: LTr, 2012. p. 10.
(5) CASTEL, Robert. *As metamorfoses da questão social*: uma crônica do salário. 6. ed. Petrópolis: Vozes, 1998. p. 415-436.
(6) ROMAGNOLI, Umberto. La libertad sindical, hoy. *Revista de Derecho Social*, v. 4, n. 14, p. 20, abr./jun. 2001.
(7) *Op. cit.*, p. 416
(8) EWALD, François. *L'état providence*. Paris: Bernard Grasset, 1986. p. 18-30.
(9) *Op. cit.*, p. 429.

Em tempos hodiernos, a integração existe mediante o salário. Vivemos em um mundo onde a maioria absoluta dos trabalhadores, até mesmo profissionais tradicionalmente classificados como liberais (médicos, advogados etc.), são assalariados. Esse *status* é que propiciou a constituição da sociedade salarial, tal como hoje se pode verificar.

O chamado *dumping social* vem na contramão de tudo quanto foi conquistado pelo direito do trabalho ao longo de alguns séculos: remete à ideia de que as pessoas devem trabalhar sem ter quaisquer garantias trabalhistas, vez que necessitam do baixo valor recebido a título de remuneração para sobreviver. O objetivo, sem dúvidas, é o barateamento da produção e aumento dos lucros, de maneira a remontar parcela da sociedade trabalhadora atual à velha sociedade proletária, qual comentado.

Ora, a própria Ordem constitucional não se funda no simples trabalho humano, mas na sua valorização, de tal sorte que se houver trabalho humano, porém sem respeito ao aludido fundamento, a Ordem será tida como ilegítima[10]. E um trabalho desenvolvido sem a busca pela promoção da dignidade humana — com especial respeito aos direitos sociais dos empregados — não retrata, certamente, a valorização empresarial desta atividade, encarado o trabalho na perspectiva dos direitos humanos e o direito do trabalho como emancipador das potencialidades e riquezas humanas.

Sistematicamente negar direitos trabalhistas a seus empregados, fraudar a lei, causar danos sociais de grande monta é a desvalorização do trabalho humano, fato que, consigo, traz sérias consequências. Philippe Poirrier afirma, com muito acerto, não existir apenas a história social da cultura: há, também, a história cultural do social, ou seja, do imaginário e da ideia de representação, apreendida aqui no sentido do que os objetos de estudo podem significar numa determinada época.

Para o autor mencionado, a "representação" ideológica de determinados objetos podem tomar outro rumo ou significação apenas com o passar de alguns anos[11]. Representação não é, pois, sinônimo de *imagem*. Trata-se de um conceito social que leva em conta a historicidade do momento vivido, do objeto apreendido pelo estudo. Tornando-se comum e corriqueira a prática do *dumping social*, haverá a séria possibilidade de ela tornar-se algo elementar, trivial — e quase obrigatório — nas atividades empresariais, objetivando o barateamento dos custos da produção.

As práticas descritas vêm sendo coibidas pela Justiça do Trabalho que, ao verificar pontualmente a existência de determinado empregador que descumpre, de maneira sistemática, a legislação trabalhista, aplica à empresa a condenação por dano social. No entanto, a eventual condenação de empresas por *dumping social* dependerá de diversos fatores, dentre os quais possível denúncia do Ministério Público do Trabalho, ações da fiscalização do trabalho, ajuizamento de ações por parte de sindicatos da categoria ou, pior ainda, a constatação de elevado número de condenações em Reclamações Trabalhistas individualmente ajuizadas.

Tem-se, na situação, dois direitos fundamentais que devem ser preservados: o direito do trabalhador ao reconhecimento de suas garantias sociais e o direito de outras empresas em não sofrerem decorrência desleal (por conta do barateamento da produção de suas concorrentes em virtude de uso de mão de obra ilegalmente contratada). Tudo isto atenta contra a ordem econômica e, nesse sentido, ambos os direitos preenchem os requisitos de fundamentalidade para serem dignos de tutela por parte do Estado. Noutro dizer, a garantia de direitos trabalhistas e a proteção contra dificuldades à concorrência, por parte da empresa, merecem o chamado "imperativo de tutela" das relações entre particulares, cujo escopo é *"proteger os bens jurídico-fundamentais perante intervenções fáticas por parte de outros sujeitos de direito privado"*[12].

Tanto o valor social do trabalho quanto a livre-iniciativa constituem-se não apenas em direitos, mas fundamentos do próprio Estado. A Lei n. 8.884/94 já delineia diversas previsões que possam atentar contra a livre-iniciativa como, por exemplo, criminalizar a concorrência desleal. No mesmo sentido, proíbe as empresas de tisnarem a livre-iniciativa, prejudicar ardilosamente a concorrência ou aumentar arbitrariamente seus lucros. No caso ora versado, a proteção à livre-iniciativa e à sadia concorrência de mercado se dá pelo respeito aos direitos dos trabalhadores: a prática empresarial de negar-lhes direitos existentes em lei, diplomas negociais coletivos ou mesmo em regulamentos de empresa poderá, no limite, ensejar

---

(10) FERRAZ JÚNIOR, Tércio Sampaio; DINIZ, Maria Helena; GEORGAKILAS, Ritinha A. Stevenson. *Constituição de 1988*: legitimidade, vigência e eficácia, supremacia. São Paulo: Atlas, 1989. p. 47.
(11) POIRRIER, Philippe. *Les enjeux de l'histoire culturelle*. Paris: Seuil, 2004. p. 18-19.
(12) CANARIS, Claus-Wilhem. *Direitos fundamentais e direitos privados*. Coimbra: Almedina, 2003. p. 107.

condenações trabalhistas à empresa por *dumping social*, sem prejuízo das sanções civis, administrativas e criminais decorrentes de prática desleal.

A liberdade empresarial não pode prescindir, pois, de uma espécie de pacto moral. É claro que os ideólogos do liberalismo clássico — ou mesmo do chamado *neoliberalismo* — poderiam imaginar que a simples abertura à livre concorrência, sem restrições, tornaria o mercado algo perfeito. No entanto, isso não é verdade. Se cada empresa agisse a seu talante, sem compromissos de quaisquer ordens, viveríamos numa espécie de anarquismo moral[13]. Alguns compromissos são, portanto, restrições existentes no mercado com o fito de torná-lo o mais adequado possível para o desenvolvimento da economia, e a garantia de inclusão de trabalhadores no sistema propiciado pelo direito do trabalho é, sem dúvidas, o maior dos compromissos morais da empresa.

Nesse passo, ao contrário do que o senso comum poderia ofertar, direito do trabalho e empresarial caminham num mesmo sentido: a busca pela inclusão cidadã dos trabalhadores e o comprometimento destes para com a produção.

Há de se reconhecer, porém, a ausência de um ente muitas vezes necessário nesta relação: o Estado. Ausentando-se cada vez mais de sua tarefa de efetiva proteção ao trabalhador e, por outro lado, impondo altos encargos à empresa, aos sócios e também aos empregados, a figura estatal não age como ente de inclusão de pessoas no processo produtivo do país. Todavia, os particulares não necessitam efetivamente de ações estatais para a inclusão de pessoas: trata-se, pois, da *empresa cidadã*.

3. Construindo práticas empresariais cidadãs: as ações afirmativas

3.1. O papel do Judiciário e do Legislativo na construção da cidadania empresarial: caminhos e descaminhos

Uma das questões que mais tem trazido aos círculos de discussão jurídico-empresariais certa inquietude é o que diz respeito ao trabalhador infectado pelo vírus HIV. Com base na Lei n. 9.029/95, houve um número assombroso de processos trabalhistas solicitando reintegração do portador ao seu emprego em razão de dispensa discriminatória. Pensava-se numa possibilidade de garantia de emprego aos portadores do referido vírus, os quais foram (e são) vítimas de discriminação oriundas ainda dos anos oitenta quando, por não se conhecer formas de contágio, espalhou-se verdadeiro pavor social em relação às pessoas pertencentes ao chamado "grupo de risco".

Os caminhos do HIV/AIDS nem mesmo de longe encontraram seu desaguadouro natural. Reconhecida a doença em 1981, nos Estados Unidos, pela identificação em um grande número de pacientes homossexuais do sexo masculino que apresentavam o raro sarcoma de Kaposi, assim como severo comprometimento do sistema imunológico, a síndrome logo iniciou suas dramáticas veredas. Inicialmente conhecida por "GRID" (*Gay Related Immune Deficiency*, ou, em português, Deficiência Imunológica Relacionada a Homossexuais), após identificação também em homens e mulheres cujas relações eram exclusiva ou preponderantemente heterossexuais, teve como nomenclatura a famosa "Doença dos Cinco H": homossexuais, haitianos, hemofílicos, heroinômanos (usuários de heroína injetável) e *hookers* (em português, profissionais do sexo).

O princípio da ciência epidemiológica em ligar doenças a "grupos de risco" marcaria de forma indelével o trajeto social da AIDS, como jamais houvera marcado qualquer outra doença: num primeiro momento, a enfermidade parecia insidiosamente selecionar um segmento assaz perseguido por certa conduta, tida por muitos como intrinsecamente desordenada e imoral, a homossexualidade, e em especialíssimo relevo a masculina. E, após a descoberta do vírus e de suas formas de transmissão por meio de sangue e secreções sexuais, não necessariamente ligados à "pederastia", verificou-se a inclusão de outros "grupos de risco", dos quais o único considerado "inocente" seria o dos hemofílicos. Neste particular, tomando a sociedade o condão de valorar quem seria condenado ou absolvido por infectar-se com uma moléstia, iniciou-se um verdadeiro negar de dignidade não apenas ligado aos grupos ou, posteriormente, às práticas de risco, mas aos próprios seres humanos, personificados e punidos eternamente por suas condutas - sem direito, sequer, a um hipotético perdão.

Se no passado o médico era o responsável pela *bellum contra morbum*, agora é toda a sociedade que procede à guerra contra a AIDS. Numa guerra, como

---

(13) GAUTHIER, David. *La moral por acuerdo*. Barcelona: Gedisa, 1994. p. 121.

se sabe, há vítimas e algozes. E, assim, "a ideia de vítima sugere inocência. E inocência, pela lógica inexorável que rege todos os termos relacionais, sugere culpa"[14]. Individualizaram-se os grupos (por isto mesmo de risco) aptos a transmitir o HIV a toda a sociedade, os possíveis algozes: dever-se-ia, portanto, proceder à exclusão social de todos os seus integrantes. Não sendo mais possível fazê-lo juridicamente, a exclusão dá-se no campo da moral. E esta vigilância dos considerados seres desviantes das corretas condutas, como os já aludidos homossexuais, os usuários de drogas injetáveis, as pessoas de vida sexual com múltiplos parceiros, etc., permitiu a disseminação de que o reprimir do vírus deveria centrar-se no condenar a quem, ao menos em tese, estivesse apto a transmiti-lo.

Diante de tal cenário, quem poderia assumir-se publicamente portador do vírus HIV, vez que a discriminação — em sua forma mais perversa, a de repulsa — seria quase que automática? Pensou-se em garantias provisórias de emprego a portadores do vírus, mas as primeiras objeções foram evidentes. Nesse sentido, portanto, é natural que caiba o questionamento já em 1993 proposto pelo jurista e então Diretor para o Cone Sul da OIT, Oscar Ermida Uriarte:

> ¿podría aplicarse (...) mecanismos para favorecer el acceso al empleo de los seropositivos? En todo caso, parece existir cierto grado de incompatibilidad entre, por un lado, la proscripción del examen obligatorio y la confidencialidad de los resultados, y por otro, el establecimiento de un régimen de promoción del empleo de los afectados por el VIH, que supone la identificación de éstos.[15]

O valor da intimidade do soropositivo é uma questão pungente. Celso Lafer, recordando que tal direito tem como objeto a integridade moral do ser humano, aduz ao estar só, à possibilidade de não dar ao conhecimento de terceiros aquilo que se refere somente ao indivíduo, ao seu modo de ser na vida privada. Tal direito, cujo valor tem sua origem no cristianismo, representa "um fugir do mundo para o interior da subjetividade"[16], sendo um alto valor para o soropositivo em suas várias relações interpessoais e, sobretudo, naquelas de trabalho, nas quais ganha relevo ainda maior.

O conformismo, ao elidir da heterogeneidade de que fala Celso Lafer, que pretende massificar, nivelar todos em pé de igualdade — porém nivelar todos em termos fictícios, e apenas os dominantes em termos reais[17] — é a quem o direito à intimidade pretende calar. Todos são iguais, mas na esfera da vida privada é que o indivíduo poderá ser diferente, não ser uniforme à maioria, não perder sua especificidade. Para que seja um *igual* nas relações de trabalho o soropositivo precisará manter a ciência de seu vírus (que o torna "diferente" da maioria) no âmbito estrito de sua vida privada, encontrando muitas vezes como única confidente a sua própria consciência. A proteção a este bem se dá de forma tal que, mesmo em o empregador sabendo, por qualquer razão, do estado de infecção por HIV de seu empregado, deverá manter sigilo a respeito, sob pena de facultar ao trabalhador indenização por danos morais, inclusive cumulada com eventuais danos materiais sofridos.

Todavia, com outro escopo, foi proposto o Projeto de Lei n. 3.021/00, de autoria do deputado Benedito Dias. Pretendia o projeto estabelecer desconto de 50% na contribuição previdenciária efetuada pelo empregador, desconto este possível à empresa apenas quando empregar um trabalhador portador do vírus HIV. O Projeto previa a contratação de soropositivos tornada obrigatória, por meio de alteração no art. 93 da Lei n. 8.213/91, a qual trata dos percentuais mínimos para contratação de pessoas portadoras de necessidades especiais.

No entanto, o referido Projeto foi rejeitado em 2007 pela Coordenação de Comissões Permanentes da Câmara dos Deputados pela simples razão de retirar receitas destinadas na União e não prever alternativas para reposição deste valor aos cofres públicos, motivação que é de todo abjeta.

Em sendo os direitos humanos englobados num todo indivisível, a violação de um deles equivale à violação de todos: por isto, ao lado do direito à intimidade, de quem quiser fazê-lo valer para deixar em silêncio a ciência acerca de sua condição de soropositivo, poderia existir concomitantemente o acesso facilitado ao emprego por soropositivos que

---

(14) SONTAG, Susan. *AIDS e suas metáforas*. São Paulo: Companhia das Letras, 1989. p. 16.
(15) ERMIDA URIARTE, Oscar. Aids e direito do trabalho. *Revista de Direito do Trabalho*, São Paulo, n. 83, p. 51, set. 1993.
(16) LAFER, Celso. *A reconstrução dos direitos humanos*: um diálogo com o pensamento de Hannah Arendt. São Paulo: Companhia das Letras, 2006. p. 263.
(17) BOURDIEU, Pierre. *O poder simbólico*. 8. ed. Rio de Janeiro: Bertrand Brasil, 2005. p. 10.

desejem utilizar-se de tal condição. Não se trata, em absoluto, de incompatibilidade, vez que ninguém é *obrigado* em valer-se das condições mais favoráveis. A novidade da ação estaria no propiciar trabalho a quem não o tem ou ainda teve, e não deseja valer-se, como parâmetro de vida, da omissão de algo que lhe é intrínseco: o direito do soropositivo em resguardar de terceiros sua condição, se por um lado propiciador da igualdade fática, por outro se limita a resolver questões pontuais e individualizadas de grande valor, mas que não configuram um processo de educação em direitos humanos, com vistas à garantia de efetiva e plena cidadania para todos.

Por isto o HIV/AIDS, segundo a OIT uma doença cuja prevenção necessariamente passa pelo ambiente do trabalho, deve ter seus doentes e infectados como representantes em cada ambiente do trabalho da empresa. Esta, por sua vez, cumprirá com sua função social em empregar a pessoa soropositiva, tanto de modo a integrá-la à sociedade e aos direitos trabalhistas e previdenciários básicos, quanto por auxiliar em desconstruir, dentro de seus espaços para execução dos trabalhos, a imagem que ordinariamente se tem acerca do soropositivo, por dar-lhe a necessária visibilidade.

Projetos como contratar empregados assumidamente soropositivos poderão contribuir em larga medida com o combate ao preconceito, justamente por dar voz e rosto a pessoas que sejam vítimas da infecção por HIV. Será um passo importante rumo à plena cidadania da população soropositiva, por promover um verdadeiro processo de educação prática em direitos humanos.

Aproveitando a lúcida explanação de Norberto Bobbio sobre a intolerância, embora em sentido diverso da que empregamos aqui, mas que reflete, em boa medida, a atuação pedagógica proposta, "a *antítese* indiferença-fanatismo não remete exatamente à *antítese* tolerância-intolerância, que é essencialmente prática"[18]. Ou seja: não é por meio de se esconder identidades de soropositivos que o preconceito contra estes quedará por diminuir. Reprimir o preconceito resguardando-se o direito à intimidade do portador, com reparação *a posteriori* de eventual ato ilícito praticado contra sua honra, certamente não conduz, de forma automática, a um processo de revalorização humana do soropositivo.

Em setembro de 2012 o Tribunal Superior do Trabalho, diante da inércia legislativa, resolveu pacificar a questão dos soropositivos por meio da Súmula n. 443, a qual presume como despedida discriminatória do empregado o fato de este possuir moléstia grave que o estigmatize, ressaltando-se, de forma expressa, a questão de estar infectado pelo vírus HIV. Dessa forma, buscou o Tribunal forçar algumas empresas que operam de forma discriminatória a reintegrarem o empregado soropositivo a seu emprego, de forma tal a, na prática, conferir-lhe garantia provisória de emprego. Saliente-se, pois, que a presunção discriminatória não é absoluta, podendo ser elidida com prova em contrário. De qualquer forma, é um esforço do Tribunal em promover a cidadania no ambiente do trabalho. Este papel, porém, caberá também (ou deveria caber) às empresas cientes de sua função social, como adiante se verá.

Note-se que a Súmula foi baseada dos princípios constitucionais da dignidade humana, do valor social do trabalho, nos Tratados Internacionais sobre direitos humanos, no art. 7º, I, da Constituição Federal, e do art. 170 também do texto magno. Nota-se ainda que estas duas regras jurídicas extraídas, mesmo não sendo derivadas de leis ordinárias federais, possuem validade definida pela teoria dos princípios, pois se demonstram como a concretização de mandamentos constitucionais[19]. Nosso sistema admite, sem dúvidas, a criação de certos comandos por parte da jurisprudência (ou, mais especificamente, Súmulas), pois é a criação de espécie de norma concreta oriunda de princípios jurídicos. Tem-se, portanto, a *função integradora* dos princípios, vez que ambos os valores mencionados — valorização social do trabalho e livre-iniciativa — podem participar diretamente da questão.

A objeção que se pode tecer refere-se, em verdade, à Súmula e ao Projeto de Lei arquivado que se mencionou: sem qualquer tipo de incentivo fiscal à empresa por parte do Estado, o que se daria pelo Parlamento, estabeleceu-se um direito por parte do Judiciário que, para alguns, pode parecer exagerado. No limite a Súmula privilegia, como dissemos, a valorização social do trabalho e a livre-iniciativa mas, como já se afirmou ao longo do presente texto, tais valores podem — e *devem* — ser promovidos pela própria empresa, no âmbito de sua liberdade de atuação.

---

(18) BOBBIO, Norberto. *A era dos direitos*. Rio de Janeiro: Campus, 2004. p. 208.
(19) BRANCO, Paulo Gustavo Gonet; COELHO, Inocêncio Mártires; MENDES, Gilmar Ferreira. *Curso de direito constitucional*. 4. ed. São Paulo: Saraiva, 2009. p. 144.

De certa maneira a medida criada pelo Judiciário assemelha-se, *mutatis mutandi*, à reserva de empregos para pessoas com necessidades especiais nos moldes instituídos pelo art. 93 da Lei n. 8.213/91. O Projeto de Lei mencionado criava percentuais de contratação de pessoas infectadas pelo vírus HIV e, em contrapartida, oferecia estímulo fiscal à empresa.

É fato que a Lei n. 8.213/91, ao criar reserva legal para contratação de pessoas com necessidades especiais, teve o pioneiro escopo de integração social de um grupo sabidamente estigmatizado na sociedade. Muito já se debateu sobre o tema e sublinhar sua importância chega a ser desnecessário: promoveu este processo de educação em direitos humanos, ao alocar nos ambientes do trabalho pessoas com necessidades especiais na convivência com outros. Destruiu mitos, preconceitos, fundou novos paradigmas às pessoas deficientes sem, contudo, oferecer qualquer estímulo às empresas para a contratação.

Conforme acima dito, a Súmula n. 443 do TST, na prática, cria garantia provisória de emprego ao trabalhador infectado com HIV: em não havendo justa causa para a resolução contratual, presume-se a dispensa como discriminatória, devendo o empregado ser reintegrado ao seu posto. Estímulo fiscal nenhum há para a empresa, e nem poderia haver, vez que ao Judiciário não compete estabelecer tais parâmetros. De qualquer forma, o objetivo da Súmula é proteger empregados contra dispensas arbitrárias mas, na prática, cria garantia provisória de emprego.

A empresa que verdadeiramente preza pelo valor social do trabalho, porém, haverá de possuir visão diversa. Embora sem incentivos governamentais de qualquer natureza, a própria necessidade de cumprir para com sua função social perante o Estado e a inclusão de pessoas no mercado formal de trabalho poderá levar a empresa a praticar ações afirmativas de direitos de segmentos historicamente marginalizados. Trata-se, pois, de uma das mais nobres e modernas funções da *empresa cidadã*: gerar emprego e renda a segmentos estigmatizados da sociedade, integrando-os plenamente à sociedade e, por meio da necessária interação existente nos ambientes do trabalho, desconstruir os principais signos do(s) preconceito(s).

Veja-se, por exemplo, o caso dos trabalhadores portadores do vírus HIV: a empresa poderá conciliar as garantias já existentes com um processo de educação *prática* em direitos humanos, a qual poderá iniciar-se por iniciativa da própria empresa, e não de maneira forçada, como propõe a Súmula n. 443 do TST. Esta educação *prática* em direitos humanos, formada na vivência do dia a dia no interior dos ambientes do trabalho existentes na empresa, permite uma concepção humanista, molde a recuperar e afirmar a dignidade da pessoa do infectado ou doente, bem como o respeito à sua dignidade. Neste processo, em que os atores principais são o Estado e a sociedade civil, a pedagogia empresarial liga-se à marcha pela conquista de uma prática e defesa dos direitos humanos, assim como na proposta de convivência democrática de diferentes estilos de vida que, afinal, compreendem a diversidade humana.

Também para permanecer nos exemplos citados, a imposição legal de percentuais mínimos para contratação de soropositivos, como no citado Projeto de Lei já arquivado, ou a presunção discriminatória albergada pela Súmula em comento, seriam apenas a pedra de toque neste processo de educação que é individual e interior, não se confundindo, jamais, com a própria pedagogia. No específico tema, lograria formar uma nova representação do que é ser pessoa portadora do HIV ou com necessidades especiais a quem não é, por permitir dar uma identidade ao trabalhador: a aprendizagem de um novo conteúdo é uma atividade de construção, pela qual a pessoa incorpora à sua experiência os signos de um novo conhecer[20].

Recebendo orientações da empresa, dos representantes dos empregados e, por fim, dos próprios soropositivos e das pessoas com necessidades especiais, a comunidade empregatícia fatalmente desconstruirá, pela necessária sociabilidade ambiental do trabalho, as funestas representações sociais construídas e difundidas acerca dos soropositivos ou da necessidade especial física, mental ou sensorial. Aqui se entra no segundo passo da aprendizagem: reconhecendo a empresa a pessoa humana em sua dignidade, bem como o fato de que o homem é um ser social, esta educação só encontra sentido na interação de seres humanos com outros seres, em experiências individualizadas ou coletivamente tratadas.

3.2. O papel da empresa e dos atores sociais na construção da cidadania

Em que pese a criticável ausência do Estado em não dispensar tratamento de isenção tributária

---

(20) MUJICA, Rosa María. La metodología de la educación en derechos humanos. *Instituto Interamericano de Derechos Humanos*, San José, n. 36, p. 363, jul./dez. 2002.

e/ou previdenciária às empresas que voluntariamente contratem pessoas vítimas de discriminação historicamente constatadas, como ocorre com os empregados com necessidades especiais, há de se reconhecer o caráter de *ação afirmativa* existente tanto no art. 93 da Lei n. 8.213/91 quanto na Súmula n. 443 do Tribunal Superior do Trabalho.

Conforme Joaquim Benedito Barbosa Gomes,

> as ações afirmativas podem ser definidas como um conjunto de políticas públicas e privadas de caráter compulsório, facultativo ou voluntário, concebidas com vistas ao combate e à discriminação racial, de gênero e origem nacional, bem como para corrigir os efeitos presentes da discriminação praticada no passado, tendo por objetivo a concretização do ideal de efetiva igualdade de acesso a bens fundamentais como a educação e o emprego.[21]

As ações afirmativas são medidas que visam beneficiar determinados segmentos da sociedade, pela razão de inexistirem iguais condições de competição em face de discriminação ou injustiças históricas. Este instrumento, cada vez mais utilizado na promoção de políticas em relação às comunidades negras e pessoas com necessidades especiais, traduz-se em algo altamente significativo para a educação em direitos humanos na forma como fora proposta no tópico anterior. Diferentemente das políticas antidiscriminatórias repressivas, "que se singularizam por oferecerem às respectivas vítimas tão somente instrumentos jurídicos de caráter reparatório e de intervenção *ex post facto*"[22], ações afirmativas em relação a diversos segmentos marginalizados da sociedade evitariam a discriminação que segrega e exclui de forma injustificada, numa sociedade sabidamente preconceituosa, muitos de seus cidadãos com plena capacidade para o trabalho.

No caso, cuida-se também de discriminar, mas no sentido da chamada discriminação positiva, socialmente justificada, com vistas a atingir a verdadeira igualdade entre os pares sociais. Assim, para colocá-los frente a frente, favorecem-se os trabalhadores vítimas de preconceito e discriminação em detrimento dos demais, na competição francamente desigual existente entre ambos pelo acesso a determinado bem — no caso, o direito de acesso ao trabalho.

Veja-se o exemplo dos portadores do vírus HIV: as representações sociais sobre o infectado e a infecção, ainda muito presentes na realidade histórica deste grupo social, justificam a adoção da medida proposta, mesmo que nos moldes da Súmula n. 443 do Tribunal Superior do Trabalho. Não basta apenas a repressão pura e simples à discriminação para fazer valer o direito que toda pessoa soropositiva tem em ver respeitada sua dignidade. Desta forma, o que antes era um princípio jurídico passivo, "agora é um conceito jurídico ativo, vale dizer, de um conceito negativo de condutas discriminatórias vedadas mudou-se para um conceito positivo de condutas promotoras de igualação jurídica"[23].

Numa sociedade em que o trabalho é o meio pelo qual o ser humano garante a sobrevivência própria e dos seus, e que o meio ambiente do trabalho é local onde existem trocas e fusões de experiência, a empresa ganha espaço ímpar para ser promotora radical da cidadania plena. Esse processo de educação em direitos humanos, que consiste em conviver com as diferenças e sobre elas refletir e aprender os vernáculos *aceitação* ou ao menos *tolerância*, perpassa a empresa em múltiplas formas. É o crivo da socialidade presente tanto no direito empresarial quanto do trabalho, que permite enxergar na propriedade a função mais do que apenas gerar empregos: criar mecanismos pelos quais as minorias vítimas de discriminação na sociedade possam ver-se representadas em todos os segmentos existentes na sociedade do trabalho.

Muito se tem visto quanto às ações afirmativas por parte do Estado, com frequência impondo ônus apenas aos particulares — e não a ele próprio. Todavia, a sociedade civil organizada e os atores sociais, como sindicatos profissionais e econômicos ou a própria empresa podem, voluntariamente e reconhecendo o papel da empresa na construção da cidadania, instituir medidas obrigatórias ou facultativas para a contratação de segmentos desprestigiados da sociedade.

Como principais grupos sociais estigmatizados na sociedade e vítimas de discriminação historicamente praticadas, temos como principais

---

(21) GOMES, Joaquim Benedido Barbosa. *Ação afirmativa & princípio constitucional da igualdade*: o direito como instrumento de transformação social. Rio de Janeiro: Renovar, 2001. p. 40.
(22) GOMES, Joaquim Benedido Barbosa. O debate constitucional sobre as ações afirmativas. *Revista de Direitos Difusos*, São Paulo, v. 2, n. 9, p. 1142, out. 2001.
(23) ATCHABAHIAN, Serge. *Princípio da igualdade e ações afirmativas*. São Paulo: RCS, 2004. p. 150.

representantes as mulheres, pessoas discriminadas por orientação sexual (homossexuais e transexuais), racial e com necessidades especiais. Todos estes segmentos, no Brasil, possuem histórica ligação com preconceitos (assim colocado no plural): há provas estatísticas de que mulheres geralmente são empregadas em setores de atividades que menor remuneração oferecem; os cargos de chefia, mando ou de salários mais altos geralmente estão em posse do homem[24].

Num passado nada distante, ser homossexual — por si só — já implicava em discriminação, inclusive em relações de emprego. Militares podem ser excluídos da corporação por conduta homossexual. Nos Estados Unidos, por exemplo, por várias vezes houve o claro impedimento de homossexuais serem servidores públicos, professores, etc. A questão não é o fato de a pessoa *ser* homossexual, mas de assim assumir-se publicamente, o que pode levar à prática de condutas preconceituosas, como a não admissão ou despedida arbitrária de quem assim venha a assumir-se[25].

Há, notoriamente, movimentos contrários à garantia de direitos às pessoas homossexuais dentro do Congresso Nacional brasileiro. São atos da denominada "bancada evangélica" ou "cristã" que, por razões ligadas às crenças judaico-cristãs, não admitem a existência da possibilidade de relacionamento entre pares homossexuais. No entanto, também questões étnicas existem: negros e indígenas são discriminados no país por conta das próprias origens do Brasil, ligadas à cultura da escravidão negra e extermínio da população indígena. A prática de muitos crimes, aliás, liga-se a uma categoria denominada como "crimes de ódio": são agressões verbais, lesões corporais e até mesmo homicídio, sempre relacionados à questão étnica ou de orientação sexual.

Por ser a empresa, como afirmado, o local de fusão de muitas experiências e aprendizagem da convivência obrigatória e harmônica nos ambientes do trabalho, todas estas minorias podem — e *devem* — se fazer representar nos ambientes do trabalho. A livre-iniciativa não será prejudicada e, aliada ao valor social do trabalho, promoverá a desconstrução de mitos e preconceitos existentes em relação a todos os grupos citados, pela necessária socialidade e convivência pacífica num ambiente comum.

Ainda para citar os Estados Unidos da América, país em que surgiram as primeiras concepções de políticas afirmativas, muitas empresas promovem ações nesse sentido de forma voluntária ou em conjunto com sindicatos profissionais. No Brasil inexistem razões para que não seja seguido tal exemplo: poderá oferecer aos atores sociais a oportunidade de dialogar com a sociedade civil e entidades ligadas ao combate dos diversos preconceitos existentes; também poderá engendrar novo significado aos sindicatos brasileiros, tanto patronal quanto de empregados, conferindo-lhes um papel verdadeiramente transformador da realidade[26].

4. Considerações finais

Capital e trabalho são fatores indissociáveis da produção econômica, e que devem ser conjugados a partir dos fundamentos da República: valorização do trabalho e livre-iniciativa. As práticas abusivas por parte de determinadas empresas, como o *dumping* social, afetam a boa relação que o capital deve manter com o trabalho e atentam contra a própria ordem econômica. Tais pessoas jurídicas promovem verdadeira competição desigual entre as empresas, que se veem impedidas de exercer atividade econômica saudável pelo fato de outras sociedades empresariais adotarem métodos ilegais na obtenção de lucro, para além de desvalorizar a força de trabalho — e, como consequência lógica, a própria iniciativa privada, que poderá ver-se em risco.

No entanto, as empresas verdadeiramente comprometidas com sua função social poderão promover ações que visem à construção da cidadania no ainda frágil e um tanto ameaçado Estado Democrático de Direito. É fato que a maioria, numérica ou econômica, poderá estar sempre refratária à obtenção de vantagens por parte de minorias historicamente perseguidas e discriminadas. É nesse aspecto que a empresa e os sindicatos muito têm a contribuir.

A sociedade civil organizada, especialmente por meio de Organizações Não Governamentais, pugna pela erradicação de preconceitos quando luta pela conquista de minorias específicas como negros, indígenas, homossexuais, pessoas com necessidades

---

(24) CRUZ, Álvaro Ricardo de Souza. *O direito à diferença:* as ações afirmativas como mecanismo de inclusão social de mulheres, negros, homossexuais e pessoas portadoras de deficiência. 3. ed. Belo Horizonte: Arraes, 2009. p. 50-51.
(25) CRUZ, Álvaro Ricardo de Souza. *O direito à diferença:* as ações afirmativas como mecanismo de inclusão social de mulheres, negros, homossexuais e pessoas portadoras de deficiência. 3. ed. Belo Horizonte: Arraes, 2009. p. 93-97.
(26) FIORAVANTE, Tamira Maira; MASSONI, Túlio de Oliveira. Ações afirmativas no direito do trabalho. *Revista LTr*, v. 69, n. 4, p. 464-473, abr. 2005.

especiais, etc. No plano normativo vê-se que as pessoas denominadas *deficientes* (na verdade com algum tipo de necessidade especial) devem ser contratadas de acordo com o percentual mínimo estabelecido em lei. Da mesma forma, quando o empregado é diagnosticado com HIV, não poderá ser dispensado senão com justa causa, como prevê a Súmula n. 443 do Tribunal Superior do Trabalho. Tratam-se, pois, de ações afirmativas promovidas pelo Legislativo e Judiciário, mas que não impedem, sob qualquer hipótese, que outras venham a ser adotadas pelas empresas em geral.

A depender do segmento específico da atividade econômica, o estabelecimento de ações afirmativas poderá ser benéfico à própria qualidade dos serviços prestados pela empresa. Certamente alguma sociedade que produza bens ou serviços destinados às pessoas homossexuais, por exemplo (e no ramo do turismo há muitas), poderá aquilatar seus produtos de maneira mais eficiente com a contratação de empregados assumidamente homossexuais, que hão de conhecer melhor as necessidades específicas de pessoas com semelhante orientação sexual.

No entanto, a medida — que pode ser variável em relação ao segmento econômico da atividade empresarial, ou à cultura da região em que se encontra estabelecida a empresa — possibilitará a consolidação da cidadania por dar trabalho e remuneração a pessoas discriminadas por parcela considerável da sociedade, mas não só: no ambiente do trabalho em que necessariamente conviverão hetero e homossexuais, ou brancos e negros, haverá uma necessária simbiose e troca de experiências que poderá minar, aos poucos, o preconceito existente no corpo social. Os ambientes do trabalho se ligam umbilicalmente à comunidade em que estão inseridos, e a convivência pacífica e harmônica com a diversidade só poderá levar todos à compreensão das diferenças, ou do direito de ser diferente. Se não lograrem a *aceitação* do outro, ao menos há de se conquistar a tolerância.

Não restam dúvidas, pois, quanto ao papel da empresa como indutora de processos civilizatórios como o ora proposto. Os sindicatos de empregados e empregadores, que hodiernamente enfrentam graves crises de representatividade e significação, poderão encontrar nesse nicho um diálogo franco e aberto com a sociedade civil e as organizações protetoras de direitos das diversas minorias ora relatadas. A integração entre diferentes formas de ser e agir em sociedade liga-se aos ambientes do trabalho, e essa integração poderá ser mediada pelo sindicato pelas vias dos diplomas negociais coletivos, de maneira a impor às empresas a contratação de percentuais mínimos dessa(s) ou daquela(s) minoria(s).

As políticas compensatórias de erradicação da desigualdade não são monopólio estatal. Pouco se fala sobre a participação dos particulares nesse processo, mas é importante que se sublinhe tal papel, de maneira a conferir aos agentes da produção deste país a importante missão de cumprir com um dos objetivos da República: a erradicação de toda e qualquer forma de discriminação.

5. REFERÊNCIAS BIBLIOGRÁFICAS

ATCHABAHIAN, Serge. *Princípio da igualdade e ações afirmativas*. São Paulo: RCS, 2004.

BRANCO, Paulo Gustavo Gonet; COELHO, Inocêncio Mártires; MENDES, Gilmar Ferreira. *Curso de direito constitucional*. 4. ed. São Paulo: Saraiva, 2009.

BOBBIO, Norberto. *A era dos direitos*. São Paulo: Campus, 2004.

BOURDIEU, Pierre. *O poder simbólico*. 8. ed. Rio de Janeiro: Bertrand Brasil, 2005.

CANARIS, Claus-Wilhem. *Direitos fundamentais e direitos privados*. Coimbra: Almedina, 2003.

CASTEL, Robert. *As metamorfoses da questão social*: uma crônica do salário. 6. ed. Petrópolis: Vozes, 1998.

COELHO, Fábio Ulhôa. *Manual de direito comercial:* direito de empresa. 18. ed. São Paulo: Saraiva, 2007.

CRUZ, Álvaro Ricardo de Souza. *O direito à diferença*: as ações afirmativas como mecanismo de inclusão social de mulheres, negros, homossexuais e pessoas portadoras de deficiência. 3. ed. Belo Horizonte: Arraes, 2009.

DELGADO, Maurício Godinho. *Curso de direito do trabalho*. 12. ed. São Paulo: LTr, 2013.

ERMIDA URIARTE, Oscar. Aids e direito do trabalho. *Revista de Direito do Trabalho*, São Paulo, n. 83, p. 48-56, set. 1993.

EWALD, François. *L'état providence*. Paris: Bernard Grasset, 1986.

FERRAZ JÚNIOR, Tércio Sampaio; DINIZ, Maria Helena; GEORGAKILAS, Ritinha A. Stevenson. *Constituição de 1988*: legitimidade, vigência e eficácia, supremacia. São Paulo: Atlas, 1989.

FIORAVANTE, Tamira Maira; MASSONI, Túlio de Oliveira. Ações afirmativas no direito do Trabalho. *Revista LTr*, v. 69, n. 4, p. 464-473, abr. 2005.

GAUTHIER, David. *La moral por acuerdo*. Barcelona: Gedisa, 1994.

GOMES, Joaquim Benedido Barbosa. *Ação afirmativa & princípio constitucional da igualdade:* o direito como instrumento de transformação social. Rio de Janeiro: Renovar, 2001.

_____ . O debate constitucional sobre as ações afirmativas. *Revista de Direitos Difusos*, São Paulo, v. 2, n. 9, p. 1133-1163, out. 2001.

LAFER, Celso. *A reconstrução dos direitos humanos:* um diálogo com o pensamento de Hannah Arendt. São Paulo: Companhia das Letras, 2006.

MORAES FILHO, Evaristo de. *Introdução ao direito do trabalho*. Rio de Janeiro: Forense, 1956. v. 2.

MUJICA, Rosa María. La metodología de la educación en derechos humanos. *Instituto Interamericano de Derechos Humanos*, San José, n. 36, p. 341-364, jul./dez. 2002.

POIRRIER, Philippe. *Les enjeux de l'histoire culturelle*. Paris: Seuil, 2004.

ROMAGNOLI, Umberto. La libertad sindical, hoy. *Revista de Derecho Social*, v. 4, n. 14, p. 9-23, abr./jun. 2001.

SONTAG, Susan. *AIDS e suas metáforas*. São Paulo: Companhia das Letras, 1989.

SOUTO MAIOR, Jorge Luiz; MENDES, Ranulio; SEVERO, Valdete Souto. Dumping *social nas relações de trabalho*. São Paulo: LTr, 2012.

Reestruturação Produtiva do Mundo do Trabalho e o Financiamento Público de Sindicatos

ROBSON LUIZ DE FRANÇA[*]

1. Introdução

Este trabalho resulta de pesquisa vinculada ao Grupo de Pesquisa de Trabalho, Sociedade e Educação do Programa de Pós-Graduação da Faculdade de Educação da Universidade Federal de Uberlândia.

Nos estudos desenvolvidos percebeu-se a importância de um olhar apurado na tentativa de relacionar as questões colocadas para a educação provenientes das mudanças no mundo do trabalho e o impacto dessas questões no processo de formação do cidadão tendo em vista que a construção de um conceito de cidadania coerente com a sociedade que se deseja pautado nos princípios gerais do exercício da cidadania, qual seja: O Estado deve servir ao cidadão; Cada Cidadão deve exercer sua cidadania em sua plenitude; A lei deve ser, de fato, o instrumento de justiça e se aprimorar onde não estiver cumprindo sua finalidade; Cada brasileiro deve ter educação básica, cultural e de civilidade, especialmente na infância e adolescência, com o envolvimento dos seus pais; Os idosos devem ser considerados, reconhecidos e poder exercer seus direitos e obrigações de cidadania, na fase da vida em que se encontram; A informação precisa ser difundida por todos os modos e meios de forma a alcançar todos os cidadãos, para que estes se entendam como tal e saibam o que isso significa, evitando-se manipulações de qualquer natureza; O conhecimento da História da Nação e seus símbolos devem servir de subsídio para o soerguimento da cidadania brasileira; As autoridades públicas devem cumprir suas funções de maneira apropriada, seguindo os princípios da ética e da moralidade exigidos pelo exercício da cidadania; A Educação deve ser a pedra fundamental para a consciência da cidadania e seu pleno exercício, através de programas específicos desenvolvidos nas escolas de todos os níveis; A cidadania deve ser tratada como instrumento de crescimento de cada brasileiro e defendida e desenvolvida com o apoio de todos os brasileiros, sem prevenção se qualquer natureza.

(*) Professor da Universidade Federal de Uberlândia. Pós-doutor em Política Educacional pela Universidade Federal da Paraíba (2010) e Universidade da Madeira, Funchal, Portugal. Doutor em Educação na Linha de Políticas Públicas pela Universidade Julio Mesquita Filho — UNESP/Araraquara (2002). Mestre em Educação pela Universidade Federal de Uberlândia (1997). Especialista em Direito Educacional (2010). Bacharel em Direito. Professor Associado da Faculdade de Educação da Universidade Federal de Uberlândia atua do Programa de Pós-Graduação em Educação na Linha de Pesquisa em Trabalho, Sociedade e Educação — TSE. É membro do Grupo de Pesquisa em Trabalho, Educação e Formação Humana. Pesquisador do Centro de Investigação em Educação — CIE da Universidade da Madeira — Funchal em Portugal e desenvolve estudos e pesquisas sobre Currículo e formação profissional, Trabalho e educação, cidadania e precarização do trabalho.

A crise do capitalismo tem afetado diretamente os trabalhadores dos diversos setores produtivos, por um lado e por outro se apresenta de forma inexorável a criação e reprodução dos mecanismos de controle próprios do capital pelos sindicatos que por sua vez possuem a responsabilidade de organizar e reordenar as forças dos trabalhadores em prol do desenvolvimento social. Percebe-se também que os movimentos sociais, figurados neste trabalho como agentes sociais, parecem funcionar atualmente como um auxílio do capital na precarização e desarticulação dos trabalhadores tendo em vista as contradições e determinações do capital que parecem interferir na ação dos movimentos desses agentes.

O Estado ao seu modo tem subordinado as forças sindicais e cooptado seus agentes no processo reducionista da formação profissional tendo em vista a apropriação do discurso de que o desemprego é por falta de qualificação do trabalhador ou ainda o processo de qualificação por meio de a educação consistir como o principal meio de formação profissional do trabalhador e como meio de manter seu emprego.

Constata-se que há um discurso que precisa ser desvelado à partir do conhecimento das propostas dos sindicatos sobre a qualificação profissional e formação profissional a partir da apropriação de um fundo público bem como essa apropriação podem significar resistência ou adaptação às exigências do capital.

Nesse sentido é que o envolvimento dos sindicatos na busca de maior financiamento público para a formação profissional se recoloca, sobretudo na lógica da administração dos fundos públicos destinados à qualificação da força de trabalho, apreendendo as contradições dessas parcerias e o enfraquecimento das lutas sindicais. A questão referente à qualificação e a posição assumida pela ação sindical, diante do contexto da formação profissional; se esta comunga, de forma ilusória, com a ideia de que a educação é caminho para que os trabalhadores escapem do desemprego. Pretendemos contribuir para o debate, mostrando as principais intervenções da ação sindical para formar o trabalhador para o emprego, num quadro em que cresce o desemprego e onde a situação do trabalho é cada vez mais incerta. Pretendemos analisar, nos limites de espaço e tempo deste trabalho, as características recentes da ação sindical no Brasil, diante do quadro de transformações profundas no mundo do trabalho, com destaque para o rápido avanço do desemprego e da precarização. Enfocando alguns episódios recentes, como as negociações entre empresários e sindicatos do setor comerciário, a aprovação da legislação do contrato temporário de trabalho e as negociações em torno da reforma da previdência, espero ilustrar as mudanças em curso nos padrões de ação dos setores mais ativos do movimento sindical brasileiro, frente ao empresariado e ao Estado.

2. Mercado de trabalho e desigualdades

O mercado de trabalho ocasiona desigualdades e discriminações devido à concentração de renda nas mãos de poucos que conseguem melhores condições de trabalho, enquanto que parcela considerável fica desemprega e submissa a empregos precários, sem nenhuma perspectiva de ascensão social e de permanência no mercado de trabalho. Segundo Pochmann (2004), a dinâmica do mercado de trabalho é extremamente excludente e danifica as contribuições que a educação oferece, aumentando, consequentemente, as desigualdades sociais existentes no país. As taxas de desemprego vêm aumentando para a população mais escolarizada, o que acaba por exceder mão de obra para o mercado neste seguimento social. Desta maneira a elevação dos níveis de escolaridade — num quadro de estagnação econômica, baixo investimento em tecnologia e precarização do mercado de trabalho — acaba se mostrando insuficiente para potencializar a geração do trabalho (POCHMANN, 2004).

Pode-se perceber que os melhores empregos acabam com os mais ricos, sendo que os menos favorecidos e com alta escolaridade ficam desempregados além de sofrer preconceitos raciais e de classe. É necessário que ocorra uma expansão da escolaridade, não apenas do ponto de vista produtivo, como também da cidadania.

A crise atual do capitalismo bem como o seu processo de reorganização e a construção de uma nova sociabilidade no Brasil, dentro de uma ótica subalterna ao capital (ARRIGHI, 2007) apresenta-se como um período de amplas e profundas transformações nos polos científicos científico-tecnológico, alteração no interior dos processos de trabalho, reorganização dos Estados, etc.

Essas mudanças em um contexto amplo de Estado são caracterizadas por dois períodos distintos. O primeiro deles é descrito por Hobsbawn (1995) sendo considerado como "Era do Ouro" que se evidencia com um amplo crescimento econômico e de estabilidade e com crescente produção e consumo.

Por outro lado evidencia-se também nesse contexto a política do pleno emprego. O segundo período é caracterizado pela Globalização e Mundialização de Capital, discutido por Ianni, 1996 e François Chesnais, 1998, período que revela as políticas neoliberais e responsáveis pelas profundas mudanças no contexto das políticas sociais, do trabalho, da reestruturação produtiva, bem como das reformas estatais que visam garantir de um lado a desestatização da economia e por outro a presença do estado a partir de mecanismos de regulação da economia.

No Brasil o processo de desestatização e regulação inicia-se nos anos 1990 do século XX, com o governo Collor de Mello, e a seguir com Fernando Henrique Cardoso no discurso de modernização econômica e produtiva do país. As principais consequências da implementação desse modelo se reflete na fragilização dos direitos trabalhistas, esvaziamento do poder de negociação coletiva de trabalho e acirrado discurso de qualificação do trabalhador como requisito fundamental para a manutenção no mercado de trabalho.

Rodrigues (1998) afirma que o que ocorreu no Brasil nesse período foi a tentativa de instaurar uma hegemonia no Brasil, tão desejada pela burguesia, implementando seu projeto baseado na ideologia neoliberal, na flexibilidade, na descentralização e autonomia, e na privatização. O ideário neoliberal se constitui como uma prática ideológica com priorização do social que transforma todo o planejamento em mercado, ressaltando o individualismo e principalmente o capitalismo.

Segundo Ianni (1998), o neoliberalismo possui cinco bases fundamentais: práticas ideológicas; cultura; desencantamento do mundo; diplomacia e globalização. As práticas ideológicas funcionam como troca de hábitos, de atitudes, comportamentos, ideias, procedimentos, enfim tudo que objetive expandir os espaços para o mercado. A cultura atua de maneira a influenciar a população pela dinâmica da economia. O processo de desencantamento do mundo ocorre baseado na intensificação de ideias inspiradas na "razão instrumental, traduzidas em pragmatismo, racionalização, modernização, etc." (IANNI, 1998). A diplomacia ocorre de forma que reproduz e dissemina os ingredientes nazifascistas, difundindo por todo o mundo e intensificando a globalização. Esta, por sua vez, provoca mudanças nos quadros sociais, interferindo nos territórios a fim de expandir fronteiras econômicas pelo mundo visando à expansão do capitalismo. Isso tudo tem sido o que produz e reproduz as classes subalternas, a pobreza, o desemprego resultando em violência, em protestos, lutas sociais e diversas formas de reivindicações que expressam as desigualdades sociais.

Segundo Ianni, 1998 há uma ordem social global que não se parece com o antigo "equilíbrio" entre os Estados Nacionais nas suas relações internacionais (a bipolaridade da era da "Guerra Fria", por exemplo), mas que demonstra que o discurso do globalismo como apologia dos "valores" do mercado não passa de uma ideologia que pressupõe esta ordem, embora a negue enquanto estrutura mundial de poder que sustenta um sistema econômico causador desta situação de miséria social e destituição de direitos.

Ianni radicaliza este ponto de vista teórico:

"Sim, as organizações multilaterais e as corporações transnacionais são novas, poderosas e ativas *estruturas mundiais de poder*. Elas se sobrepõem e impõem aos Estados nacionais, compreendendo extensos segmentos das sociedades civis, isto é das suas forças sociais. [...] Sim, já se formaram e continuam a desenvolverem-se estruturas globais de poder, respondendo aos objetivos e às **práticas** dos grupos, classes ou blocos de poder organizados em escala realmente global." (IANNI, 1998, p. 20)

Desta forma, a gestão capitalista da crise, que se esconde por trás do discurso triunfante do pensamento único neoliberal e da ideologia do globalismo, é administrada por intelectuais, instituições, empresas, governos e classes sociais que formam uma coalizão que se contrapõe a uma noção como a da universalização da apropriação dos direitos humanos enquanto forma de desenvolvimento econômico-social. A gestão da exclusão social é um subproduto lógico e real deste processo social de caráter conservador, pois perpetua a desigualdade social e a pobreza estrutural.

Fica claro, portanto que em meio à evolução capitalista do mundo, as relações de trabalho sofrem profundas modificações e a principal delas é o conceito de trabalho visto como uma mercadoria, por um lado, por outro há uma reordenação geográfica do capital (CHESNAIS, 1998; IANNI, 1996) onde os trabalhadores globalmente passaram a possuir uma relação de trabalho incerto em que o trabalho não consegue impor seu caráter humano. Outra característica do trabalho é o distanciamento entre o empregador e empregado à partir das formas de gestão do trabalho reduzindo o trabalhador a uma massa desprovida de individualidades e subjetividades.

Portanto a transitoriedade é a marca enquanto um estilo de vida, que se estabelece pelo não comprometimento com o "outro" e ausência quase que total da solidariedade social. Nesse contexto o subemprego, fruto do expressivo desemprego estrutural, é uma realidade. Sem direitos e sem deveres legais, o subempregado automaticamente se torna um excluído, à margem do processo produtivo e social do Estado. Outra característica no contexto do capitalismo avançado é a alta qualificação/formação atrelada ao crescimento de baixos salários. Com a concorrência acirrada e o alto índice de desemprego, os trabalhadores, principalmente os mais jovens, são submetidos à aceitação de uma remuneração aquém de suas obrigações e necessidades, fator que ajuda na manutenção e disseminação das agruras econômicas e dos níveis de insegurança (PETRAS, 1999).

As desigualdades sociais também aumentaram devido ao fator educação que separa ainda mais as diferenças de classe e ascensão social, além de ressaltar a influência da economia capitalista no campo educativo, não atendendo e oferecendo educação de qualidade para todos, não desenvolvendo as concepções sobre as condições impostas aos menos favorecidos, que são esmagados pela política, pelas falta de acesso à saúde, pelas relações desiguais de classes sociais, e pelas demais dinâmicas presentes em nossa sociedade que contribuem para a continuidade desta situação para essa população.

Isso tudo possui significado, pois antes dos objetos chegarem até nós, já passaram por uma longa cadeia de relações que "retirou pessoas da terra, causando sua ida para as favelas e negando aos seus filhos cuidados médicos e escolas" (COSTA, 1996). O senso comum e nossos modos de compreender as atividades cotidianas, dentro e fora da educação, dependem das relações sociais e das experiências vividas por cada um. As vantagens que obtemos do trabalho resultante de relações hierarquizadas em função do capitalismo são ocultadas nos currículos escolares. Não distinguimos os processos de dominação e subordinação em que vivemos, pois há uma criação do senso comum com a legitimação da dominação racial, de gênero e de classe resultando em um caráter de nossa compreensão que tem origem nos modos pelos quais nos são apresentadas e cotidianamente estruturadas.

Assim, o individualismo, que é um dos ingredientes do ideário neoliberal, é um fenômeno que está muito disseminado nos dias atuais e muito presente nas nossas práticas e neste senso comum que nos é colocado hoje. O individualismo, de acordo com Durkheim (1895), ocorre quando o sujeito se orienta objetivando a satisfação de interesses cada vez menos coletivos e mais pessoais e individuais na disputa de sobrevivência na sociedade. Ele também dizia que a sociedade faz o homem na mesma medida que o homem faz a sociedade, e nesse sentido a educação que nos é colocada procura nos ajustar nos padrões de nossa sociedade.

No contexto da análise dessa ética empresarial o eixo principal divulgado pelos formadores dos trabalhadores parece ser à conscientização e a emancipação do sujeito aluno/trabalhador adulto enquanto sujeito social e coletivo, no entanto esse argumento é frágil e percebe-se que fica apenas no campo do marketing empresarial do convencimento do trabalhador tendo em vista que o que se vê, de fato, é uma concepção de formação pautada pelo horizonte individualista e da submissão.

Finalmente, nossas análises apontam que a nova educação profissional brasileira e, particularmente, seu nível básico, orienta-se pelo conceito de empregabilidade. Como consequência, tem ocorrido um processo de individualização da formação do trabalhador, pelo qual se indica que cada um é responsável por buscar suas competências, a serem alcançadas, segundo o discurso governamental, com o desenvolvimento das habilidades básicas, das específicas e das de gestão. Essas habilidades básicas seriam potencializadoras do empreendedorismo na economia "dada". Entretanto o que, de fato, ocorre, é, por um lado um processo ideológico naturalizador da exclusão social e, por outro, a tentativa de redução do processo educativo a um mecanismo instrumental e adaptativo voltado para a integração periférica ou informal no mercado de trabalho.

Observa-se, pois, a configuração de uma proposta de formação para o trabalho que se propõe a estar totalmente separada da educação formal e escolarizada. O Estado, o empresariado e uma parcela dos trabalhadores[1] justificam e defendem as reformas no sistema educacional como necessárias para uma maior competitividade industrial. A apologia à modernização tomou a educação como pedra de toque. O empresariado brasileiro, além de suas próprias ações na política de qualificação de seus empregados e da ampla mobilização pela educação básica, mais do que nunca, assumiu posição nas relações com o Estado, destacando a educação do trabalhador como

---

(1) Ver Fidalgo (1999) e Rummert (2000).

condição fundamental para a qualidade e para a produtividade industrial.

Nesse quadro a educação de qualidade emerge como uma demanda comum e urgente, apresentando-se como suposto elemento de convergência que se sobrepõe aos interesses mais distintos e característicos de grupos sociais diversificados e, muitas vezes, antagônicos (RUMMERT, 2000). Entende-se, pois, que a educação ainda se revela, no século XXI, restrita a um papel compensatório, apresentando-se — num momento marcado por incertezas, por diversas formas de precarização das condições de existência e por fortes processos de exclusão —, sob uma forma ideológica de "novo tipo", que constrói uma nova sociabilidade moldada pela lógica mercantil e coloca sobre os indivíduos a responsabilidade pelo alcance de melhor qualidade de vida.

Marx por outro lado, demonstra que as relações de desigualdade estrutural entre pessoas aparecem como meras relações entre coisas, pois a mercadoria, seu fetiche, se reveste de uma relação que oculta a estruturação de poder, a presença de classes e sua organização/desorganização/desigualdade estrutural que atinge o mais simples do sistema produtivo. "O trabalho gasta seus elementos materiais, seu objeto e seus meios, consome-os, é um processo de consumo" (MARX, 1972: 126).

Nesse sentido, o processo de trabalho se confunde e funde-se na exploração/opressão que se tornou legitima pelo contrato estabelecido nos códigos do Direito.

> "O Contrato é o resultado final no qual suas vontades ganham uma expressão jurídica comum. A igualdade, pois compradores e vendedores só contratam como possuidores de mercadorias, tornando equivalente por equivalente. A propriedade, pois cada um dispõe e pode apenas dispor do que é seu. (...) A única força que os une e põe em contato é a força do seu egoísmo, do seu proveito pessoal, de seu interesse privado. Precisamente por isso, porque cada um cuida apenas de si e ninguém vela pelos outros, graças a uma harmonia preestabelecida das coisas ou sob os auspícios de uma providência omniastuta, a realizar a obra do seu proveito mútuo, de sua conveniência coletiva, de seu interesse social." (Marx, 1972: 128-129)

Assim, o trabalhador que busca trabalho no contexto capitalista, torna-se um possuidor tal qual o capitalista, seu capital é a força de trabalho que consiste em uma mercadoria. Nesta configuração está posto uma relação jurídica e política, ou seja, a capacidade de produzir do trabalhador identificado como sua força de trabalho que por sua vez por meio da sua produção é convertida em salário e esse salário denota um valor real do trabalho por ele produzido. O salário é na verdade o pagamento do trabalho realizado.

Nesse contexto emerge uma questão fundamental, ou seja, o salário como pagamento do trabalho realizado é apresentado como justo, digno de ser recebido pelo trabalhador. Questões como relação de trabalho, formação ou qualificação do trabalhador, tempo livre, exploração da mão de obra, relação de subalternidade ficam submersos por meio do fetiche do salário.

Compreende-se também que o próprio sistema de assalariamento do trabalhador pelo seu trabalho é por sua vez profundamente indigno considerando-se a violência diária em que o trabalhador para executar o trabalho assalariado é submetido a partir da percepção do aumento da jornada formal e informal do trabalho, a extensão das funções e a diminuição da remuneração. Para Marx,

> "A função verdadeira, específica do capital enquanto capital é, pois a produção de mais-valor, e essa não é senão produção de sobretrabalho, apropriação — no curso do processo de produção real — de trabalho não pago, que se oferece aos olhos e se objetiva como mais-valor." (1978: 6)

É nesse sentido que o trabalho se configura como o produtor e reprodutor das relações sociais no capitalismo. E ainda como o "divisor de águas" das classes sociais. A subordinação do Trabalho pelo Capital levou a concentração do trabalho e do capital no processo produtivo. Os trabalhadores são sujeitos cooperativos com o resultando, fazem parte de um organismo, é uma modalidade de existência do Capital o qual estão sujeitos, sua força produtiva tem caráter social e consiste na própria força produtiva do capital. Transmutam-se para uma força produtiva gratuita assim que são submetidas às condições impostas pelo capital. Essa força de trabalho só tem sentido no contexto do processo produtivo, pois, fora dele ela não existe (MARX, 1972:269).

É nesse contexto da busca da formação de uma força produtiva que executa um determinado trabalho que a educação se apresenta como meio de qualificação do trabalho. Para Marx,

> "A fim de modificar a natureza humana, de modo que alcance habilidade e destreza em determinada espécie de trabalho, e se torne força de trabalho desenvolvida e específica, é mister educação ou treino que custa uma soma maior ou menor de valores em mercadorias. Esta soma varia de acordo com o nível de qualificação da força de trabalho. Os custos de aprendizagem, ínfimos para a força de trabalho comum, entram portanto no total dos valores despendidos para sua produção." (MARX, 1972: 192).

O que se quer é formas mais democráticas, políticas sociais que reduzam o espectro da desigualdade e da desconcentração de renda e poder. O Estado pode ser um equalizador de oportunidades, desde que defina não o seu tamanho ou presença, mas a quem serve.

O próprio espaço da cidadania dá lugar ao espaço da produção, em que o operário-cidadão dá lugar ao cidadão-operário.

Qual o significado de estreitarem-se, atualmente, ainda mais a compreensão do educativo e/ou da qualificação, desvinculando-os da dimensão ontológica[2] do trabalho, reduzindo-os ao economicismo do emprego, agora, redefinido sob a forma da empregabilidade?

3. O PRINCÍPIO DA DIGNIDADE DA PESSOA HUMANA: O TRABALHO E A CIDADANIA

A noção da dignidade humana segundo Queiroz, 2006, exprime a verdade de que o homem é sempre um fim e nunca um meio, sempre sujeito e nunca objeto, sempre pessoa e nunca coisa. Portanto essa é a consideração do homem como centro do universo jurídico o que significa que **TODOS** os indivíduos devem estar incluídos nesse conceito.

Desta maneira se apresenta dois aspectos: a) a igualdade entre os homens — igualdade na lei e igualdade perante a lei; b) conceito de pessoa humana dotado de caráter universalizante, ou seja, o valor da pessoa humana é vinculado à sua cidadania seja nacional ou internacional.

É nesse sentido que o *caput* do art. 5º da Constituição Federal anuncia os direitos a todos aqueles que se encontrem sob a ordem jurídica brasileira.

Historicamente de acordo com Reale, 1996, há pelo menos três concepções do conceito de dignidade da pessoa humana, quais sejam: o individualismo, o transpersonalismo e o personalismo.

O conceito de individualismo para esse autor considera fundamentalmente o aspecto de que ao sujeito cuidar dos seus próprios interesses de forma indireta contribui para os interesses gerais, coletivos.

No entanto, no que se refere ao transpersonalismo, afirma Reale, 1996 que esta categoria se opõe ao individualismo uma vez que o que deve ser ressaltado é o bem maior da coletividade e se houver conflito entre o bem individual e o coletivo deverá prevalecer o bem da coletividade, ou seja o bem de todos uma vez que a dignidade da pessoa humana deve realizar-se a partir do bem coletivo.

No que se refere ao personalismo, essa linha se opõe ao individualismo e ao transpersonalismo pois parte do pressuposto que não pode haver equilíbrio entre o bem individual e o coletivo e daí parece prevalecer o bem individual sobre os interesses da coletividade.

No entanto para este estudo consideraremos o conceito apresentado por Farias, 1996 em que afirma que não há no mundo valor que supere ao da pessoa humana, a primazia pelo valor coletivo não pode, nunca, sacrificar, ferir o valor da pessoa. A pessoa é, assim, *um minimun*, ao qual o Estado, ou qualquer outra instituição, ser, valor não pode ultrapassar.

Neste sentido, defende-se que a pessoa humana, enquanto valor, e o princípio correspondente, de que aqui se trata, são absolutos, e há de prevalecer, sempre, sobre qualquer outro valor ou princípio.

Os Direitos Humanos são os direitos do homem. São direitos que visam a resguardar os valores mais preciosos da pessoa humana: a solidariedade, a igualdade, a fraternidade, a liberdade e a dignidade. Herkenhoff, 2002 diz que:

> por direitos humanos ou direitos do homem são, modernamente, entendidos aqueles direitos fundamentais que o homem possui pelo fato de ser homem, por sua própria natureza humana, pela dignidade que a ela é inerente. São direitos que não resultam de uma concessão da sociedade política. Pelo

---

(2) Na dimensão ontológica "o trabalho é um processo em que o ser humano, com sua própria ação, impulsiona, regula e controla seu intercâmbio material com a natureza como uma de suas forças. Atuando assim sobre a natureza externa e modificando-a, ao mesmo tempo modifica sua própria natureza" (MARX, K. *O capital*. Rio de Janeiro: Civilização Brasileira, 1980).

contrário, são direitos que a sociedade política tem o dever de consagrar e garantir. (p. 19-20)

Canotilho, 1993, afirma que se devem declarar como direitos fundamentais os que realmente, em sua essência se caracterize como tal.

Miranda, 1991 diz que a Constituição apresenta uma unidade de sentido aos direitos fundamentais uma vez que repousa na dignidade da pessoa humana, ou seja, na concepção que faz da pessoa fundamento e fim da sociedade e do Estado. Os ensinamentos de Miranda são de clara aplicação no sistema brasileiro, em que o princípio do respeito à dignidade humana norteia a compreensão dos direitos fundamentais. A Constituição de 1988 evidencia a cidadania e a dignidade da pessoa humana como pilares do estado democrático de direito.

No art. 5º da Constituição os direitos e garantias fundamentais foram consagrados em nada menos que setenta e sete incisos. Os direitos e garantias fundamentais ganharam caráter pétreo na Constituição (art. 60, § 4º), não podendo ser modificados, a não ser que uma nova Assembleia Nacional Constituinte o faça.

A Constituição (§ 1º do art. 5º) prevê a imediata aplicabilidade das normas definidoras dos direitos e garantias fundamentais, o que configura outra clara evidência da relevância assegurada ao tema pelo constituinte. Ressalte-se, ainda, que os direitos fundamentais do homem receberam o adequado tratamento pelos responsáveis pela elaboração da Constituição de 1988, destarte é obrigação do Poder Público conferir eficácia máxima e imediata a todo e qualquer preceito definidor de direito e garantia fundamental (MIRANDA, 1991).

Segundo Sarlet, 1995: 105:

> "O que se percebe em última analise, é que onde não houver respeito pela vida e pela integridade física do ser humano, onde as condições mínimas para uma existência digna não forem asseguradas, onde a intimidade e identidade do indivíduo forem objeto de ingerências indevidas, onde sua igualdade relativamente aos demais não for garantida, bem como onde não houver limitação do poder, não haverá espaço para a dignidade da pessoa humana, e esta não passará de mero objeto de arbítrio e injustiças. A concepção do homem-objeto, como visto, constitui justamente a antítese da noção da dignidade da pessoa humana." (1995:105)

O princípio da dignidade da pessoa humana demonstra a sua importância no sentido de que compõe uma norma com função de legitimar a ordem estatal. As ações do Estado devem estar fundamentadas na incessante busca de viabilizar os direitos básicos dos cidadãos, preservando a dignidade existente ou criando mecanismos para o seu exercício.

É a partir desse princípio que se entende a concepção da cidadania como um processo político, social e histórico, que se constroem a partir de ambas as dimensões, individual e coletiva.

Somos cientes da atual situação de desigualdade e instabilidade social em que está mergulhada a sociedade brasileira. Na verdade a maior parte da população do Brasil está a margem da pobreza e o desemprego se instala de forma inexorável. E parece que nesse contexto questionar a situação da dignidade da pessoa humana em situação prisional se apresenta como sem importância social. No entanto o viver digno deve estar para TODOS os cidadãos brasileiros conforme preceitua a Constituição Federal e o rol dos Direitos e Garantias Fundamentais elencados devem ser concretizados independentes da situação social em que se encontra o ser humano.

Na verdade entendemos que a preservação e garantia dos Direitos Fundamentais dos Cidadãos fazem parte do Estado Democrático e por sua vez, possuem diretriz e ideal que podem ser resumidos em três pontos fundamentais: a) a supremacia da vontade popular, que se refere à extensão do direito de sufrágio e aos sistemas eleitorais e partidários; b) a preservação da liberdade, e c) a igualdade de direitos, entendida como a igual capacidade de gozo de direitos, inclusive de poder fazer parte do governo independente de condições econômicas e culturais.

Na verdade esses princípios deram sustentação aos movimentos liberais, e estes por sua vez, não conseguiram, nem pelo estado de bem estar social ou pela social democracia ou ainda pelo Estado Democrático de Direito garantir à maioria das pessoas o bem-estar social propalado.

> "O modelo jurídico positivista, naquela ocasião, propugnava pela não imiscuição do Estado na relação capital-trabalho. Foi o século dos códigos e dos direitos individuais de cunho egoístico. Era a burguesia que, com o poder, impôs este sistema jurídico, legitimador de sua condição superior e aniquiladora."[3]

---

(3) Dallegrave (1996: p. 80).

Na história da humanidade e especialmente ao desenvolvimento das concepções de liberdade a igualdade sempre foi apresentada como um valor e não um direito talvez essa seja a razão porque não se tornou uma realidade. Sua existência consiste apenas no plano formal e por isso evidencia a distância entre ricos e pobres tornando quase que impossível o acesso aos bens produzidos pela sociedade a todos igualmente.

A política neoliberal incrementada pelos governantes nas últimas décadas favoreceu a alta concentração e a uma desigual distribuição de renda, agravando a crise econômica no Brasil, promovendo o desemprego em massa, a imobilidade na produção industrial e agrícola e o falecimento do investimento estatal.

O Estado mínimo[4], que vem sendo delineado pelo poder político neste país, introduziu uma política social de enfraquecimento das conquistas sociais da classe trabalhadora, com a não introdução dos investimentos financeiros que se fazem necessários para atender às demandas da população. Ao contrário, o Estado investe maciçamente em propagandas que propagam os benefícios de uma sociedade privatizada.

O discurso neoliberal atribui à intervenção do Estado todos os males sociais e econômicos da nossa atual situação e à iniciativa privada todas as virtudes e saídas; utiliza os meios de comunicação de massa para conquista da consciência social hegemônica; e, a educação, como veículo estratégico de preparação para o mercado de trabalho e como via ideológica de proclamação das excelências do livre mercado e da livre iniciativa.

Para conseguir apoio da população, o projeto neoliberal transforma questões políticas e sociais em questões técnicas. Percebe-se isso, numa análise realizada pelo Ministério do Trabalho[5], quanto ao aumento do desemprego, quando, o Estado, transfere a questão do desemprego do espaço social e político e coloca-o, apenas, como resultado da introdução de inovações no setor produtivo. A análise realizada ver no vigoroso crescimento da produtividade do trabalho a causa principal do desemprego[6].

Na Constituição Federal de 1988 no seu art. 170 dispõe, "a ordem econômica, fundada na valorização do trabalho e na livre iniciativa, tem por fim assegurar a todos existência digna, conforme os ditames da justiça social". Portanto, o trabalho deve garantir ao indivíduo dignidade seja no contexto familiar ou no meio social em que estiver inserido.

4. SINDICATOS E FINANCIAMENTO PÚBLICO PARA A FORMAÇÃO DO TRABALHADOR

Tanto o capitalismo como o sindicalismo se fortaleceram a partir do desenvolvimento industrial, no século XIX, com origens na França, na Alemanha, nos Estados Unidos da América e em outros países, contribuindo para a emersão de uma classe de proletariado cada vez mais forte, quantitativa e qualitativamente, e fazendo com que o movimento sindical se expandisse. Outro aspecto importante é que a relação entre os operários, tanto dos países industrializados e dos demais ainda em processo de industrialização, se estreitaram de forma significativa. Dessa forma,

> O proletariado iniciou um processo de luta, desencadeando desde reivindicações puramente econômicas até movimentos propriamente políticos, como o Cartismo na Inglaterra, as Revoluções de 1848 em França e a célebre Comuna de Paris de 1871. Em todos "estes eventos a participação da classe operária foi decisiva". (ANTUNES, 1982, p. 22)

Especificamente, no Brasil, o movimento sindical ficou de certa maneira represado no período de 1964 a 1977 devido ao período de ditadura militar, no entanto, não só o movimento sindical porém praticamente todos os movimentos sociais tendo em vista que havia uma acentuada repressão às organizações que lutavam contra as políticas salariais devido à pobreza generalizada e ao baixo poder aquisitivo da sociedade brasileira. Assim esses movimentos e principalmente o sindicato foram atacados diretamente pelo governo por meio de intervenções e desmantelando convertendo-se em impedimento para a articulação dos movimentos sindicais de forma organizada.

---
(4) Isso não significa, necessariamente, "um Estado pequeno, mas um Estado articulador e financiador da reestruturação produtiva na lógica do ajustamento controlado pelo mercado" (FRIGOTTO, 1997, p. 36).
(5) Documento resultado de uma exposição realizada na Câmara dos Deputados, em 14.5.98, pelo então Ministro do Trabalho, Sr. Edward Amadeo: Mercado de Trabalho Brasileiro: rumos, desafios e o papel do Ministério do Trabalho. *Homepage* do Ministério do Trabalho: <www.mtb.gov.br>.
(6) A produtividade do trabalho refere-se ao modo de funcionamento do mercado de trabalho, sendo intensificada em especial com a introdução de novas tecnologias.

A partir dos anos de 1978 o movimento sindical restabeleceu-se e as greve começaram a surgir a partir de reivindicações salariais que possibilitassem a melhoria das suas condições de vida e de trabalho. As greves anualmente se intensificaram e envolveu diversas categorias de trabalhadores e tendo à frente os operários das fábricas produtoras de automóveis, os metalúrgicos. Nesse contexto surgiu o que se denomina hoje de "novo sindicalismo".

Na verdade o "novo sindicalismo" ampliava sua área de atuação para outros setores tais como a política, a luta pela democracia, a qualificação dos trabalhadores.

O crescimento dos sindicatos e do movimento grevista perpassa pelos anos 1980 e inicio dos anos 1990 tendo como principal reivindicação a questão salarial e nesse contexto, nos anos 1980 do século XX à partir da organização dos trabalhadores que é fundada a Central Única dos Trabalhadores (CUT) e o Partido dos Trabalhadores (PT).

Na verdade o Partido dos Trabalhadores surgiu como um instrumento político partidário de luta dos trabalhadores, partido aglutinador no contexto nacional, dos movimentos sociais, sindicais e de associações populares Silva (2000).

A Força Sindical por sua vez fora criada em 1991 como uma forma de contraponto ao modelo de sindicalismo que vigorava no Brasil. De um lado, a crítica recaia sobre um sindicalismo de "radicalismo estéril" (crítica, em especial, à CUT) e, por outro, sobre um sindicalismo de "conformismo paralisante". As ideias eram a construção de um sindicalismo com características modernizadoras, forte e com condições de enfrentamento nas "mesas" de negociação, porém de forma livre e autônoma.

Vale salientar que a Força Sindical partia do pressuposto pragmático no sentido de atender aos trabalhadores nas conquistas de profissionalização, luta pela aposentadoria, pelas grandes reformas previdenciária, agrária, do judiciário, política, fiscal e sindical e pela flexibilização das leis trabalhistas. Essa era a linha considerada moderna e flexível da Força Sindical. Nesse sentido não é muito afirmar,

"que o movimento sindical brasileiro esteve na contramão da tendência histórica predominante durante a década de 1980, ao conquistar uma capacidade de intervenção política inédita na história do país, quando, em nível internacional, os sindicatos viviam um processo generalizado de enfraquecimento." (LEITE, 1997, p. 17)

No entanto, nos anos 1990 acentuam-se, no Brasil, as transformações nas relações de trabalho e de produção que já apontavam para transformações no setor produtivo. Essas transformações vieram à partir da inserção de novas tecnologias que por sua vez atingiram os trabalhadores em dois aspectos: a) exigência de qualificação e consequentemente maior flexibilidade para adaptar-se às mudanças constantes no modo de produzir e, b) diminuição quantitativa da exploração da força de trabalho, além da verticalização da exploração qualitativa. Esses aspectos conjuntamente constituíram os elementos da hegemonia do capital sobre o trabalho nos anos 1980 e 1990 do século XX. Esse contexto é acompanhado com a abertura econômica e a política de competitividade interna e externa à partir de importação de bens de consumo e de produção.

"A política econômica neoliberal inaugurada pelo governo Collor em 1990 jogou o país numa profunda crise recessiva, aumentando de maneira extremamente rápida os níveis de desemprego no país, ao mesmo tempo em que, ao abrir abruptamente a economia brasileira, forçou as empresas a acelerar seus processos de reestruturação produtiva, gerando novos desafios para os quais o movimento sindical, de maneira geral, não se encontrava preparado." (LEITE, 1997, p. 17 e 18)

O quadro atual é o de profunda crise de postos de trabalhos consistindo em um fenômeno que afeta, sobretudo, as regiões de grandes indústrias, que por sua vez tendem a migrar para outras regiões em busca de condições fiscais mais favoráveis e mão de-obra mais barata e claro melhor qualificada.

Esse movimento industrial parte do pressuposto também que as regiões como menos concentração da população tende a ter movimentos sindicais mais fracos tendo em vista a necessidade de desenvolvimento e de empregabilidade nestas regiões.

Por outro lado, a transformação ocorrida nas relações de trabalho principalmente no que se refere ao modo capitalista de produção têm buscado acabar com os "entraves" instituídos pelas leis trabalhistas na relação Capital/Trabalho. Acordos entre os sindicatos, empresas e Ministério de Trabalho tem dado poder às empresas para obter maior flexibilidade no uso da força de trabalho, sem impedimento legal e municiando a contestação no campo institucional formal por parte dos sindicatos.

Fica, portanto evidente o desmonte do aparato institucional que poderia, mesmo que precariamente garantir algum tipo de proteção ao trabalhador, e, pior é o poder de influência da classe dominante sobre os aparelhos do Estado, que alteram a legislação e intervém nos sindicatos em desfavor dos trabalhadores.

Outro fenômeno que nos interessa aqui é o fracionamento dos sindicatos na representação das diferentes categorias, organizando, em tese, estes trabalhadores, também legalmente contratados como uma força conjunta frente ao capital. Esta fragmentação acentua e evidencia por outro lado a divisão social do trabalho, e ainda dificulta sobremaneira a luta organizada, essa situação recai sobre os trabalhadores também que por sua vez também se sentem desintegrados e fragmentados no movimento.

O aspecto mais grave nesse contexto são os programas de qualificação, requalificação e formação profissional, financiados com dinheiro público, ou seja, oriundo da mesma fonte que fragmenta o movimento dos trabalhadores, adere-se favoravelmente ao capital e atrai agora os sindicatos colaborando para o esvaziamento dos sindicatos e a desarticulação da capacidade de organização dos trabalhadores. Salienta-se também que estes programas são na verdade renda dos sindicatos. Essa é uma forma de cooptação do movimento sindical e de seus agentes que por sua vez de forma direta ou indireta contribui a debilitação da capacidade de movimentação e organização da classe trabalhadora e ainda estimula e de certa forma formaliza legalmente a precarização das relações de trabalho.

5. Referências

BARDIN, Laurence. *Análise de conteúdo*. Lisboa: Edições 70, 1977.

BRANDÃO, Carlos Rodrigues. *O que é educação*. 15. ed. São Paulo: Brasiliense, 1985. Coleção Primeiros Passos.

BRASIL. Ministério do Trabalho. *Educação e trabalho;* um projeto para jovens e adultos de baixa escolaridade. Brasília: Ministério do Trabalho, 1998.

_____. *Lei de Diretrizes e Bases da Educação Nacional*. Lei n. 9.394, de 20 de dezembro de 1996. Brasília: Ministério da Educação, 1997.

_____. Ministério do Trabalho do. *Questões críticas da educação brasileira*. Brasília: Ministério do Trabalho, 1995.

_____. Ministério do Trabalho do. *Tendências do mercado de trabalho brasileiro:* rumos, desafios e o papel do Ministério do Trabalho. Exposição realizada na câmara dos Deputados. *Homepage*: <www.mtb.gov.br> Acesso em: em: 14.5.98.

BUTLER, E. *A contribuição de Hayek às ideias políticas e econômicas de nosso tempo*. Rio de Janeiro: Liberal, 1983.

CANOTILHO, J. J. Gomes. *Direito constitucional*. 6. ed. Coimbra: Almedina, 1993.

CORIAT, Benjamin. *Pensar pelo avesso:* o modelo japonês de trabalho e organização. Tradução de Emerson S. da Silva. Rio de Janeiro: Revan/UFRJ, 1994.

DUARTE, N. *Sobre o construtivismo*. Campinas: Autores Associados, 2000.

_____. *Educação escolar, teoria do cotidiano e a escola de Vigotski*. Campinas: Autores Associados, 1996.

DALLEGRAVE NETO, José Afonso. Os princípios do direito do trabalho e a teoria crítica do direito. *Revista Jurídica*, Curitiba, ano XII, n. 10, p. 78-89, nov. 1996.

EVANGELISTA, J. E. *Crise do marxismo e irracionalismo pós-moderno*. São Paulo: Cortez, 1992.

FABRINI, Fabio; FERREIRA, Pedro; HERDY, Thyago. Marcados para morrer. *Estado de Minas*, p. 22, 23 e 26, 5.8.2007.

FERREIRA, Nilda. *Cidadania:* uma questão para a educação. 2. ed. Rio de Janeiro: Nova Fronteira, 1993.

FREDERICO, C. Razão e desrazão: a lógica das coisas e a pós-modernidade. *Revista Quadrimestral de Serviço Social*, n. 55, p. 155-187, 1997.

FRIGOTTO, Gaudêncio. Educação, crise do trabalho assalariado e do desenvolvimento: teorias em conflito. *In:* FRIGOTTO, Gaudêncio (org.). *Educação e crise do trabalho:* perspectivas de final de século. Petrópolis: Vozes, 1998.

_____. *Educação e crise do capitalismo real*. 2. ed. São Paulo: Cortez, 1996.

HIRATA, Helena. Da polarização das qualificações ao modelo da competência. *In:* FERRETI, Celso J. *et al.* (orgs.). *Novas tecnologias, trabalho e educação*. 3. ed. Petrópolis: Vozes, 1996.

HARVEY, David. *Condição pós-moderna*. São Paulo: Loyola, 1994.

HERDY, Thiago. Alerta engavetado. *Estado de Minas*, p. 20, 27.8.2007.

HERKENHOFF, João Baptista. *Gênese dos direitos humanos*. Aparecida: Santuário, 2002.

MARX, Karl. *O capital*. Rio de Janeiro: Civilização Brasileira, 1972.

PAGÉS, M. *et al. O poder das organizações*. São Paulo: Atlas, 1992.

QUEIROZ, Victor Santos. A dignidade da pessoa humana no pensamento de Kant. Da fundamentação da metafísica dos costumes à doutrina do direito. Uma reflexão crítica para os dias atuais. *Jus Navigandi*, Teresina, a. 9, n. 757, 31 jul. 2005.

REALE, Miguel. *Filosofia do direito*. 17. ed. São Paulo: Saraiva 1996.

SARLET, Ingo Wolfgang. *A eficácia dos direitos fundamentais*. Porto Alegre: Livraria dos Advogados, 1995

SCHUGURENSKY, Daniel. Globalização, democracia participativa e educação cidadã: o cruzamento da pedagogia e da política pública. *In:* SILVA, Luiz Heron (org.). *Século XXI*: qual o conhecimento? Qual o currículo? Petrópolis: Vozes, 1999.

TEIXEIRA, Francisco José Soares. *Economia e filosofia no pensamento político moderno*. Campinas: Pontes, 1995.

RIFKIN, J. *O fim dos empregos*. São Paulo: Makron Books, 1996.

Responsabilização Empresarial no Âmbito Trabalhista

Rodrigo Coimbra(*)

O Direito do Trabalho, a partir de toda sua principiologia protetiva[1] de um dos sujeitos da relação de emprego (o empregado), concebida com base na premissa de desigualdade econômica entre empregado e empregador, procura diminuir tal desigualdade fática por meio da intervenção do Estado nas relações de trabalho, reduzindo a autonomia dos sujeitos notadamente no âmbito individual, estabelecendo limites máximos e mínimos[2].

O Direito processual do Trabalho, enquanto instrumento de realização do Direito material não observado, também é atraído pela teia de proteção do empregado. Nesse contexto, possui muita importância prática as questões que envolvem a responsabilização empresarial por eventuais dívidas trabalhistas.

Tendo em vista a dinâmica das relações de trabalho e da complexidade e diversidade dos casos concretos existentes são diversas as possibilidades de responsabilização empresarial no âmbito trabalhista.

Para o presente trabalho elegeu-se o estudo da responsabilidade empresarial nas seguintes situações: responsabilidade subsidiária do tomador na terceirização lícita de trabalho, responsabilidade solidária entre as empresas participantes de grupo econômico, responsabilidade solidária entre os empregadores participantes do consórcio de produtores rurais, responsabilidade solidária na terceirização ilícita de trabalho, responsabilidade na sucessão de empregadores, responsabilidade do sócio retirante e do sócio ingressante, responsabilidade dos sócios na desconsideração judicial da personalidade jurídica da empresa. Por fim, analisa-se um dos poucos casos gerais de inexistência de qualquer tipo de responsabilidade patronal: o dono da obra, salvo se for construtora ou incorporadora.

1. Responsabilidade subsidiária do tomador na terceirização lícita de trabalho

Diferentemente da obrigação solidária que está prevista entre as modalidades de obrigações dispostas no Código Civil de 2002[3], a obrigação subsidiária não está prevista na legislação brasileira, ao menos

---

(*) Doutor em Direito pela PUCRS. Mestre em Direito pela UFRGS. Professor de Direito do Trabalho na graduação e no programa de Mestrado e Doutorado da UNISINOS. Advogado.
(1) PLÁ RODRIGUEZ, Américo. *Princípios de direito do trabalho*. 3. ed. São Paulo: LTr, 2000. p. 83; SÜSSEKIND, Arnaldo et al. *Instituições de direito do trabalho*. 20. ed. São Paulo: LTr, 2002. v. 1, p. 146.
(2) COIMBRA, Rodrigo; ARAÚJO, Francisco Rossal de. Direito do trabalho: evolução do modelo normativo e tendências atuais na Europa. *Revista LTr*, São Paulo, a. 73, t. II, n. 8, p. 953-962, ago. 2009.
(3) Conforme arts. 233 a 285, previstos no Título I, do Livro I, do Código Civil de 2002.

com esta nomenclatura, embora essa obrigação muito se parece com a que decorre da fiança judicial.

Almeida Costa define que a obrigação será subsidiária da dívida principal na medida em que o seu cumprimento só possa ser exigido "quando o devedor principal não cumpra nem possa cumprir a obrigação a que se encontra adstrito"[4].

A inserção da expressão "responsabilidade subsidiária" no âmbito jurídico trabalhista coube ao TST, que a previu no item IV da Súmula n. 331, cuja redação original foi publicada em 21.12.1993[5].

Estabelece esta Súmula que o inadimplemento das obrigações trabalhistas, por parte do empregador, implica a responsabilidade subsidiária do tomador dos serviços, quanto àquelas obrigações, desde que hajam participado da relação processual e constem também do título executivo judicial. A Resolução do TST n. 96, de 18.9.2000, acrescentou que esse tipo de responsabilidade alcança também os órgãos da administração direta, das autarquias, das fundações públicas, das empresas públicas e das sociedades de economia mista. E, a Resolução do TST n. 174 de 27.5.2011, alterando significativamente essa situação, deu nova redação ao item IV e inseriu os itens V e VI, passando a entender que os entes integrantes da Administração Pública direta e indireta respondem subsidiariamente apenas se evidenciada a sua conduta culposa no cumprimento das obrigações da Lei n. 8.666, de 21.6.1993, especialmente na fiscalização do cumprimento das obrigações contratuais e legais da prestadora de serviço como empregadora.

Isso significa que a responsabilidade subsidiária da Administração Pública não decorre de mero inadimplemento das obrigações trabalhistas assumidas pela empresa regularmente contratada (como ocorre com as demais reclamadas), mas da comprovação de sua culpa na fiscalização das obrigações trabalhistas da terceirizada[6].

Importante referir que nos casos de contratações de trabalhadores, por interposta pessoa, ocorridas antes da vigência da CF 1988, o TST aplica a Orientação Jurisprudencial n. 321 da SDI-1, que não prevê a hipótese de responsabilidade subsidiária do tomador de serviços, tendo só uma hipótese, bem mais severa: são ilícitas as contratações de trabalhadores, por pessoa interposta, salvo nos casos de trabalho temporário e de serviço de vigilância, ocorridas antes da vigência da CF 1988, resultando nesses casos a formação de vínculo empregatício diretamente com o tomador dos serviços, inclusive ente público.

Para melhor compreensão destas complexas orientações do TST, passa-se a apreciar os pressupostos necessários para a responsabilização subsidiária do tomador de serviços, que vale lembrar, só aplica as contratações de trabalhadores, por pessoa interposta, ocorridas após a vigência da CF 1988.

1.1. Pressupostos da responsabilidade subsidiária

a) **licitude da terceirização**: a responsabilização subsidiária da empresa tomadora dos serviços se

---

(4) ALMEIDA COSTA, Mário Júlio de. *Direito das obrigações*. 9. ed. Coimbra: Almedina, 2001. p. 833; segundo De Plácido e Silva, do latim *subsidiarius* (que é de reserva, que é de reforço), subsidiário na linguagem vulgar designa o que vem *em segundo lugar*, isto é, é secundário, auxiliar ou supletivo. Já por responsabilidade subsidiária entende-se a que vem a *reforçar* a responsabilidade principal, desde que não seja esta suficiente para atender aos imperativos da obrigação assumida (SILVA, De Plácido e. *Vocabulário jurídico*. Forense: Rio de Janeiro, 2002. p. 776).

(5) HECK esclarece que é tarefa dos tribunais (e das autoridades administrativas) responder, com o auxílio dos métodos de interpretação reconhecidos, na aplicação da lei, as questões duvidosas surgidas por falta de regulação expressa (HECK, Luís Afonso. *O tribunal constitucional federal e o desenvolvimento dos princípios constitucionais*: contributo para uma compreensão da jurisdição constitucional federal alemã. Porto Alegre: Sergio Antonio Fabris, 1995. p. 209-210).

(6) Tribunal Superior do Trabalho, Súmula n. 331. CONTRATO DE PRESTAÇÃO DE SERVIÇOS. LEGALIDADE (nova redação do item IV e inseridos os itens V e VI à redação) — Res. n. 174/2011, DEJT divulgado em 27, 30 e 31.5.2011.

I — A contratação de trabalhadores por empresa interposta é ilegal, formando-se o vínculo diretamente com o tomador dos serviços, salvo no caso de trabalho temporário (Lei n. 6.019, de 3.1.1974).

II — A contratação irregular de trabalhador, mediante empresa interposta, não gera vínculo de emprego com os órgãos da Administração Pública direta, indireta ou fundacional (art. 37, II, da CF/1988).

III — Não forma vínculo de emprego com o tomador a contratação de serviços de vigilância (Lei n. 7.102, de 20.6.1983) e de conservação e limpeza, bem como a de serviços especializados ligados à atividade-meio do tomador, desde que inexistente a pessoalidade e a subordinação direta.

IV — O inadimplemento das obrigações trabalhistas, por parte do empregador, implica a responsabilidade subsidiária do tomador dos serviços quanto àquelas obrigações, desde que haja participado da relação processual e conste também do título executivo judicial.

V — Os entes integrantes da Administração Pública direta e indireta respondem subsidiariamente, nas mesmas condições do item IV, caso evidenciada a sua conduta culposa no cumprimento das obrigações da Lei n. 8.666, de 21.6.1993, especialmente na fiscalização do cumprimento das obrigações contratuais e legais da prestadora de serviço como empregadora. A aludida responsabilidade não decorre de mero inadimplemento das obrigações trabalhistas assumidas pela empresa regularmente contratada.

VI — A responsabilidade subsidiária do tomador de serviços abrange todas as verbas decorrentes da condenação referentes ao período da prestação laboral.

dará apenas no caso de a terceirização ser lícita. Em se tratando de terceirização ilícita, a relação de emprego forma-se diretamente entre trabalhador e a empresa tomadora, respondendo a empresa prestadora de serviços solidariamente. Esse pressuposto não consta expressamente como os dois últimos, mas provém da interpretação sistemática[7] da Súmula n. 331 do TST.

Com exceção do trabalho temporário, que tem sua atividade-fim justamente no fornecimento de mão de obra, porém de forma temporária, as demais hipóteses de terceirização para serem consideradas lícitas, devem constituir-se de serviços especializados vinculados à atividade-meio da empresa tomadora de serviços, além de inexistir pessoalidade e subordinação em relação ao tomador de serviços.

Nesses casos, em que a terceirização é lícita, não haverá a formação de vínculo de emprego diretamente com o tomador, nem a responsabilização solidária da empresa prestadora de serviços[8].

Contudo, em face dos constantes insucessos na execução dos créditos trabalhistas junto às empresas prestadoras de serviços e para não deixar o empregado desprotegido em relação à satisfação de seus créditos, o TST, a partir da edição da Súmula n. 331, entende que o tomador de serviços, por ter-se beneficiado do trabalho humano, deverá garantir o adimplemento do débito trabalhista subsidiariamente, ainda que a terceirização seja lícita[9]. Os fundamentos jurídicos para a responsabilização subsidiária serão estudados a seguir.

b) inadimplemento das obrigações trabalhistas por parte do prestador de serviços: a responsabilidade originária pelo pagamento dos débitos trabalhistas é, sem dúvida, do prestador dos serviços, pois ele é o empregador, nos moldes do art. 2º da Consolidação das Leis do Trabalho. Entretanto, a teor do disposto no item IV da Súmula n. 331 do TST, basta o inadimplemento das obrigações trabalhistas por parte do devedor principal (empregador-prestador dos serviços) para que o devedor subsidiário (cliente-tomador de serviços) seja responsabilizado subsidiariamente pelos créditos trabalhistas deferidos em sentença judicial.

Observe-se que no caso do contratante dos serviços terceirizados ser a Administração Pública além do inadimplemento das obrigações trabalhistas por parte do prestador de serviços em relação aos empregados dele, é necessário que haja comprovação de culpa da Administração Pública na fiscalização da empresa terceirizada contratada, relativamente ao cumprimento das obrigações trabalhistas desta perante os seus empregados, conforme o teor do item V da Súmula n. 331 do TST.

O inadimplemento, em sentido estrito, é a não realização da prestação enquanto devida. Isto significa que o inadimplemento não é nem a simples ausência de cumprimento nem a mera não realização da prestação devida: constitui, especificamente, a não realização da prestação devida à medida que essa não realização corresponda à violação da norma (legal, convencional, imposta pelos usos ou derivada de modelo jurisprudencial) que era especificamente dirigida ao devedor (cominando o dever de prestar) ou ao credor (cominando o dever de receber)[10].

Sempre que o credor teme o inadimplemento, procura uma garantia. A responsabilidade subsidiária é a garantia do adimplemento das obrigações trabalhistas criada pelo modelo jurisprudencial pátrio (Súmula n. 331, IV, do TST). O tomador dos serviços, como beneficiário da prestação laboral, funciona como um garante[11] da obrigação, sendo para

---

(7) FREITAS, Juarez. *A interpretação sistemática do direito*. 5. ed. São Paulo: Malheiros, 2010.
(8) São hipóteses de formação de vínculo de emprego diretamente com o tomador de serviços e responsabilidade solidária da empresa prestadora de serviços, segundo a orientação do TST: a) quando existir os elementos caracterizadores da relação de emprego em relação ao tomador de serviço; b) quando o trabalho prestado pertença à atividade-fim da empresa tomadora.
(9) BRASIL. Tribunal Regional do Trabalho da 3ª Região, 5ª Turma. Ementa: RESPONSÁVEL SUBSIDIARIAMENTE — ADMINISTRAÇÃO PÚBLICA — A invocação do art. 71 da Lei n. 8.666, de 21 de junho de 1993 — Lei de Licitações — não justifica a exclusão da responsabilidade da recorrida, uma vez que colide com o princípio responsabilizatório, insculpido no art. 37, § 6º, da CF 1988. *Foi, inclusive, a responsabilidade subsidiária, consagrada pela jurisprudência do c. TST (Enunciado n. 331, IV), mesmo nos casos de terceirização lícita, não excluindo a Administração Pública, direta, indireta e fundacional*. Recurso Ordinário n. RO/16642/00. Relator(a): Juíza Nanci de Melo e Silva. 11 de novembro de 2000. Disponível em: <http://www.mg.trt.gov.br> Acesso em: 4.12.2004. Em igual sentido: BRASIL. Tribunal Regional do Trabalho da 3ª Região, 4ª Turma. Ementa: Recurso Ordinário n. O/1734/03. Relator(a): Juiz Antônio Álvares da Silva. 22 de março de 2003. Disponível em: <http://www.mg.trt.gov.br> Acesso em: 30.9.2004.
(10) CORDEIRO. Antônio Menezes. *Direito das obrigações*. Lisboa: Associação Acadêmica da Faculdade de Direito de Lisboa, 1980. v. 1, p. 436; MARTINS-COSTA, Judith. *Comentários ao novo código civil*. Rio de Janeiro: Forense, 2003. v. 5, t. 2, p. 83. A autora destaca a relevância metodológica trazida pelo Código Civil de 2002 brasileiro, que distingue em títulos apartados do Livro I, a matéria concernente ao adimplemento e ao inadimplemento das obrigações, sinalizando que, conquanto antiteticamente ligados, não podem ser tratados como uma coisa só, pois cumprimento e incumprimento pressupõem regras próprias e inconfundíveis (p. 79).
(11) Impõe-se à tomadora uma função de garantia patrimonial, tal como se vê no direito argentino, conforme ROBORTELLA, Luiz Carlos Amorim. *O moderno direito do trabalho*. São Paulo: LTr, 1994. p. 262.

isso responsabilizado subsidiariamente, e executado em caso de inexistência ou insuficiência de bens da empresa prestadora para satisfazer os créditos trabalhistas.

Assim como ocorre com o fiador judicial, o tomador de serviços terceirizados responde por seu patrimônio, sendo responsável pelo adimplemento pelo devedor principal[12].

Resta evidenciado que este pressuposto tem por base a hipossuficiência do trabalhador, que sustenta a teoria de que o direito do trabalho, por meio de seus princípios típicos (liderados pelo princípio protetor) visa nivelar as desigualdades econômicas existentes entre trabalhadores e dadores de trabalho.

Todavia, sendo o direito do trabalho um direito fundamental cabe aplicar a teoria da colisão de Robert Alexy[13], não se devendo falar em problema de igualdade, mas em uma questão de interpretação, havendo necessidade de ponderação. Ele esclarece que na interpretação do princípio geral de igualdade pode estar ordenado um tratamento igual ou desigual. Para tanto, tem que haver uma razão suficiente que o justifique. Se não há nenhuma razão suficiente para a permissão de um tratamento desigual, então está ordenado um tratamento igual. Contudo, se há uma razão suficiente para ordenar um tratamento desigual, então está ordenado um tratamento desigual. Assim, o princípio da igualdade exige, *prima facie*, um tratamento igual e somente permite um tratamento desigual quando puder ser justificado com razões opostas. A justificação e a qualificação da razão como suficiente é um problema de valoração.

c) participação da tomadora no processo trabalhista: é necessário que o(s) tomador(es) haja(m) participado da relação processual e conste(m) também do título executivo judicial para que o trabalhador possa cobrar do tomador de serviços os direitos trabalhistas que lhe são devidos.

Em outras palavras: quando o trabalhador verificar a inexistência ou insuficiência de bens do prestador de serviços (devedor principal), só poderá cobrar seus direitos do tomador de serviços (devedor subsidiário) se ele participou do processo e consta na decisão judicial que deferiu ao trabalhador supostos direitos trabalhistas, segundo o disposto no item IV da Súmula n. 331 do TST.

Trata-se de um pressuposto de cunho processual básico, uma vez que, num processo judicial, quem não foi incluído no polo passivo da ação, não participou da fase de conhecimento do processo, não pôde gozar do direito constitucional da ampla defesa[14] e, consequentemente, não poderá constar na decisão e, muito menos, ser cobrado na execução da sentença, por força dos efeitos da coisa julgada[15].

d) Comprovação de culpa da Administração Pública na fiscalização do cumprimento das obrigações contratuais e legais da prestadora de serviço: em relação a administração pública o Tribunal Superior do Trabalho tem exigido, a partir da inserção do item V da Súmula n. 331 do TST, em 2011, a comprovação, no processo, de culpa da Administração Pública (direta e indirata) na fiscalização do cumprimento das obrigações contratuais e legais da empresa prestadora de serviço (terceirizada).

Incide-se em culpa, quando se comete um erro de conduta, ou seja, quando não se age como seria necessário[16]. O Código Civil também se utiliza dessa

---

(12) Nesse sentido, tratando da função da fiança, PONTES DE MIRANDA, Francisco Cavalcanti. *Tratado de direito privado*. Rio de Janeiro: Borsoi, 1954. v. 44, p. 93. Esclarece o autor que essa forma de garantia é inconfundível com a assunção de dívida alheia e com o contrato de garantia, pois não se garante determinado resultado ou que não ocorrerá prejuízo (p. 93).

(13) ALEXY, Robert. *Teoria de los derechos fundamentales*. Madrid: Centro de Estudos Constitucionales, 1997. p. 491-493.

(14) CF 1988, art. 5º, inciso LV: "aos litigantes, em processo judicial ou administrativo, e aos acusados em geral são assegurados o contraditório e a ampla defesa, com os meios e recursos a ela inerentes".

(15) Nesse sentido MARTINS, Sergio Pinto. *A terceirização e o direito do trabalho*. 5. ed. São Paulo: Atlas, 2001. p. 124; a jurisprudência tem-se manifestado neste sentido, conforme o exemplo seguinte: BRASIL. Tribunal Regional do Trabalho da 3ª Região, 1ª Turma. Ementa: RESPONSABILIDADE SUBSIDIÁRIA — EMPRESA TOMADORA DE SERVIÇOS. *A teor do disposto no item IV do En. n. 331 do C. TST, é subsidiariamente responsável a empresa tomadora dos serviços, desde que tenha participado da relação processual e conste também do título executivo judicial*. Assim sendo é facultado, ao empregado, ajuizar ação trabalhista contra ambas as empresas. Todavia, se não o faz, acionando tão somente a empregadora, empresa prestadora de mão de obra, não pode posteriormente voltar-se contra a empresa tomadora, postulando os mesmos direitos. A decisão de ajuizar reclamação somente contra a empresa prestadora configura verdadeira renúncia ao direito de postular contra a empresa tomadora, não mais subsistindo a responsabilidade subsidiária desta. Recurso ordinário conhecido e provido. Grifou-se. Recurso Ordinário n. RO/6712/97. Relator(a): Juiz Júlio Bernardo do Carmo. 7 de novembro de 1997. Disponível em: <http://www.mg.trt.gov.br> Acesso em: 30.9.2004; no mesmo sentido: BRASIL. Tribunal Regional do Trabalho da 3ª Região, 5ª Turma. Recurso Ordinário n. RO/10258/95. Relator (a): Juiz Tarcísio Alberto Giboski. 20 de janeiro de 1996. Disponível em: <http://www.mg.trt.gov.br> Acesso em: 30.9.2004.

(16) Aguiar Dias, depois de analisar diversas definições, conclui que "a culpa é falta de diligência na observância da norma de conduta, isto é, o desprezo, por parte do agente, do esforço necessário para observá-la, com resultado, não objetivado, mas previsível, desde que o agente se detivesse na consideração das consequências eventuais de sua atitude" (DIAS, José de Aguiar. *Da responsabilidade civil*. 6. ed. Rio de Janeiro: Forense, 1979.

noção ao prever que a conduta humana culposa leva à obrigação de reparar o dano[17].

Há culpa *in eligendo* quando a responsabilidade é atribuída àquele que escolheu mal a pessoa que praticou o ato. Escolhe quem nomeia, ou contrata, ou quem escolhe por outrem[18]. Há culpa *in vigilando* quando a responsabilidade é imputada àquele que descurou da obrigação de vigiar a conduta de outrem[19].

Embora não haja previsão normativa presumindo a culpa *in vigilando* do tomador de serviços em relação ao prestador de serviços contratado, o modelo jurisprudencial indicado pelo TST, mediante o disposto no inciso IV da Súmula n. 331 (terceirização por entes privados), responsabiliza o tomador de serviços de forma subsidiária em havendo inadimplemento dos direitos dos trabalhadores por parte do prestador de serviços, em decorrência da falta de fiscalização do primeiro sobre o segundo, pelo fato de que os serviços foram prestados em benefício do tomador de serviços, razão por que a ele cabe zelar pelo fiel cumprimento das obrigações trabalhistas[20].

Demonstrando a dificuldade e a complexidade desta matéria, Orlando Gomes[21] sustenta que nas duas hipóteses (culpa *in eligendo* e culpa *in vigilando*) soa mal falar em culpa, pois, no sentido técnico da palavra, não poderia haver responsabilidade pelo fato de outrem, uma vez que a responsabilidade deriva da culpa de quem comete ato ilícito, só poderia ser admitida, no rigor da lógica, em consequência de fato próprio. Nesse sentido, os irmãos Mazeaud[22] referem que os tribunais franceses utilizavam a expressão "presunção de responsabilidade", rechaçando a palavra "culpa".

Todavia, no Brasil, continua-se falando em presunção de culpa de determinadas pessoas que praticam atos danosos (culpa *in eligendo* e *in vigilando*), admitindo, em última análise, casos de responsabilidade nos quais o elemento subjetivo é praticamente dispensado. Isso não significa, entretanto, que sejam casos de responsabilidade objetiva, pelo menos quando a presunção admite prova em contrário[23]. Conforme antes referido, nos casos de terceirização de serviços pela Administração Pú-

---

v. 1, p. 136); já para Alvino Lima, "culpa é um erro de conduta, moralmente imputável ao agente e que não seria cometido por uma pessoa avisada, em iguais circunstâncias de fato" (LIMA, Alvino. *Culpa e risco*. São Paulo: Revista dos Tribunais, 1963. p. 76); Caio Mário, por sua vez, entende que a culpa pode ser conceituada como "um erro de conduta cometido pelo agente que, procedendo contra direito, causa dano a outrem, sem a intenção de prejudicar, e sem a consciência que seu comportamento poderia causá-lo (PEREIRA, Caio Mário da Silva. *Responsabilidade civil*. Rio de Janeiro: Forense, 1999. p. 64); kelsen esclarece que "o momento a que chamamos 'culpa' é uma parte integrante específica do fato ilícito: consiste numa determinada relação positiva entre o comportamento (atitude) íntimo, anímico, do delinquente e o evento produzido ou não impedido através da dia conduta externa" (KELSEN, Hans. *Teoria pura do direito*. 6. ed. São Paulo: Martins Fontes, 1998. p. 137).

(17) Código Civil, art. 927: "Aquele que, por ato ilícito (arts. 186 e 187), causar dano a outrem, fica obrigado a repará-lo".

(18) PEREIRA, Caio Mário da Silva. *Responsabilidade civil*. Rio de Janeiro: Forense, 1999. p. 71-72; GOMES, Orlando. *Obrigações*. 15. ed. Rio de Janeiro: Forense, 2000. p. 294; para Pontes de Miranda, todavia, não importa se o incumbente escolheu bem ou mal, sendo "culpado, porque escolheu, e não só porque escolheu mal" (PONTES DE MIRANDA, Francisco Cavalcanti. *Tratado de direito privado*. Rio de Janeiro: Borsoi, 1954. v. 53, p. 153); cabe lembrar que na terceirização está-se tratando da contratação de prestação de serviços entre duas empresas (prestadora e tomadora de serviços), portanto de uma relação de Direito Civil, supostamente lícita, pois, se a terceirização for ilícita, a consequência é o reconhecimento do vínculo de emprego diretamente com o tomador de serviços e a responsabilidade solidária da prestadora de serviços.

(19) GOMES, Orlando. *Obrigações*. 15. ed. Rio de Janeiro: Forense, 2000. p. 287; PEREIRA, Caio Mário da Silva. *Responsabilidade civil*. Rio de Janeiro: Forense, 1999. p. 71-72; o art. 932 do Código Civil de 2002 determina que algumas pessoas tem um dever de vigilância a ser exercido constantemente em relação às pessoas que estão sob o seu poder ou direção, presumindo culpado aquele que se descurou da vigilância.

(20) Nesse sentido SOUZA, Mauro César Martins de. Responsabilização do tomador de serviços na terceirização. *Revista Justiça do Trabalho*, Porto Alegre: HS, n. 208, p. 20, abr. 2001; Martins alerta que o que se tem verificado, na prática, é a propositura abusiva de ações contra o tomador de serviços, sem que haja justificativa para a inclusão daquele no polo passivo da ação, nem mesmo prova de que há idoneidade financeira da prestadora dos serviços ou de que simplesmente desapareceu sem pagar seus empregados (MARTINS, Sergio Pinto. *A terceirização e o direito do trabalho*. 5. ed. São Paulo: Atlas, 2001. p. 125).

(21) GOMES, Orlando. *Obrigações*. 15. ed. Rio de Janeiro: Forense, 2000. p. 287.

(22) MAZEAUD, Henri y Leon. *Tratado teórico y práctico de la responsabilidad civil, delictual e contractual*. Buenos Aires: Europa-América, 1961. v. 1, p. 103.

(23) Pontes De Miranda, tratando da culpa *in eligendo*, defende que "a culpa do incumbido determina a responsabilidade sem culpa do incumbente, porque foi ele que escolheu (ou acolheu) o incumbido" (PONTES DE MIRANDA, Francisco Cavalcanti. *Tratado de direito privado*. Rio de Janeiro: Borsoi, 1954. v. 53, p. 153); Aguias Dias diz que o sistema tradicional da culpa é incapaz de resolver o problema da responsabilidade por fato de outrem, uma vez que as soluções que nesse sentido se apresentam são insuficientes. Após, tratando da solução unitária de Marton, e tentando conciliar com o sistema a responsabilidade do fato de outrem, sustenta que se trata de uma responsabilidade derivada da obrigação do próprio responsável, pela concepção que existe, a cargo dele, o dever de suportar, uma vez concretizada a hipótese, sozinho ou em conjunto com o agente, as consequências desse fato. Argumenta, ainda, que *construção semelhante pode ser observada na figura da fiança*, em que a obrigação do fiador preexiste ao vencimento da dívida principal, porém, sua responsabilidade só emerge depois do vencimento, e se se trata de fiador com benefício de ordem, é condição para se efetivar sua obrigação o insucesso ou impraticabilidade da execução prévia do afiançado (DIAS, José de Aguiar. *Da responsabilidade civil*. 6. ed. Rio de Janeiro: Forense, 1979. v. 1, p. 47 e 104-105).

blica o Tribunal Superior do Trabalho, a partir de 27.5.2011, passou a dar tratamento diferenciado a tais entes, exigindo a prova de sua culpa na fiscalização da prestadora de serviços.

1.2. Efeitos da responsabilidade subsidiária

O principal efeito da responsabilidade subsidiária é o fato de o tomador de serviços responder pelo cumprimento das obrigações trabalhistas devidas e não adimplidas por parte do prestador de serviços, após verificada a inexistência ou insuficiência de bens deste último para solver a dívida.

Existem também outros efeitos importantes, embora não sejam expressamente previstos, tendo em vista que a responsabilidade subsidiária decorre de orientação jurisprudencial (inciso IV da Súmula n. 331 do TST) e o verbete n. 331 se limitou a prever alguns pressupostos e o efeito principal referido no parágrafo anterior. Todavia, pesquisando a jurisprudência trabalhista brasileira, pode-se constatar que a responsabilização subsidiária do tomador de serviços terceirizados possui outros efeitos: benefício de ordem, benefício de divisão e benefício da sub-rogação. Tais efeitos aparecem nas decisões trabalhistas, conforme se verá a seguir, embora muitas vezes sem essa denominação.

a) Benefício de ordem

O benefício de ordem, também chamado de benefício de excussão, consiste no direito assegurado ao fiador de exigir que o credor acione em primeiro lugar o devedor principal[24].

Neste sentido, o Código Civil de 2002 dispõe que o fiador demandado pelo pagamento da dívida tem direito a exigir, até a contestação da lide, que sejam primeiro executados os bens do devedor[25].

A repercussão deste benefício no campo específico da terceirização de trabalho é de que, em decorrência da responsabilidade subsidiária, o devedor subsidiário irá responder pelos créditos trabalhistas somente depois de esgotados os bens do devedor principal, seja por insuficiência ou inexistência de bens deste último[26].

Considerando que essa obrigação provém da sentença, o benefício poderá vir a ser usado, caso a execução da sentença não seja direcionada primeiramente contra a empresa prestadora dos serviços. Isso significa que somente depois de verificado que a prestadora de serviços não cumpriu com as obrigações objeto da condenação é que a tomadora dos serviços poderá ser executada.

b) Benefício de divisão

Já o benefício da divisão reza que, quando estiver expressamente estipulado, cada devedor

---

(24) GOMES, Orlando. *Contratos*. 24. ed. Rio de Janeiro: Forense, 2001. p. 438. Nesse sentido também PONTES DE MIRANDA, Francisco Cavalcanti. *Tratado de direito privado*. Rio de Janeiro: Borsoi, 1954. v. 36, p. 112; ALMEIDA COSTA, Mário Júlio de. *Direito das obrigações*. 9. ed. Coimbra: Almedina, 2001, p. 833. Esse benefício, "que era desconhecido no Direito Romano antigo e no período clássico, em que vigorava o princípio da solidariedade, independentemente de convenção, somente veio a integrar-se no sistema, ao tempo de Justiniano, que o introduziu no *Corpus Juris*", conforme PEREIRA, Caio Mário da Silva. *Instituições de direito civil*. Rio de Janeiro: Forense, 2001. v. 2, p. 332.
(25) Código Civil de 2002, art. 827. "O fiador demandado pelo pagamento da dívida tem direito a exigir, até a contestação da lide, que sejam primeiro executados os bens do devedor. Parágrafo único. O fiador que alegar o benefício de ordem, a que se refere este artigo, deve nomear bens do devedor, sitos no mesmo município, livres e desembargados, quantos bastem para solver o débito".
(26) Havendo subsidiariedade, a responsabilidade direta é do devedor principal (prestador de serviços), e só se transfere para o devedor subsidiário (tomador de serviços), quando o primeiro for inadimplente, não tendo condições de solver o débito, conforme ABDALA, Vantuil. Terceirização: atividade-fim e atividade-meio: responsabilidade subsidiária do tomador de serviços. *Revista LTr*, São Paulo, v. 609, n. 5, p. 589, maio 1996; a jurisprudência pátria tem, em alguns julgados, referido expressamente o benefício de ordem, como por exemplo: BRASIL. Tribunal Superior do Trabalho, 3ª Turma. Ementa: AGRAVO DE INSTRUMENTO. RECURSO DE REVISTA. 1. RESPONSABILIDADE SUBSIDIÁRIA. Assentou o Regional que a responsabilidade subsidiária do Recorrente decorria da culpa pela má escolha da prestadora de serviços e pela falta de fiscalização de seus trabalhos (culpa *in eligendo* e culpa *in vigilando*), ainda que o tomador dos serviços fosse pessoa jurídica de direito público, pois foi este beneficiário da força de trabalho da reclamante. Decisão regional homenageia a jurisprudência deste Tribunal, revelada no teor do inciso IV da Súmula n. 331/TST, pelo que não impulsionavam o processamento da Revista as alegações de afronta aos diversos dispositivos legais e constitucionais. Ausente o dissenso pretoriano, ante os óbices trazidos pelos teores da Súmula n. 333/TST e § 4º do art. 896 da CLT. Agravo a que se nega provimento. 2. LIMITES DA RESPONSABILIDADE SUBSIDIÁRIA. Consignou o Regional que o Recorrente não poderia eximir-se da responsabilidade subsidiária, cujo alcance era amplo, estendendo-se, inclusive às verbas rescisórias e à multa do art. 477 da CLT. Os arestos colacionados a confronto não autorizavam o processamento do apelo, uma vez que a decisão regional se alinha à jurisprudência desta Corte, no sentido de que, uma vez imposta a responsabilidade subsidiária, a tomadora dos serviços responde pelo total devido ao Reclamante, incluindo verbas rescisórias e a multa do art. 477 da CLT. Agravo a que se nega provimento. 3. BENEFÍCIO DE ORDEM. Assinalou o Regional que em decorrência da responsabilidade subsidiária, o recorrente iria responder apenas após esgotados os bens da 1ª reclamada. A Revista não merecia processamento por ofensa ao art. 596 do CPC, posto que não foi indicado expressamente o dispositivo tido por violado, atraindo a incidência da Orientação Jurisprudencial n. 94/SDI-I. Melhor sorte não assistia ao recorrente quanto ao dissenso pretoriano, uma vez que o aresto trazido a cotejo não veiculou todos os fundamentos da decisão regional, mormente a tese da responsabilidade subsidiária, restando intransponível o óbice do Verbete Sumular n. 23/TST. Agravo a que se nega provimento. Grifou-se. Agravo de Instrumento-Recurso de Revista n. 1583/2001-017-03-00. Relator: Juíza convocada Dora Maria da Costa. 7 de maio de 2004. Disponível em: <http://www.tst.gov.br> Acesso em: 22.12.2004.

responde unicamente pela proporção que lhe couber no pagamento[27]. Nesse sentido a lei civil disciplina que a fiança conjuntamente prestada a um só débito por mais de uma pessoa importa o compromisso de solidariedade entre elas, se declaradamente não se reservarem o benefício de divisão. Estipulado esse benefício, cada fiador responde unicamente pela parte que, em proporção, lhe couber no pagamento[28].

Embora sem utilizar dessa nomenclatura, esse benefício tem sido concedido em algumas decisões de ações trabalhistas promovidas por empregados de prestadoras de serviços contra mais de uma empresa tomadora, hipóteses em que a responsabilidade das tomadoras dos serviços é limitada ao respectivo período em que o trabalhador lhe prestou labor[29]. É o que se tem chamado de responsabilidade fragmentada.

Nessa linha, Arnaldo Süssekind esclarece que a "responsabilidade da contratante está confinada o mesmo prazo de vigência do contrato celebrado entre as empresas cliente e prestadora de serviços"[30].

c) Benefício de sub-rogação

Em face do benefício de sub-rogação caso o devedor subsidiário pagar a dívida afiançada, ele sub-roga-se nos direitos do credor, ou seja, passa a ser credor do devedor principal, investindo-se nos mesmos direitos que pagou ao trabalhador. É o chamado direito de regresso[31].

Nesse sentido, o Código Civil de 2002 prevê que o fiador que pagar integralmente a dívida fica sub-rogado nos direitos do credor, mas só poderá demandar a cada um dos fiadores pela respectiva quota. A parte do fiador insolvente distribuir-se-á pelos outros[32].

Assim, sempre que o tomador de serviços pagar os débitos trabalhistas da prestadora de serviços, em face da sua responsabilidade subsidiária, poderá ressarcir-se do dano sofrido pela conduta desta. Uma prática bastante comum no meio empresarial em razão de sua efetividade é a retenção de valores da prestadora de serviços, por ocasião do pagamento dos seus serviços. Contudo, se a empresa tomadora de serviços não possuir nenhum crédito da prestadora de serviços, restará a primeira ajuizar ação regressiva contra a segunda, nos termos da lei civil, por aplicação analógica do art. 455 da Consolidação das Leis do Trabalho[33].

2. Responsabilidade solidária

2.1. Definição de solidariedade

Segundo o ordenamento jurídico pátrio, há solidariedade, quando, na mesma obrigação, há

---

(27) GOMES, Orlando. *Contratos*. 24. ed. Rio de Janeiro: Forense, 2001. p. 438; PEREIRA, Caio Mário da Silva. *Instituições de direito civil*. Rio de Janeiro: Editora Forense, 2001. v. 2, p. 332.

(28) Conforme art. 829 e parágrafo único, Código Civil de 2002. Esse benefício, em regra, não existe na solidariedade, uma vez que em virtude da obrigação solidária o credor pode exigir o cumprimento da obrigação, total ou parcialmente, do devedor que preferir, sem que os devedores possam alegar benefício de divisão.

(29) Exemplo: BRASIL. Tribunal Superior do Trabalho, 4ª Turma. RESPONSABILIDADE SUBSIDIÁRIA. O inadimplemento das obrigações trabalhistas, por parte do empregador, implica a responsabilidade subsidiária do tomador dos serviços, quanto àquelas obrigações, inclusive quanto aos órgãos da administração direta, das autarquias, das fundações públicas, das empresas públicas e das sociedades de economia mista, desde que hajam participado da relação processual e constem também do título executivo judicial (Lei n. 8.666/93, art. 71). Recurso de revista parcialmente provido. Vistos, relatados e discutidos estes autos de Recurso de Revista, n. TST-RR-687/2003-371-04-00.4 em que é Recorrente Indústria de Calçados Blip Ltda. e é Recorrida Mirian Eliana Costa, Calçados Juçara Ltda. e Calçados Azaleia S.A. O TRT da 4ª Região, pelo Acórdão de fls. 285/288, deu provimento parcial ao recurso ordinário da reclamante, para reincluir na lide as empresas Calçados Azaléia S.A. e Indústria de Calçados Blip Ltda., declarando a responsabilidade solidária das tomadoras de serviços, *limitada proporcionalmente ao período em que beneficiárias dos serviços prestados pela autora*. Grifou-se. Recurso de Revista n. 687/2003-371-04-00.4. Relator: Ministro Barros Levenhagen. 17 de dezembro de 2004. Disponível em: <http://www.tst.gov.br> Acesso em: 22.12.2004.

(30) Süssekind, Arnaldo et al. *Instituições de direito do trabalho*. 20. ed. São Paulo, 2002. v. 1, p. 278.

(31) GOMES, Orlando. *Contratos*. 24. ed. Rio de Janeiro: Forense, 2001. p. 438; PEREIRA, Caio Mário da Silva. *Instituições de direito civil*. Rio de Janeiro: Forense, 2001. v. 2, p. 333. A jurisprudência trabalhista também fala no direito de regresso, como exemplifica a ementa seguinte: BRASIL. Tribunal Regional do Trabalho da 2ª Região, 5ª Turma. Ementa: TERCEIRIZAÇÃO. SERVIÇOS PRESTADOS NAS DEPENDÊNCIAS DA RÉ. NECESSIDADE DE FIGURAR NO POLO PASSIVO. CULPA *IN ELIGENDO* E *IN VIGILANDO* — O contrato existente entre as partes para a terceirização de serviços não atrela o trabalhador que está na posição de *res inter alios*. Agiu a recorrente com culpa *in eligendo* e *in vigilando* impondo maus tratos ao art. 159 do CC. Daí porque deverá ser mantida no polo passivo para socorrer o crédito trabalhista de natureza alimentar (art. 100, CF) e dotado de superprivilégio (art. 186, 187 do CTN e art. 29 da Lei n. 6.830/80) e *também para que possa a recorrente voltar-se regressivamente contra a sua contratada*. Recurso Ordinário n. 02980448766/1998. Relator(a): Juiz Francisco Antonio de Oliveira. 13 de agosto de 1999. Disponível em: <http://www.trt2.gov.br> Acesso em: 22.12.2004. Grifou-se.

(32) Código Civil de 2002, art. 831: "O fiador que pagar integralmente a dívida fica sub-rogado nos direitos do credor; mas só poderá demandar a cada um dos outros fiadores pela respectiva quota. Parágrafo único. A parte do fiador insolvente distribuir-se-á pelos outros".

(33) Nesse sentido, ABDALA, Vantuil. Terceirização: atividade-fim e atividade-meio: responsabilidade subsidiária do tomador de serviços. *Revista LTr*, São Paulo, v. 609, n. 5, p. 590, maio 1996; ROBORTELLA, Luiz Carlos Amorim. *O moderno direito do trabalho*. São Paulo: LTr, 1994. p. 261.

pluralidade de credores ou de devedores, cada um com direito, ou obrigação, à dívida toda[34]. Dessa definição podem-se extrair os aspectos fundamentais do instituto: pluralidade subjetiva e unidade objetiva, ou seja, é mister que haja a concorrência de mais de um credor ou mais de um devedor e que haja unidade da prestação, uma vez que a solidariedade é incompatível com o fracionamento do objeto. Na obrigação solidária, devedores e credores estão unidos para um fim comum, para cuja satisfação se relacionam os vínculos constituídos[35].

A solidariedade tem caráter excepcional[36]. Por isso, o ordenamento jurídico brasileiro veda sua presunção, admitindo que ela resulte de lei ou da vontade das partes, tão somente[37].

Se o concurso é de vários credores, há solidariedade ativa; se de devedores, solidariedade passiva. Para os fins do presente trabalho importa apenas o estudo da solidariedade passiva. Para uma melhor compreensão, a solidariedade passiva merece ser abordada externa e internamente, isto é, nas relações dos devedores com o credor e nas relações dos devedores entre si. Inicia-se pelas relações externas.

Na obrigação solidária o credor poderá exigir o cumprimento da obrigação de qualquer um, de alguns ou todos os devedores, total ou parcialmente[38], sem que os devedores possam alegar os benefícios de ordem e de divisão[39]. Outrossim, não importará renúncia à qualidade creditória contra os demais codevedores solidários, a propositura de ação pelo credor contra um ou alguns dos devedores[40]. Na hipótese de responsabilidade solidária pelos créditos trabalhistas em relação ao prestador e ao tomador de serviço, significa que o trabalhador poderá direcionar a execução do que foi estabelecido em sentença contra a empresa prestadora de serviços ou contra a empresa tomadora dos serviços, de acordo com sua escolha, podendo ainda cobrar parte de um e parte de outro ou toda dívida de um só. Note-se a relevância desse tipo de responsabilidade e quanto ela facilita em termos de satisfação do crédito por parte do credor. Por isso, a solidariedade tem caráter excepcional e não pode ser presumida no Direito pátrio.

No âmbito das relações internas, cada um dos coobrigados é responsável por sua cota-parte. Isso significa que, se um dos obrigados solver a obrigação, espontânea ou compulsoriamente, tem o direito de haver de cada um dos consortes a respectiva quota-parte, e esta se medirá pelo que tiver sido estipulado, e, na falta de acordo, a lei presume a igualdade de cotas[41]. É o que se convencionou chamar de direito de regresso e está previsto no art. 283, Código Civil de 2002[42]. É um caso de sub-rogação legal[43]. A faculdade de reembolsar-se tanto existe no pagamento total quanto no parcial[44], já que a mesma razão de

---

(34) Conforme art. 264 do Código Civil de 2002. Define Pontes de Miranda que "na solidariedade ativa, cada credor tem o crédito e a pretensão quanto ao todo da prestação, mas o devedor, que paga a um, libera-se. Na solidariedade passiva, cada devedor tem de prestar a totalidade, mas o credor só há de receber uma vez a prestação" (PONTES DE MIRANDA, Francisco Cavalcanti. *Tratado de direito privado*. Rio de Janeiro: Borsoi, 1954. v. 22, p. 321). Obrigações solidárias, na definição de Savigny, são aquelas que se referem, completamente e sem partilha a cada um dos credores ou dos devedores, individualmente, citado por BEVILAQUA, Clóvis. *Direito das obrigações*. São Paulo: Red Livros, 2000. p. 116-117.
(35) PEREIRA, Caio Mário da Silva. *Instituições de direito civil*. Rio de Janeiro: Forense, 2001. v. 2, p. 52-53. Nesse sentido também: GOMES, Orlando. *Obrigações*. 15. ed. Rio de Janeiro: Forense, 2000. p. 60; PONTES DE MIRANDA, Francisco Cavalcanti. *Tratado de direito privado*. Rio de Janeiro: Borsoi, 1954. v. 22, p. 319.
(36) NONATO, Orosimbo. *Curso de obrigações*. Rio de Janeiro: Forense, 1959. v. II, p. 88; BEVILAQUA, Clóvis. *Direito das obrigações*. São Paulo: Red Livros, 2000, p. 117; PEREIRA, Caio Mário da Silva. *Instituições de direito civil*. Rio de Janeiro: Forense, 2001. v. 2, p. 53.
(37) Art. 265, Código Civil de 2002.
(38) Art. 275, Código Civil de 2002. Utilizando-se dessa faculdade legal, o credor pode testar a força de resistência dos devedores. Assim, além de poder cobrar seu direito de todos juntos, demandando contra um que não se mostra em boas condições de satisfazê-lo plenamente, por debilidade patrimonial, o credor pode recuar, voltando-se para outro, buscando mais solidez. Nesse sentido BEVILAQUA, Clóvis. *Direito das obrigações*. São Paulo: Red Livros, 2000. p. 121; PEREIRA, Caio Mário da Silva. *Instituições de direito civil*. Rio de Janeiro: Forense, 2001. v. 2, p. 63.
(39) Sobre essa matéria ver mais no item 4.4.5., c, *infra*.
(40) Parágrafo único do art. 275, Código Civil de 2002.
(41) PEREIRA, Caio Mário da Silva. *Instituições de direito civil*. Rio de Janeiro: Forense, 2001. v. 2, p. 64. Neste sentido também GOMES, Orlando. *Obrigações*. 15. ed. Rio de Janeiro: Forense, 2000. p. 61.
(42) Justifica-se o direito de regresso pela ideia de fim comum, que preside a constituição da solidariedade passiva. Outros entendem que se explica pela ideia de prestação. Qualquer que seja, porém o fundamento desse direito é por todos reconhecido que participa da essência da solidariedade passiva tal como a concebe o direito moderno, conforme GOMES, Orlando. *Obrigações*. 15. ed. Rio de Janeiro: Forense, 2000. p. 60; "Se não há fim comum, solidariedade não há", no dizer de PONTES DE MIRANDA, Francisco Cavalcanti. *Tratado de direito privado*. Rio de Janeiro: Borsoi, 1954. v. 22, p. 319.
(43) Conforme inciso III do art. 346 do Código Civil de 2002.
(44) NONATO, Orosimbo. *Curso de obrigações*. Rio de Janeiro: Forense, 1959. v. 2, p. 257-258; PEREIRA, Caio Mário da Silva. *Instituições de direito civil*. Rio de Janeiro: Forense, 2001. v. 2, p. 64.

decidir prevalece em um como em outro, não obstante o pagamento parcial não extinga a dívida[45].

Examinadas as principais características da solidariedade no âmbito geral do direito comum, passa-se ao estudo as hipóteses mais comuns de responsabilidade solidária no Direito do Trabalho.

2.1.1. Responsabilidade solidária no grupo econômico

2.1.1.1. Caracterização do grupo econômico no âmbito trabalhista

A caracterização da existência de grupo econômico para fins trabalhistas exige a leitura conjugada dos artigos 2º, § 2º, da Consolidação das Leis do Trabalho[46] e do 3º, § 2º da Lei n. 5.889/73 — Lei do Trabalho Rural[47] —, pois, por meio da Lei n. 5.889/73, o legislador ampliou significativamente o conceito de grupo econômico, prevendo sua existência quando constituído por subordinação, além de abrir espaço também para os grupos compostos por coordenação, consoante se depreende da parte que diz que o grupo se forma mesmo quando cada uma das empresas integrantes guarde a sua autonomia[48].

Não seria razoável, sob o único fundamento do apego à literalidade do texto, tratar desigualmente trabalhadores urbanos e rurais, quando estes pretenderem invocar em seu favor a solidariedade de empresas consorciadas[49]. Basta uma relação de coordenação entre as diversas empresas sem que exista uma em posição predominante[50]. É a ideia de que a configuração do grupo econômico por coordenação independe de controle acionário ou administrativo de uma empresa por outra, bastando, para tanto, a unidade de objetivos e a atuação conjunta na consecução de seus fins sociais.

Certo é que, diante da controvérsia acerca do nexo relacional entre as empresas componentes do grupo, para alguns, restrito à relação de dominação e, para outros, reduzido a simples coordenação, mister deixar claro o que se deve entender pelos vocábulos "direção, controle e administração" previstos no dispositivo celetista em exame. Para Francisco Ferreira Jorge Neto[51], controle, direção ou administração são a concretização da dominação. A participação acionária poderá até ser minoritária, porém haverá o controle desde que se visualize o direito de determinar as diretrizes a serem adotadas pela empresa controlada. Octavio Bueno Magano[52] sustenta que *direção* é a própria efetivação do controle, consistindo, pois, no poder de subordinar pessoas e coisas à realização dos objetivos da empresa. Já a noção de *administração* significa a submissão de uma empresa em relação a outra, no que diz respeito à orientação e ingerência de seus órgãos administrativos. Decorre da organização do grupo[53].

A forma mais comum de grupo econômico é a participação acionária majoritária da empresa líder no capital de cada uma das empresas secundárias. Todavia, a doutrina tem admitido a possibilidade de se configurar o grupo econômico quando as empresas são controladas por uma ou algumas pessoas físicas que detêm o controle acionário, já que "a tônica do grupo está no poder que o comanda e não na natureza da pessoa que detenha a titularidade"[54]. Nas

---

(45) O Código refere-se ao pagamento por inteiro, porque o pagamento parcial, não tendo o credor dividido a obrigação em benefício do solvente, não o exonera: ele continua com os outros sujeito ao resto do pagamento. E quando a obrigação se acha, de todo, solvida, que se vão apurar as relações. Antes disso, mantém-se o vínculo, embora a prestação tenha diminuído, esclarece BEVILÁQUA, Clóvis. *Código civil dos Estados Unidos do Brasil:* comentado. 4. ed. Rio de Janeiro: Francisco Alves, 1938. v. 4, p. 66.
(46) Consolidação das Leis do Trabalho, "art. 2º: [...] § 2º Sempre que uma ou mais empresas, tendo, embora, cada uma delas, personalidade jurídica própria, estiverem sob a direção, controle ou administração de outra, constituindo grupo industrial, comercial ou de qualquer outra atividade econômica, serão, para os efeitos da relação de emprego, solidariamente responsáveis a empresa principal e cada uma das subordinadas".
(47) Lei n. 5.889/73, "art. 3º: [...] § 2º Sempre que uma ou mais empresas, embora tendo cada uma delas personalidade jurídica própria, estiverem sob direção, controle ou administração de outra, ou ainda quando, mesmo guardando cada uma sua autonomia, integrem grupo econômico ou financeiro rural, serão responsáveis solidariamente nas obrigações decorrentes da relação de emprego".
(48) RUSSOMANO, Mozart Victor. *Comentários à consolidação das leis do trabalho.* 17. ed. Rio de Janeiro: Forense, 1997. p. 11; DELGADO, Mauricio Godinho. *Curso de direito do trabalho.* 3. ed. São Paulo: LTr, 2004. p. 397.
(49) CAMINO, Carmen. *Direito individual do trabalho.* 4. ed. Porto Alegre: Síntese, 2003. p. 223-224.
(50) NASCIMENTO, Amauri Mascaro. *Iniciação ao direito do trabalho.* 27. ed. São Paulo: LTr, 2001. p. 199.
(51) JORGE NETO, Francisco Ferreira. *Sucessão trabalhista:* privatizações e reestruturação do mercado financeiro. São Paulo: LTr, 2001. p. 75.
(52) MAGANO, Octavio Bueno. *Manual de direito do trabalho.* São Paulo: LTr, 1980. v. 2, p. 66-68.
(53) MARTINS, Sergio Pinto. *Direito do trabalho.* 22. ed. São Paulo: Atlas, 2006. p. 180.
(54) BARROS, Alice Monteiro de. *Curso de direito do trabalho.* São Paulo: LTr, 2005. p. 359; NASCIMENTO, Amauri Mascaro. *Iniciação ao direito do trabalho.* 27. ed. São Paulo: LTr, 2001. p. 200; 284-68" GRUPO ECONÔMICO — RESPONSABILIZAÇÃO SOLIDÁRIA — Para a doutrina moderna, o conceito de "grupo econômico" não mais pressupõe uma organização piramidal em cujo vértice situa-se uma empresa líder (*holding*) subordinando as demais empresas do grupo ao seu poder de comando e direção. Há uma segunda forma de grupo econômico instituída não a partir de uma relação vertical, marcada pela liderança de uma empresa dominante, uma vez que todas as empresas encontram-se dispostas horizontalmente, bastando

decisões sobre essa matéria os juízes do trabalho também levam em conta a existência de sócios comuns, a utilização das mesmas instalações por parte das empresas, mesmos empregados etc. Até mesmo a outorga de poderes de mandato ao mesmo advogado e a indicação de mesmo preposto pelas empresas podem ser indícios da existência de grupo econômico[55].

Entretanto, a simples circunstância de certas pessoas participarem, simultaneamente, de duas ou mais empresas, não é suficiente para que se reconheça a existência do grupo e, por consequência, a solidariedade quanto às obrigações trabalhistas dos seus empregados[56]. Assim, para formação de um grupo, a identidade de sócios deverá revelar, também, controle único ou única administração para todas as empresas componentes. Também a simples existência de parentesco entre sócios de empresas distintas, sem que haja prova de entrelaçamento das atividades empresariais desenvolvidas, é insuficiente à conformação de grupo econômico[57].

Salienta-se que a caracterização do grupo na esfera trabalhista não se submete à tipificação legal que o grupo empresarial recebe em outras áreas, tais como Direito Comercial e Econômico, nem se sujeita aos requisitos de constituição presentes em outros segmentos jurídicos. Diferentemente do previsto pela Lei n. 6.404/76 (Lei que regula as sociedades anônimas), a qual prevê "grupo de sociedades"[58], constituído através de convenção pela qual a sociedade controladora e suas controladas se obrigam a combinar recursos ou esforços para a realização dos respectivos objetos, ou a participar de atividades ou empreendimentos comuns (art. 265) [59], a noção de grupo no Direito do Trabalho é mais ampla, prevendo uma proteção maior ao trabalhador. Com efeito, o grupo econômico no Direito do Trabalho possui amplitude maior do que na legislação comercial, não necessitando revestir-se das modalidades jurídicas típicas (holdings, consórcios, pools etc.), não necessitando sequer prova da formalização cartorial para sua existência, bastando que de fato estejam presentes os elementos de integração interempresarial previstos na lei[60].

Outra questão importante a ser analisada é o tipo de sujeito de direito que pode compor a figura do grupo econômico justrabalhista. O componente do grupo não pode ser qualquer pessoa física, jurídica ou ente despersonificado[61]. Apenas entes com dinâmica e fins econômicos têm aptidão para agregar e compor a figura do grupo econômico para fins trabalhistas, ou seja, somente os empregadores constituídos sob a forma de empresa.

Segundo o texto consolidado, o grupo econômico deverá ter atividade industrial, comercial ou outra

---

a administração conjunta ou mesmo coordenação". (Tribunal Regional do Trabalho. 2ª R. — AP 00008200702302003 — Ac. 20070503227 — 12ª T. — Relª Minª Vânia Paranhos — DOESP 6.7.2007).

(55) "GRUPO ECONÔMICO — INTERFERÊNCIA ADMINISTRATIVA E SEUS REFLEXOS NO CONTROLE E DIREÇÃO DE UMA EMPRESA EM OUTRA. O e. Regional consigna que o contrato de distribuição de produtos, bem como a autonomia administrativa entre as empresas foi desvirtuada, ressaltando que havia um gerente de operações da terceira reclamada frequentemente na sede da primeira; o gerente supervisionava os funcionários para ver se estavam dentro do quadro de exigência deles; o gerente de operações acompanhava os vendedores em suas rotas; o reclamante usava uniforme com logotipo da Skol; também usava crachá com logotipo da Skol, nome e função; o gerente da Skol acompanhava sempre os vendedores da primeira reclamada; quem dava ordens ao reclamante era o Sr. José Folgado, que era gerente administrativo da primeira reclamada. Nesse contexto, não há ofensa literal ao art. 2º, § 2º, da CLT, visto que o quadro fático registrado no acórdão recorrido demonstra inquestionável interferência administrativa, que se reflete no controle e direção da companhia distribuidora pela empresa Skol. Recurso de embargos não conhecido. (Tribunal Superior do Trabalho-E-RR n. 525727/1999.9, Relator Ministro: Milton de Moura França, DJ 6.10.2006); [...] GRUPO ECONÔMICO. A presença de um mesmo sócio, com poderes de gerência, em ambas reclamadas dá conta de que as empresas formam grupo econômico e, por consequência, devem responder de forma solidária pelas obrigações decorrentes da demanda. Negado provimento. (Tribunal Regional do Trabalho 4ª R. — RO 01016-2003-732-04-00-0 — 8ª T. — Relª Juíza Ana Luiza Heineck Kruse — J. 3.3.2008".

(56) GRUPO ECONÔMICO — CLT, ART. 2º, § 2º — A existência de sócio comum em várias empresas não forma grupo econômico. O que define a existência do grupo é a "direção", o "controle" ou a "administração" de uma sociedade sobre outras, em razão de um interesse comum que liga as atividades dessas empresas. É o objetivo comercial ou industrial das pessoas jurídicas que dá origem ao grupo econômico, assim como é o objetivo das pessoas humanas, em grupo, que forma as sociedades comerciais. A existência de fraude, malícia, ou qualquer outro expediente utilizado pelas pessoas físicas na constituição de sociedades, com intuito de se livrarem de responsabilidades, deve ser levada à conta das nulidades dos atos jurídicos e não à formação de grupo econômico. (Tribunal Regional do Trabalho 2ª R. — RO 29858200290202001 — (20020771295) — 9ª T. — Rel. Juiz Luiz Edgar Ferraz de Oliveira — DOESP 13.12.2002)".

(57) Tribunal Regional do Trabalho 2ª R. — AP-ETerc 01179-2003-042-02-00-4 — 4ª T. — Rel. Juiz Ricardo Artur Costa E Trigueiros — DOE/SP 14.12.2007.

(58) Não obstante as peculiaridades de cada um ("grupo de empresas" e "grupo de sociedades"), ambos poderão ser devidamente contemplados para os fins propostos pelo § 2º do art. 2º da Consolidação das Leis do Trabalho, desde que presentes os requisitos enumerados na norma.

(59) Art. 265. A sociedade controladora e suas controladas podem constituir, nos termos deste capítulo, grupo de sociedades, mediante convenção pela qual se obriguem a combinar recursos ou esforços para a realização dos respectivos objetos, ou a participar de atividades ou empreendimentos comuns.

(60) NASCIMENTO, Amauri Mascaro. Iniciação ao direito do trabalho. 27. ed. São Paulo: LTr, 2001. p. 199.

(61) DELGADO, Mauricio Godinho. Curso de direito do trabalho. 3. ed. São Paulo: LTr, 2004. p. 399.

atividade qualquer, desde que seja econômica. A partir dessa premissa, a doutrina majoritária conclui que estão excluídos da formação de grupo econômico os chamados empregadores por equiparação (profissionais liberais, instituições de beneficência, associações recreativas etc.)[62]. Entende-se que tal entendimento parte do equívoco de confundir atividade econômica com finalidade lucrativa, denotando-se que as instituições sem fins lucrativos exercem atividade econômica.

Alice Monteiro de Barros[63] ressalva a possibilidade de constituição de grupo quando a atividade intelectual se apresenta como um elemento da atividade econômica a ser explorada por sociedade empresária controlada por eles. Cita, como exemplo, a situação em que dois médicos, a par do consultório, resolvam organizar casas de saúde e hospitais, detendo o controle acionário e administrativo.

Em suma, a Consolidação das Leis do Trabalho, exige para a configuração de grupo econômico uma qualidade específica para que um sujeito jurídico possa compor a figura do grupo econômico: atuação econômica consubstanciada em empresa.

Resta, ainda, outro elemento importante na formação do grupo previsto no art. 2º, § 2º, da Consolidação das Leis do Trabalho. Trata-se da questão relativa à personalidade jurídica própria ou autonomia de cada empresa componente do grupo. A autonomia dos participantes (personalidades jurídicas distintas) é elemento componente do grupo. Essa autonomia não é meramente técnica, como esclarece Francisco Ferreira Jorge Neto: "A empresa pode possuir vários estabelecimentos, cada um deles com a sua autonomia administrativa, porém, mesmo assim, não se vislumbra o grupo"[64].

Portanto, a autonomia das empresas participantes do grupo econômico é uma de suas características, e, ao contrário do que possa parecer, não impede a configuração do grupo, ao contrário, a norma consolidada exige a pluralidade de unidades autônomas.

Mozart Victor Russomano, por sua vez, afirma que o fato de possuírem as empresas personalidade jurídica própria não é relevante, pois o que importa é a conexão entre suas administrações, sobretudo a subordinação dessas empresas a um superórgão ou, ao menos, a uma empresa-líder[65].

2.1.1.2. RESPONSABILIDADE SOLIDÁRIA ENTRE AS EMPRESAS PARTICIPANTES DO GRUPO ECONÔMICO

Como efeito da existência de grupo de empregadores, a legislação trabalhista instituiu a responsabilidade solidária entre as empresas pertencentes ao mesmo grupo econômico, como forma de ampliação da garantia dos créditos trabalhistas em favor dos empregados (arts. 2º, § 2º, da Consolidação das Leis do Trabalho, e 3º, § 2º, da Lei n. 5.889/73).

Os referidos dispositivos legais não limitam a solidariedade exclusivamente para a empresa do grupo contratante do trabalhador, ou seja, mesmo que o empregado tenha laborado para somente uma das empresas, todas as demais respondem solidariamente pelos seus créditos trabalhistas, desde que tenham sido citadas para compor a ação trabalhista.

Trata-se de um significativo benefício para o reclamante, sobretudo na execução trabalhista, quando poderá cobrar o crédito trabalhista segundo a sua escolha, invariavelmente dirigido a empresa do grupo que está em melhores condições financeiras, podendo o cumprimento da obrigação de qualquer um, de alguns ou todos os devedores, total ou parcialmente, sem que os devedores possam alegar os benefícios de ordem e de divisão.

Muito se discute na doutrina acerca da extensão dos efeitos do instituto jurídico em comento para além da mera garantia dos créditos trabalhistas,

---

(62) A utilização pela Consolidação das Leis do Trabalho da expressão "empresa", ao se referir ao empregador (art. 2º, *caput*), ganha notável funcionalidade no tocante à caracterização da figura do grupo econômico justrabalhista. O que fora equívoco do *caput* do art. 2º (definição de empregador) passa a ser, no parágrafo segundo, expressão de carregado conteúdo normativo. Ao se referir à empresa, o preceito celetista acentua a dimensão econômica do membro do grupo, subordinando a essa dimensão a própria existência do agrupamento (DELGADO, Mauricio Godinho. *Curso de direito do trabalho.* 3. ed. São Paulo: LTr, 2004. p. 399-400); Embora os profissionais liberais exerçam atividade econômica e possam ser agrupados, não se irá considerá-los para efeito trabalhista, como grupo econômico, porque assim não entendeu o legislador, visto que no § 1º do art. 2º da Consolidação das Leis do Trabalho equipara tais pessoas a empregador, o que mostra que não desejou considerá-los como grupo. O mesmo ocorre com as associações, entidades beneficentes e com os sindicatos, que não são considerados como grupo de empresas, pois não tem finalidade lucrativa e prestam serviços de natureza administrativa. A sociedade de economia mista, porém, poderá formar grupo de empresas, pois nesse caso ela está exercendo atividade privada, sujeita às regras do Direito Privado, inclusive do Direito do Trabalho (MARTINS, Sergio Pinto. *Direito do trabalho.* 22. ed. São Paulo: Atlas, 2006. p. 181).

(63) BARROS, Alice Monteiro de. *Curso de direito do trabalho.* São Paulo: LTr, 2005. p. 360.

(64) JORGE NETO, Francisco Ferreira. *Sucessão trabalhista:* privatizações e reestruturação do mercado financeiro. São Paulo: LTr, 2001. p. 75.

(65) RUSSOMANO, Mozart Victor. *Comentários à consolidação das leis do trabalho.* 17. ed. Rio de Janeiro: Forense, 1997. p. 9-10.

alcançando outros aspectos contratuais, estabelecendo-se recíprocos direitos e obrigações entre o trabalhador, individualmente considerado, e as empresas, consideradas em conjunto. Uma primeira interpretativa da lei defende que a solidariedade derivada do grupo econômico seria exclusivamente passiva, abrangendo, portanto, apenas os débitos trabalhistas das empresas integrantes do grupo. Uma segunda corrente sustenta a solidariedade é ativa e passiva em face dos contratos de trabalho, considerando grupo econômico como empregador único para fins trabalhistas.

Para a corrente que defende a tese de exclusividade da solidariedade passiva, o objetivo da ordem jurídica trabalhista foi única e exclusivamente de "assegurar maior garantia aos créditos trabalhistas em contexto socioeconômico de crescente despersonalização do empregador e pulverização dos empreendimentos empresariais em numerosas organizações juridicamente autônomas"[66], portanto, não haveria que falar-se em empregador único, a menos que se sustente que o grupo de empresas é, por sua vez, uma empresa, todavia a lei expressamente declara que no grupo as empresas devem ser autônomas, cada uma tendo personalidade jurídica própria[67]. Destarte, os adeptos dessa corrente de interpretação, sustentam que há mera responsabilidade comum entre as empresas e nada mais. Ou seja, para essa corrente a responsabilidade está ligada à obrigação e não ao direito, sendo, pois, passiva e não ativa. Em favor dessa tese, lembra Mauricio Godinho Delgado, há o texto literal do art. 3º, § 2º, da Lei n. 5.889/73, que refere apenas à solidariedade por "obrigações decorrentes da relação de emprego"[68]. José Augusto Rodrigues Pinto menciona que apenas excepcionalmente se pode estabelecer também solidariedade ativa, caso a relação de emprego seja ajustada com o grupo, hipótese em que as várias empresas agrupadas aparecerão como um empregador único[69].

De outra parte, para os que sustentam a solidariedade dupla, ao mesmo tempo passiva e ativa (também chamada de dual ou bifrontal), tendo em vista que o texto do art. 2º, § 2º, da Consolidação das Leis do Trabalho, fala em solidariedade "para os efeitos da relação de emprego", configurado o grupo econômico, a solidariedade das empresas integrantes não se restringe apenas pelas obrigações trabalhistas decorrentes dos contratos de trabalho (passiva), mas também perante os direitos e demais prerrogativas que lhes favorecem diante dos mesmos contratos (ativa). Portanto, todos os membros do grupo consubstanciariam a figura do empregador único. Para essa linha interpretativa as empresas integradas são, isoladamente e em conjunto, direta ou indiretamente, credoras e devedoras, ao mesmo tempo, em tudo que se refere à relação de emprego[70]. Nesse sentido, Evaristo de Moraes Filho esclarece que uma vez caracterizado inequivocamente o grupo consorcial, como empregador único para todos os efeitos trabalhistas, as diversas empresas passam a ser meros departamentos do conjunto, dentro do qual circulam livremente todos os empregados, como se fosse um só contrato de trabalho[71]. Délio Maranhão entende que é impróprio chamar-se a isso de solidariedade ativa e adverte que a figura do empregador único situa-se, exclusivamente, no Direito do Trabalho[72]. Para os defensores dessa tese, nada impede que a admissão do empregado seja feita no nome de uma empresa do grupo e a baixa da CTPS em nome de outra, pois o empregador é o grupo. Dessa forma, conta tempo de serviço como se fosse um só contrato de trabalho[73].

Na trilha da segunda corrente perfila-se a jurisprudência do Tribunal Superior do Trabalho ao pacificar entendimento de que a prestação de serviços a mais de uma empresa do mesmo grupo econômico, durante a mesma jornada de trabalho, não caracteriza a coexistência de mais de um contrato de trabalho, salvo ajuste em contrário[74]. Francisco Antonio de

---

(66) DELGADO, Mauricio Godinho. *Curso de direito do trabalho.* 3. ed. São Paulo: LTr, 2004. p. 402; ROMITA, Arion Sayão. *Direito do trabalho:* temas em aberto. São Paulo: LTr, 1998. p. 294-295.
(67) NASCIMENTO, Amauri Mascaro. *Iniciação ao direito do trabalho.* 27. ed. São Paulo: LTr, 2001. p. 201.
(68) DELGADO, Mauricio Godinho. *Curso de direito do trabalho.* 3. ed. São Paulo: LTr, 2004. p. 403.
(69) PINTO, José Augusto Rodrigues. *Curso de direito individual do trabalho.* 2. ed. São Paulo: LTr, 1995. p. 154.
(70) COSTA, Marcos Vinícius Americano da. *Grupo empresário no direito do trabalho.* 2. ed. São Paulo: LTr, 2000. p. 144.
(71) MORAES FILHO, Evaristo de. *Introdução ao direito do trabalho.* 9. ed. São Paulo: LTr, 2003. p. 267; MARTINS, Sergio Pinto. *Direito do trabalho.* 22. ed. São Paulo: Atlas, 2006. p. 182; Essa teoria também é respaldada por Octavio Bueno Magano, segundo o qual "[...] cada unidade autônoma que contrate o serviço de empregados, torna-se o sujeito aparente da relação empregatícia, mas o empregador real é o próprio grupo. Embora não possua ele personalidade jurídica própria, a sua realidade vem à tona, imputando-se-lhe direitos e obrigações, toda vez que a personalidade jurídica das unidades que o compõem deva ser desconsiderada (*disregard of legal entity*) para dar satisfação aos objetivos da lei trabalhista" (MAGANO, Octavio Bueno. *Manual de direito do trabalho.* São Paulo: LTr, 1980. v. 2, p. 66).
(72) SÜSSEKIND, Arnaldo et al. *Instituições de direito do trabalho.* 22. ed. São Paulo: LTr, 2005. p. 304.
(73) MARTINS, Sergio Pinto. *Direito do trabalho.* 21. ed. São Paulo: Atlas, 2005. p. 217.
(74) Tribunal Superior do Trabalho, Súmula n. 129.

Oliveira pondera que a Súmula n. 129 do Tribunal Superior do Trabalho deveria ser entendida com certa reserva, pois não haveria como descartar a coexistência de outro ou outros contratos de trabalho quando o empregado prestar serviços para mais de uma empresa do grupo em funções diferentes (ex. frentista na empresa que explora o ramo de combustíveis durante seis horas, e mais quatro horas em outra empresa do grupo, que cuida da venda de veículos usados, mas salienta: a Súmula não faz essa distinção[75].

As teorias sobre a solidariedade do empregador, consubstanciadas nas correntes acima analisadas, também são a base para do enfrentamento de outra questão divergente: a possibilidade ou não de equiparação salarial[76] entre trabalhadores que sejam contratados por empresas diferentes, mas pertencentes ao mesmo grupo econômico.

A corrente doutrinária que considera válida a incidência do princípio da igualdade salarial em todo o grupo econômico, defende a existência da solidariedade dupla (ativa e passiva) do grupo econômico e, por consequência, entende que o grupo é o empregador único[77]. Defensor dessa ideia, Sergio Pinto Martins leciona que é possível a equiparação salarial dentro do grupo econômico, haja vista que o verdadeiro empregador é o grupo, mas ressalta que é preciso que empregado e paradigma prestem serviços a empresas que tenham a mesma atividade econômica, isto é, tenham o mesmo enquadramento sindical, e desde que atendidos os demais requisitos do art. 461 da Consolidação das Leis do Trabalho[78]. Todavia, não há falar em equiparação entre empregados de empresas diferentes, ainda que pertencentes ao mesmo proprietário, sem qualquer ligação entre si, a não ser o fato de serem de propriedade de uma mesma pessoa física ou jurídica[79].

Já os adeptos do entendimento contrário, sustentam que a equiparação salarial entre empresas diversas, ainda que pertencentes ao mesmo grupo econômico, provocaria anarquia no âmbito financeiro de cada uma delas, podendo determinar a equiparação salarial quando equiparando e paradigma tivessem salários fixados por normas coletivas diversas. Entre os autores que recusam a incidência da equiparação salarial no âmbito do grupo econômico encontra-se Eduardo Gabriel Saad, para quem cada empresa do grupo preserva sua personalidade jurídica, e empregador é a empresa em que o empregado trabalha, levando em consideração o fato de que cada empresa do grupo tem peculiaridades e rentabilidade distintas, que impossibilitam a implantação de uma mesma política salarial para todo o conglomerado[80], pois cada empresa conserva, apesar da configuração do agrupamento, a faculdade de organizar os seus serviços[81].

No entanto, não há qualquer conflito na doutrina em alguns casos, admitindo a manifestação do princípio da igualdade salarial dentro do grupo econômico quando: a) a relação de emprego foi ajustada, voluntariamente, com o próprio grupo; nessa hipótese, o empregado prestará serviços, simultaneamente, a mais de uma empresa do mesmo grupo, considerado empregador único; e b) na hipótese de fraude à lei (ex.: criação de uma empresa com fins idênticos, apenas para evitar a igualdade salarial; no caso, aplica-se o art. 9º da Consolidação das Leis do Trabalho).

Como se vê, não há um entendimento predominante na doutrina acerca do assunto. De fato, trata-se de assunto ainda objeto de divergências também na jurisprudência do Tribunal Superior do Trabalho[82].

Outra situação cuja divergência ganhou novos contornos, pode ser evidenciada a partir do cancelamento da Súmula n. 205 do TST (cancelada pela Resolução n. 121 do TST, DJ 21.11.03) que exigia a

---

(75) OLIVEIRA, Francisco Antonio de. *Comentários às súmulas do Tribunal Superior do Trabalho*. 7. ed. São Paulo: Revista dos Tribunais, 2007. p. 269-270.
(76) Art. 461 da Consolidação das Leis do Trabalho e Súmula n. 6 do Tribunal Superior do Trabalho.
(77) BARROS, Alice Monteiro de. *Curso de direito do trabalho*. São Paulo: LTr, 2005. p. 781.
(78) MARTINS, Sergio Pinto. *Direito do trabalho*. 22. ed. São Paulo: Atlas, 2006. p. 295.
(79) DAMASCENO, Fernando Américo Veiga. *Equiparação salarial*. 2. ed. São Paulo: LTr, 1995. p. 115.
(80) SAAD, Eduardo Gabriel. *Consolidação das leis do trabalho comentada*. 40. ed. São Paulo: LTr, 2007. p. 493; Nesse sentido também: PRUNES, José Luiz Ferreira. *Princípios gerais de equiparação salarial*. São Paulo: LTr, 1997. p. 196.
(81) SÜSSEKIND, Arnaldo *et al*. *Instituições de direito do trabalho*. 22. ed. São Paulo: LTr, 2005. p. 433; Nesse sentido, também: MORAES FILHO, Evaristo de. *Introdução ao direito do trabalho*. 9. ed. São Paulo: LTr, 2003. p. 267; ROMITA, Arion Sayão. *Direito do trabalho*: temas em aberto. São Paulo: LTr, 1998. p. 297-298.
(82) Por exemplo: RECURSO DE REVISTA — EQUIPARAÇÃO SALARIAL — EMPRESAS PERTENCENTES AO MESMO GRUPO ECONÔMICO — IMPOSSIBILIDADE. Nos termos de reiterada jurisprudência deste Tribunal, *inviável a equiparação salarial entre empregados de empresas distintas do mesmo grupo econômico*, porquanto não atendido ao requisito atinente à prestação de serviços ao mesmo empregador, previsto no art. 461, *caput*, da CLT. Recurso de revista conhecido e provido. (Tribunal Superior do Trabalho — RR 230/2002-003-04-40.0, Relator Ministro: Luiz Philippe Vieira de Mello Filho, Data de Julgamento: 27.8.2008, 1ª Turma, Data de Publicação: 5.9.2008). Grifou-se.

formação de litisconsórcio passivo pelas empresas que o autor da reclamação trabalhista pretendia ver declaradas como integrantes do grupo econômico, impondo-se, dessa forma, que a existência ou não do grupo fosse necessariamente examinada na fase processual cognitiva[83]. Por consequência, se a empresa supostamente componente do grupo econômico não fosse citada para participar da relação processual como reclamada e, como tal, condenada, não poderia ser obrigada a responder pelo título executivo judicial.

Todavia, o cancelamento da Súmula n. 205 abriu caminho para a verificação do grupo econômico na fase tipicamente executória, que pode ser verificada, por exemplo, pela análise dos contratos sociais das empresas. É que não raras vezes, o reclamado, componente de grupo econômico justrabalhista, por ocasião da execução, revela-se insolvente, sem meios de suportar o pagamento do crédito exequendo.

Com fundamento na solidariedade passiva resultante da incidência do § 2º do art. 2º da Consolidação das Leis do Trabalho, o reclamante-exequente pode chamar à lide qualquer empresa do grupo que ofereça as garantias necessárias à execução, sendo irrelevante que não tenha participado do processo na fase de conhecimento, segundo essa linha interpretativa aberta com o cancelamento da Súmula n. 205[84].

Mauricio Godinho Delgado adverte que tal viabilidade não é, certamente, absoluta, sob pena de grave afronta aos princípios constitucionais do contraditório e do devido processo legal[85]. Esse entendimento passou a ser o adotado pelo Tribunal Superior do Trabalho, após o cancelamento da Súmula n. 205[86].

2.2.2. Responsabilidade solidária entre os empregadores participantes do consórcio de produtores rurais

Trata-se uma hipótese de solidariedade empresarial criada pela legislação pátria em 2001. A Lei n. 10.256, de 9.7.2001[87] criou o que chama de "consórcio simplificado de produtores rurais", dispondo que o consórcio é formado pela união de produtores rurais pessoas físicas, que outorgar a um deles poderes para contratar, gerir e demitir trabalhadores para prestação de serviços, exclusivamente, aos seus integrantes.

Trata-se de um modelo diferenciado de contratação de trabalho, pois permite que diversos produtores rurais pessoas físicas dividam a mão de obra de empregados rurais, contratados pelo grupo consorciado, mas como contrapartida, cada um dos produtores rurais pertencente ao consórcio será responsável solidariamente pelas obrigações trabalhistas, previdenciárias e fiscais decorrentes da prestação de serviços, ou seja, cada produtor rural pessoa física será responsável pela dívida toda, sem benefício de ordem (diferentemente do que ocorre na responsabilidade subsidiária), podendo o empregado, com isso, poderá cobrar de um ou de todos e aqueles, que nada devem serão obrigados a assumir dívidas trabalhistas de outros condôminos[88].

Note-se que ainda que tenha por consequência a solidariedade dos empregadores participantes, não há formação de uma empresa e muito menos de um grupo econômico, mas apenas a reunião de pessoas físicas para uma iniciativa comum, na forma e em face da Lei n. 10.256/2001. Não existe dominação de uma pessoa sobre outra, nem direção única, mas apenas uma iniciativa em comum. Os proprietários

---

(83) Tribunal Superior do Trabalho, Súmula n. 205: GRUPO ECONÔMICO — EXECUÇÃO — SOLIDARIEDADE — O responsável solidário, integrante do grupo econômico, que não participou da relação processual como reclamado e que, portanto, não consta no título executivo judicial como devedor, não pode ser sujeito passivo na execução.
(84) Nesse sentido destaca Alice Monteiro de Barros que a questão agora será decidida à luz do art. 422 do Código Civil de 2002, que referendou o princípio da boa-fé nos contratos, e do art. 50, do mesmo diploma, que permite a desconsideração da personalidade jurídica (BARROS, Alice Monteiro de. *Curso de direito do trabalho*. São Paulo: LTr, 2005. p. 360-361).
(85) DELGADO, Mauricio Godinho. *Curso de direito do trabalho*. 3. ed. São Paulo: LTr, 2004. p. 405.
(86) [...] GRUPO ECONÔMICO. CARACTERIZAÇÃO. *EXECUÇÃO. LEGITIMIDADE. PENHORA SOBRE BEM DE EMPRESA QUE NÃO CONSTA DO TÍTULO EXECUTIVO JUDICIAL.* VIOLAÇÃO DOS PRINCÍPIOS DO CONTRADITÓRIO E DA COISA JULGADA NÃO CONFIGURADA. O juízo a quo referendou a decisão do juiz da execução que, com base na prova produzida, concluiu pela responsabilidade da agravante (terceira embargante) pelo débito da reclamada-executada. Estabeleceu-se, naquela assentada, que o sócio principal da agravante também é sócio principal da executada-embargada, *justificando a sua integração ao processo nesta fase*. Reveste-se a matéria de cunho nitidamente infraconstitucional, não havendo que se falar em afronta ao art. 5º, incisos II, XXXVI e LV, da Constituição Federal [...]. Recurso de revista não conhecido. (Tribunal Superior do Trabalho-RR n. 678014/2000.6, Relator Ministro: Lelio Bentes Corrêa, Data de Julgamento: 8.2.2006, 1ª Turma, Data de Publicação: 24.2.2006). Grifou-se.
(87) Esta lei, entre outras providências, inseriu o art. 25-A na Lei de Custeio da Previdência Social (Lei n. 8.212/91), com fito de equiparar consórcio simplificado de produtores rurais ao empregador rural pessoa física para fins previdenciários.
(88) Conforme art. 264 do Código Civil de 2002. Define PONTES DE MIRANDA que "na solidariedade passiva, cada devedor tem de prestar a totalidade, mas o credor só há de receber uma vez a prestação" (PONTES DE MIRANDA, Francisco Cavalcanti. *Tratado de direito privado*. Rio de Janeiro: Borsoi, 1954. v. 22, p. 321). Obrigações solidárias, na definição de Savigny, são aquelas que se referem, completamente e sem partilha a cada um dos credores ou dos devedores, individualmente, citado por BEVILAQUA, Clóvis. *Direito das obrigações*. São Paulo: Red Livros, 2000. p. 116-117.

rurais são individualizados, não formando grupo de empresas. Trata-se, o consórcio, de um contrato, um pacto de solidariedade entre os produtores rurais, de natureza temporária, podendo ser celebrado por prazo determinado ou indeterminado[89].

2.2.3. Responsabilidade solidária na terceirização ilícita de trabalho

Nos casos de contratações de trabalhadores, via terceirização, antes da vigência da CF/1988 (aplica a Orientação Jurisprudencial n. 321 da Seção de Dissídios Individuais n. 1. do TST), o TST considera lícita a terceirização apenas de: 1) trabalho temporário; 2) serviço de vigilância.

Já nos casos de contratações de trabalhadores, via terceirização, após a vigência da CF/1988, o TST considera lícita a terceirização de: 1) trabalho temporário; 2) serviços de vigilância, transporte de valores e segurança; 3) serviços de conservação e limpeza; 4) serviços especializados ligados à atividade-meio do tomador; 5) serviços públicos; 6) cooperativas de trabalho, estando todas, com exceção da última, previstas expressamente na Súmula n. 331.

Com exceção do trabalho temporário, que tem sua atividade-fim justamente no fornecimento de mão de obra, contudo, de forma não permanente, as demais hipóteses de terceirização, para serem consideradas lícitas, devem, segundo a jurisprudência sumulada do TST, constituir-se de serviços especializados vinculados à atividade-meio da empresa tomadora de serviços, além de inexistir pessoalidade e subordinação em relação ao tomador de serviços.

Depreende-se do entendimento do TST que são hipóteses de formação de reconhecimento de vínculo de emprego diretamente com o tomador de serviços e responsabilidade solidária da empresa prestadora de serviços, as seguintes:

a) quando estiverem presentes os elementos caracterizadores da relação de emprego, especialmente pessoalidade e subordinação diretas, em relação ao tomador de serviços[90].

A análise dos elementos que formam a relação de emprego segundo o ordenamento jurídico brasileiro foi objeto do primeiro capítulo do presente trabalho. Assim, em cada caso concreto deverá ser apreciada a existência de tais elementos, para que se verifique ou não a configuração de uma relação de emprego.

b) quando o trabalho prestado pertença à atividade-fim da empresa tomadora.[91]

O TST considera lícita apenas a terceirização procedida nas chamadas atividades-meio da empresa, ou seja, aquelas cuja finalidade é o apoio, a instrumentalidade do processo de produção de bens ou serviços e veda a terceirização das chamadas atividades-fim da empresa, vale dizer, aquelas que

---

(89) MARTINS, Sergio Pinto. *Direito do trabalho*. 18. ed. São Paulo: Atlas, 2003. p. 197-198.
(90) BRASIL. Tribunal Superior do Trabalho, 3ª Turma. Ementa: TERCEIRIZAÇÃO DE SERVIÇOS VÍNCULO DE EMPREGO ENUNCIADO N. 331/TST A decisão recorrida harmoniza-se com as ressalvas constantes dos itens I e III da Súmula n. 331 da Súmula deste Tribunal. O D. Juízo Regional expressamente consignou que *o trabalho da Reclamante se estendeu por quase quatro anos a configurar a não eventualidade e que se fizeram presentes a pessoalidade e a subordinação direta, conforme as exceções dos itens I e III da Súmula em foco*. Recurso de Revista não conhecido. Grifou-se. Recurso de Revista n. 396.775/97.0. Relator: Ministra Maria Cristina Irigoyen Peduzzi. 15 de fevereiro de 2002. Disponível em: <http://www.tst.gov.br> Acesso em: 25.8.2004; sob o ângulo inverso, a inexistência de subordinação direta impede o reconhecimento de vínculo empregatício, como por exemplo: BRASIL. Tribunal Superior do Trabalho, Seção de Dissídios Individuais n. 2. Recurso de Revista. Agravo Regimental n. 66401/2002-900-01-00.0. Relator: Ives Gandra Martins Filho. 25 de abril de 2003. Disponível em: <http://www.tst.gov.br> Acesso em: 25.8.2004.
(91) São exemplos de julgados nesse sentido: BRASIL. Tribunal Superior do Trabalho, 3ª Turma. Ementa: AGRAVO DE INSTRUMENTO. RECURSO DE REVISTA. VIOLAÇÃO DOS ARTS. 5º, INCISOS II, XXXVI E LV, E 170, DA CRFB E DO EN. N. 331/TST. CONTRATAÇÃO IRREGULAR. VÍNCULO DE EMPREGO DIRETO COM A TOMADORA DE SERVIÇOS. O Regional manteve a sentença de Primeiro Grau em relação ao vínculo de emprego. *Tratando-se de terceirização de serviços (acabamento de calçados) inerentes à atividade-fim da tomadora de serviços prevalece a orientação prevista no Enunciado n. 331, I, do TST, que impõe o reconhecimento do vínculo empregatício diretamente com a tomadora de serviços*. O En. n. 331 do TST esclarece os tipos de terceirização lícita e, consequentemente, aceitos pelo nosso ordenamento jurídico. Tal, pode ocorrer nas atividades de vigilância, conservação e limpeza e nas atividades que envolvam serviços especializados ligados à atividade-meio do tomador. Por outro lado, exercendo o trabalhador funções relacionadas à atividade-fim do tomador do serviço, torna-se ilícita a contratação com o reconhecimento de vínculo de emprego direto com o beneficiário do trabalho. Portanto, não existe violação dos arts. 5º, incisos II, XXXVI, LV, e 170 da CRFB/88 e Enunciado n. 331, III, do TST. De resto, não se deve adentrar em questões fáticas e probatórias, inviáveis no recurso de revista (En. N. 126/TST). Grifou-se. Agravo de instrumento desprovido. Agravo de Instrumento-Recurso de Revista n. 10418/2002-002-20-40.3. Relator: Juiz convocado Cláudio Couce de Menezes. 18 de junho de 2004. Disponível em: <http://www.tst.gov.br> Acesso em: 25.8.2004; BRASIL. Tribunal Superior do Trabalho, 4ª Turma. Ementa: TERCEIRIZAÇÃO. COOPERATIVA DE MÃO DE OBRA RURAL. CONFIGURAÇÃO DE FRAUDE. VÍNCULO EMPREGATÍCIO DIRETO COM O TOMADOR. VIABILIDADE. A contratação de trabalhadores rurais para a colheita de laranja, por meio de cooperativa de mão de obra, sendo essa atividade-fim da recorrente, trata-se de serviço essencial à sua finalidade, consistente na produção de suco para exportação, o que não autoriza a intermediação de mão de obra, configura fraude a direitos trabalhista (art. 9º da CLT), formando-se o vínculo diretamente com o tomador dos serviços (Enunciado n. 331, I, do TST). Agravo de Instrumento não provido. Agravo de Instrumento-Recurso de Revista n. 706275/2000.2. Relator: José Antonio Pancotti. 24 de outubro de 2003. Disponível em: <http://www.tst.gov.br> Acesso em: 25.8.2004.

se constituem na essência da atividade empresarial, no próprio fim da empresa tomadora de serviços[92].

Nas duas hipóteses a orientação do TST é no sentido de reconhecer o vínculo empregatício com o tomador de serviços, responsabilizando solidariamente a empresa prestadora de serviços[93].

Essas hipóteses, embora não constem expressamente na Orientação Jurisprudencial n. 321 da Seção de Dissídios Individuais n. 1 do TST), seguem o pensamento do TST, sendo aplicáveis também aos casos de contratações de trabalhadores, via terceirização, antes da vigência da CF/1988, uma vez que a existência dos elementos caracterizadores da relação de emprego dos trabalhadores terceirizados em relação ao tomador de serviços, assim como a terceirização de trabalho ligado à atividade-fim da empresa tomadora, segundo a explicação do TST afrontam os preceitos contidos na Consolidação (art. 9º da Consolidação das Leis do Trabalho), tornando nula a relação havida e gerando formação de vínculo de emprego diretamente com o tomador de serviços e responsabilidade solidária da empresa prestadora de serviços.

2.3. Responsabilidade na sucessão de empregadores

Na hipótese de sucessão de empregadores a responsabilidade é em regra tão somente do sucessor, nos termos dos arts. 10 e 448 da Consolidação das Leis do Trabalho, pois a solidariedade não se presume: resulta da lei ou da vontade das partes, conforme o art. 265 do Código Civil, e, na legislação trabalhista não há dispositivo determinando a responsabilidade solidária da empresa sucedida[94].

Contudo, havendo fraude a lei, como no exemplo da venda de empresa em ruína financeira, cobra-se, excepcionalmente do antecessor (sucedido)[95]. Algumas empresas, tentando descaracterizar o requisito da continuidade da prestação de trabalho pelo empregado, dispensam empregados um pouco antes da transferência e logo em seguida o sucedido os contrata novamente. Trata-se de simulação, visando impedir, desvirtuar ou fraudar a aplicação dos preceitos celetistas, sendo tais atos nulos de pleno direito na forma do art. 9º da Consolidação das Leis do Trabalho[96].

2.4. Responsabilidade do sócio retirante e do sócio ingressante

Sobre a responsabilidade dos sócios o Código Civil de 2002 trouxe importantes inovações: a) o sócio que *sair* da sociedade responderá perante a sociedade e perante terceiros, pelas obrigações que tinha como sócio, pelo período de 2 (dois) anos, contados da averbação da alteração societária, conforme o disposto no parágrafo único do art. 1.003[97]; b) o sócio que *entrar* numa sociedade já constituída, não se exime das dívidas sociais anteriores à admissão, nos termos do art. 1.025[98].

Esses preceitos estabelecidos no Código Civil de 2002 visam obstacularizar as operações societárias fraudulentas e se aplicam ao Direito do Trabalho, uma que a legislação trabalhista é omissa a esse respeito e tais dispositivos legais são compatíveis com preceitos da Consolidação e com os princípios

---

(92) No âmbito jurisprudencial as atividades-fim de uma sociedade comercial têm sido consideradas, invariavelmente, como "aquelas previstas no contrato ou estatuto social, constituindo-se na atividade núcleo ou principal da empresa", conforme consta no corpo do acórdão: BRASIL. Tribunal Superior do Trabalho, 3ª Turma. Agravo de Instrumento-Recurso de Revista n. 1954/2002-007-06-40. Relator: Cláudio Armando Couce de Menezes. 29 de setembro de 2004. Disponível em: <http://www.tst.gov.br> Acesso em: 25.8.2004; No âmbito doutrinário poucos conceituam atividade-meio e atividade-fim. Martins enfrenta a intrincada questão, conceituando atividade-meio como "a atividade desempenhada pela empresa que não coincide com os fins principais. É a atividade não essencial da empresa, que não é seu objeto central. É uma atividade de apoio ou complementar" e atividade-fim como "a atividade central da empresa, direta, de seu objeto social. É sua atividade preponderante, como se verifica no § 1º do art. 581 da Consolidação das Leis do Trabalho" (MARTINS, Sergio Pinto. *A terceirização e o direito do trabalho*. 5. ed. São Paulo: Atlas, 2001. p. 122).
(93) DELGADO, Mauricio Godinho. A terceirização no direito do trabalho: notas introdutórias. *Síntese Trabalhista*, Porto Alegre, v. 59, p. 128, maio 1994; MENEZES, Cláudio Couce de. Fraude na formação do contrato de trabalho. *Síntese Trabalhista*, Porto Alegre, v. 8, n. 99, p. 27, set. 1997.
(94) Neste sentido, por exemplo: Tribunal Superior do Trabalho, E-RR-508.159/1998.4, DJ 19.5.2006, SBDI1, Relator Min. João Oreste Dalazen.
(95) Tribunal Regional do Trabalho da 12ª Região – Proc. RO-V 02722-2005-002-12-00-9 – 3ª T. – Rel.ª Juíza Lília Leonor Abreu – DJSC 16.5.2007. "SUCESSÃO – HIPÓTESE EM QUE O SUCEDIDO TRANSFERE O PATRIMÔNIO PARA EMPRESA COM SITUAÇÃO ECONÔMICA PRECÁRIA – RESPONSABILIZAÇÃO DO SUCEDIDO — No Direito do Trabalho, é regra geral que a responsabilidade pelos créditos trabalhistas se transfere exclusivamente para o sucessor, eliminando qualquer vínculo entre o credor trabalhista e o sucedido. No entanto, a doutrina e a jurisprudência têm admitido a responsabilização subsidiária do sucedido nos casos de fraude ou na hipótese de a sucessão trabalhista ser propiciadora de comprometimento das garantias empresariais deferidas aos contratos de trabalho, ainda mais quando é notória a precariedade da situação financeira do sucessor".
(96) LORENZETTI, Ari Pedro. *A responsabilidade pelos créditos trabalhistas*. São Paulo: LTr, 2003. p. 107.
(97) Código Civil de 2002, art. 1.003. "A cessão total ou parcial de quota, sem a correspondente modificação do contrato social, com o consentimento dos demais sócios, não terá eficácia quanto a estes e à sociedade. Parágrafo único. Até 2 (dois) anos depois de averbada a modificação do contrato, responde o cedente solidariamente com o cessionário, perante a sociedade e terceiros, pelas obrigações que tinha como sócio".
(98) Código Civil de 2002, art. 1.025. "O sócio, admitido em sociedade já constituída, não se exime das dívidas sociais anteriores à admissão".

específicos do Direito do Trabalho (art. 8º e parágrafo único da CLT).

2.5. Responsabilidade dos sócios na desconsideração judicial da personalidade jurídica da empresa

Outra forma de responsabilização há muito utilizada no Direito do Trabalho e agora prevista no Código Civil de 2002, que se pode utilizar nos casos inexistência de responsabilidade da tomadora e insuficiência ou inexistência de bens por parte da empresa prestadora de serviços, é a chamada desconsideração da personalidade jurídica (*disregard of legal entity theory*) que permite em nos casos de abuso de direito e desvio de finalidade ou pela confusão patrimonial, seja desconsiderada a personalidade jurídica das sociedades de capitais, para atingir o patrimônio dos sócios[99].

3. Caso de inexistência de responsabilidade patronal: dono da obra, salvo construtora ou incorporadora

Nos casos de contrato de empreitada entre o dono da obra e o empreiteiro o TST tem entendido que não enseja responsabilidade solidária ou subsidiária nas obrigações trabalhistas contraídas pelo empreiteiro, salvo se o dono da obra uma empresa construtora ou incorporadora. É o que dispõe a Orientação Jurisprudencial n. 191 da SDI-I do TST[100].

A justificativa do TST é no sentido de que quando a obra não tem finalidade mercantil, o dono da obra de construção civil não responde subsidiariamente pelos débitos da empresa contratada para efetuá-la. Nesse caso, o TST afasta a terceirização de trabalho, considerando que os serviços prestados não dizem respeito às atividades-meio e fim da tomadora, a qual figura apenas como dona da obra, isentando-a, por isso, de qualquer responsabilidade trabalhista pelos eventuais débitos da empresa contratada[101].

Note-se, ainda, que nesses casos o TST tem negado conhecimento aos recursos de revista que postulam a condenação subsidiária do dono da obra, com base em divergência jurisprudencial em relação a Súmula n. 331, IV, do TST, considerando que tal Súmula não é específica, aplicando a Súmula n. 296 do TST[102].

---

(99) Código Civil de 2002, art. 50. "Em caso de abuso da personalidade jurídica, caracterizado pelo desvio de finalidade, ou pela confusão patrimonial, pode o juiz decidir, a requerimento da parte, ou do Ministério Público quando lhe couber intervir no processo, que os efeitos de certas e determinadas relações de obrigações sejam estendidos aos bens particulares dos administradores ou sócios da pessoa jurídica." Nesse sentido, já dispunha o art. 28 da Lei n. 8.078/90 (Código de Defesa do Consumidor) há muito utilizado, mediante aplicação subsidiária do direito comum, nos processo trabalhistas. Assim dispõe o texto legal: art. 28: "O juiz poderá desconsiderar a personalidade jurídica da sociedade quando, em detrimento do consumidor, houver abuso de direito, excesso de poder, infração da lei, fato ou ato ilícito ou violação dos estatutos ou contrato social. A desconsideração também será efetivada quando houver falência, estado de insolvência, encerramento ou inatividade da pessoa jurídica provocados por má administração. § 1º (Vetado). § 2º As sociedades integrantes dos grupos societários e as sociedades controladas, são subsidiariamente responsáveis pelas obrigações decorrentes deste código. § 3º As sociedades consorciadas são solidariamente responsáveis pelas obrigações decorrentes deste código. § 4º As sociedades coligadas só responderão por culpa. § 5º Também poderá ser desconsiderada a pessoa jurídica sempre que sua personalidade for, de alguma forma, obstáculo ao ressarcimento de prejuízos causados aos consumidores". Nesse sentido tem entendido a jurisprudência trabalhista, como exemplifica a seguinte ementa: CONTRATAÇÃO DE TRABALHADOR POR EMPRESA INTERPOSTA. ILEGALIDADE. FORMAÇÃO DO VÍNCULO DIRETAMENTE COM O TOMADOR DOS SERVIÇOS. A relação de emprego não emerge da declaração de vontade formalmente manifestada, mas da realidade dos fatos (a da prestação dos serviços e quem é seu beneficiário imediato), extraindo-se daí a vontade tácita configuradora do liame empregatício. A figura do intermediário, no caso, exsurge como órgão do tomador dos serviços, ou como simples "presta nome", *ocorrendo a desconsideração de sua personalidade jurídica* (disregard of legal entity theory), *para o fim de responsabilizá-lo juntamente como o beneficiário imediato do trabalho obreiro.* Inteligência da Súmula n. 331, I, do TST. Recursos ordinários dos reclamados desprovidos. Grifou-se. (TRT 3ª R. — 3ª T. — RO/9276/93 — Rel. Juiz Abel Nunes da Cunha — DJMG 18.10.1994).

(100) BRASIL. Superior Tribunal do Trabalho, Seção de Dissídios Individuais. *Orientação Jurisprudencial n. 191.* Dono da obra. Responsabilidade. Diante da inexistência de previsão legal, o contrato de empreitada entre o dono da obra e o empreiteiro não enseja responsabilidade solidária ou subsidiária nas obrigações trabalhistas contraídas pelo empreiteiro, salvo se o dono da obra for uma empresa construtora ou incorporadora. Disponível em: <http://www.tst.gov.br> Acesso em: 26.3.2005.

(101) BRASIL. Tribunal Superior do Trabalho, 3ª Turma. Recurso de Revista n. 629.213/00.3. Relator: Juíza convocada Eneida M. C. de Araújo. 14 de dezembro de 2001. Disponível em: <http://www.tst.gov.br> Acesso em: 26.3.2005.

(102) BRASIL. Tribunal Superior do Trabalho, 1ª Turma. Ementa: RECURSO DE REVISTA. RESPONSABILIDADE SUBSIDIÁRIA. DONO DA OBRA. TERCEIRIZAÇÃO NÃO CONFIGURADA. DIVERGÊNCIA JURISPRUDENCIAL. INCIDÊNCIA DA SÚMULA N. 296/TST. NÃO CONHECIMENTO. Se o acórdão regional consigna a conclusão de que a relação havida entre os demandados corresponde a autêntica hipótese de empreitada, não se presta à comprovação da denunciada divergência jurisprudencial, aresto que dispõe sobre questão fática diversa responsabilização do tomador de serviços (terceirização), por se mostrar inespecífico. Inteligência da Súmula n. 296 desta Corte Superior. De outra banda, a pretensão obreira de agora ver a empresa qualificada como tomadora de serviços, esbarra no óbice estabelecido pelo Enunciado n. 126 desta Casa, que veda o reexame de provas em sede de recurso de revista. Recurso de Revista de que não se conhece. Recurso de Revista n. 612.441/1999.1. Relator: Juiz Convocado Guilherme Bastos. 13 de dezembro de 2002. Disponível em: <http://www.tst.gov.br> Acesso em: 26.3.2005.

Topicalização sobre o Teletrabalho: Elementos Integrativos da Natureza Jurídica no Direito Laboral Brasileiro

Rubens Valtecides Alves[*]

1. Introdução

O mundo do trabalho passa por uma transição espetacular, numa sociedade movida pela inovação de toda sorte, acelerada via sistema de telecomunicação informatizado.

Nos dias atuais, estamos finalizando a passagem da atividade física para a atividade intelectual no trabalho, o que os estudiosos estão chamando de desmaterialização do trabalho.

Tal mudança, não iniciou no século XX como muitos querem crer, mas na Mesopotâmia com a invenção da comunicação através da escrita, avançando com a invenção da imprensa.

No entanto, no final do século passado e, logicamente, em nosso atual, a alteração mencionada sofreu aceleração, com a invenção do telegrafo, do rádio, seguida pela televisão, depois a informática, com a internet e, agora, com o uso do telefone celular. Isto faz com que vivamos na era a "afisicidade" no trabalho com uso desses recursos tecnológicos no labor, o que os experts denominam "Revolução Digital"[1].

No Brasil, a nossa retrógrada Consolidação das Leis Trabalhistas (CLT), (a bem da verdade, em muitos pontos e não em todos), tem, em suas normas, proteção normativa detalhada de como atividades físicas ou intelectuais no labor serão exercidas e de que forma não é permitido o abuso da exploração do(a)s trabalhador(a)s neste aspecto.

Não há quase nada sobre o trabalho intelectual, ou seja, aquelas regras tratam o exercício das atividades sempre em uma unidade de tempo e espaço nos moldes fabris dos estertores do século passado. O(a) empregado(a) vai ao local de trabalho, cumpre uma jornada diária, por semana, em um mês, durante um ano, isto faz com que seja remunerado dessa maneira.

(*) Professor da Faculdade de Direito da Faculdade de Direito "Prof. Jacy de Assis" da Universidade Federal de Uberlândia.
(1) Esta em uso da tecnologia digital de maneira irrestrita na atualidade, no sentido de esclarecer o que vem a ser tal fenômeno, mister entendê-lo, assim vide a nota a seguir:
Um sistema digital é um conjunto de dispositivos de transmissão, processamento ou armazenamento de sinais digitais que usam valores discretos (descontínuos). Em contraste, os sistemas não digitais (ou analógicos) usam um intervalo contínuo de valores para representarem informação. Embora as representações digitais sejam discretas, a informação representada pode ser discreta, como números, letras, ou ícones, ou contínua, como sons, imagens, outras medidas de sistemas contínuos. A palavra digital tem origem no latim *digitus* (palavra latina para dedo), uma vez que os dedos eram usados para contagem discreta. O seu uso é mais comum em computação e eletrônica, sobretudo onde a informação real é convertida na forma numérica binária como no som digital ou na fotografia digital. Disponível em: <http://pt.wikipedia.org/wiki/Digital> Acesso em: 13.10.2013.

Com o trabalho intelectual, tal fato não acontece, pois este é contínuo, ininterrupto, os elementos são outros. O(a) trabalhador(a) pode cochilar em frente à televisão, ter uma ideia revolucionária para determinada empresa e começar a desenvolve-la. Não há regras para isso.

Em termos de teletrabalho, a pessoa exerce suas atividades fora do *habitat* tradicional da empresa — "novos tempos", pois estava acostumado a viver dentro de uma geração que separava nitidamente vida doméstica, lazer e trabalho. Havia um "chefe" de família, que vai ao trabalho e volta ao lar e uma empresa com suas hierarquias e burocracias verticalizadas administrativamente, tutelada pelo Estado e vigiada pelos olhos atentos dos sindicatos.

Tudo isso vem a baixo com o trabalho à distância. Há uma desmaterialização, uma afisicidade com já dissemos, mas há, também, uma descentralização da maneira de se trabalhar.

O(a) teletrabalhador(a) não diz para os chefes e colegas de trabalho: "Até amanhã! Não deu tempo de fazer o relatório! Não fechei a venda hoje". Ele simplesmente não vai embora, não há chefe, não há colegas de trabalho, não há controle de horário, não há empresa específica como empregador(a), o que há é um simples "desconectar e reconectar" a qualquer tempo, em qualquer lugar de opção, acorde com quem lhe quer o trabalho. Tudo isso é possível via um engenhoso sistema de telecomunicação informatizado *on-line*, digital e, muitas vezes, virtual[2].

Com tais inovações, o teletrabalho chega como uma modalidade de trabalhar adaptada à tal era. Não queremos dizer que o teletrabalho é uma anarquia do mundo laboral, apenas demonstrar que o trabalho, via sistema de telecomunicação informatizado, pode ser executado em qualquer lugar, ou seja: a pessoa exerce uma atividade onde está e não simplesmente se desloca até o trabalho. O teletrabalho faz com que seja adquirida uma nova dimensão de tempo e espaço, utilizada para exercer as atividades de trabalho na busca da obtenção de meios de sobrevivência na era digital (movida pela internet, comunicação móvel e telefonia celular, as quais são as novas ferramentas de trabalho) com troca rápida de informação.

O nosso estudo sistemático, *a priori*, tem a finalidade de demonstrar como essa nova era impactou o Direito do Trabalho, modificando os parâmetros de proteção legal, a que podemos dizer: no Brasil não há previsão legal para tutelar o teletrabalho em muitos dos seus aspectos, mas que, com o uso da hermenêutica, podemos depurar alguns elementos norteadores dos atuais dispositivos legais em nosso ordenamento normativo, no afã de demonstrar que o teletrabalho (trabalho à distância) pode contar com pseudoproteção jurídica em algumas de suas facetas.

As experiências do telelabor em nosso país, em especial na virada do último século, foram bem restritas, até em função do monopólio estatal dos meios de comunicação, o que gerou protecionismo exacerbado na entrada de novas tecnologias de última geração, não diferente com a chamada Revolução Digital.

Tal fato veio a modificar-se de forma acelerada nos últimos anos e o teletrabalho é uma realidade inconteste hodiernamente. O termo teletrabalho já aparece com frequência nos estudos de Direito do Trabalho em nosso país.

O teletrabalho permite ao(a)s empregado(a)s exercerem suas atividades fora da empresa nos moldes tradicionais e até dentro do perímetro dela mesma. Agora, eles recebem os meios de trabalhar onde estão e não têm de se deslocar, gerando vantagens e desvantagens para ele(a)s próprio(a)s, empregador(a)s, para o Estado e, de maneira geral, para toda a sociedade, tal como acontece com a redução do consumo dos combustíveis ditos como poluentes.

Um desafio enorme foi enfrentado em nossa pesquisa no sentido de definir o que seria o trabalho desenvolvido à distância com uso de antigas e novas formas revolucionárias da tecnologia: telefone, fax, computador, correio eletrônico, internet e aplicativos. Tais tecnologias são as novas ferramentas para se exercer o teletrabalho. Este, aliás, fez com que as relações de trabalho fossem imaterializadas, virtuais e digitalizadas, melhor diríamos, surge uma nova dimensão entre capital e trabalho.

Nos complexos elementos inerentes ao conceito do teletrabalho em termos jurídicos são colocados em

---

(2) Virtual pode ser entendido, assim:
Coisa existente apenas em potência ou como faculdade, não como realidade ou com efeito real. Coisa ou ação que poderá vir a ser, existir, acontecer ou praticar-se; possível, factível. Equivalente a outro, e capaz de fazer as vezes desse outro; que constitui uma simulação de algo criada por meios eletrônicos. Quase completo, praticamente total. Etim.: do latim medieval. "**virtualis, virtual**" e do latim clássico "vírtus, útis": força corporal, ânimo, denodo, ferocidade, força de espírito, virtude, amor e prática do bem, poder de eloquência, castidade (de mulher), equivalente a outro. Disponível em: <http://www.dicionarioinformal.com.br/virtual/> Acesso em: 13.10.2013.

cheque: subordinação, pessoalidade, continuidade, privacidade e intimidade, controle de jornada e, até mesmo, na maneira de remuneração. São introduzidos em seu bojo novos elementos: flexibilização, parassubordinação, despersonalização e desterritorialização. Com o teletrabalho o empregado tem acesso às atividades ou funções onde possa conectar suas ferramentas tecnológicas. Em muitos casos, o trabalho não é desagregado do(a) trabalhador(a), ambos se tornam uma célula viva, inseparável. Uma questão a ser esclarecida no presente estudo consiste em explicar como ditar novas regras jurídicas para o teletrabalho, o qual constitui uma espécie do gênero do trabalho à distância[3].

Na análise do conceito de teletrabalho estamos automaticamente ligados a sua natureza jurídica ou, em outras palavras, qual seria o tipo de proteção legal possível para esta nova modalidade de emprego, imbricadas logicamente com a relação telempregatícia.

Posições adimplidas no presente estudo têm uma missão fulcral, a qual não é outra, senão contribuir para o aperfeiçoamento do teletrabalho em seu espectro jurídico em nosso país, ficando nossas posições em aberto para quaisquer críticas que necessite, que são muito bem-vindas.

2. Elementos jurídicos da natureza jurídica do teletrabalho

Na legislação trabalhista brasileira há uma incipiente normatização sobre o teletrabalho, até porque há a procura por mão de obra era para ser inserida no local de trabalho e não havia uma tecnologia que possibilitasse o crescimento de tal prestação laboral. Assim, as políticas organizacionais eram diferentes, até mesmos os meios de produção eram centralizados em locais onde situava o(a) próprio(a) empregador(a). Hoje, até mesmo a figura do(a) empregador(a) está descaracterizada em muitas formas de existir, conforme doutrina Barros (2001, p. 36-37)[4], a seguir:

> Como usar conceitos clássicos no mundo de hoje em que a extrema elasticidade do telesserviço torna incompleta qualquer categorização das modalidades que pode assumir a sua contratação? Estamos em uma nova realidade que gera novas condições de trabalho como resultado de um duplo voluntariado.

O teletrabalho implica em analisar muitas de suas feições particulares em cada empresa ou de maneira geral onde o telesserviço é prestado, sem deixar de mencionar os diferentes aspectos humanos envolvidos, os fatores tecnológicos estruturais, as próprias organizações sindicais e, claro, as questões normativas que constituem um dos principais elementos que precisam ser consideradas. E o Estado como se apresenta no cenário?

Mas, precisa, também, levar em conta se essa prática de trabalho, efetivamente, agrega vantagens superiores para empregado(a) e empregador(a). Com isso, as mudanças nas relações de trabalho no aspecto normativo devem ser conduzidas com o devido cuidado para que protejam as pessoas sem cercear o avanço da modalidade de prestação laboral que veio para ficar.

Ainda persiste e com certeza persistirá por um bom tempo, dúvidas sobre qual seria a natureza jurídica do teletrabalho e suas implicações pragmáticas, sem abandonar o sentido de que a própria ferramenta de trabalho utilizado muda numa velocidade inimaginável, ou seja, mudanças ocorrem na telecomunicação informatizada, principalmente online, através da virtualidade.

Pedreira (2000, p. 586)[5], com propriedade ressalva que:

---

(3) Sobre a questão conceitual do que seja teletrabalho, em recente estudo, fizemos uma incursão do que ele seja. Assim vide o artigo:
ALVES, R. V. Teletrabalho: um conceito complexo no direito brasileiro. *Revista de Direito da Faculdade de Direito*, Prof. Jacy de Assis, v. 35, p. 385, 2007.
(4) O mestre Barros (2001, p. 36-37), em seu estudo sobre o tema não hesita em predizer:
Discute-se muito a natureza jurídica do vínculo do teletrabalho com a empresa, à luz dos critérios de interpretação do contrato de trabalho, afirmando que o teletrabalho não imprime, por si mesmo, o selo de autonomia da relação jurídica entre o teletrabalhador e aquele a quem presta serviços, e que a subordinação característica do contrato de trabalho se acentua no teletrabalho, provocando apenas uma alteração na morfologia típica do trabalho subordinado...
Com mais argumentos enfatiza o mestre:
O teletrabalho, trasladando o prestador dos serviços para a sua casa, ultrapassa os limites do poder de direção do empregador e modifica, substancialmente, a relação jurídica de subordinação típica do contrato de trabalho, conforme o grau de inovação técnica utilizado. Há de ser, pois, encarado com realidade nova, que as leis trabalhistas, com mais de meio século de idade, não imaginavam, pois tinham em mente, à época, a teoria de inserção do trabalhador na fábrica.
BARROS, C. M. *Teletrabalho*. São Paulo: Revista dos Tribunais, 2001. p. 36-37.
(5) PEDREIRA, P. O teletrabalho. *Revista LTr*, v. 64, n. 5. São Paulo: LTr, p. 586, maio 2000.

A investigação da natureza jurídica do teletrabalho não comporta uma resposta unitária. Tudo vai depender da forma como se realiza a prestação de serviços, que tanto pode assumir fisionomia de autônoma como de subordinada, em relação a todas as modalidades do teletrabalho.

Questões de suma relevância foram levantadas na pesquisa realizada por Fetzner (2001)[6] da forma seguintes:

> Um dos aspectos que se coloca é o entendimento de que o Teletrabalho não é para todos, mas isto pode conflitar com o aspecto cultural percebido de que uma coisa só pode ser feita para todos.

Continua a pesquisadora:

> Acordos coletivos seriam uma maneira de tentar "minimizar" problemas e características arcaicas da legislação. Nada consta sobre acordos oficiais regulando a matéria, conforme informação dos sindicatos, mas antecipa-se que um acordo sobre Teletrabalho não seria facilmente obtido. (FETZNER, 2001)

A pesquisadora ainda destaca o seguinte ponto em recente pesquisa realizada:

> Outro aspecto a ressaltar, trazido pelos entrevistados, trata das diferenças que existirão, dependendo do tipo de vínculo que as pessoas têm com a empresa (se funcionários ou se contratados com autônomos) e definirão diferentes sistemáticas de relacionamento com a empresa contratante, exigindo relações contratuais embasadas em aspectos jurídicos específicos. O SERPRORS preocupa-se com a possibilidade de demandas trabalhistas, a dificuldade de comprovações de situação de trabalho a distância, a atuação da Justiça e o aspecto legal é, na opinião desse grupo, o mais complexo. (FETZNER, 2001)

A problemática sobre o que seja teletrabalho para o direito laboral não peca por falta de abrangência somente no Brasil, mas acontece em outros países, como na recente normatização em Portugal. Na lição Costa (2011) fica evidente que falta mais elementos no conceito daquele país em sua explicação nos seguintes dizeres:

> E o conceito de Teletrabalho adotado pelo Código trabalho português é restrito pois abrange somente o trabalho prestado em regime de subordinação jurídica, sob as ordens e direção do empregador, não alcançando o autônomo e o autônomo dependente economicamente.[7]

Dentre os elementos complexos que podemos enumerar estão: de quem é a propriedade dos equipamentos utilizados no serviço? De que forma se daria a remuneração? Haveria controle das condições de segurança no local de trabalho (insalubridade, pensosidade e periculosidade). Os empregados seriam voluntários (convidados a aderirem ao teletrabalho) ou poderia haver funções específicas que poderiam ser transformadas em teletrabalho? Como controlar a telejornada? Como categorizar numa empresa determinado(a)s empregado(a)s para serem escalado(a)s para exercer o teletrabalho sem ferir o princípio da igualdade oportunidades, já que este é vetor constitucional? Quando exercido na residência, como fica a proteção a intimidade e privacidade do(a)s teletrabalhador(a)s? As questões sindicais estão acompanhando tais mudanças?

Tais indagações são, segundo a pesquisadora, superadas com a legislação trabalhista sem mais problemas, até porque na Comunidade Europeia isso já foi superado. A nosso entender a vacilação ou rejeição em adotar o teletrabalho pelo(a)s empregador(a)s está na questão cultural das organizações e que, ainda, colocam óbices em seu emprego. Portanto, se torna uma questão de necessidade de conscientização da sociedade para adotar esta modalidade de trabalho e não por impedimentos legais. Que, aliás, nem existem, ao contrário podem ser adaptados a atender a esta modalidade laboral, sem causar antinomia com a atual legislação em vigor, o que concordamos com Feztener.

Pedreira (2000, p. 584-585) ressalta que, devido a certas características do teletrabalho, este pode

---

(6) FETZNER, M. A. M. *A viabilidade do teletrabalho na PROCEMPRA*. Disponível em: <http://www.seer.ufrgs.br/index.php/read/article/view/15708> Acesso em: 29.7.2010.

(7) COSTA, G. S. V. *Teletrabalho*: análise do Projeto de Lei n. 4.505/2008, Lei n. 12.551/2011 e o Código de Trabalho português/2003. Disponível em: <http://www.ambito-juridico.com.br/site/?n_link=revista_artigos_leitura&artigo_id=11796> Acesso em: 12.10.2013.
O dispositivo da lei laboral portuguesa diz: art. 165º – Noção de teletrabalho – Considera-se teletrabalho a prestação laboral realizada com subordinação jurídica, habitualmente fora da empresa e através do recurso a tecnologias de informação e de comunicação.
Disponível em: <http://dre.pt/pdf1sdip/2009/02/03000/0092601029.pdf> Acesso em: 12.10.2013.

ser considerado como trabalho autônomo, pois, a "descontração, a flexibilidade de horário, a ausência física do(a) empregador(a) ou seu representante para a fiscalização e a de consistir em contabilidade, consultas, traduções etc.". Sem querer ser repetitivo, ressalto que as normas trabalhistas são compatíveis com o teletrabalho apenas necessitando de moldagem pragmática e na visão do jurista retro, o que se precisa atentar é para o fato de que:

> A investigação da natureza jurídica do teletrabalho não comporta uma resposta unitária. Tudo vai depender da forma como se realiza a prestação serviços, que tanto pode assumir fisionomia de autônoma como de subordinação, relação a todas as modalidades do teletrabalho.

Vilhena (1975, p. 253-258) cita o direito francês para elucidar que parte de nossas indagações sobre teletrabalho também já estão resolvidas e que o(a)s operadore(a)s devem ficar atentos as adaptações ocorridas naquele país, pois:

> O Direito francês resolveu de modo absoluto a questão. Em face de reiterada recusas da jurisprudência, que quase sempre negava vigência ao art. 33 do Livro 1º do Código do Trabalho, ao funcionamento de inexistir a subordinação jurídica, interveio o Parlamento, especificando expressamente que pouco importa a ausência de subordinação jurídica, a falta de vigilância imediata e habitual do empregador, a propriedade do local ou dos instrumentos de trabalho, o interessado deve ser, em todos os casos qualificado como trabalhador a domicílio, posição essa ratificada pela Lei de 26 de julho de 1957.[8]

Finaliza o jurista: "além de desprezar a chamada subordinação jurídica, o Direito francês alargou, incontidamente, os horizontes da dependência econômica, com todas as suas precariedades e não menos indefensável insegurança[9].

Na ótica do Direito francês ainda persiste o teletrabalho com referencial a ser exercido no domicílio que, a nosso ver, seria a residência, pois em nosso Direito, são ambos conceitos completamente diferentes como está no Direito Civil (CC) brasileiro que reflete isso nitidamente, mas são conexos. Na CLT e no CC com uma interpretação concomitante, depreende-se que o teletrabalho pode ser exercido no domicílio da pessoa, sem que seja sua residência, ou vice-versa. Também haverá casos que exercido na residência, o domicílio poder ser outro.

Em nossa ótica, o teletrabalho rompeu com a moldura tradicional dos modos de trabalho e impulsionou a prestação do labor para um patamar de controle inusitado, qual seja: trabalho direcionado à distância com controle *on-line* ou por meio de resultados e metas previamente estipulados pelos contratantes (ou não), sem a necessidade de estarem frente a frente com o regime da subordinação. Além disso, tem base em regimentos internos de corporações empresariais, ou melhor dizendo, nos moldes clássicos, estruturados por regulamentos com jornadas de trabalho no local de trabalho, chefias imediatas, horário de descanso, a denominada intercalação entre as horas laboradas, controle de ponto na entrada e na saída, enfim, tudo mudou em termos de organização no setor de recursos humanos, que passa até a não existir. Não há empregado(a)s num local denominado "empresa", apesar de que o teletrabalho possa existir no âmbito delas, conforme mencionado retro.

Pedreira (2000, p. 586)[10], com base nos estudos da Lei Madelin, de 11 de fevereiro de 1994, que deu nova redação ao art. 120-3 do Código do Trabalho, na França, dispôs que o(a) teletrabalhador(a) que se houver inscrito como comerciante ou artesão, agente comercial, presumir-se-á não estar vinculado(a) por um contrato de trabalho, na execução da atividade que deu lugar à matricula. Teletrabalhador(a) que se pode indagar: no corpo celetista brasileiro em que vigora o princípio da norma mais favorável ao empregado seria de bom alvitre tirar o ônus da prova do(a) empregador(a) no tocante ao teletrabalho?

---

(8) *Op. cit.*, p. 584-585.
(9) No afã de ampliar o campo exemplificativo sobre a questão da subordinação fora da alçada da peia clássica da empresa em termos de trabalho, o autor ainda busca subsídios no direito italiano, que a ver dele: Ocorreu fenômeno reverso, com o advento da Lei n. 264, de 13 de março de 1958, que declara extensíveis ao trabalhador a domicílio as normas do trabalho subordinado que sejam aplicáveis e compatíveis com a 'especialidade da relação', abrindo-se ensanchas a uma orientação interpretativa favorável à sua categorização e proteção. Cometeu-se jurisprudência e à doutrina, em bem maior envergadura do que a França a tarefa de fixarem o entendimento do que seja, qual o perímetro da subordinação, ficou-se em um plano equitativo, quanto ao ponto de partida conceitual, através do qual se assentaram alguns elementos constantes, marcam a subordinação, como os que afluem na autonomia. VILHENA, P. E. R. *Relação de emprego estrutura legal e supostos*. São Paulo: Saraiva, 1975. p. 253-258.
(10) *Op. cit.*, p. 586.

Não foi sem propósito que Nascimento (2005, p. 63-64) alertou em magistral lição ao dizer:

> A flexibilização do direito do trabalho faria dele mero apêndice da Economia e acabaria por transformar por completo a sua fisionomia originária. O direito do trabalho deixaria de ser uma defesa do homem contra a sua absorção pelo processo econômico, mesmo que com sacrifícios insuportáveis dos trabalhadores. Estariam assim plenamente fundamentadas modificações estruturais do direito do trabalho que o afetariam profundamente em suas bases.[11]

Sem muito esforço, consolida o jurista a necessidade das normas adaptarem-se à nova ordem fática trabalhista em nosso país. Com suas palavras podemos entender que: "o Direito do Trabalho é acusado de hipergarantista, de afetar o desenvolvimento econômico e a livre-iniciativa, defeitos que só poderiam ser corrigidos com a flexibilização das suas leis e a reavaliação, no plano teórico, dos seus princípios e funções".

Estamos solidários aos ilustres Magano, Martins e Trindade (2000, p. 4) que o fato de modificar a subordinação com o teletrabalho, aqui não importando o realizado no domicílio ou não, autônomo ou vinculado a um emprego online, está simplesmente aumentando postos de trabalho e não reduzindo, o que seria catastrófico numa economia recessiva como é a nossa. O mestre ilustra assim sua colocação: "por fim, é preciso assinalar que o movimento, no sentido da dispersão de trabalhadores em vários locais de trabalho, está frequentemente ocorrendo sem diminuição, mas com o aumento da oferta de postos de trabalho"[12].

Um ponto de suma relevância em termos de teletrabalho é a questão do fator pessoalidade na relação empregatícia. Em dada circunstância, o elemento pessoalidade pode ser questionado ou mesmo de difícil caracterização. Tal hipótese pode ocorrer devido ao(a) teletrabalhador(a) exercer suas atividades laborativas à distância, sem o controle ocular direto do(a) empregador(a), aquele pode delegar as funções por um terceiro.

Lembramos que o contrato de trabalho existe conquanto não houver quebra do pacto correspondente ao vínculo jurídico entre uma pessoa (física) a um(a) empregador(a) (pessoa física ou jurídica) à relação de emprego (art. 442 da CLT), e nem importando para sua existência a forma de contratação (art. 443 da CLT), bastando apenas configurar os elementos das normas do art. 3º da CLT, ou mesmo da Lei do Fundo de Garantia do Tempo de Serviço (Lei n. 8.036/90, regulamentada pelo Decreto n. 99.684/90).

Se há participação de um(a) terceiro(a) na relação de emprego, esta será regida por um novo contrato de trabalho. Cabe ao(a) empregador(a), neste caso, fiscalizar a execução das atividades de trabalho de quem ele contratou. Mesmo que seja uma distorção possível de ocorrer com prestação dos serviços no teletrabalho, a nosso entender, há meios de contornar tal fato, o que não torna de maneira alguma um óbice ao exercício do teletrabalho, mesmo de forma intercontinental como está a existir[13].

Com tais elucubrações (muitas vezes ressalto, com apoio na melhor doutrina), deixamos claro que o teletrabalho em nada é incompatível com a lei trabalhista brasileira em vigor e que os elementos caracterizadores, de sua natureza jurídica, podem perfeitamente adequar-se a esta irreversível modalidade de trabalhar, claro que com base num sistema de controle e execução do trabalho remotamente.

Entretanto, cabe mencionar que falamos das relações de emprego sob a chancela das normas do Estado, mas há uma gama de trabalhador(a)s fora de tal sistema que, sem margem de dúvida, fica a deriva de tal proteção e que, em muitos casos, também prestam atividades laborais na chamada "informalidade" sem cunho legalista, que move boa parte da economia nacional. Sem falar nos rincões do Brasil que impera muito mais as bases normativas

---

(11) NASCIMENTO, A. M. *Iniciação ao direito do trabalho*. 26. ed. São Paulo: LTr, 2005. p. 63-64.

(12) MAGANO, O. B.; MARTINS, S. P.; TRINDADE, W. L. Trabalho à distância. Trabalho e doutrina — processo e jurisprudência. *Revista Jurídica Trimestral*, Direito Valentin Carion, v. 24, p. 4, mar. 2000.

(13) Quem nos ilustra tal hipótese é Martins, Magano e Trindade (2000, p. 8) com os seguintes exemplos: "o trabalhador pode fazer seu serviço em qualquer parte do mundo e enviar seu relatório via e-mail, fax etc.".
Ou como acrescenta o autor:
As vendas podem ser feitas até pela Internet ou por telefone. A tradução de documentos ou textos pode ser realizada na casa do tradutor e enviada por fax ao editor. O vendedor, viajante ou pracista, pode negociar no seu próprio veículo, que é dotado de telefone celular e fax. O executivo pode laborar num quarto de hotel, levando até mesmo o seu laptop. MAGANO, O. B.; MARTINS, S. P.; TRINDADE, W. L. Trabalho à distância. Trabalho e doutrina — processo e jurisprudência. *Revista Jurídica Trimestral*, Direito Vallentin Carion, v. 24, p. 8, mar. 2000.

em costumes seculares, tal qual no meio amazônico ou nos sertões de vários Estados.

3. Proteção normativa do teletrabalho

Em busca de um caminho seguro para desenvolver nossa hermenêutica acerca da proteção jurídica do teletrabalho, mister se faz analisar o ordenamento jurídico brasileiro como um todo.

Partimos de nossa Carta Magna de 1998 em seu art. 7º, inciso XXVII, o qual versa sobre a proteção da relação de trabalho concernente a automação, como podemos depreender da letra da lei: "proteção em face da automação, na forma da lei".

A nosso ver é uma norma constitucional de caráter programática, no rigor de sua enunciação[14], exigindo uma norma complementar para sua eficácia plena, devido à generalizada prescrição. Pois bem, podemos indagar: esta seria a norma que protege os envolvidos em uma relação de emprego de teletrabalho, já que este é uma chancela da automação? O que é então esta automação?

Vários fatores ditam o caminho para as respostas possíveis. O primeiro que poderíamos salientar seria no sentido de que a automação está colocada no aspecto de proteção ao posto de trabalho, já que as novas tecnologias produzem máquinas em grande escala, capazes de substituir a mão de obra convencional. Assim, por uma ordem social, o(a)s empregador(a)es poderiam substituir homens e mulheres por máquinas, desde que mantivessem um percentual de pessoas exercendo funções. O segundo seria no tocante à proteção física e mental do(a) trabalhador(a) sob as condições de trabalho dentre de um mínimo de garantias a sua saúde.

Mannrich (1992, p. 256) amplia esta colocação dizendo que "a saúde corresponde a um estado de completo bem-estar físico, mental e social e não meramente à ausência de dano e enfermidade, segundo a Organização Mundial de Saúde".

Acrescenta, ainda:

> ... o trabalho é um bem cultural, através do qual o homem transforma e complementa a natureza, realizando-se como pessoa humana. Vincula-se profundamente com a saúde, justificando-se a prevenção dos riscos profissionais para permitir que o trabalhador seja o centro de todo o processo produtivo.[15]

E finaliza assim:

> Tal preocupação justifica-se, pois, ao lado do progresso fantástico, introduzido pelas novas tecnologias, constatam-se processos rudimentares de trabalho, justificados pela ganância do lucro, sem qualquer respeito à dignidade da pessoa do trabalhador e sem preocupação com os infortúnios do trabalho. Com isso, o empregado fica marginalizado, não se observando a 'melhoria de sua condição social.[16]

Diante de todas essas justificativas sobre a valorização teleológica colocada pelo jurista não vamos questionar, pois o trabalho é, para o ser humano, um fator crucial em sua socialização, o que lhe propicia especial atenção pelas autoridades para que não se repitam as condições de trabalho degradantes como houve nos estertores da chamada "Revolução Industrial" e não se pretende que se repita na "Revolução Digital".

Mas, o teletrabalho é uma modalidade de serviço executado por atividades automatizadas, em muitos casos podemos afirmar que positivamente. E mais, já existem normas dentro do que se dogmatizou como "condições especiais de trabalho", normas essas específicas, que tratam de certas atividades que são consideradas, hoje, como teletrabalho.

E, assim, já temos normas trabalhistas regulamentando tais categorias de forma diferente das demais, por serem exercidas em condições de especialidade. Temos, na Consolidação das Leis trabalhistas, os arts. 227 a 231, que tratam "dos empregados nos serviços de telefonia, de telegrafia

---

(14) Segundo a douta cátedra de Filho (1992, p. 73-74), podemos aprender que: "dentre as normas não exequíveis por si mesmas, destacam-se os princípios e as normas programáticas propriamente ditas".
Enfatiza o estudioso:
Assemelham-se os princípios às normas programáticas, na medida em que traçam rumos, ou põem valores, que não assumem papel positivo no mundo jurídico, a menos que a lei os desdobre (e eventualmente operações materiais lhes deem continuidade no plano fático). Por isso, é habitual considerá-los entre as normas programáticas.
E conclui: "as normas programáticas editam mandamentos, mas de aplicabilidade diferida pelo condicionamento a uma regulamentação (ou na lição de Jorge Miranda por uma regulamentação mais uma complementação)".
FILHO, M. G. F. Os princípios programáticos. In: Curso de direito constitucional do trabalho. São Paulo: LTr, 1991. p. 73-74.
(15) MANNRICH, N. Saúde, higiene e segurança. São Paulo: LTr, 1992. p. 256.
(16) Ibidem, p. 256.

submarina e subfluvial, de radiotelegrafia e radiotelefonia", ditando, assim, vários direitos que outras categorias não têm, dentre eles: jornada de trabalho de seis horas; pagamento de adicional às horas extraordinárias; tratamento especial também no trabalho efetuado aos domingos e feriados; trabalho ininterrupto proibido, quando se tratar de velocidade superior a 25 palavras por minuto na execução das atividades; jornada especial aos empregados sujeitos a horários variáveis; revezamento entre turmas de empregado(a)s que exerçam a mesma função, quer em escalas diurnas, quer em noturnas.

É claro que, quando o(a)s legisladore(a)s elaboraram tais normas, ainda não tínhamos o uso da informática e dos meios avançados de comunicação como temos hodiernamente. Mas, que aquele(a)s trabalhador(a)s exerciam uma forma de teletrabalho podemos afirmar positivamente que sim.

Até mesmo nosso Tribunal Superior do Trabalho (TST), editou uma súmula que está intimamente ligada ao teletrabalho, pois, quando unificou que não precisa ser uma empresa que explora diretamente uma atividade de telefonista para cumprir as normas celetista da categoria acertadamente, protegeu amplamente tais pessoas. Senão vejamos a seguinte Súmula do TST: "Horário de trabalho de telefonista de mesa de empresa que não explora o serviço de telefonia. É aplicável à telefonista de mesa de empresa que não explora o serviço de telefonia, o disposto no art. 227 e seus parágrafos, da CLT (ex-Prejulgado n. 59)".

Em nosso sistema de norma trabalhista, ainda que de cunho previdenciário, a Lei n. 7.850, de 23 de outubro de 1989, que trata a profissão de telefonia e "considera penosa, para efeito de concessão de aposentadoria especial aos 25 (vinte e cinco) anos de serviço, a atividade profissional de telefonista", o(a)s empregado(a)s que exercerem teletrabalho via telefone, certamente terão amparo dessa norma.

Outra norma celetista ligada ao teletrabalho é a que consta no art. 72 da CLT, que diz: "nos serviços permanentes de mecanografia (datilografia, escrituração ou cálculo), cada período de 90 minutos de trabalho consecutivos corresponderá um repouso de dez minutos não deduzidos da duração normal do trabalho".

Os empregados que utilizam computadores exercem atividades de digitação e não mais de datilografia (máquinas), mas o teletrabalho tem sua base nessa atividade e em nada deve ser diferenciado ao adotar tal norma ao(a)s teletrabalhador(a)s nesse aspecto, claro aquele(a)s que tenham um vínculo via contrato de trabalho tradicional. A fiscalização do cumprimento de tal norma será um desafio, tanto para o(a) empregador(a) como as autoridades administrativas com competência para fiscalizar "esta condição especial de trabalho", já que, muitas vezes, ele é exercido remotamente e em casa, por exemplo.

Um fato inconteste que podemos mencionar e que não somente ocorre em nosso país, mas de forma global é que o teletrabalho está em ascensão e precisa de regras claras e precisas em sua regulamentação como modalidade nova de emprego ou trabalho. Citemos que agora não se datilografa mais e, em muitos casos, não há mais digitar, e sim toques na tela das máquinas e, em muitos casos, emprego da fala ou mesmo uso dos olhos para comandar tais aparelhos.

Assim, poderíamos questionar: as atuais normas por si só têm os mecanismos legais apropriados para se adaptarem e normatizarem o teletrabalho? Precisaríamos de novas regras conforme mencionamos anteriormente?

De forma geral, as normas trabalhistas tutelam a relação de emprego nos moldes convencionais ao longo de sua evolução, na qual os envolvidos estão todos vinculados de forma direta, num local designado para exercer as funções ditadas pelo pacto laboral, desde a chamada "Revolução Industrial". Com o teletrabalho isto não acontece, ou melhor, ele alterou esse paradigma em muitos casos. Há, sim, uma nítida separação entre o trabalho e o local de trabalho e, em muitas situações, exercido na própria residência do trabalhador, ainda com as "ferramentas" de trabalho colocadas pelo(a) empregador(a) no domicílio do(a) teletrabalhador(a).

Há, aí, uma descentralização da relação de emprego e, também, em muitas situações, não evidenciado a distinção entre ser empregado(a) comumente dito ou ser um(a) trabalhador(a) autônomo[17].

---

(17) Di Martino (2001) ressalta que em países como Japão e Alemanha nova postura tem termos de normatizar o teletrabalho tem sido concebida com base em novos elementos inseridos em seu contexto e faz com que tais elementos sejam separados da prestação clássica de trabalho. Numa visão mais precisa citamos o texto do autor:

This is a point which the Japanese academic Y Suma has identified: "Looking into the future of the network society, the distinction between employed and contracted-tele-workers will increasingly diminish, and it could be estimated that more numbers of workers will shift between these two

De forma transnacional podemos mencionar que há um longo caminho para se chegar numa normatização específica sobre teletrabalho, mas, certamente, tem que ser criada.

Na Europa, por meio da chamada União Europeia, normas estão sendo criadas a este respeito e por que não fazermos o mesmo em termos de Mercosul ou mesmo em termos de integrar uma legislação única para as Américas que, certamente, serão economicamente integradas. Surgiria assim "Direito Comunitário da América Latina" sobre teletrabalho.

No entanto, há estudioso(a)s que já elaboraram roteiros para que as normas de teletrabalho sejam criadas, como é o caso de Bakke[18] (2001, *apud* DI MARTINO, 2002) com as seguintes colocações:

> Laws and provisions are not the only mechanisms for regulating (tele-)work practices. Other mechanisms include collective and individual agreements, traditions and norms, and corporate culture. These mechanisms differ on several accounts, but have in common the effect of providing rules of conduct as well as conceptual models or schemes for organizing working life. The popular genre of teleworking handbooks may in this perspective be seen as instances of regulatory, by being vehicles for presenting and disseminating concepts and paradigmatic models of 'good practice'.

Estamos com o jurista europeu, pois muitos elementos culturais estarão envolvidos no teletrabalho em termos de adaptação de sua adoção pelos diferentes países. Citamos o caso do Japão onde está sendo adotado a ideia que trata o teletrabalho como sendo uma modalidade de emprego — independente. O teletrabalho traz independência para o(a)s vinculante(a)s em certos aspectos, mas não como um todo. A remuneração, a execução de tarefas, as responsabilidades com a função, guardar informações confidenciais, podem estar presentes no teletrabalho e, portanto, não estancam uma independência plena entre o(a)s vinculado(a)s pelo pacto laboral.

Já o caso da Alemanha, o(a)s legislador(a)s caminham de forma prudente, no sentido de conciliar o que ele(a)s chamam de atípicas formas, em detrimento do trabalho tradicional, pois procuram harmonizar, de maneira balanceada, a flexibilização das condições de trabalho e o sistema de seguridade social. Além de considerar como o(a)s empregado(a)s estão modificando as condições de trabalho unilateralmente e, por último, como tais trabalhador(a)s estão sendo enquadrado(a)s nos sistema coletivos de organizações de trabalhador(a)s.

Daí a cautela do(a)s legislador(a)s germânico(a)s sobre teletrabalho[19].

---

categories in the labor market. That being the case, to divide workers according to the criterion "employment = dependent labor" and "contracted = independent labor" and to apply labor laws to only the former type would be very unrealistic. The development of telework should be regarded in this context. The same point has also been made by the German writer Hans-Jürgen Weißbach. He writes: We are witnessing an increase in the number of importance of workers whose status on the labour market is uncertain. There are many and varied examples of this trend, especially is we look at people working with ICTs (mainly teleworkers). They include: employees who are also work on a freelance basis (sometimes preparing to become small-scale entrepreneurs; people who have formally withdrawn from the labour market by taking early; retirement, and who then find employment in the informal economy; freelancers who often have a regular and stable working relationship with a particular company; students working part-time; people doing remote work under new working conditions without the unity of time and space. What these 'atypical' forms of work have in common is their uncertain status on traditional labor markets and in the social security system. Finding a harmonized balance between flexibility of working conditions and social security is therefore a crucial issue within telework. Another issue is how to prevent employers unilaterally changing working conditions... A third issue involves making sure that these workers are included in the system of collective representation... The challenge in achieving the high road is to ensure that there is appropriate regulation of telework without stifling its enormous potential or adversely affecting the element of flexibility which is a core feature of this new form of work. particular company: students working part-time; people doing remote work under new working conditions without the unity of time and space. What these 'atypical' forms of work have in common is their uncertain status on traditional labor markets and in the social security system. Finding a harmonised balance between flexibility of working conditions and social security is therefore a crucial issue within telework. Another issue is how to prevent employers unilaterally changing working conditions... A third issue involves making sure that these workers are included in the system of collective representation... The challenge in achieving the high road is to ensure that there is appropriate regulation of telework without stifling its enormous potential or adversely affecting the element of flexibility which is a core feature of this new form of work. Disponível em: <http://www.ilo.org/public/english/support/lib/knowledgesharing/activities.htm> Acesso em: 12 jun. 2010.

(18) DI MARTINO, V. *The high road to teleworking*. Geneva: International Labour Organization, 2001.

(19) Optamos citar o quadro completo de Di Martino (2001) em nosso estudo, senão vejamos:

Terms and conditions of employment: contract of employment; job description; hours of work and overtime; pay and special allowances; career opportunities; monitoring and protection of personal data; equal opportunities; training; labour inspections.

Social security: thresholds for coverage; equal treatment; sickness benefits; maternity benefits; invalidity benefits; old age benefits; occupational accidents; unemployment benefits; transborder issues.

Labour-relation issues: trade union membership; consultation; grievances; bargaining; strikes; trade union access to the teleworkplace.

Communication issues: technological communication; periodical meetings; telework support groups; circulation lists and newsletters counseling.

Tudo isso nos leva a questão central: e o Brasil? Em nosso país começa de forma embrionária a regulamentação, e um primeiro passo foi dado recentemente com a inserção do art. 6º, na CLT em 15 de dezembro de 2011, passou a vigorar a Lei n. 12.551, por força da qual o art. 6º da Consolidação das Leis do Trabalho (CLT) passa a ter os termos seguintes em sua redação original:

> Art. 6º Não se distingue entre o trabalho realizado no estabelecimento do empregador, o executado no domicílio do empregado e o realizado a distância, desde que estejam caracterizados os pressupostos da relação de emprego.
>
> Parágrafo único. Os meios telemáticos e informatizados de comando, controle e supervisão se equiparam, para fins de subordinação jurídica, aos meios pessoais e diretos de comando, controle e supervisão do trabalho alheio.

Há muitos pontos para serem ditos e esclarecidos sobre tal norma celetista. Um dos primeiros seria a não dissociação entre trabalho no domicílio e no realizado à distancia, pois, assim, fica patente que são correlatos, mas não iguais. Pode haver prestação de serviços via teletrabalho à distancia que ocorrem no domicílio, mas o inverso não é reciproco. Um avanço, a nosso ver.

Por outro lado, a questão da pessoa ficar vinculada e a disposição da empresa via meios de comunicação gera pontos de duvidas que ainda precisamos avançar na legislação. Não estamos sozinhos em tal postura. Na opinião de Tania Regina Peixoto Barone surge algumas situações anormais, pois:

> Uma mensagem via celular, envio de *e-mails*, o uso do smartphone e de todos os meios telemáticos e informatizados colocados à nossa disposição diuturnamente farão com que o empregado possa ficar à disposição do empregador 24 horas por dia ou se utilizar desta alegação, sendo ambas as situações temerárias.

Vamos atentar para o entendimento consubstanciado na Súmula n. 118 do Tribunal Superior do Trabalho: "intervalos concedidos pelo empregador na jornada de trabalho, não previstos em lei, representam tempo à disposição da empresa, remunerados como serviço extraordinário, se acrescidos ao final da jornada", abrindo uma enorme possibilidade para que o empregado que receba uma ordem ou mesmo que se sinta de alguma forma sob o controle da empresa deixando o celular ligado ou permanecendo logado, possa ser remunerado por isso, notadamente, se considerarmos que o disposto no citado parágrafo único do art. 6º consolidado.[20]

Esta transição ou adaptabilidade vai acontecer naturalmente, pois o mercado de trabalho evolui e evoluirá. Para exemplificar, citemos a nova modalidade de exercer o trabalho, que está se proliferando rapidamente: a de blogueira(o). Com que parâmetros vamos regulamentar tal modalidade[21]? Em outras palavras: Como vamos logar o blog jurídico na CLT?

4. MODALIDADES CONTRATUAIS DE EMPREGO VIA TELETRABALHO

Em nossa proposição epistemológica sobre as normas trabalhistas relacionadas com o teletrabalho,

---

Environmental issues: definition of a workplace; separation of living and working space in home-based teleworking. The organization of a satellite office; the organization of a telecottage; the organization of a neighborhood center; the organization of a telecentre; health and safety at the teleworkplace planning regulations; zoning; security issues; the costs of premises.
Equipment/technology: the choice of the equipment; providing the equipment; the cost of the functioning of the equipment; the maintenance of the equipment; data security; support of users.
Financial issues: tax implications.
(20) BARONE, T. R. P. *Alteração do art. 6º da CLT:* polêmicas a vista. Disponível em: <http://www.cchsvirtual.bem-vindo.net/node/1356> Acesso em: 12.10.2013.
(21) Por uma questão de opção aleatória vamos citar exemplo do que seja atividade de *blog* num *blog* mesmo, ou seja, pegamos uma blogueira que explica tal situação, senão vejamos:
— Um *blog* com 30 mil pessoas inscritas.
— Valor do produto anunciado é de R$ 100,00.
Se 10 pessoas comprarem esse produto através de um anúncio (número fictício pois, sabemos que em meio a 30 mil inscritos ela vende bem mais), tem-se 10 x R$ 100,00 = R$ 1.000,00
O anunciante (blogueira) faturará R$ 1.000,00! Fora outros produtos que as pessoas encontram ao visitarem o site, se interessam e compram. (Isso em apenas em um vídeo/publieditorial ou publipost).
Ele investiu certo valor para receber indicação e visualização, assim, obteve lucro.
Disponível em: <http://www.extravaganzablog.com.br/2013/07/profissao-blogueira.html> Acesso em: 11.10.2013.
Temos *blogs* jurídicos, mas optamos por este para demonstrar o quanto já é popular o emprego de tal atividade desregulamentada.

revelou, digamos assim, alguns dos vetores essenciais para proteger o ser humano que trabalha e as empresas que optarem por exercer e oferecer tal modalidade de emprego, sem deixá-lo(a)s diante de uma anomia de normas jurídicas.

Com isto, poderia se questionar: quais seriam então os elementos norteadores para traçar uma diretriz de cláusulas que poderiam ser inseridas num contrato de teletrabalho? Não vamos desdogmatizar o que seria contrato de trabalho para chegar a possíveis respostas, até porque doutrinador(a)s trabalhistas têm estudos já cristalizados sobre o assunto, colocando que a estrutura legal tem fundamentação nos arts. 2º e 3º da CLT em vigor.

Nascimento (2005, p. 152-154)[22] resume cinco requisitos para caracterização do contrato de trabalho, sendo eles: pessoa física (empregado(a)), continuidade, subordinação, salário e pessoalidade. Tais elementos, conjugados com o ato volitivo de contratar, desde que não sejam para atividades ilegais, fazem nascer o vínculo jurídico de uma relação de emprego protegido pelas normas de Direito do Trabalho, acrescentamos, consolidadas em nosso ordenamento legal, há mais de meio século (73 anos).

Maranhão, Süssekind e Vianna (1991, p. 234)[23] dizem haver igualdade entre o(a)s contratante(a)s no plano jurídico do contrato de trabalho, o qual seria de natureza de direito privado (acrescentamos que há incidência de normas direito público) e tem como base:

a) um contrato de direito privado;

b) um contrato concluído *intuitu personae* em relação à pessoa do empregado;

c) um contrato sinalagmático: dele resultam obrigações e equivalentes;

d) um contrato consensual. A relação jurídica do trabalho é 'uma relação de débito permanente em que entra, como elemento típico, a continuidade, a duração';

f) um contrato oneroso: à prestação de trabalho corresponde a contraprestação de salário;

g) um contrato finalmente, que pode vir acompanhado de outros contratos acessórios, como, por exemplo, o contrato de depósito, ficando o empregador como depositário de instrumentos de trabalho pertencentes ao empregador.

Em se tratando de teletrabalho, aparentemente todos os elementos citados por Nascimento (2005, p. 152-154) e Maranhão, Süssekind e Vianna (1991, p. 234) incidem no âmbito das normas que envolvem sua natureza jurídica.

Dentre os questionamentos mais comuns que se colocam sobre o teletrabalho para enquadrá-lo nos paradigmas do contrato clássico de emprego, está o fato de que sendo realizado fora do local da empresa (ocasionalmente, pode ser na mesma, repita-se), via sistema de telecomunicação, há uma transferência da subordinação feita por uma chefia para um "controle remoto" (via computador e telefone p. ex.), ou mesmo, quando não houver esta ligação direta com a empresa, mas o(a) empregado(a) se compromete a trabalhar se relacionando com terceiro(a)s (*telemarketing*, consultorias, dentre outras atividades). Como seria tal regulamentação? De que forma se daria o pacto em termos de reciprocidade?[24]

---

(22) NASCIMENTO, M. A. *Iniciação ao direito do trabalho*. São Paulo: LTr, 2005. p. 152-154.
(23) MARANHÃO, D.; SÜSSEKIND, A.; VIANNA, S. *Instituições de direito do trabalho*. São Paulo: LTr, 1991. p. 234.
(24) Estritamente sobre essas questões foi no chamado *Code of e-work* editado na Irlanda é que nos deparamos com um modelo de contrato sobre a regulamentação do teletrabalho, o qual reproduzimos na íntegra, a seguir:
Sample e-working agreement
The following sample e-working agreement sets out some key areas that should be agreed upon before embarking on an e-work arrangement. Details of e-working agreements will vary according to the nature of the work carried out and the degree to which the e-worker carries out the work away from the traditional workplace. This agreement can be varied by negotiation (see italics) to take account of individual circumstances or working arrangements. The sample agreement could be used as a stand-alone document but is most effective in conjunction with an agreed and detailed company policy on e-working. (Some appropriate issues for inclusion are italicized); name; address at which the e-work/distance work will mostly be performed; telephone number; mobile telephone number; details of position/nature of work; hours of work (office based days/hours, home based days/hours — include details where applicable on core hours, flexible hours; recording of working time, overtime arrangements, etc.); communications structures (contact times, team meetings, feedback, mentoring, etc.); reporting in procedures Home office arrangements (technical requirement; provision of equipment/furniture; maintenance/prevention of misuse; personal use of equipment; health and safety; insurance); training (induction, technology training, self-management skills, remote management skills where appropriate); security/confidentiality arrangements; terms and conditions (application of company policies to terms of employment where they may differ as a result of e-working arrangements); suspension/termination of e-working; monitoring and review process(I have read and understood the company policy on e-working and agree to an e-working arrangement; I have agreed that a health and safety risk assessment will be required on the proposed workplace for e-working; I will operate in accordance with the company safety statement; I have informed my mortgage/insurance company that I intend to use my home for business purposes; I understand that e-working is not a substitute for childcare; I understand that the e-working arrangement does not affect my status as an employee;

Essas perquirições têm sido respondidas na Europa já acenando para uma legislação sobre teletrabalho, a nosso ver com fulcro nos seguintes princípios: voluntariedade e direito de retorno ao antigo posto de trabalho para o(a) empregado(a) que optar pelo teletrabalho; garantia da manutenção do *status* de empregado(a); fornecer ao(a) empregado(a) informações precisas sobre as condições de trabalho; investimentos arcados pelo(a) empregador(a); garantia de treinamento técnico nos equipamentos utilizados, sendo o gerenciamento também feito pelo(a) empregador(a); obediências às normas de segurança e medicina do trabalho; jornada de trabalho previamente estipulada; privacidade e proteção dos dados referentes ao trabalho; sistema de comunicabilidade entre o posto de trabalho e a empresa de forma precisa; direitos sindicais resguardados, respeito ao princípio da igualdade nas oportunidades e no tratamento igual entre teletrabalhador(a)s e os outro(a)s empregado(a)s[25].

Com tais princípios respeitados, qualquer teletrabalhador(a) engajado(a) neste tipo de emprego deverá ter os mesmos direitos trabalhistas protegidos por uma legislação nos mesmos patamares que outro(a)s empregado(a)s.

Dentre os direitos trabalhistas que poderiam ser regulamentados de forma especial, teríamos, por exemplo, a jornada de trabalho, pois esta vai acontecer longe da empresa, em muitos casos, necessitando de regulamentação e poderia ter os seguintes pontos enaltecidos: quais seriam as horas de teletrabalho efetivamente estipuladas; que horas seriam estipuladas para serem exercidas em atividades no escritório da empresa; que procedimentos e meios de monitoração das atividades seriam adotados para fiscalizar a prestação das tarefas, até mesmo em relação às horas suplementares e, também, para resguardar a pessoa dos males, doenças e de segurança no local do emprego; de que forma se daria o trabalho em feriados. Não podemos deixar de mencionar a questão da privacidade do(a) trabalhador(a), como preservá-la já que estará automaticamente monitorado online?[26].

Na prestação telelaborativa a forte polêmica seria no tocante ao controle da jornada de trabalho do(a) teletrabalhador(a). Não havendo o controle direto do(a) empregado(a) e este ficando a disposição da empresa como será determinada a jornada? Como controlá-la? Até mesmo, porque, poderá ser executada por terceiro(a)s, vez que as atividades acontecem em um espectro de trabalho fora dos "olhos" do(a) empregador(a).

Não seria diferente também que as empresas que adotem o teletrabalho criem uma política específica sobre a remuneração e salário de seu(a)s "parassubordinado(a)s", de maneira que as mesmas políticas adotadas a tais empregado(a)s sejam condizentes com outros trabalhador(a)s. Notadamente, que todos os tipo de ganhos diretos e indiretos estipulados pela empresa ao(a)s empregado(a)s seriam equânimes, distribuídos sem distinção, de acordo com o regulamento da mesma, com base em uma política de merecimento. Inclusive, podendo tirar proveito de benefícios fiscais, caso haja algo nesse sentido na legislação.

Outro ponto importante concerne à questão sobre os direitos coletivos do(a)s teletrabalhador(a)s, podendo, de acordo com a legislação em vigor, serem filiado(a)s a sindicatos ou não, sendo, logicamente, beneficiado(a)s por acordos e convenções coletivas, inclusive o direito de desfiliar-se do sindicato que represente a categoria. As negociações coletivas

---

I understand the arrangements for termination of the e-working agreement by myself or by the company; Signed (employee); Signed (company)). EASI E-WORKING. *E-working in Ireland:* code of practice. Disponível em: <http://www.worklifebalance.ie/ease-to-eworking/PDF/A.pdf> Acesso em: 9.10.2013.

(25) No Direito do Trabalho português encontra-se disposto especificamente normas sobre as condições de igualdade entre o(a)s empregado(a)s em relação ao teletrabalho, limites da jornada de teletrabalho, segurança no meio ambiente do local da prestação de serviços, conforme estipula o Código do Trabalho (Lei n. 7/2009, de 12 de fevereiro) como se denota a seguir no art. 169º:
O trabalhador em regime de teletrabalho tem os mesmos direitos e deveres dos demais trabalhadores, nomeadamente no que se refere a formação e promoção ou carreira profissionais, limites do período normal de trabalho e outras condições de trabalho, segurança e saúde no trabalho e reparação de danos emergentes de acidente de trabalho ou doença profissional.
Disponível em: <http://dre.pt/pdf1sdip/2009/02/03000/0092601029.pdf> Acesso em: 12.10.2013.
(26) Em Portugal tal preocupação já tem previsão normativa vide art. 170º:
Privacidade de trabalhador em regime de teletrabalho
1. O empregador deve respeitar a privacidade do trabalhador e os tempos de descanso e de repouso da família deste, bem como proporcionar-lhe boas condições de trabalho, tanto do ponto de vista físico como psíquico.
2. Sempre que o teletrabalho seja realizado no domicílio do trabalhador, a visita ao local de trabalho só deve ter por objecto o controlo da actividade laboral, bem como dos instrumentos de trabalho e apenas pode ser efectuada entre as 9 e as 19 horas, com a assistência do trabalhador ou de pessoa por ele designada.
3. Constitui contraordenação grave a violação do disposto neste artigo.

poderiam estipular cláusulas especiais para os teletrabalhador(a)s, sem prejuízo de suas garantias mínimas já conquistadas. Há uma questão importante neste item, a qual se refere a possibilidade de haver uma greve digital *on-line*, para esta nova modalidade nossas normas trabalhistas são omissas *in totum*[27].

Outra colocação bastante questionada é o fato de haver pacto de não concorrência entre o(a)s contratante(a)s (empregado(a) e empregador(a). Como se daria tal fiscalização? Pedreira (2000, p. 587)[28] diz que, neste aspecto, poderia estipular uma cláusula de exclusividade dos serviços, imbricada com as confidencialidade de não divulgação ou uso indevido de dados da empresa, acrescento da privacidade da pessoa do(a) empregado(a) também.

Impera em nosso país a ampla exploração econômica do trabalho que está limitada e ao mesmo tempo permitida em nosso país pelo art. 170 da Constituição Federal de 1988, desde que sejam obedecidos certos valores e princípios. Isto é um mandamento mater e imperativo, a que todo(a)s estão subordinado(a)s. É o que diz o dispositivo:

> A ordem econômica, fundada na valorização do trabalho humano e na livre-iniciativa, tem por fim assegurar a todos existência digna, conforme os ditames da justiça social, observados os seguintes princípios:
>
> I. soberania nacional;
>
> II. propriedade privada;
>
> III. função social da propriedade;
>
> IV. livre concorrência;
>
> V. defesa do meio ambiente;
>
> VI. redução das desigualdades regionais e sociais;
>
> VII. busca do pleno emprego;
>
> VIII. tratamento favorecido para as empresas brasileiras de capital nacional de pequeno porte.
>
> Parágrafo único. É assegurado a todos o livre exercício de qualquer atividade econômica, independentemente de autorização de órgãos públicos, salvo nos casos previstos em lei.

A liberdade condicionada a tais princípios e valores incutidos no artigo deixa à iniciativa privada e aos entes de direito público a possibilidade de criarem mecanismos de exploração econômica para obter êxito em seus empreendimentos com uso de mão de obra, evidentemente. Além do que, há outros dispositivos no corpo da Constituição que ampliam tal proteção, tais como: art. 5º, inciso XIII, art. 7º, art. 8º. A cominação de tais normas faz com que o(a) trabalhador(a) tenha uma ampla garantia de seus direitos trabalhistas, por força de sua imperatividade como quer falar nossa doutrina. Assim, o telelabor esta vinculado a tais comandos normativos por um bem jurídicos vinculado às liberdades e garantias individuais e coletivas, como forma de possibilitar às pessoas exercerem sua cidadania plenamente.

Ademais, o teletrabalho como sendo uma modalidade de prestação de serviços, em nada fere tais dispositivos, pois constitui um emprego como outro qualquer com especialidades diferentes em sua prestação. Está eivado de garantias nos fundamentos constitucionais: liberdade e legalidade (condicionado por normas de direito privado e público)[29].

---

(27) O Código do Trabalho de Portugal prevê de que forma o sindicato poderá no âmbito do teletrabalho atuar na defesas dos interesses do(a)s teletrabalhador(a)s:

1. O trabalhador em regime de teletrabalho integra o número de trabalhadores da empresa para todos os efeitos relativos a estruturas de representação coletiva, podendo candidatar-se a essas estruturas.
2. O trabalhador pode utilizar as tecnologias de informação e de comunicação afetas à prestação de trabalho para participar em reunião promovida no local de trabalho por estrutura de representação coletiva dos trabalhadores.
3. Qualquer estrutura de representação coletiva dos trabalhadores pode utilizar as tecnologias referidas no número anterior para, no exercício da sua atividade, comunicar com o trabalhador em regime de teletrabalho, nomeadamente divulgando informações a que se refere o n. 1 do art. 465º.
4. Constitui contraordenação grave a violação do disposto nos 2 ou 3.

Art. 465º:

Afixação e distribuição de informação sindical

5. O delegado sindical tem o direito de afixar, nas instalações da empresa e em local apropriado disponibilizado pelo empregador, convocatórias, comunicações, informações ou outros textos relativos à vida sindical e aos interesses socioprofissionais dos trabalhadores, bem como proceder à sua distribuição, sem prejuízo do funcionamento normal da empresa.
6. Constitui contra -ordenação grave a violação do disposto no número anterior.

Como se percebe o Direito Coletivo português tem normas reguladoras do pleito sindical via teletrabalho, a nosso ver acertadamente. Mantemos a grafia original do texto da lei portuguesa.

(28) *Op. cit.*, p. 587.

(29) No Brasil surgiu também por influência da ordem econômica internacional os chamados *shoppings centers* (o próprio nome denota isso), os quais não tinham uma previsão normativa em nosso país. Paralelo a tal fenômeno proliferaram e com enorme sucesso em nosso país. O que fez nosso direito? Assimilou tal forma de exploração econômica com base na liberdade de iniciativa outorgada pelas Constituições brasileiras. Os elementos

Que o teletrabalho surge à margem de lei específica é um fato claro aos olhos dos juristas e a necessidade de criar normas a seu respeito é pacífico na doutrina, conforme demonstramos. O desafio está em dizer que tipo de normatividade carece ser criada, ou melhor, que tipos de normas podem integrar o rol das existentes. Tal meta compete ao(a)s legislador(a)s nos próximos tempos que, a nosso ver, deveriam aproveitar a onda flexibilizante com que passa o Direito do Trabalho brasileiro e criar tais operadores deônticos (normativos) sem ferir a dignidade das pessoas.

5. Notas conclusivas

Ao término da presente investigação sobre o teletrabalho, podemos enumerar algumas ilações, dentre as quais:

1. A chamada "Revolução Digital" adveio também para ficar no Brasil e desencadeou crescentes inovações no setor de tecnologias voltadas à área de telecomunicações conectadas às da informática. Tal fato influenciou, sensivelmente, as relações de trabalho e mister se faz voltarmos os olhos para sua natureza jurídica do denominado teletrabalho.

2. A doutrina pesquisada no Brasil e, na medida do possível, de alguns autores estrangeiros consultados, não nos apresenta uma uniformidade dos conceitos emitidos. Ora, o teletrabalho toma conotação de trabalho realizado no domicílio; ora de trabalho prestado à distância; ora forma de exercer atividades (setor público ou privado) em lugares descentralizados sem os paradigmas legais adequados, mas que tem sido empregado o "anacrônico contrato de trabalho", Estatutos Jurídicos defasados regulamentos de empresas, bem como os pactos coletivos sem se darem conta de que os parâmetros legais a serem utilizados são outros.

3. Os novos elementos revelam que o teletrabalho apresenta os seguintes pontos: trabalho realizado longe dos escritórios e do(a)s colegas (à distância); feito via meios de telecomunicação informatizados; descentralizado, podendo ser exercido ou prestado onde quer que o empregado esteja, logicamente, acessando ferramentas inerentes a esta modalidade; o(a) empregado(a) pode ter sua relação de emprego de forma flexibilizada, sem rigidez de horário, lugar e tempo; o(a) empregado(a) não fica vinculado a uma hierarquia verticalizada, há uma horizontalização da empresa, tudo isso virtualmente.

4. A análise da natureza jurídica do teletrabalho revelou características novas e peculiares, dentre elas: descentralização, despersonalização, flexibilização, parassubordinação em sua concepção pragmática. No entanto, a CF/88, em seu art. 7º, inciso VI e XXXVI, cominado com o art. 444 e art. 4º, adimple o recente art. 6º da CLT revelaram uma possibilidade de se dar uma forma jurídica protetiva ao teletrabalho, mas, certamente, uma normatização específica está por vir, o que seria mais adequado certamente. Não diferente acontece com o Direito Francês, no qual o teletrabalho ainda é tratado como o realizado no domicílio.

5. A tendência jurisprudencial em nosso país, especialmente o Tribunal Superior do Trabalho com base no art. 272, exarou a Súmula n. 178, dizendo que a telefonista que exercer suas funções em uma empresa que explora diretamente tais serviços, tem que fazer respeitar o limite de horas na jornada de trabalho que uma empregada teria se trabalhasse numa empresa que explore diretamente esta atividade. Esta norma a despeito do limite de tempo imposto aos empregados da "datilografia" adapta-se ao(a) teletrabalhador(a), porque a ferramenta de execução da ativi-

---

intrínsecos em tais empreendimentos são de ordem eclética, há direito civil, há direito comercial, há direito tributário, há normas previdenciárias e até normas de direito internacional, ocasionando uma Instituição *sui generes* em sua natureza jurídica e podemos afirmar categoricamente que as normas jurídicas em nada obstaram seu crescimento.
Em estudo brilhante sobre os *shopping centers* Tomasetti Júnior (1997, p. 106) revelou que "O mais convincente delineamento genérico do *shopping center* — inclusive no que toca aos aspectos jurídicos fundamentais a esta imponente modalidade organizativa de vendas ao consumidor —, o nucleamento mesmo dessa caracterização, deve-se, no Brasil, a um *economista*". O jurista se refere ao Prof. Carlos Geraldo Langoni, no estudo *Shopping centers* no Brasil.
TOMASETTI JÚNIOR, A. *Shopping center*: estrutura e função — regime jurídico e perfis institucionais — incompatibilidades com o registro imobiliário. *Boletim Técnico: doutrina, jurisprudência comentada*, Belo Horizonte: Editora de Arte — Escola de Advocacia da OAB/MG, v. 4, n. 2, p. 106, nov. 1997.
LANGONI, C. G. Shopping centers — aspectos jurídicos. São Paulo: Revista dos Tribunais, 1984. p. 56-69.

dade (computador e telefonia/internet), em muitas situações adapta-se para proteger a relação de trabalho à distância.

6. O Direito Coletivo brasileiro é quase nulo em normatizar ou propiciar o aparecimento de negociações coletivas no tocante ao teletrabalho, mas, em Portugal, no qual o Código do Trabalho tem menção específica sobre o tema, inclusive no sentido de permitir as manifestações sindicais sem restrições para defender o interesses dos " telessindicalizados" .

6. Referências bibliográficas

ALVES, R. V. Teletrabalho: um conceito complexo no direito brasileiro. *Revista de Direito da Faculdade de Direito*, Prof. Jacy de Assis, v. 35, p. 385, 2007.

ÂMBITO JURÍDICO. *Teletrabalho:* análise do Projeto de Lei n. 4.505/2008, Lei n. 12.551/2011 e o Código de Trabalho português, 2003. Disponível em: <http://www.ambito-juridico.com.br/site/?n_link=revista_artigos_leitura&artigo_id=11796> Acesso em: 12.10.2013.

ASSEMBLEIA DA REPÚBLICA. Lei n. 7/2009, de 12 de fevereiro. *Diário da República*, 1. série, n. 30, 12 de fevereiro de 2009. Disponível em: <http://dre.pt/pdf1sdip/2009/02/03000/0092601029.pdf> Acesso em: 12.10.2013.

BALBINO, R. O. P. *A Lei n. 12.551/2011 e a nova redação do art. 6º da CLT*. Disponível em: <http://jus.com.br/artigos/20844/a-lei-no-12-551-2011-e-a-nova-redacao-do-artigo-6o-da-clt> Acesso em: 16.9.2013.

BARONE, T. R. P. *Alteração do art. 6º da CLT:* polêmicas a vista. Disponível em: <http://www.cchsvirtual.bem-vindo.net/node/1356> Acesso em: 12.10.2013.

BARROS, C. M. *Teletrabalho*. São Paulo: Revista dos Tribunais, 2001.

BLOG DO CCHS UNIFESO. *Alteração do art. 6º da CLT:* polêmicas a vista. Disponível em: <http://www.cchsvirtual.bem-vindo.net/node/1356> Acesso em: 12.10.2013.

COSTA, G. S. V. *Teletrabalho:* análise do Projeto de Lei n. 4.505/2008, Lei n. 12.551/2011 e o Código de Trabalho português, 2003. Disponível em: <http://www.ambito-juridico.com.br/site/?n_link=revista_artigos_leitura&artigo_id=11796> Acesso em: 12.10.2013.

DI MARTINO, V. *The high road to teleworking*. Geneva: International Labor Organization, 2001.

DICIONÁRIO INFORMAL. *Virtual.* Disponível em: <http://www.dicionarioinformal.com.br/virtual/> Acesso em: 13.10.2013.

EXTRAVAGANZA BLOG. *Profissão blogueira*. Disponível em: <http://www.extravaganzablog.com.br/2013/07/profissao-blogueira.html> Acesso em: 11.10.2013.

FETZNER, Maria Amélia de Mesquita. *A viabilidade do teletrabalho na PROCEMPRA*. Disponível em: <http://www.seer.ufrgs.br/index.php/read/article/view/15708> Acesso em: 29.7.2010.

FILHO, M. G. F. Os princípios programáticos. *In: Curso de direito constitucional do trabalho*. São Paulo: LTr, 1991.

ILO. International Labour Organization. *ILO Activities*. Disponível em: <http://www.ilo.org/public/english/support/lib/knowledgesharing/activities.htm> Acesso em: 12.10.2013.

LANGONI, C. G. Shopping centers — aspectos jurídicos. São Paulo: Revista dos Tribunais, 1984.

MAGANO, O. B.; MARTINS, S. P.; TRINDADE, W. L. Trabalho à distância. Trabalho e doutrina — processo e jurisprudência. *Revista Jurídica Trimestral*, Direto Valtentin Carion, v. 24, p. 4, mar. 2000.

MANNRICH, N. *Saúde, higiene e segurança*. São Paulo: LTr, 1992.

MARANHÃO, D.; SÜSSEKIND, A.; VIANNA, S. *Instituições de direito do trabalho*. São Paulo: LTr, 1991.

MARTINS, Sergio Pinto, MAGANO, Octavio Bueno; TRINDADE, Washington Luiz da. Trabalho à distância, trabalho e doutrina — processo e jurisprudência. *Revista Jurídica Trimestral*, Direto Valtentin Carion, v. 24, p. 8, mar. 2000.

NASCIMENTO, A. M. *Iniciação ao direito do trabalho*. São Paulo: LTr, 2005.

PEDREIRA, P. O teletrabalho. *Revista LTr*, v. 64, n. 5. São Paulo: LTr, p. 586, maio 2000.

SOUZA, M. J. *Teletrabalho em Portugal* — difusão e condicionantes. Portugal, 1999.

TOMASETTI JÚNIOR, A. Shopping center: estrutura e função — regime jurídico e perfis institucionais — incompatibilidades com o registro imobiliário. *Boletim Técnico: doutrina, jurisprudência comentada*, Belo Horizonte: Editora de Arte — Escola de Advocacia da OAB/MG, v. 4, n. 2, p. 106, nov. 1997.

VILHENA, P. E. R. *Relação de emprego estrutura legal e supostos*. São Paulo: Saraiva, 1975.

7. Webgráficas

WIKIPÉDIA. *Digital*. Disponível em: <http://pt.wikipedia.org/wiki/Digital> Acesso em: 13.10.2013.

WORKLIFE BALANCE. *Ease to work*. Disponível em: <http://www.worklifebalance.ie/ease-to-eworking/PDF/A.pdf> Acesso em: 9.10.2013.

CRIMINAL COMPLIANCE E A RESPONSABILIDADE PENAL DO EMPRESÁRIO PELO PRODUTO QUE CAUSE PERIGO DE LESÃO AO CONSUMIDOR

Simone Silva Prudêncio[*]

1. Introdução

O propósito deste artigo é tratar da prevenção de responsabilidade penal do empresário por meio de comportamentos éticos e legais aptos a evitar resultados lesivos, especialmente, aqueles advindos da omissão penalmente relevante, uma vez que sua posição de *garante* na relação comercial o torna legalmente responsável.

A fim de discutir a feição criminal da estratégia empresarial conhecida como *compliance*, este artigo analisará os fundamentos da posição de garante do empresário no âmbito da responsabilidade penal pelo produto que cause perigo de lesão ao consumidor. Nesse passo, os princípios da precaução e da confiança serão abordados, posto que imprescindíveis para a compreensão do risco gerado pelas atividades com certo grau de periculosidade e, ao mesmo tempo, apresentam-se tanto como norteadores das estratégias de prevenção de resultados lesivos, quanto como delimitadores de responsabilidades.

2. Compliance *como estratégia empresarial*

Vivemos em uma sociedade de risco, classificada por Ulrich Beck como *modernidade tardia*, assim considerada devido aos avanços tecnológicos ocorridos na produção industrial e às transformações sociais deflagradas pelas novas estruturas de trabalho e de relação de poder[1].

Além disso, a própria modernização carreia consigo a competitividade e, por conseguinte, a marginalidade, como explica Jesús-María Silva Sanchez, visto que parte dos indivíduos da sociedade se tornam fonte de riscos pessoais e patrimoniais[2].

Nesse sentido, a confiança no outro passa a ser o eixo das relações humanas da modernidade, pois,

---

(*) Professora Adjunta de Direito Processual Penal da Faculdade de Direito Professor Jacy de Assis, da Universidade Federal de Uberlândia. Doutora em Direito das Relações Sociais pela PUC-SP.
(1) BECK, Ulrich. *Sociedade de risco*: rumo a uma outra modernidade. Trad. Sebastião Nascimento. São Paulo: Editora 34, 2010. p. 23.
(2) SILVA SÁNCHEZ, Jesús-María. *A expansão do direito penal*: aspectos da política criminal nas sociedades pós-industriais. Trad. Luiz Otávio de Oliveira Rocha. São Paulo: Revista dos Tribunais, 2002. p. 29. v. 11: Série "As Ciências Penais no século XXI".

cada comportamento do indivíduo pode desencadear fenômenos tanto benéficos quanto nocivos aos demais.

Para evitar que seus atos gerem acontecimentos maléficos, o cidadão comum deve atuar conforme as normas impostas pelas regras sociais de convivência, as quais limitam, também, em grande medida, as relações comerciais.

Diante deste cenário, no âmbito empresarial, faz-se necessária a percepção de que o empresário pode responder civil, administrativa e penalmente por suas práticas lesivas ao meio ambiente, ao consumidor, à ordem financeira e econômica e ao patrimônio, por exemplo, de tal sorte que conhecer as normas legais e evitar resultados danosos é uma exigência ética para assegurar a manutenção salutar dessas relações.

O conjunto de boas práticas empresariais denomina-se *compliance*, que enfeixa o cumprimento das normas oriundas de diversas esferas, tais como a legislativa, a jurídica, a tecnológica, a social e a econômica. A ideia central do "compliance" é mudar o paradigma de comportamento empresarial no Brasil, que revela preocupação apenas com fase judicial contenciosa e incutir na mente do empresário a importância da atuação preventiva.

Tal modelo sofre influência do programa americano conhecido como *corporate governance* ou *corporate government*, que tem como características a necessidade de que as empresas estabeleçam normas de comportamento para regularem aspectos não previstos em lei, além da melhora do sistema de informação interno e externo e da designação de pessoas para acompanharem e controlarem a efetividade dessas medidas. Contam também com auditorias internas e externas e com o sistema de transparência pública das atividades da empresa[3].

Também André Luiz Santa Cruz Ramos leciona sobre o tema. Segundo ele, "trata-se, basicamente, de um movimento que visa a estabelecer padrões de gestão para os negócios explorados em sociedade".

Aponta como fundamentos deste modelo de gestão a transparência, a equidade de tratamento entre acionistas e a prestação de contas confiável[4].

Esclarecem Sérgio Salomão Shecaira e Pedro Luiz Bueno de Andrade que o *compliance* é um mecanismo que surgiu nos anos 1990, praticado pelas próprias empresas, criado para substituir a política implementada pelo *New Deal*, após a quebra da Bolsa de Nova Yorque, a qual visava permitir o controle radical pelo Estado e pela própria sociedade das atividades empresariais[5].

Outra vantagem trazida pela governança corporativa é o resgate da imagem das empresas envolvidas em escândalos financeiros e quebras de bolsa de valores em várias partes do mundo perante o mercado e seus investidores[6].

Não há dúvidas de que essa medida tende a reduzir drasticamente as situações que desencadeiam riscos e geram responsabilidades.

3. Responsabilidade penal pelo produto que cause perigo de lesão ao consumidor

O Direito Penal brasileiro responsabiliza a pessoa jurídica quando há a prática de crimes contra o meio ambiente. No âmbito do Direito consumerista, a responsabilidade penal recai sobre os dirigentes da empresa e membros que participem da decisão de colocar no mercado produto que cause perigo de lesão ao consumidor.

Como explica Maria Elena Íñigo Corroza, "na hora de estudar as possíveis responsabilidades que surgem no seio da empresa, é importante fazer análise de seu organograma, pois nele se mostra a sua estrutura"[7].

Além de observar a estrutura organizacional da empresa, é preciso analisar quais são as funções de cada membro e os deveres e as faculdades que tal função lhes outorga[8]. Afinal, a responsabilidade

---

(3) DARNACULLETA I GARDELLA, M. Mérce; NIETO MARTÍN, Adán. Autorregulación y derecho público: la autorirregulación regulada. Madrid-Barcelona: Marcial Pons, 2005, *passim apud* DEMÉTRIO CRESPO, Eduardo. *Responsabilidad penal por omisión del empresário*. Madrid: Iustel, 2009. p. 31, nota de rodapé 13.
(4) RAMOS, André Luiz Santa Cruz. *Direito empresarial esquematizado*. São Paulo: Método, 2013. p. 283.
(5) SHECAIRA, Sérgio Salomão; ANDRADE, Pedro Luiz Bueno de. Compliance e o direito penal. *Boletim IBCCRIM*, São Paulo: IBCCRIM, ano 18, n. 222, p. 2, maio 2011.
(6) RAMOS, André Luiz Santa Cruz. *Op. cit.*, p. 284.
(7) ÍÑIGO CORROZA, Maria Elena. *La responsabilidad penal del fabricante por defectos de sus productos*. Barcelona: J. M. Bosch, 2001. p. 247. (tradução livre)
(8) ÍÑIGO CORROZA, Maria Elena. *Op. cit.*, p. 251.

penal é subjetiva e, por isso, a conduta supostamente ilícita deverá ser individualizada para fins de identificar aquele que tem o poder de decidir pela criação de risco proibido[9].

Contudo, sabe-se que a tarefa de individualizar condutas no âmbito das relações de consumo é árdua, pois as fases de fabricação, distribuição e comercialização contam com diversas etapas e vários agentes potencialmente responsáveis pela criação de riscos proibidos. Nessa esteira, não podemos nos esquecer de que a vítima (o consumidor) também pode integrar essa cadeia de criação de riscos juridicamente proibidos pelo ordenamento.

Conhecer a divisão de trabalho na empresa é crucial para delimitar a atuação dos sujeitos envolvidos. Não raro, nas grandes empresas, há a descentralização administrativa com delegação de funções, mas esta possibilidade não significa transferir a toda a responsabilidade para terceiro.

Sobre a delegação, María Elena Íñigo Corroza lembra que aquele que delega conserva responsabilidade residual, pois é ele quem seleciona o terceiro a receber a delegação de funções, além de exercer supervisão e vigilância sobre a atuação do escolhido[10].

No âmbito da criminalidade da empresa, nem sempre a imputação da responsabilidade recairá apenas naquele que agiu diretamente. Há que se buscar a responsabilidade daquele que autorizou ou que ordenou a realização da conduta que causou o resultado lesivo.

E, nesse caso, afirma Eduardo Demétrio Crespo que se o objeto da delegação é a função de controle ou de vigilância, a posição de garante é delegada por completo. Porém, se dito objeto é a execução de atos concretos, não há exoneração de responsabilidade e aquele que delega preserva sua responsabilidade penal *in vigilando* ou *in eligendo*[11].

Também Wolfgang Frisch se posiciona a respeito desse assunto e afirma que a delegação dos deveres de vigilância não libera totalmente o delegante do dever de vigiar, pois se, em virtude da titularidade primária que ostenta sobre dito dever de vigilância, algum resultado lesivo seja alcançado por inaptidão do delegatário, remanesce a responsabilidade do delegante[12].

Seja como for, o empresário deve estar atento para evitar a criação de riscos juridicamente proibidos. O Código do Consumidor, Lei n. 8.078/90, apresenta diversos dispositivos legais norteadores de sua conduta, que se desconsiderados, gerar-lhe-ão responsabilidade penal.

4. Fundamentos da posição de garante do empresário na relação de consumo

O empresário, por meio do contrato social da empresa, estabelece seus direitos e deveres perante a pessoa jurídica à qual estiver vinculado. Além disso, está obrigado a cumprir as normas estabelecidas na legislação vigente, sob pena de realizar atividade ilícita.

No caso da relação de consumo, vários são os seus deveres a fim de que sejam evitadas situações que criem ou submetam o consumidor a riscos proibidos, capazes de gerar perigo de lesão.

Inicialmente, podemos extrair tais deveres do próprio Código Penal[13], que estabelece a relevância da omissão e deixa claro que ela ocorre quando o agente devia e podia evitar o resultado. Em suas alíneas, aponta como incumbidos do dever de agir tanto aquele que está obrigado por lei, quanto o que assumiu, de outra forma, a responsabilidade de impedir o resultado. Além desses, atribui tal dever àquele que criou previamente o risco da ocorrência do resultado.

Com esse direcionamento, torna-se mais fácil perceber que o empresário, no âmbito da relação de

---

(9) ÍÑIGO CORROZA, Maria Elena. *Op. cit.*, p. 252.
(10) *Ibidem*, p. 271.
(11) MEINI, Iván. Responsabilidad penal del empresario por los hechos cometidos por sus subordinados. Valência: Tirant lo Blanch, 2003 *apud* DEMÉTRIO CRESPO, Eduardo. *Responsabilidad penal por omisión del empresario*. Madrid: Iustel, 2009. p. 108.
(12) FRISCH, Wolfgang. Problemas fundamentales de la responsabilidad de los órganos de dirección de la empresa. Responsabilidad penal en el ámbito de la responsabilidad de la empresa y de la división del trabajo. *In*: PUIG, Santiago Mir; PEÑA, Diego-Manuel Luzón (coords.). *Responsabilidad penal de las empresas y sus órganos y responsabilidad por el producto*. Barcelona: José Maria Bosch, 1996. p. 99-127.
(13) "Art. 13. (...)
§ 2º A omissão é penalmente relevante quando o omitente devia e podia agir para evitar o resultado. O dever de agir incumbe a quem:
a) tenha por lei obrigação de cuidado, proteção ou vigilância;
b) de outra forma, assumiu a responsabilidade de impedir o resultado;
c) com seu comportamento anterior, criou o risco da ocorrência do resultado."

consumo, se enquadra em duas das situações legais indicadas.

O Código do Consumidor traz várias determinações ao empresário, nele identificado como "fornecedor", "fabricante" ou "prestador de serviços", as quais exemplificam a segunda espécie do rol do art. 13 § 2º, do Código Penal.

Nesse caso, a origem da responsabilidade vem de um negócio jurídico ou da assunção por parte de alguém, da posição de garantidor da segurança alheia. Vejamos um exemplo contido no Código do Consumidor: "Art. 10. O fornecedor não poderá colocar no mercado de consumo produto ou serviço que sabe ou deveria saber apresentar alto grau de nocividade ou periculosidade à saúde ou segurança". Nessa condição, o empresário assume "a promessa" de não colocar produto perigoso no mercado de consumo e sua simples inércia pode configurar omissão penalmente relevante.

Na última hipótese legal do § 2º do art. 13 do Código Penal, o dever de agir decorre da criação do risco em atitude precedente do agente e, por essa razão, tem o dever de evitar o resultado. Por exemplo, citamos o § 1º do art. 10 do Código do Consumidor: § 1º O fornecedor de produtos e serviços que, posteriormente à sua introdução no mercado de consumo, tiver conhecimento da periculosidade que apresentem, deverá comunicar o fato imediatamente às autoridades competentes e aos consumidores, mediante anúncios publicitários".

Nesse contexto, não podemos deixar de mencionar o caso *Lederspray*[14], em que a não retirada do produto do mercado quando já se tinha ciência de sua periculosidade levou à responsabilização penal dos dirigentes por omissão imprópria.

Na mesma linha de raciocínio dos Tribunais alemães está Cezar Roberto Bitencourt, para quem é possível identificar a coautoria e a participação nos crimes omissivos impróprios. Para ele, se o agente tiver o dever jurídico de não se omitir será autor ou coautor. Se o agente não estava obrigado pelo comando legal e não dispunha do domínio da ação final, mas contribuiu de modo decisivo para a realização do delito, será partícipe[15].

No caso *Lederspray*, todos os dirigentes estavam obrigados a evitar o resultado lesivo, mas em assembleia, decidiram apenas por fazer advertência ao consumidor sem, no entanto, recolher o produto de circulação.

5. Princípio da confiança

Explica María Elena Íñigo Corroza que o princípio da confiança foi desenvolvido na Alemanha, na década de 1950, no âmbito do trânsito de veículos automotores, para obrigar o cidadão a atuar conforme os riscos permitidos, de modo que cada pessoa possa confiar que o outro atuará de maneira adequada[16], mas atualmente, é também aplicado onde existe a divisão de trabalho[17].

Em termos de responsabilidade do empresário, é na divisão das tarefas de produção, distribuição e venda que o princípio da confiança nos parece delimitar a responsabilidade de cada um dos atuantes. Afinal, além das normas legais, o que se espera de uma atuação conjunta é que todos os envolvidos ajam segundo os padrões éticos e legais.

Conforme esclarece Sandro Abraldes, a maioria da doutrina reconhece dito princípio como limitação ao dever de cuidado[18]. Acrescenta que "mais que um limite, este princípio conforma uma construção teórica de singular relevância teórico-prática no momento de estabelecer quais são as medidas de cuidado que o sujeito deve adotar na situação concreta"[19].

Pelas informações apresentadas, podemos afirmar que, nas regras de *compliance*, o princípio da confiança aponta o cuidado objetivamente devido e inspira o comportamento do empresário, seja

---

(14) Trata-se de um caso de grande repercussão na Alemanha, no final dos anos 1980, que versa sobre um *spray* de couro, que desencadeou problemas respiratórios nos consumidores. Entretanto, por decisão dos diretores da empresa, o produto não foi retirado do mercado e os Tribunais Alemães (de primeiro grau e Superior) condenaram os diretores da respectiva empresa. Consultar ALBERTO DONNA, Edgardo. Imputación penal y ciencia. In: CASABONA, Carlos Maria Romeo; LÁZARO, Fernando Guanarteme Sánchez; ARMAZA, Emílio José Armaza (coords.). *La adaptación del derecho penal al desarrollo social y tecnológico*. Granada: Comares, 2010. p. 193-222.
(15) BITENCOURT, Cezar Roberto. *Tratado de direito penal. Parte geral*. 11. ed. São Paulo: Saraiva, 2006. v. I, p. 426-427.
(16) ÍÑIGO CORROZA, Maria Elena. *Op. cit.*, p. 256.
(17) *Ibidem*, p. 258.
(18) ABRALDES, Sandro. Principio de confianza: la discusión actual sobre su naturaleza jurídico-penal y SUS posibles aplicaciones. In: CASABONA, Carlos Maria Romeo; LÁZARO, Fernando Guanarteme Sánchez; ARMAZA, Emílio José Armaza (coord.). *La adaptación del derecho penal al desarrollo social y tecnológico*. Granada: Comares, 2010. p. 248.
(19) ABRALDES, Sandro. *Op. cit.*, p. 250.

pelas expectativas positivas geradas pelo produto ou serviço oferecido, seja pela legislação vigente para o caso concreto. Seria este, então, um sinal de comportamento desejável, na medida em que a lei é cumprida e o bem-estar do consumidor é alcançado.

6. Princípio da precaução

Segundo Pierpaolo Cruz Botini, o princípio da precaução tem origem na Alemanha, nos anos 1960, voltado para a proteção ambiental contra danos irreversíveis[20]. Nesse passo, assevera o autor que "o princípio da precaução surge, então, como alternativa capaz de pautar a administração dos riscos e ocupar os espaços de regulamentação institucional de atividades"[21].

Por tal motivo consideramos que o aludido princípio atua como delimitador de responsabilidade penal e, para além dos crimes ambientais, direciona comportamentos no âmbito do *compliance*, especialmente no que diz respeito ao gerenciamento de riscos desconhecidos em outras áreas, tais como as relações de consumo e a saúde pública.

Em complemento, Pierpaolo Cruz Botini afirma que tal princípio vigora diante da incerteza científica, posto que se perfaz como critério negativo, vale dizer, o que não estiver englobado na certeza científica merece a análise da precaução[22].

Ressalta Carlos María Romeo Casabona que embora a adoção do princípio da precaução pelo Direito Penal seja tema de elevada polêmica entre os juristas, em função do suposto conflito aparente que possa ser travado entre os princípios da ofensividade e da proporcionalidade, certo é que o Direito Penal do risco o encampa, especialmente, por intermédio dos crimes de perigo abstrato[23].

Em nossa opinião, não há qualquer mitigação do princípio da ofensividade e da proporcionalidade pela adoção do princípio da precaução. Entendemos que o conteúdo da ofensividade nos crimes de perigo abstrato é avaliando *ex ante*, logo, a ofensa ao bem jurídico independe de dano, pois é avaliada como "um perigo de dano". Sendo assim, o princípio da precaução incide na análise do perigo de dano, justamente, para prevenir a colocação de determinado bem jurídico em perigo. Daí a sua importância no seio do *criminal compliance*.

Em termos de política criminal, o princípio em comento age como indicador valorativo do perigo e, por conseguinte, do risco proibido. Assim, o empresário poderá melhor avaliar os riscos de sua atividade diante das exigências legais e sociais e, de posse desse conhecimento, monitorará sua atuação comercial, com o intuito de afastar problemas de ordem penal.

7. Criminal compliance

Podemos definir *criminal compliance* como a estratégia empresarial especificamente destinada a evitar a realização de condutas consideradas criminosas pela lei penal.

Com esse propósito, os empresários passam a contar com um instrumento muito eficaz de prevenção da responsabilidade penal. Considerando que é vasta a gama de práticas tipificadas como crime, o diagnóstico de como a empresa tem atuado nos vários segmentos em que o controle social punitivo incide é de absoluta relevância.

Como exemplo destes segmentos citamos a ordem econômica, a ordem tributária, as relações de consumo, o meio ambiente, o sistema previdenciário, dentre outros.

O Direito Penal na sociedade globalizada ultrapassa os limites territoriais e deve estar preparado para compreender a evolução dos interesses sociais dominantes, que demandam o cumprimento de diretrizes de política criminal nacional e internacional, a fim de tutelar os bens jurídicos considerados relevantes no desenvolvimento da competitividade de da produtividade do mercado.

O paradigma de Direito Penal do risco compreende novas perspectivas de tipos penais e abre espaço para a inserção dos crimes de perigo abstrato, que antecipam a intervenção punitiva do Estado perante comportamentos criminosos

---

(20) BOTTINI, Pierpaolo Cruz. *Crimes de perigo abstrato*. São Paulo: Revista dos Tribunais, 2010. p. 67.
(21) BOTTINI, Pierpaolo Cruz. *Op. cit.*, p. 68.
(22) BOTTINI, Pierpaolo Cruz. *Op. cit.*, p. 72.
(23) CASABONA, Carlos María Romeo. Conocimiento científico y causalidad en el derecho penal. In: CASABONA, Carlos Maria Romeo; LÁZARO, Fernando Guanarteme Sánchez; ARMAZA, Emílio José Armaza (coords.). *La adaptación del derecho penal al desarrollo social y tecnológico*. Granada: Comares, 2010. p. 136.

facilitados pelo avanço da tecnologia e da velocidade das telecomunicações.

E, nesse contexto, o empresário — que, como vimos, ocupa a função de garante — protagoniza um dos mais difíceis papéis, que é o de conciliar o cumprimento de metas econômicas com a observância de condutas socialmente éticas e penalmente adequadas.

Giovani Agostini Saavedra explica que é chegada a hora de ampliar o *compliance* para alcançar a esfera penal. Segundo ele, "esse novo âmbito de pesquisa tem sido designado pela doutrina jurídico-penal internacional como *criminal compliance*". Em outras palavras, o autor assevera que "o estudo dos controles internos e de outras medidas que podem ser adotadas em empresas e instituições financeiras com o fim de prevenção de crimes"[24].

Por outro lado, Regina Helena Fonseca Fortes Furtado lembra "que a auto-organização empresarial dificilmente alcançará um risco zero na perpetração de delitos"[25]. Todavia, a empresa será beneficiada por qualquer que seja o grau de redução da probabilidade de incidência delituosa.

Por tais razões, o *criminal compliance* desponta como a melhor maneira de evitar situações que levem a empresa e o empresário à responsabilização penal, pois o estudo dos riscos pautado pelo profundo conhecimento das leis penais vigentes, da teoria do delito, da política criminal e da jurisprudência trará maior segurança no exercício da atividade empresarial.

8. Conclusão

A globalização das relações comerciais trouxe inúmeras vantagens para a economia e para a sociedade. Contudo, os riscos inerentes às práticas empresariais acompanharam tal evolução e, em alguns casos, se tornam fonte de responsabilidade penal do empresário e da empresa.

Com o intuito de prevenir a prática de crimes surge um modelo de etiqueta empresarial conhecido como *criminal compliance*, que se afigura como indispensável à boa gestão da atividade empresarial, seja porque previne gastos com processos criminais e indenizações, seja porque preserva a boa imagem comercial e a credibilidade da empresa perante investidores e consumidores.

A análise das leis penais, das convenções e tratados relacionados com a atividade da pessoa jurídica, combinada com o conhecimento jurídico, doutrinário e jurisprudencial permite visão ampla das condutas consideradas ilícitas pelo ordenamento jurídico nacional e internacional e, por conseguinte, orienta a atuação do empresário conforme o Direito.

9. Bibliografia

ABRALDES, Sandro. Principio de confianza: la discusión actual sobre su naturaleza jurídico-penal y SUS posibles aplicaciones. *In*: CASABONA, Carlos Maria Romeo; LÁZARO, Fernando Guanarteme Sánchez; ARMAZA, Emílio José Armaza (coords.). *La adaptación del derecho penal al desarrollo social y tecnológico*. Granada: Comares, 2010.

ALBERTO DONNA, Edgardo. Imputación penal y ciencia. *In*: CASABONA, Carlos Maria Romeo; LÁZARO, Fernando Guanarteme Sánchez; ARMAZA, Emílio José Armaza (coords.). *La adaptación del derecho penal al desarrollo social y tecnológico*. Granada: Comares, 2010.

BECK, Ulrich. *Sociedade de risco*: rumo a uma outra modernidade. Trad. Sebastião Nascimento. São Paulo: Editora 34, 2010.

BITENCOURT, Cezar Roberto. *Tratado de direito penal. Parte geral.* 11. ed. São Paulo: Saraiva, 2006. v. I.

BOTTINI, Pierpaolo Cruz. *Crimes de perigo abstrato.* São Paulo: Revista dos Tribunais, 2010.

CASABONA, Carlos María Romeo. Conocimiento científico y causalidad en el derecho penal. *In*: CASABONA, Carlos Maria Romeo; LÁZARO, Fernando Guanarteme Sánchez; ARMAZA, Emílio José Armaza (coords.) *La adaptación del derecho penal al desarrollo social y tecnológico.* Granada: Comares, 2010.

DARNACULLETA I GARDELLA, M. Mérce; NIETO MARTÍN, Adán. Autorregulación y derecho público: la autorirregulación regulada. Madrid-Barcelona: Marcial Pons, 2005, *passim apud* DEMÉTRIO CRESPO, Eduardo. *Responsabilidad penal por omisión del empresário*. Madrid: Iustel, 2009.

FRISCH, Wolfgang. Problemas fundamentales de la responsabilidad de los órganos de dirección de la empresa. Responsabilidad penal en el ámbito de la responsabilidad de la empresa y de la división del trabajo. *In*: PUIG, Santiago Mir; PEÑA, Diego-Manuel Luzón (coords.).

---

(24) SAAVEDRA, Giovani A. Reflexões iniciais sobre criminal *compliance*. *Boletim IBCCRIM*, São Paulo: IBCCRIM, ano 18, n. 218, p. 11-12, jan. 2011.
(25) FURTADO, Regina Helena Fonseca Fortes. A importância do *compliance* no novo direito penal espanhol. *Boletim IBCCRIM*, São Paulo: IBCCRIM, ano 20, n. 235, p. 11-12, jun. 2012.

Responsabilidad penal de las empresas y sus órganos y responsabilidad por el producto. Barcelona: José Maria Bosch, 1996.

FURTADO, Regina Helena Fonseca Fortes. A importância do *compliance* no novo direito penal Español. *Boletim IBCCRIM*, São Paulo: IBCCRIM, ano 20, n. 235, p. 11-12, jun. 2012.

ÍÑIGO CORROZA, Maria Elena. *La responsabilidad penal del fabricante por defectos de sus productos*. Barcelona: J. M. Bosch, 2001.

MEINI, Iván. Responsabilidad penal del empresario por los hechos cometidos por sus subordinados. València: Tirant lo Blanch, 2003 *apud* DEMÉTRIO CRESPO, Eduardo. *Responsabilidad penal por omisión del empresário*. Madrid: Iustel, 2009.

RAMOS, André Luiz Santa Cruz. *Direito empresarial esquematizado*. São Paulo: Método, 2013.

SAAVEDRA, Giovani A. Reflexões iniciais sobre criminal *compliance*. *Boletim IBCCRIM*, São Paulo: IBCCRIM, ano 18, n. 218, p. 11-12, jan. 2011.

SHECAIRA, Sérgio Salomão; ANDRADE, Pedro Luiz Bueno de. *Compliance* e o direito penal. *Boletim IBCCRIM*, São Paulo: IBCCRIM, ano 18, n. 222, p. 2, maio 2011.

SILVA SÁNCHEZ, Jesús-María. *A expansão do direito penal:* aspectos da política criminal nas sociedades pós-industriais. Trad. Luiz Otávio de Oliveira Rocha. São Paulo: Revista dos Tribunais, 2002. v. 11: Série "As Ciências Penais no século XXI".

ns nas Relações de Trabalho: uma Abordagem sobre os Direitos Fundamentais

Tânia Mara Guimarães Pena[*]

1. Considerações iniciais

No dia a dia das salas de audiências nos deparamos com diversos processos em que se discute a possibilidade — ou não — de o empregador promover revista corporal ou nos pertences de seus empregados. Parte respeitável da doutrina e jurisprudência — inclusive no Tribunal Superior do Trabalho — admite a revista, desde que observadas determinadas condições e não sejam cometidos *abusos e excessos*[1]. Diversamente, entendemos que a revista, principalmente a corporal, viola princípios fundamentais do trabalhador.

Os principais argumentos dos defensores da inserção da revista no contrato de trabalho são de que se trata de natural exercício de *poder do empregador*, conduta que se justifica na defesa do patrimônio empresarial[2]. Embora respeitáveis, os argumentos não se sustentam juridicamente, quando analisados sob prisma constitucional, em prestígio aos princípios da dignidade, da intimidade e da privacidade.

A revista promovida pelo empregador, seja nos pertences do empregado ou no seu corpo, equivale à busca e apreensão previstas no Código de Processo Penal. Medida de caráter essencialmente cautelar, não pode ser adotada pelo empregador, eis que decorrente do poder de polícia estatal, com exercício limitado à observância de vários critérios estabelecidos pelo legislador constitucional e infraconstitucional.

(*) Doutora em Direito das Relações Sociais pela PUC/SP, era Juíza substituta e agora é Juíza Titular da 2ª Vara do Trabalho de Uberlândia/MG.
(1) Relatora Ministra: Maria Doralice Novaes, 7ª Turma, Data de Divulgação: DEJT 28.6.2010; Processo: RR n. 396000-51.2006.5.09.0018, Data de Julgamento: 9.6.2010; Relator Ministro: Alberto Luiz Bresciani de Fontan Pereira, 3ª Turma, Data de Divulgação: DEJT 28.6.2010; Processo: RR n. 3283040-76.2007.5.09.0015 Data de Julgamento: 9.6.2010; Processo: RR n. 675100-59.2008.5.12.0037 Data de Julgamento: 9.6.2010, Relatora Ministra: Dora Maria da Costa, 8ª Turma, Data de Divulgação: DEJT 11.6.2010; Processo: RR n. 378000-67.2001.5.09.0021 Data de Julgamento: 7.4.2010, Relator Ministro: Roberto Pessoa, 2ª Turma, Data de Divulgação: DEJT 30.4.2010.
(2) Alice Monteiro de Barros admite, com restrições, a revista: "A nosso ver, **a revista se justifica**, não quando traduz um comodismo do empregador para defender seu patrimônio, mas quando constitua recursos necessário à satisfação do interesse empresarial, à falta de outras medidas preventivas; essa fiscalização visa à **proteção do patrimônio do empregador e à salvaguarda da segurança das pessoas.** Não basta a tutela genérica da propriedade, devendo existir circunstâncias concretas que justifiquem a revista; é mister que haja, na empresa, bens suscetíveis de subtração e ocultação, com valor material, ou que tenham relevância para o funcionamento da atividade empresarial" (BARROS, Alice Monteiro de. *Proteção à intimidade do empregado*. 2. ed. São Paulo: LTr, 2009. p. 77. Destaques do original).

2. PODER DO EMPREGADOR NA RELAÇÃO DE EMPREGO

Argumenta-se que a revista promovida no curso do contato de trabalho encontra sustentáculo no exercício dos *poderes* do empregador. Estudar o fenômeno dos poderes do empregador na relação de emprego nos remete diretamente ao sistema jurídico positivo, seja por uma questão de princípio e metodologia, seja porque a norma legal deles se ocupou de forma clara.

Consta do art. 3º da CLT que empregado é "toda pessoa física que prestar serviços de natureza não eventual a empregador, sob a dependência deste e mediante salário". E segundo o art. 2º, "considera-se empregador a empresa, individual ou coletiva, que, assumindo os riscos da atividade econômica, admite, assalaria e dirige a prestação pessoal de serviço".

Mesmo sem nos aprofundarmos na busca do sentido mais preciso e do alcance dos vocábulos, não há dúvidas de que os conceitos de **direção** e **subordinação** são determinantes para a caracterização do contrato de emprego — na ótica do legislador celetista. O art. 2º da CLT é claro ao afirmar que o empregador *dirige* a prestação pessoal de trabalho desenvolvida pelo empregado e o art. 3º enfatiza a *subordinação* (dependência) do trabalhador (daí decorrendo os demais poderes do empregador mencionados pela doutrina: poder disciplinar, poder organizacional e poder regulamentar). Com base nesses dispositivos podemos sustentar que nem todas as relações jurídicas bilaterais, que têm por objeto uma prestação de serviços mediante remuneração, podem ser qualificadas como relação de emprego, mas apenas aquelas em que há subordinação do trabalhador e exercício dos poderes disciplinar, de direção, de organização e de fiscalização — pelo empregador.

Mauricio Godinho Delgado[3] afirma que o contrato de trabalho é "ato jurídico de conteúdo complexo, hábil a provocar larga multiplicidade de direitos e obrigações entre as partes pactuantes". Menciona que um dos mais importantes efeitos do contrato de trabalho é o poder empregatício, que conceitua como "o conjunto de prerrogativas com respeito à direção, regulamentação, fiscalização e disciplinamento da economia interna à empresa e correspondente prestação de serviços"[4].

O reconhecimento da imprescindibilidade dos poderes do empregador, contudo, não torna fácil a sua explicação em termos jurídicos.

A doutrina não é uníssona quanto à classificação dos poderes do empregador. Emílio Gonçalves[5] sustenta que o poder hierárquico se desdobra em três prerrogativas de que se acha investido o empregador: poder regulamentar, poder diretivo e poder disciplinar. Duas principais teorias fundamentariam o poder hierárquico: a teoria da propriedade e a teoria institucional. A primeira apregoa que a origem do poder hierárquico é o direito de propriedade do empresário sobre o conjunto de bens da empresa, "sendo inafastável que se lhe assegurem todos os direitos indispensáveis para defender a propriedade da empresa". A teoria institucional baseia o poder hierárquico na prevalência do bem comum sobre o interesse particular, ou seja, "é a realização dos fins da empresa que determina a necessidade de funções diretivas e disciplinares, em graus hierárquicos, sendo essencial para que a empresa, como instituição, atinja os fins colimados, a existência de órgãos de direção, cuja atuação se faz tendo em vista o bem comum do empreendimento".

Mauricio Godinho Delgado afirma que o poder empregatício se divide em poder diretivo (que também chama de poder organizativo), poder regulamentar, poder fiscalizatório (ou poder de controle) e poder disciplinar[6].

Por seu turno, Amauri Mascaro Nascimento enfatiza que na "relação de emprego a subordinação é um lado, o poder diretivo é o outro lado da moeda, de modo que, sendo o empregado um trabalhador subordinado, o empregador tem direitos não sobre a sua pessoa, mas sobre o modo como a sua atividade é exercida". Entende que o poder de direção se manifesta mediante três principais formas: o poder de organização, o poder de controle sobre o trabalho e o poder disciplinar sobre o empregado[7].

No direito brasileiro não se discute se o elemento da subordinação jurídica do trabalhador é essencial à caracterização da relação de emprego. A admissibilidade dos poderes — disciplinar, direti-

---

(3) DELGADO, Mauricio Godinho. *Curso de direito do trabalho*. 8. ed. São Paulo: LTr, 2009. p. 568.
(4) *Ibidem*, p. 590. Também conceitua o poder empregatício como o "conjunto de prerrogativas asseguradas pela ordem jurídica e tendencialmente concentradas na figura do empregador, para exercício no contexto da relação de emprego".
(5) GONÇALVES, Emílio. *O poder regulamentar do empregador*. 2. ed. São Paulo: LTr, 1997. p. 26-27.
(6) DELGADO, Mauricio Godinho. *Op. cit.*, p. 591.
(7) NASCIMENTO, Amauri Mascaro. *Curso de direito do trabalho*. 24. ed. São Paulo: Saraiva, 2009. p. 660-661.

vo, fiscalizatório e regulamentar — do empregador também não é objeto de maiores questionamentos, seja pela doutrina seja pela jurisprudência[8], que em regra se preocupam em delimitar o seu conteúdo, os seus limites ou mesmo em tornar claros os critérios para a sua determinação no caso concreto.

Foge à proposta deste trabalho enveredar por trilha investigatória sobre as várias classificações a respeito do poder do empregador, bem como suas conceituações. Cabe analisar, no particular, apenas, se a revista dos empregados encontra sustentáculo no exercício dos poderes empregatícios.

Se esses poderes empregatícios encontram seu fundamento no direito de propriedade, consagrado no art. 5º, inciso XXII, da CF/88, não se pode perder de vista que o mesmo diploma consagra que aquele deve atender à sua função social (art. 5º, inciso XXII e art. 170, inciso III). A propriedade não pode ser justificativa para violação de direitos, até mesmo porque se insere no contexto de uma sociedade, em que gravitam diversos outros direitos, além daqueles do proprietário. No caso de confronto entre o direito de propriedade e o direito à intimidade e à vida privada, ou mesmo quando afrontada a dignidade do trabalhador, a busca deve ser por regras que permitam a máxima observância e a mínima restrição dos últimos.

Atualmente não se discute se os direitos fundamentais incidem nas relações entre particulares[9]. E na relação de emprego, marcada pela subordinação jurídica do trabalhador, aqueles direitos podem e devem funcionar como limitadores à eventual extrapolação no exercício do poder diretivo do empregador.

As revistas promovidas pelos empregadores não encontram fundamento nos poderes do empregador, eis que privilegiam apenas o direito de propriedade, em detrimento de vários outros, a exemplo da dignidade, vida privada e intimidade do trabalhador.

Observamos que mesmo antes do acréscimo do art. 373-A à CLT[10], em 1999, entendia-se que os direitos supra mencionados poderiam ser invocados pelo trabalhador. Neste sentido, Alice Monteiro de Barros[11]:

> ...embora o Direito do Trabalho, no Brasil (CLT) não fizesse menção aos direitos à intimidade e à privacidade, por constituírem espécie dos "direitos da personalidade" consagrados na Constituição, já eram oponíveis contra o empregador, devendo ser respeitados, independentemente de encontrar-se o titular desses direitos dentro do estabelecimento empresarial. É que a inserção do obreiro no processo produtivo não lhe retira os direitos da personalidade, cujo exercício pressupõe liberdades civis.

Portanto, s.m.j., os *poderes* do empregador, decorrentes do liame de emprego, não podem ser invocados como justificadores para a revista dos empregados ou de seus pertences.

3. Defesa do patrimônio do empregador

Admitir-se a revista corporal ou de objetos pessoais do trabalhador, como forma de proteção do patrimônio empresarial, é consagrar a defesa sem limites da propriedade, em detrimento do direito à dignidade, intimidade e privacidade, contemplado no art. 5º da CF.

O empregador pode adotar diversos mecanismos para a proteção do seu patrimônio (etiquetação eletrônica dos produtos, alarmes, rigoroso controle do estoque, filmagem nos locais de trabalho, etc.). A revista pessoal se afigura como uma forma "muito simplista e acomodada de o empresário defender seu patrimônio"[12].

Não há dispositivos legais estabelecendo (ou vedando) mecanismos a serem adotados pelo empregador para defesa do seu patrimônio. Cabe-lhe a escolha das medidas de vigilância e controle que entender mais oportunas, desde que a adoção e

---

(8) Doutrina e jurisprudência entendem, sem muita dissonância, que tais poderes são inerentes ao contrato de emprego e/ou à qualidade de empregador.
(9) Concebidos inicialmente para proteger os indivíduos em face da ingerência estatal, a partir da passagem do Estado Liberal individualista para o Estado Social os direitos fundamentais passaram a incidir também nas relações entre particulares.
(10) No plano infraconstitucional, a Lei n. 9.799/99 acrescentou o art. 373-A da CLT, preconizando ser vedado "proceder o empregador ou preposto a revistas íntimas nas empregadas ou funcionárias". A vedação já decorria de preceitos constitucionais, razão porque a jurisprudência tem entendido que o dispositivo abrange também as pessoas do sexo masculino.
(11) BARROS, Alice Monteiro de. *Proteção à intimidade do empregado*. 2. ed. São Paulo: LTr, 2009. p. 38-39.
(12) SIMÓN, Sandra Lia. *A proteção constitucional da intimidade e da vida privada do empregado*. São Paulo: LTr, 2000. p. 147.

aplicação dessas medidas guardem a devida consideração à dignidade do trabalhador.

Admitir possa o empregador realizar a revista pessoal para a proteção de seu patrimônio é deferir-lhe um tratamento especial, distinto daquele ofertado às demais pessoas que não podem adotar a mesma prática na defesa de seus bens. É consagrar a defesa sem limites da propriedade, em detrimento do direito à intimidade e privacidade, que se encontram consagrados no art. 5º da Constituição Federal.

No particular, salienta Edilton Meireles[13] que:

> ...não se pode admitir a revista tendo em vista a proteção do patrimônio do empregador, pois, a partir dos princípios e valores que emanam da nossa constituição, o foco deve ser centrado na pessoa humana e na dignidade. Aplicar o direito a partir da proteção do patrimônio é típico do sistema liberal de índole individualista e não de um sistema que está fincado no Estado Social de direito — que foi agasalhado pelo Brasil.

Não se discute que o direito de propriedade encontra tutela no ordenamento jurídico e deve ser respeitado. Situações existem em que se mostra ainda mais compreensível a preocupação demonstrada por algumas empresas no tocante à fiscalização no ambiente de trabalho, a exemplo do que se verifica no segmento de manipulação de medicamentos. Danos — econômicos e sociais — de grande monta, podem advir em casos de subtração de produtos (alucinógenos, por exemplo) do seu local de fabricação e/ou comercialização.

Embora compreensível, ainda assim não se justifica a revista dos (nos) empregados ou de seus pertences, em salvaguarda do patrimônio empresarial. Mesmo imbuído de boas intenções, o empresário pode ser responsabilizado por essa prática. Como já se manifestou o TST (TST-RR-2195/1999-009-05-00.6), "em matéria de dano moral, os propósitos que animam o causador do dano não obstaculizam a indenização, tendo em vista a objetividade que orienta a responsabilização pela prática do ato infringente a direito de personalidade".

4. LIMITES AO EXERCÍCIO DOS PODERES PATRONAIS

Se ao empregador é reconhecido o exercício dos poderes empregatícios, deve-se observar que somente se justificam como forma de permitir ao empresário verificar o cumprimento das obrigações e deveres contratuais assumidos pelo trabalhador. E ainda assim, deve guardar a devida consideração à sua dignidade, intimidade e privacidade do empregado.

A ordem jurídica brasileira conta com regras e princípios claros que blindam o patrimônio moral do trabalhador e objetivam impedir abuso no exercício dos poderes patronais. Já em seu preâmbulo o legislador deixou clara a intenção de instituir um "Estado Democrático, destinado a assegurar o exercício dos direitos sociais e individuais, a liberdade, a segurança, o bem-estar, o desenvolvimento, a igualdade e a justiça como valores supremos de uma sociedade fraterna, pluralista e sem preconceitos, fundada na harmonia social...".

Conquanto possa ter sua força normativa discutida, o preâmbulo demonstra as preocupações do constituinte; os compromissos por ele assumidos; o norte que o orientou na confecção dos regramentos que posteriormente foram sacramentados no texto[14].

Alexandre de Moraes[15] destaca que:

> ...o preâmbulo não é juridicamente irrelevante, uma vez que deve ser observado como *elemento de interpretação* e *integração* dos diversos artigos que lhe seguem. (...) O preâmbulo constitui, portanto, um breve prólogo da Constituição e apresenta dois objetivos básicos: *explicitar o fundamento da legitimidade da nova ordem constitucional;* e *explicitar as grandes finalidades da nova Constituição.*

Destacamos, ainda, que a *dignidade da pessoa humana* é um dos fundamentos da República Federativa do Brasil, constituída em Estado Democrático de Direito (art. 1º, III, CF), cujos objetivos fundamentais, dentre outros, são "construir uma sociedade justa e solidária" e "promover o bem de todos, sem preconceitos de origem, raça, sexo, cor, idade e quaisquer

---

(13) MEIRELES, Edilton. *Abuso de direito na relação de emprego.* São Paulo: LTr, 2005. p. 119.

(14) Pedro Calmon, citado por Maria da Glória Navarro (*O princípio da igualdade jurídica e as ações afirmativas no direito brasileiro,* 2006) ensina: "O preâmbulo costuma dar a altura ideológica, numa forma imperativa, à Constituição, assim previamente (sic) classificada. Está longe de ser uma frase inócua. Não é simplesmente um conceito doutrinário à margem, ou fora do texto: serve para esclarecer como um solene e antecipado compromisso. Diz incisivamente o que pretende. É uma afirmação na diretiva marcada; uma síntese inseparável da interpretação sistemática do resto; uma proclamação introdutória."

(15) *Direitos humanos fundamentais:* teoria geral, comentários aos arts. 1º a 5º da Constituição da República Federativa do Brasil, doutrina e jurisprudência. 6. ed. São Paulo: Atlas, 2005. p. 45.

outras formas de discriminação" (art. 3º, I e IV, CF). Aliados aos princípios mencionados existem, ainda, as regras gerais de que "ninguém será submetido... a tratamento desumano ou degradante" (art. 5º, III, CF) e de que são "invioláveis a intimidade, a vida privada, a honra e a imagem das pessoas, assegurado o direito a indenização pelo dano material ou moral decorrente de sua violação" (art. 5º, X, CF).

O contrato de trabalho não pode tornar vulneráveis a manutenção e o desfrute dos direitos fundamentais de que os trabalhadores são titulares. A celebração do contrato não pode implicar privação de direitos que a Constituição reconhece aos cidadãos em geral, já que as organizações empresariais não se constituem em mundos apartados da sociedade. Enquanto prestadores de serviços, os trabalhadores continuam cidadãos de primeira ordem — antes, durante e depois da ruptura do pacto laboral. É necessária a conscientização de que a empresa não deve e nem pode ser um lugar impermeável aos direitos fundamentais.

Muito se fala do princípio da dignidade da pessoa humana, seja no plano doutrinário seja no jurisprudencial. Decisões proferidas em todas as instâncias e em todas as áreas do direito, dele se socorrem para fundamentar os mais variados assuntos levados ao Judiciário[16], notadamente questões que versam sobre danos morais. Afinal, o que significa tal princípio? Ou, como indaga a ministra do Tribunal Superior do Trabalho, Maria Cristina Irigoyen Peduzzi, por que "afinal, o princípio da dignidade humana é o mais fundamental dos princípios jurídicos, o mais santificado dos direitos constitucionais, o valor mais expressivo do ordenamento jurídico? E qual a consequência desse reconhecimento?"[17].

Ingo Sarlet[18] conceitua dignidade da pessoa humana nos seguintes termos:

> Temos por dignidade da pessoa humana a qualidade intrínseca e distintiva reconhecida em cada ser humano que o faz merecedor do mesmo respeito e consideração por parte do Estado e da comunidade, implicando, neste sentido, um complexo de direitos e deveres fundamentais que assegurem a pessoa tanto contra todo e qualquer ato de cunho degradante e desumano, como venham a lhe garantir as condições existenciais mínimas para uma vida saudável, além de propiciar e promover sua participação ativa e corresponsável nos destinos da própria existência e da vida em comunhão com os demais seres humanos.

O princípio da dignidade é visualizado de formas diferentes nas diversas concepções de Estado. No Estado de Direito aparece como limitador de ações do Estado e da comunidade em face do titular de direitos, cuja dignidade é protegida; no Estado Social a visão que se tem do princípio é protetiva, ou seja, obrigando o Estado a prover o cidadão das garantias que lhe são asseguradas pela Constituição (fala-se em igualdade limitando a liberdade) e no Estado Democrático de Direito, "o princípio da dignidade é visualizado, simultaneamente, no seu aspecto limitativo de ações do Estado e da própria comunidade como implementador de direitos que estabeleceu"[19].

No que tange à proteção da intimidade, Alice Monteiro de Barros ensina:

> A inserção do empregado no ambiente de trabalho não lhe retira **os direitos da personalidade, dos quais o direito à intimidade constitui uma espécie**. O empregado, ao **ser submetido** ao poder **diretivo do empregador**, por certo sofre algumas limitações em seu direito à intimidade. É inadmissível, entretanto, que a ação do empregador se amplie a ponto de ferir a dignidade da pessoa humana.[20]

Como podemos ver, ainda de acordo com Barros, "**não é o fato de o empregado subordinar-se ao empregador ou de deter este último o poder diretivo que irá justificar a tutela à intimidade no local**

---

(16) Carmem Lúcia Antunes Rocha afirma que o "principio da dignidade da pessoa humana entranhou-se no constitucionalismo contemporâneo, daí partindo e fazendo-se valer em todos os ramos do direito. A partir de sua adoção se estabeleceu uma nova forma de pensar e experimentar a relação sociopolítica baseada no sistema jurídico; passou a ser princípio e fim do Direito contemporaneamente produzido e dado à observância no plano nacional e no internacional". (ROCHA, Carmem Lúcia Antunes. O princípio da dignidade da pessoa humana e a exclusão social. *Revista Interesse Público*, n. 4, p. 24, 1999).
(17) PEDUZZI, Maria Cristina Irigoyen. *O princípio da dignidade da pessoa humana na perspectiva do direito como integridade*. São Paulo: LTr, 2009. p. 12.
(18) SARLET, Ingo Wolfgang. *Dignidade da pessoa humana e direitos fundamentais na Constituição Federal de 1988*. 5. ed. Porto Alegre: Livraria do Advogado, 2007. p. 62.
(19) PEDUZZI, Maria Cristina Irigoyen. *Op. cit.*, p. 32.
(20) BARROS, Alice Monteiro de. *Proteção à intimidade do empregado*. 2. ed. São Paulo: LTr, 2009. p. 25.

de trabalho, do contrário haveria uma degeneração da subordinação jurídica em um estado de sujeição do emprego"[21]. (Destaques do original). E essa sujeição não condiz com o Estado Democrático de Direito de que a Constituição Federal é representante.

5. BUSCA E APREENSÃO — ILAÇÃO DO PODER DE POLÍCIA ATRIBUÍDO AO ESTADO, NÃO EXTENSIVO AO EMPREGADOR

A revista pessoal — assim compreendida aquela que se realiza sobre a pessoa e/ou objetos que a acompanham — nada mais é que medida cautelar de busca e apreensão pessoal. Sendo assim, somente é legítima, se observadas as regras da busca e apreensão constantes no Código de Processo Penal, art. 240, § 2º, ou seja, *fundada suspeita*. Vejamos: "Art. 240. A busca será domiciliar ou pessoal. § 1º (...) § 2º Proceder-se-á à busca pessoal quando houver fundada suspeita de que alguém oculte consigo arma proibida ou objetos mencionados nas letras b a f e letra h do parágrafo anterior".

O problema central é identificar quando ocorre a *fundada suspeita*. A doutrina processual penal não se debruça satisfatoriamente sobre a questão. Há, contudo, decisão paradigmática proferida pelo Supremo Tribunal Federal, 1ª Turma, no HC n. 81.305-4/GO. Vale transcrever sua ementa (sem destaques no original):

EMENTA: *HABEAS CORPUS*. TERMO CIRCUNSTANCIADO DE OCORRÊNCIA LAVRADO CONTRA O PACIENTE. RECUSA A SER SUBMETIDO A BUSCA PESSOAL. JUSTA CAUSA PARA A AÇÃO PENAL RECONHECIDA POR TURMA RECURSAL DE JUIZADO ESPECIAL. Competência do STF para o feito já reconhecida por esta Turma no HC n. 78.317. Termo que, sob pena de excesso de formalismo, não se pode ter por nulo por não registrar as declarações do paciente, nem conter sua assinatura, requisitos não exigidos em lei. A "**fundada suspeita**", prevista no art. 244 do CPP, não pode fundar-se em parâmetros unicamente subjetivos, exigindo elementos concretos que indiquem a necessidade da revista, em face do constrangimento que causa. Ausência, no caso, de elementos dessa natureza, que não se pode ter por configurados na alegação de que trajava, o paciente, um "blusão" suscetível de esconder uma arma, sob risco de referendo a condutas arbitrárias ofensivas a direitos e garantias individuais e caracterizadoras de abuso de poder. *Habeas corpus* deferido para determinar-se o arquivamento do Termo.

O empregador, ao promover a revista, viola a dignidade, a intimidade e privacidade do seu empregado e se excede no exercício dos poderes empregatícios.

Ilustra o posicionamento adotado neste trabalho a decisão prolatada pela da 3ª Turma do TST, cujo aresto transcrevemos:

AGRAVO DE INSTRUMENTO DO RECLAMANTE. RECURSO DE REVISTA. DANO MORAL. REVISTA ÍNTIMA. INDENIZAÇÃO. Potencial divergência jurisprudencial, nos moldes do previsto na alínea *a* do art. 896 da CLT. Agravo de instrumento provido, nos termos do art. 3º da Resolução Administrativa n. 928/2003. RECURSO DE REVISTA DO RECLAMANTE. DANO MORAL. REVISTA ÍNTIMA. APALPAÇÃO CORPORAL. 1. — Os direitos integrantes do rol dos direitos humanos fundamentais incidem nas relações entre particulares, em especial naquelas em que uma das partes tenha posição de superioridade em relação à outra, como na relação de emprego. Nesse caso, esses direitos podem, inclusive, funcionar como medida para limitar a influência da economia, que provocou o afastamento da atuação estatal, de forma que prevaleçam os direitos do cidadão-trabalhador. A típica relação de sujeição no pacto laboral caracteriza-se pela subordinação jurídica do trabalhador e pelo poder de direção do empregador. O poder de direção do empregador encontra seu fundamento no direito de propriedade, conforme o art. 5º, inciso XXII, da Constituição Federal, que também lhe impõe como limitação expressa o atendimento da função social (arts. 5º, inciso XXII, e 173, III). Por consequência, o direito implica também encargo, já que, por ser princípio da ordem econômica, a propriedade insere-se no contexto de uma sociedade, envolvendo diversos outros interesses além daqueles exclusivos do proprietário. Esse poder sofre, ainda, limitações quanto ao exercício do direito, tais como o respeito aos direitos da personalidade dos trabalhadores. Estabelecido o confronto entre o direito de propriedade do empregador e o direito à intimidade e à vida privada do empregado, é necessário buscar regras de compatibilização que visem à máxima observância e à mínima restrição desses direitos. Nesses casos, o juízo de ponderação deve ser efetuado levando-se em consideração os princípios da unidade e da concordância prática da constituição, bem como o da proporcionalidade. No Brasil, apenas considerando-se a proteção constitucional e as regras para efetivação do juízo de ponderação, todos os conflitos que envolvam o

---

(21) BARROS, Alice Monteiro de. *Proteção à intimidade do empregado*. 2. ed. São Paulo: LTr, 2009.

direito à intimidade e à vida privada do empregado e o direito de propriedade do empregador podem ser solucionados. Desnecessária, portanto, a edição de legislação infraconstitucional. As revistas pessoais não encontram fundamento no poder de direção do empregador, por privilegiarem um único direito, o de propriedade, em detrimento de diversos valores constitucionais, tais como a dignidade da pessoa humana do trabalhador, seus direitos da personalidade, o princípio da presunção de inocência, as garantias dos acusados, o monopólio estatal da segurança (SIMÓN, Sandra Lia. *Revista do TST*, Brasília, v. 69, n. 2, jul./dez. 2003). 2. O procedimento de revista íntima, envolvendo a seleção, por meio eletrônico, ao final de cada jornada, de forma aleatória, de empregados para, juntamente com a vistoria de suas bolsas e mochilas, terem seus corpos apalpados por seguranças, viola o princípio da dignidade da pessoa humana — consagrado no inciso III do art. 1º da Carta Magna —, na medida em que impõe ao empregado rotina vexatória e atormentadora, e evidencia verdadeiro abuso de direito, a que se refere o art. 187 do Código Civil, considerada a hipossuficiência econômica e social do trabalhador. 3. O poder fiscalizatório do empregador de proceder a revistas encontra limitação na garantia de preservação da honra e intimidade da pessoa física do trabalhador, conforme preceitua o art. 5º, inciso X, da Constituição da República (RR n. 1482/2003-016-03-00, 8ª Turma, Rel. Min. Maria Cristina Peduzzi, DJ 22.8.2008). 4. Tem-se verdadeira violação de deveres decorrentes da boa-fé objetiva, sobretudo no que toca ao dever de proteção à integridade física e psíquica do empregado. 5. A caracterização do abuso do poder diretivo, da violação de direitos decorrentes da personalidade do empregado, da quebra dos deveres de lealdade e segurança por parte do empregador, da violação do princípio da função social da empresa enseja, nos termos dos arts. 186 e 927 do Código Civil, a condenação ao pagamento de compensação por dano moral. Recurso de revista conhecido e provido. RECURSO DE REVISTA DO RECLAMADO. HORAS EXTRAS. AUSÊNCIA DE DEMONSTRAÇÃO MATEMÁTICA DO *QUANTUM* DEVIDO. Divergência jurisprudencial apta não demonstrada (Súmula n. 23/TST). HORAS EXTRAS. EXTRAPOLAMENTO DA JORNADA PACTUADA. Para a comprovação de divergência jurisprudencial a elevar o recurso de revista ao conhecimento é necessário que o recorrente junte certidão ou cópia autenticada do acórdão paradigma ou cite a fonte oficial ou o repositório autorizado em que foi publicado (Súmula n. 337, item I, alínea *a*, do TST). Recurso de revista integralmente não conhecido.

Processo: RR n. 1196700-76.2005.5.09.0002 Data de Julgamento: 3.2.2010, Relatora Ministra: Rosa Maria Weber, 3ª Turma, Data de Divulgação: DEJT 19.2.2010.

Recentemente uma das Turmas do Tribunal Superior do Trabalho reviu seu posicionamento sobre o assunto e passou a inadmitir a revista efetuada pelo empregador em pertences de seus empregados. Em decisão paradigmática entendeu que revista diária em bolsas e sacolas expõe os trabalhadores a situação constrangedora no local de trabalho, limita sua liberdade e agride a sua imagem, caracterizando extrapolação dos limites impostos aos poderes empregatícios:

RECURSO DE REVISTA. 1. HORAS EXTRAS EXCEDENTES À 44ª SEMANAL. REGIME ESPECIAL DE TRABALHO. AUSÊNCIA DE ACORDO DE COMPENSAÇÃO. INAPLICABILIDADE DA SÚMULA N. 85/TST. Evidenciada a inexistência de compensação, são devidas, como extraordinárias, as horas trabalhadas além da oitava diária e quadragésima quarta semanal, em consagração do art. 7º, XIII, da CF. Inaplicabilidade da Súmula n. 85 do TST. Recurso de revista não conhecido. 2. MULTA POR EMBARGOS PROTELATÓRIOS. Revelado o caráter protelatório dos embargos declaratórios, correta a aplicação da multa prevista no parágrafo único do art. 538 do CPC. Recurso de revista não conhecido. 3 REVISTA (AINDA QUE MODERADA) DE BOLSAS E SACOLAS. DANO MORAL. CONFIGURAÇÃO. 3.1. Não se olvida que o poder empregatício engloba o poder fiscalizatório (ou poder de controle), entendido este como o conjunto de prerrogativas dirigidas a propiciar o acompanhamento contínuo da prestação de trabalho e a própria vigilância efetivada ao longo do espaço empresarial interno. Medidas como o controle de portaria, as revistas, o circuito interno de televisão, o controle de horário e frequência e outras providências correlatas são manifestações do poder de controle. Por outro lado, tal poder empresarial não é dotado de caráter absoluto, na medida em que há em nosso ordenamento jurídico uma série de princípios limitadores da atuação do controle empregatício. Nesse sentido, é inquestionável que a Carta Magna de 1988 rejeitou condutas fiscalizatórias que agridam a liberdade e dignidade básicas da pessoa física do trabalhador, que se chocam, frontalmente, com os princípios constitucionais tendentes a assegurar um Estado Democrático de Direito e outras regras impositivas inseridas na Constituição, tais como a da 'inviolabilidade do direito à vida, à liberdade, à igualdade, à segurança e à propriedade' (art. 5º, *caput*), a de que 'ninguém será submetido (...) a tratamento desumano e degradante' (art. 5º, III) e a regra geral que declara 'invioláveis a intimidade, a vida privada, a honra e a imagem da pessoa, assegurado o direito à indenização pelo dano material ou moral decorrente de sua violação' (art. 5º, X). Todas essas regras criam uma fronteira inegável ao exercício das funções fiscalizatórias no contexto empregatício, colocando na franca ilegalidade medidas que venham cercear a liberdade e dignidade do trabalhador. Há, mesmo na lei, proibição de revistas íntimas a trabalhadoras — regra que, evidentemente, no que for equânime, também se estende aos empregados, por força do art. 5º, *caput* e I, CF/88 (art. 373-A, VII, CLT). Nesse contexto, e sob uma interpretação sistemática dos preceitos legais e constitucionais aplicáveis à hipótese, entende-se que a revista diária em bolsas e sacolas, por se tratar de exposição contínua do empregado a situação constrangedora no ambiente de trabalho, que limita sua liberdade e agride sua imagem, caracterizaria, por si só, a extrapolação daqueles limites impostos ao poder fiscalizatório empresarial, mormente quando o empregador possui outras formas de, no caso concreto, proteger seu patrimônio contra possíveis violações. Nesse sentido, as empresas, como a Reclamada, têm plenas condições de utilizar outros instrumentos eficazes de controle de seus produtos, como câmeras de filmagens e etiquetas magnéticas. Tais procedimentos inibem e evitam a violação do patrimônio da empresa e, ao mesmo tempo, preservam a honra e a imagem do trabalhador (Ministro Mauricio Godinho Delgado). 3.2. A jurisprudência da Eg. 3ª Turma evoluiu para compreender que a revista dita moderada em bolsas e sacolas de trabalhadores, no início ou ao final da jornada de trabalho, mesmo que sem contato físico ou manipulação de pertences, provoca dano moral e autoriza a condenação à indenização correspondente. Ressalva de ponto de vista do Relator. Recurso de revista conhecido e desprovido. 4. DANO MORAL. INDENIZAÇÃO. VALOR. CRITÉRIOS PARA ARBITRAMENTO. Tema não prequestionado escapa à jurisdição extraordinária. Incidência da Súmula n. 297/TST. Recurso de revista não conhecido. 5. ADICIONAL DE PERICULOSIDADE. EXPOSIÇÃO AO SISTEMA ELÉTRICO DE POTÊNCIA. De acordo com o entendimento consagrado na Orientação Jurisprudencial n. 324/SBDI-1/TST, o adicional de periculosidade é devido aos empregados que trabalham com equipamentos e instalações elétricas similares, que ofereçam risco equivalente ao trabalho desenvolvido no sistema elétrico de potência, ainda que em unidade consumidora de energia elétrica. O quadro descrito pela Corte regional permite que se conclua pelo enquadramento do autor em tal situação (Súmula n. 126 do TST). Recurso de revista não conhecido.

Processo: RR n. 443-92.2010.5.09.0011, Data de Julgamento: 23.10.2013, Relator Ministro: Alberto Luiz Bresciani de Fontan Pereira, 3ª Turma, Data de Publicação: DEJT 25.10.2013.

A busca e apreensão são legais somente como meio de prova, e quando houver fundada suspeita de que a pessoa oculte consigo coisa obtida por meio criminoso ou de porte proibido ou de interesse probatório[22]. Pode ocorrer, apenas, repita-se, como meio de prova — ou medida acautelatória, como prefere a doutrina — destinada a evitar o perecimento das coisas e não como atividade preventiva de delito[23].

A legislação brasileira não prevê hipótese de realização da busca e apreensão ou revista pessoal por particulares (ainda que seja o empregador). Estabelece o art. 243 do CPP que a busca e apreensão, pessoal ou domiciliar, não prescindem de ordem judicial, exceto nos casos de prisão; quando houver fundada suspeita de que a pessoa esteja na posse de arma proibida ou de objetos ou papéis que constituam corpo de delito ou quando a medida for determinada no curso de busca domiciliar — mas sempre realizada por autoridade policial ou pelo oficial de justiça.

A revista pessoal, quando realizada pelo empregador, afigura-se desrespeito ao princípio da presunção da inocência (art. 5º, LVII, da CF), já que o trabalhador é tratado como suspeito. Além disso, se o art. 5º, LV, da CF assegura aos acusados o contraditório e a ampla defesa (art. 5º, LV, CF), como sonegá-los aos empregados, autorizando a revista pessoal ou nos seus pertences?

Ora, se o Estado, detentor do monopólio da segurança, somente pode promover a revista em casos especificados e de forma a não lesar direitos fundamentais (conforme já destacado), como permitir que o empregador o fizesse, de acordo com sua conveniência?[24].

---

(22) Destaco que a conhecida blitz de trânsito está prevista no art. 4º do Código de Trânsito, e somente é legal quando realizada para verificação de documentos do veículo e sua condição de circulação, bem como para identificação do condutor e de sua habilitação. Não pode ser utilizada como medida preventiva de delitos e nem pode submeter os cidadãos à revista pessoal individual ou coletiva, pena de caracterizar constrangimento ilegal, tipificado no art. 146 do CP.
(23) A busca pessoal coletiva feita por iniciativa do poder público, realizada no acesso de eventos ou em situações específicas (ex.: busca realizada nos réus presos antes de serem escoltados), como medida excepcional é tolerada em benefício do bem comum, como providência necessária para a segurança da coletividade. A restrição de direitos pelo Estado somente se justifica se o sacrifício for imprescindível para se alcançar o bem da coletividade.
(24) Ressalto que a busca pessoal não se confunde com a prisão em flagrante, pois somente esta pode ser realizada por qualquer do povo. A busca pessoal apenas pode ser realizada por quem tenha a função constitucional de garantir a segurança pública (art. 144 da CF) e nos limites permitidos pela norma legal (art. 243 e seguintes do CPP).

Como bem ressalta Sandra Lia Simon[25] o *poder de revistar* é típica função da polícia e, se exercido pelo empregador, assume característica de *polícia privada*.

Não se pode perder de vista, ainda, o elo de confiança que se estabelece entre empregado e empregador, em virtude de um contrato de trabalho. Difícil sustentar possa o empresário dispensar ao trabalhador tratamento que somente é admitido, **com restrições**, para suspeitos da prática de atos ilícitos.

6. Considerações finais

A revista promovida pelo empregador ou seus prepostos viola direitos fundamentais do trabalhador. Por certo a revista íntima, assim considerada aquela efetuada sobre o corpo do trabalhador, mostra-se ainda mais constrangedora e não pode ser efetivada pelo empregador.

As organizações empresariais, como parte integrante da sociedade, não podem desconhecer a liberdade pública de seus trabalhadores. Os contratos de trabalho também não podem se constituir em instrumentos capazes de privar direitos assegurados pela norma constitucional e nem limitar direitos fundamentais dos trabalhadores.

Ao nos debruçarmos sobre o tema da *revista corporal em trabalhadores ou nos seus pertences*, devemos ter em mente que a empresa não pode ser fonte de limitações dos direitos fundamentais do empregado, mas o contrário, já que o trabalho se mostra fonte de realização da personalidade.

É necessário caminharmos em direção a um futuro em que a relação de trabalho, além de proteção aos direitos fundamentais, se coloque como mecanismo para a sua promoção.

7. Referências

GONÇALVES, Emílio. *O poder regulamentar do empregador*. 2. ed. São Paulo: LTr, 1997.

MEIRELES, Edilton. *Abuso do direito na relação de emprego*. São Paulo: LTr, 2005.

NASCIMENTO, Amauri Mascaro. *Curso de direito do trabalho*. 24. ed. São Paulo: Saraiva, 2009.

NAVARRO, Maria da Glória. *O princípio da igualdade jurídica e as ações afirmativas no direito brasileiro*. Dissertação (Mestrado em Ciência Jurídica). Jacarezinho: Faculdade Estadual de Direito do Norte Pioneiro, 2006.

PACHÉS, Fernando de Vicente. El derecho del trabajador al respeto de su intimidad. *Colección Estudios*, Consejo Economico y Social. Madrid, 1998.

PEDUZZI, Maria Cristina Irigoyen. *O princípio da dignidade da pessoa humana na perspectiva do direito como integridade*. São Paulo: LTr, 2009.

RAMALHO, Maria do Rosário Palma. *Do fundamento do poder disciplinar laboral*. Coimbra: Almedina, 1993.

ROCHA, Carmem Lúcia Antunes. O princípio da dignidade da pessoa humana e a exclusão social. *Revista Interesse Público*, n. 4, 1999.

SANSEVERINO, Riva. *Curso de direito do trabalho*. São Paulo: LTr, 1976.

SIMÓN, Sandra Lia. *A proteção constitucional da intimidade e da vida privada do empregado*. São Paulo: LTr, 2000.

VILHENA, Paulo Emílio Ribeiro de. *Relação de emprego: estrutura legal e supostos*. 2. ed. rev. atual. aum. São Paulo: LTr, 1999.

---

(25) SIMÓN, Sandra Lia. *A proteção constitucional da intimidade e da vida privada do empregado*. São Paulo: LTr, 2000. p. 148.